アタナシオス神学における
神論と救済論

安井 聖 著

関東学院大学出版会

目　次

序　論　本研究の目的と方法 ……………………………………………… 1
　第 1 節　本研究の目的と研究史の概観 ………………………………… 1
　第 2 節　本研究の方法 …………………………………………………… 4
　　2-1　本研究の構成 ……………………………………………………… 4
　　2-2　コンテクストに基づく読解 ……………………………………… 6

第 1 部　アタナシオスにおける神の善性の理解
………………………………………………………………………………… 9

第 1 章　中期プラトン主義とオリゲネスにおける神の善性の理解 …………………………………………………… 11
　はじめに ……………………………………………………………………… 11
　第 1 節　中期プラトン主義における神の善性の理解 ………………… 12
　　1-1　プラトンにおける善のイデア …………………………………… 12
　　1-2　中期プラトン主義の二類型 ……………………………………… 14
　　1-3　アルキノオスにおける不動の動者である神の善性 …………… 15
　　1-4　ヌメニオスにおける「善それ自体」である神 ………………… 18
　第 2 節　オリゲネスにおける神の善性の理解 ………………………… 22
　　2-1　中期プラトン主義からの影響 …………………………………… 22
　　2-2　神の善性に基づく経綸 …………………………………………… 25
　　2-3　神の善性と神の義の調和 ………………………………………… 28
　おわりに ……………………………………………………………………… 32

i

目　次

第2章　『異教徒駁論』における神の善性に基づく自己啓示 ······ 35

はじめに ······ 35

第1節　『異教徒駁論』の目指しているもの
　　　　（『異教徒駁論』第1章） ······ 36

第2節　神の自己啓示を受け入れない人間の偽り
　　　　（『異教徒駁論』第2〜29章） ······ 38

　2-1　存在しない悪を作り出す人間の偽り
　　　　（『異教徒駁論』第2〜7章） ······ 38

　2-2　目に見える偶像を作り出す人間の偽り
　　　　（『異教徒駁論』第8〜29章） ······ 41

第3節　神の善性に基づく自己啓示
　　　　（『異教徒駁論』第30〜47章） ······ 43

　3-1　神を観想する力を与えられている魂
　　　　（『異教徒駁論』第30〜34章） ······ 43

　3-2　被造物の中で働いて神を啓示するロゴス
　　　　（『異教徒駁論』第35〜44章） ······ 46

　3-3　聖書を通して神を啓示するロゴス
　　　　（『異教徒駁論』第45〜46章） ······ 49

　3-4　神の善性の前で問われる人間の罪責
　　　　（『異教徒駁論』第47章） ······ 50

おわりに ······ 51

第3章　アタナシオスの『ロゴスの受肉』における神の善性 ······ 53

はじめに ······ 53

目　次

第1節　『ロゴスの受肉』の全体像
　　　　──神の善性に相応しいロゴスの受肉 ──────── 54
　1-1　『ロゴスの受肉』が目指しているもの
　　　　（『ロゴスの受肉』第1章）──────────────── 54
　1-2　死への腐敗から解放する神の善性
　　　　（『ロゴスの受肉』第2〜10章）────────────── 55
　1-3　神を観想する生に導く神の善性
　　　　（『ロゴスの受肉』第11〜55章）───────────── 57
　1-4　結び（『ロゴスの受肉』第56〜57章）────────── 60
第2節　神の善性に基づく人間理解 ────────────── 61
　2-1　『ロゴスの受肉』第7章についてのラウスの理解 ──── 61
　2-2　『ロゴスの受肉』第7章の解釈──そのコンテクストに即して ── 61
　2-3　人間理解を決定づける神の善性 ─────────── 64
第3節　人間の観想を支える神の善性 ──────────── 65
　3-1　『ロゴスの受肉』における人間の観想の重要な役割 ── 65
　3-2　神を観想する生へと促す神の善性 ────────── 67
お わ り に ───────────────────────── 70

第4章　アタナシオスの『アレイオス派駁論』
　　　　第3巻第59〜67章における神の善性 ──────── 73
は じ め に ───────────────────────── 73
第1節　メイエリングの理解
　　　　──神の意志と神の存在の同一化による神の意志の永遠性の論証
　　　　─────────────────────────── 74
　1-1　自由意志と必然性とを超越するもの ──────── 74
　1-2　自由意志が内包する偶有性と時間性 ──────── 76
　1-3　神の意志と神の存在の同一化 ──────────── 78

目次

　第 2 節　神の意志と御子の同一化による
　　　　　御子の主権性（κυριότης）の論証 ―――――――――― 79
　　2-1　御父の御子との関係と神の被造物との関係の区別 ――― 79
　　2-2　神の意志と御子の同一化 ――――――――――――― 81
　第 3 節　『アレイオス派駁論』第 3 巻第 59 〜 67 章に
　　　　　おける神の善性 ――――――――――――――――― 86
　　3-1　神の父性と神の経綸との関係（その区別と結合）に
　　　　　顕された神の善性 ―――――――――――――――― 86
　　　3-1-1　神の父性と結びつく神の善性 ――――――――― 86
　　　3-1-2　神の経綸と結びつく神の善性 ――――――――― 89
　　3-2　神の生成的な本性に顕された神の善性 ―――――――― 92
　　　3-2-1　神の善性の内実である御父と御子の愛の交わり ― 92
　　　3-2-2　経綸を基礎づける御父と御子の愛の交わり ―――― 94
　おわりに ――――――――――――――――――――――――― 96
　補遺――『アレイオス派駁論』第 3 巻の著者問題について ――― 97
　　1　カンネンギーサーの主張 ――――――――――――――― 97
　　2　カンネンギーサーへの批判と『アレイオス派駁論』の
　　　　全体像の探求 ――――――――――――――――――― 98
　　3　まとめ ――――――――――――――――――――――― 100

第 2 部　アタナシオスの救済論 ―――――――――― 103

第 1 章　『異教徒駁論』第 30〜34 章における
　　　　　アタナシオスの人間論が意味するもの
　　　　　――ロゴスの受肉による救済が不可欠な人間の現実 ― 105
　はじめに ――――――――――――――――――――――――― 105

目 次

第 1 節　『異教徒駁論』全体のコンテクストにおける人間論的論述
（『異教徒駁論』第 30 〜 34 章）の位置づけ ……………… 106
第 2 節　理性を持つ魂（『異教徒駁論』第 30 〜 32 章）……… 108
　2-1　人間を外側へ、上へと向けさせる理性を持つ魂 ……… 108
　2-2　神へと向かわせる理性を持つ魂 ……………………… 111
第 3 節　魂の不死性（『異教徒駁論』第 33 章）……………… 113
第 4 節　魂の自己浄化による観想（『異教徒駁論』第 34 章）… 116
　4-1　ハミルトンによる鏡の直喩の解釈 …………………… 116
　4-2　ロゴスを映し出す鏡である魂 ………………………… 119
第 5 節　神の自己啓示の確かさに表されている神の主権性 … 121
第 6 節　ロゴスの受肉による救済の前提としての人間論 …… 124

第 2 章　なぜ人間は悔い改めによってでは救われないのか
── 『ロゴスの受肉』第 7 章の解釈を巡って ……………… 127

はじめに ……………………………………………………………… 127
　1　『異教徒駁論』と『ロゴスの受肉』の救済論における緊張関係 … 127
　2　本研究の主題と方法 ……………………………………… 129
第 1 節　『ロゴスの受肉』第 7 章に関するラウスの解釈の問題点
　…………………………………………………………………… 130
　1-1　『ロゴスの受肉』第 7 章の前後のコンテクストの概観 … 130
　1-2　ラウスの解釈の問題点 ………………………………… 132
第 2 節　メイエリングの解釈 ……………………………… 133
　2-1　マルキオン派批判を背景に置いた解釈 ……………… 133
　　2-1-1　マルキオン派批判を背景に置くメイエリングの解釈 … 133
　　2-1-2　神の真実性とは神の首尾一貫性 …………………… 134
　　2-1-3　創造論における神の善性から救済論における神の善性へ
　………………………………………………………………… 136

v

目次

  2-1-4 人間のもろさのしるしである悔い改め ……………………… 137
 2-2 メイエリングの解釈の評価 …………………………………… 138
 第3節 神の主権を顕す神の善性と神の真実性 ……………………… 140
  3-1 王としての支配を確立する神の善性 …………………………… 140
   3-1-1 『ロゴスの受肉』第3章3節の解釈 …………………………… 140
   3-1-2 神の品位に関わることとして人間を救う神の善性 ……… 142
  3-2 神の真実性とは神の主権を肯定すること …………………… 143
 第4節 なぜ悔い改めによってでは救われないのか ………………… 144
  4-1 悔い改めによってでは救われない第一の理由の意味 ……… 144
  4-2 悔い改めによってでは救われない二つの理由の関係 ……… 145
 第5節 滅びの現実を支配する神 ……………………………………… 146
  5-1 人間の観想の力が顕す主権者なる神の善性 ………………… 146
  5-2 アタナシオスが理解する人間の滅び ………………………… 149
   5-2-1 人間は決定論的に滅びに定められているのか …………… 149
   5-2-2 人間の滅びを引き起こす二重の主体 ……………………… 149
   5-2-3 死への絶望から復活の希望へ ……………………………… 151
   5-2-4 滅びの現実をも支配する主権者なる神 …………………… 153
 おわりに──『異教徒駁論』と『ロゴスの受肉』との一体性 ……… 154

第3章 『アレイオス派駁論』における
    アタナシオスの救済論 ………………………………………… 155

 第1節 『アレイオス派駁論』の救済論研究の方法
    ──聖書講解に基づいた『アレイオス派駁論』の救済論 …… 155
  1-1 はじめに ………………………………………………………… 155
  1-2 聖書講解に基づいた『アレイオス派駁論』の神学 ………… 156

第2節　罪と死からの救いの内実である「神の宮とされること」
　　――フィリピの信徒への手紙第2章5〜11節の講解
　　（『アレイオス派駁論』第1巻第40〜45章） ───── 158
- 2-1　聖書講解によるアレイオス派批判 ───── 158
- 2-2　神の秘義としての罪と死からの救い ───── 160
  - 2-2-1　神の秘義 ───── 160
  - 2-2-2　罪と死からの救い ───── 161
- 2-3　神の宮とされること ───── 164

第3節　人間の救済を主導する神
　　――詩編第45篇7〜8節の講解
　　（『アレイオス派駁論』第1巻第46〜52章） ───── 167
- 3-1　キリストの本性は可変か不変か ───── 167
- 3-2　キリストに香油が注がれた理由 ───── 168
- 3-3　キリストの神性と人間の救済との関係 ───── 169

第4節　人間の救いに相応しい道である神化
　　――箴言第8章22〜25節の講解
　　（『アレイオス派駁論』第2巻第44〜82章） ───── 173
- 4-1　キリストの本性は創造されたのか ───── 173
- 4-2　人間の救済に対する御子の主権性 ───── 174
- 4-3　人間に真実の利益をもたらす救済としての神化 ───── 177

第5節　情念からの解放をもたらすロゴスの受肉
　　――聖書解釈の原理である「聖書の意図」の講解
　　（『アレイオス派駁論』第3巻第26〜35章前半） ───── 181
- 5-1　聖書解釈の原理である「聖書の意図」 ───── 181
- 5-2　「聖書の意図」の持つ救済論的意義――情念からの救い ───── 183
- 5-3　「聖書の意図」と響きあうアタナシオスの聖書講解 ───── 186

目 次

第4章 『アントニオスの生涯』におけるアタナシオスの救済論 189

はじめに 189

第1節 『アントニオスの生涯』の著者問題 190
1-1 アタナシオス著者説に対する疑義 190
1-2 アタナシオス著者説の真正性 192

第2節 『アントニオスの生涯』において自らの神学を展開するアタナシオス 194
2-1 『アントニオスの生涯』の虚像と実像に表されるアタナシオスの神学 194
2-2 修道士の理想像——神を観想する生を生きるアントニオス 196

第3節 『アントニオスの生涯』の主題
——生涯を貫く悪魔との戦いと、その勝利の秘訣 198
3-1 『アントニオスの生涯』における悪魔との戦いの概観 198
3-2 悪魔ではなく神を畏れて生きることの重要性 201
　3-2-1 悪魔に勝利する秘訣——恐れてはならない 201
　3-2-2 恐れに打ち勝たせる神の臨在のリアリティ 204
　3-2-3 畏れるべきは神 207
3-3 神からの賜物としての霊の識別 209

第4節 罪の克服 212
4-1 天への上昇 212
4-2 十字架のしるしが意味するもの 213
　4-2-1 『アントニオスの生涯』における十字架のしるし 213
　4-2-2 『ロゴスの受肉』における十字架のしるし 215
　4-2-3 十字架の死の意味——『ロゴスの受肉』第8〜9章の解釈 218
　4-2-4 悪魔との戦いにおける十字架のしるしの力 220

第5節 人間の救いに対する神の主権性 221

5-1　『アントニオスの生涯』における救済論の固有性 ………… 221
　　5-2　神の主権性に支えられた罪と戦う生活 ………………… 223
　　　5-2-1　罪と向きあわせる神の主権性 ………………… 223
　　　5-2-2　罪と戦う生活の実践を促すアントニオス ………… 224
　　5-3　オリゲネスの論じる霊性修行との違い ………………… 227

結　論　アタナシオス神学における神論と救済論の関係
………………………………………………………………… 229

　第1節　本論の要約 ……………………………………… 229
　　1-1　アタナシオスの神論の特質——神の善性の理解を巡って ……… 229
　　1-2　アタナシオスの救済論の特質 ……………………… 236
　第2節　神論が救済論を基礎づけるアタナシオス神学の構造 …… 245

注 ……………………………………………………………… 249
参考文献 ……………………………………………………… 303
人名索引 ……………………………………………………… 313
事項索引 ……………………………………………………… 316
聖書索引 ……………………………………………………… 320
あとがき ……………………………………………………… 323
著者紹介 ……………………………………………………… 327

序　論　本研究の目的と方法

第1節　本研究の目的と研究史の概観

　アタナシオス（295/298～373年）は、キリスト教会の歴史において極めて重要な働きをした教父である。4世紀にイエス・キリストの神性を巡ってアレイオス派との熾烈な論争が起こった時、アタナシオスはニカイア派のリーダーとなって戦い続けた。エジプトの大都市アレクサンドレイアの主教として45年間活動したが（328～373年）、その在位中にアレイオス派からの攻撃によって合計5回アレクサンドレイアから追放されるという経験をした。その逃亡生活は、5回合わせて17年間に及ぶものであった。にもかかわらず、アレクサンドレイアの緊張状態がひとたび緩和されると、その都度アレクサンドレイアに帰還してニカイア派の立場を擁護するために奔走し、生涯にわたって諦めることなくアレイオス派と論争し続けた。そしてこのようなアタナシオスの神学と教会政治における業績は、ニカイア・コンスタンティノポリス信条（381年）が言い表す三位一体の信仰を確立するために多大な影響を与えたのである。
　アタナシオスに関する研究は、教会史、教理史、教父学の分野でこれまで数多く行なわれてきた[1]。その主題は研究者の歴史的、神学的な関心に基づいて多岐にわたっており、特に近年では、アレイオス派論争に関する歴史的理解やアタナシオスの人物像を巡って、伝統的な理解に対する批判が行なわれたり、さらにそれらの批判に対する再批判が行なわれたり、といった具合に活発に議論がなされてきた[2]。そんな様々な関心に基づくアタナシオス研究の状況を踏まえつつ、筆者の関心はアタナシオス神学の構造の解明に向けられている。特にアタナシオスの神論と救済論の関係を問うことこそ、本研究の目的である。
　アタナシオスの神論と救済論の関係について重要な発言をしたのは、A・ハルナックである。ハルナックはアタナシオスの神学において、その救済論が神論の土台となっていることを強調した。すなわちアタナシオスにおいては、キ

序　論　本研究の目的と方法

リストの贖罪のみわざからロゴスの本性が定められているのであり[3]、その神学とキリスト論は贖罪論に基礎づけられていると述べている[4]。これはアタナシオスを含めたギリシア教父の神学に共通のものであるとしながら、ハルナックはその著書『キリスト教の本質』の中で、さらにその神学の特質を次のように論じている。

> あらゆる可能性のある救済についての表象、すなわち罪の赦し、あるいは悪霊の力からの救済などの中で、3世紀において教会の中でもっとも支配的なものとして前面に現れ出たのは、キリスト教的救済を、死からの救済として、またそれによる神的生命への高揚、すなわちまさに神化として理解するということであった。……しかしここで形成されたようなものは福音書の中にもパウロ神学にもなく、それとは異質なもので、それはギリシア的なものである。すなわち、死ぬということそれ自体が最大の不幸なのであり、それはすべての不幸の根源であるが、最高の善というのは、永遠に生きるということである。……死からの救済は具体的な薬理上のプロセスとして提示されている。すなわち、神的な本質流出と死すべき本性の改造として提示されている[5]。

まさにギリシア教父たちは、神のいのちに与ることによって人間がもはや肉体的に死ぬことがなくなることを救いと考えていたのであり、そのような救いを神化という言葉で捉えていた。さらにハルナックは次のように言葉を続ける。

> しかしもし、人間の本性の構造に現実に入り込むこと、また人間の本性それ自体の神化がここで取り扱われるのだとすれば、救済者自身が神であり、人でなければならない。ただこのような条件のもとでのみ、この驚くべき出来事の事実内容は表現されうるのである。……ただもし神的なものそれ自体が自ら身体をとって死者の中に入り込むなら、死者は変化するのである。神的なもの、すなわち永遠の生命、そしてそれを他者に与えること、それは半神半人ではなく、ただ神自身が持っているものなのである。

まさにロゴスは神自身でなければならず、そのロゴスは真に人間にならねばならない。このふたつの条件が満たされるならば、その後で現実の、自然な救済、すなわち人間の神化が現実に与えられる。……ここから、なぜアタナシウスが、ロゴス・キリストは父と同一の本質であるという形式のために、それがキリスト教宗教の生死をかけた問題であるかのように取り扱ったかが説明される。ここから、なぜ他のギリシアの教会教父たちが救済者における神性と人性の完全な統一を危険にさらすあらゆるものを、またそれをただ道徳的な結合の表象として扱うようなものをキリスト教の破壊者と見なしたのかということが明らかにされる[6]。

ここでハルナックは、アタナシオスが「神化」という救済を人間に与え得る存在としてキリストの本性を考えており、そのような仕方で自らのキリスト論を展開したのだ、と主張している。そしてハルナック自身が理解するアタナシオスの神学について、三つの批判を加えるのである。すなわち、第一にこのような神学において道徳的要素はよくてただの付け足しだと言わざるを得ないのであり、第二にこの理解は福音書のイエス・キリストとほとんど関連がないのであり、第三にこの理解ではわたしたちをキリストから離れさせるという結果をもたらすのである[7]。

このようなハルナックによるアタナシオス神学の理解は、後の研究者たちに大きな影響を与えた。例えばJ・デニーは『キリスト教の和解論』において、概ねハルナックの理解に依拠しながら、アタナシオスの神学が構造的に抱え込んでいる問題を批判的に取り上げている[8]。またハルナックやデニーのようにアタナシオス神学を批判的に見るかどうかは別にして、確かに救済論にこそアタナシオスの中心的な関心が向けられているとする理解は、その後も多くの研究者たちによって受け入れられてきた。例えばシュネーメルヒャー[9]、J・ペリカン[10]、W・パネンベルク[11]、M・F・ワイルズ[12]はアタナシオスの神学における救済論的モティーフを重視している。

これに対して、むしろアタナシオスの神論こそがその救済論を基礎づけていると考える研究者たちが存在する。D・リッチュルは、ロゴスの受肉の根拠が人間に属するものではなく神の聖性の中にある、と主張した。すなわち神の聖

性の中に隠されている受肉の根拠こそがその目的を決定づけているのであり、その逆にはなり得ないことを強調したのである[13]。また関川泰寛はこのようなリッチュルの議論に触発されつつ、アタナシオス神学の構造を一貫して支えているものが頌栄的モティーフであることを論証した[14]。さらにK・バイシュラークは、アタナシオスこそが「堕罪前予定説」を最初に述べたと論じ、したがって神がご自分の救済計画をすでに堕罪に先立って、つまり永遠からご自分の内部で引き受けたとするアタナシオス神学において、救済は人間の必要から説明されなければならないのではなく、第一義的には神の本質から説明されなければならない、と主張したのである[15]。

以上のようにアタナシオス神学における神論と救済論の関係についての研究史を概観したが、筆者はリッチュル、関川、バイシュラークといった研究者たちと同様に、アタナシオスの神論が救済論を基礎づけていることを、本研究において論証したいと考えている。

第2節　本研究の方法

2-1　本研究の構成

本研究は二部構成で議論を進める。第1部では、アタナシオスの神論がどのような特質を持つかを考察する（アタナシオスにおける神の善性の理解）。そして第2部ではアタナシオスの救済論を、第1部で考察したアタナシオスの神論との関係を視野に入れながら考察する（アタナシオスの救済論）。

アタナシオスの神論の特質を考察する手掛かりとして、アタナシオスが著書の中で頻繁に用いている神の善性を表現するギリシア語（ἀγαθός, ἀγαθότης）を取り上げ、この言葉の意味内容を明らかにしたい。そこで第一にアタナシオス以前の思想家たちが神の善性をどのように理解してきたかを考察する。アタナシオスと彼以前の思想家たちの理解の共通点と相違点が明らかにされるならば、それだけ一層アタナシオスの神論の特質も浮かび上がってくるに違いない。またアタナシオスにおける神の善性の理解が持つ教理史上の意義も明確になるであろう。そこでアタナシオス以前の思想家たちの中で特に中期プラトン

序　論　本研究の目的と方法

主義者とオリゲネスを取り上げたい（第 1 章　中期プラトン主義とオリゲネスにおける神の善性の理解）。第二にアタナシオスの著作において神の善性という用語がどのように用いられているか、それぞれの著書においてどのような役割を果たしているかを考察する。善性という用語の使用状況については、G・ミュラーが *Lexicon Athanasianum*[16] の ἀγαθός、ἀγαθότης の項目において、すべての用例を指摘している。これによれば ἀγαθός の神に関する使用回数は、『異教徒駁論』が14回、『ロゴスの受肉』が 5 回、『アレイオス派駁論』第 2 巻が 2 回、『アレイオス派駁論』第 3 巻が 7 回、『アリミヌムとセレウキアの会議について』が 2 回、また ἀγαθότης の神に関する使用回数は、『ロゴスの受肉』が10回、『ニカイア会議の宣言について』が 2 回、『復活祭書簡』が 1 回、『エジプトとリビアの主教への手紙』は 1 回、『アレイオス派駁論』第 1 巻は 1 回、『アントニオスの生涯』は 1 回である[17]。したがって相対的に『異教徒駁論』と『ロゴスの受肉』において神の善性という用語が数多く使用されている。また『アレイオス派駁論』第 3 巻には 7 回の用例が見られるが、その中の 6 回は本書の最後のセクションである『アレイオス派駁論』第 3 巻第59～67章で使用されている[18]。そこで本研究の第 1 部ではアタナシオスにおける神の善性の理解を明らかにするために、特にこの用語の使用頻度の多い三つの著作、すなわち『異教徒駁論』（第 2 章　『異教徒駁論』における神の善性に基づく自己啓示）、『ロゴスの受肉』（第 3 章　アタナシオスの『ロゴスの受肉』における神の善性）、『アレイオス派駁論』第 3 巻第59～67章（第 4 章　アタナシオスの『アレイオス派駁論』第 3 巻第59～67章における神の善性）をそれぞれ取り上げて考察する。

　次にアタナシオスの救済論を論じる第 2 部では、彼の四つの主要な著作を取り上げる。その四つとは『異教徒駁論』（第 1 章　『異教徒駁論』第30～34章におけるアタナシオスの人間論が意味するもの――ロゴスの受肉による救済が不可欠な人間の現実）、『ロゴスの受肉』（第 2 章　なぜ人間は悔い改めによってでは救われないのか――『ロゴスの受肉』第 7 章の解釈を巡って）、『アレイオス派駁論』（第 3 章　『アレイオス派駁論』におけるアタナシオスの救済論）、『アントニオスの生涯』（第 4 章　『アントニオスの生涯』におけるアタナシオスの救済論）であり、それぞれの著書においてどのような救済論が展開さ

5

れているかを考察する。

2-2　コンテクストに基づく読解

　カンネンギーサーは[19]、従来のアタナシオス神学についての多くの研究において文学批評が行なわれていないことを指摘して、これが今後行なわれていく必要性を主張した。レーマンスもまたカンネンギーサーの主張の妥当性を認めつつ、現代の多くの研究がアタナシオス神学の部分的な再構成を行ない、その再構成を主として『異教徒駁論』、『ロゴスの受肉』、『アレイオス派駁論』から取り上げた重要なテキストで強化しているのであるが、このような方法が必然的にアタナシオスの神学概念の組織化に至ると論じている。確かにアタナシオス自身が信頼して用いている神学概念の存在をレーマンスは認めているが、アタナシオスは現代的意味での組織神学者ではなく、その著作における議論の展開の仕方を丁寧にたどる文学批評的な方法によってこそアタナシオスの神学の特質を明確化できると訴えている[20]。

　そしてレーマンスはアタナシオスの著作に対する文学批評の好例として、C・A・ブレイジングによる『アレイオス派駁論』に関する詳細な注解[21]を取り上げている。ブレイジングはアタナシオスの神学的方法論に焦点を当て、文学的、論争的なコンテクストに注目しながら綿密に『アレイオス派駁論』を読み、本書の神学を論じている。レーマンスは、ブレイジングのような文学批評の方法がアタナシオスの思想を正確に理解する上で不可欠のものであり、もしそうしなければアタナシオスについての研究者自身の再構成のみを理解するという危険があることを指摘する。そしてこの「コンテクストに基づく読解」は、アタナシオスの神学概念をあまりに組織化しすぎてしまうことへの予防となる、とする。

　同様にアタナシオスの著作の解釈において「コンテクストに基づく読解」の意義を認めているものに、ピーターセンの研究がある[22]。本書では特に『異教徒駁論』と『ロゴスの受肉』の間で救済論の理解において矛盾しているように思われる箇所を取り上げながら、そのコンテクストの相違を意識した解釈を示しつつ、両書の神学に矛盾がないことを論証している。

　本研究においても、アタナシオスの著書からいろいろな言葉を取り上げる際

序　論　本研究の目的と方法

に、それらの言葉のコンテクストを絶えず念頭に置きながら考察を進めたい。もちろんアタナシオスのそれぞれの著作が大部であるために、それぞれの著作の議論をすべて細部に至るまで辿ることはできないが、特に重要と思われる箇所について、その前後のコンテクストを取り上げながらできるだけ丁寧に読解し、そこから浮かび上がるアタナシオスの思考内容を明らかにしつつ、その神学の特質に迫りたい。

第 1 部　アタナシオスにおける神の善性の理解

第 1 章　中期プラトン主義とオリゲネスにおける神の善性の理解

はじめに

　アタナシオスにおける神の善性の理解の特質を知るためには、彼以前の思想家たちが神の善性をどのように理解してきたかを考察することは有益である。アタナシオスと彼以前の思想家たちの理解の共通点と相違点が明らかにされるならば、それだけ一層アタナシオスにおける神の善性の理解とその神学全体の特質も浮かび上がってくるに違いない。そこでこの章ではアタナシオス以前の思想家たちの中で特に中期プラトン主義者とオリゲネスを取り上げたい。

　中期プラトン主義の研究者であるJ・ディロンはその著書『中期プラトン主義者たち』[1)]の副題を「紀元前80年～紀元後220年のプラトン主義の研究」としているが、この副題からわかるように中期プラトン主義者とは、キリスト教会が生まれる直前の時代からオリゲネスが神学者として活動を始めた頃までの間に活躍した人たちのことである。彼らはプラトンの哲学を継承しつつ、その思想を自分たちの時代状況に適応させた。したがって彼らが神の善性について考察する場合にも、プラトンの理解を土台としている。そこでまずプラトンが神の善性の概念をその思想全体の中でどのように位置づけているかを概観したい。それに続けて中期プラトン主義の二つの類型を紹介し、さらにその中から神の善性について注目すべき発言をしているアルキノオス、ヌメニオスの思想を取り上げ、彼らの神の善性の理解の特質を明らかにしたい。

　オリゲネスは主にアレクサンドレイアで活動し、後代のアレクサンドレイア学派に多大な影響を残した人物である。その後アレクサンドレイアの主教として活躍したアタナシオスの神学も、オリゲネスの神学の遺産を受け継いでいる。オリゲネスは中期プラトン主義から少なからぬ影響を受けていた神学者であるが[2)]、同時にたくさんの聖書に関する著作を残しており、聖書を土台としながら思想を展開した人物でもある[3)]。そこでまずオリゲネスの神学が中期プ

第1部　アタナシオスにおける神の善性の理解

ラトン主義からどのような影響を受けているかを明らかにしたい。次にアルキノオス、ヌメニオスとオリゲネスの神の善性についての言及を比較しながら、オリゲネスに固有な理解を明らかにしたい。最後にキリスト教会の中で神の善性について特異な考えを主張したために異端として退けられたマルキオンを取り上げ、オリゲネスとマルキオンとの間で神の善性の理解についてどのような違いがあるかを検討することによって、オリゲネスの神学の特質に迫りたい。

第1節　中期プラトン主義における神の善性の理解

1-1　プラトンにおける善のイデア

　プラトンの哲学を理解するためにまず大切なことは、彼のイデア論を理解することである。プラトンはイデア論を展開するに際して、次のような存在論的区分を前提とする。すなわち可視的世界である生成の領域と不可視的世界である存在の領域との間に決定的な区分を置き、イデアを存在の領域に位置づける。そして可視的世界はイデアの像を分有しているので、その像を頼みとしながらイデアを追い求めることによって人間はイデアの世界にたどり着くことができるのだ、とプラトンは主張する[4]。

　可視的世界は実に多様な姿をしており、この多様性は可視的世界を基礎づけているイデアそのものの多様性に由来している。そして多様性に富む諸イデアは一つの階層的構造を形作っており、この構造を絶対的に基礎づけているものこそ「善のイデア」である[5]。プラトンはこの善のイデアをしばしば神と呼ぶ。そして可視的世界が分有しているイデアを追求することによって善のイデアに至る道を、神への上昇の道として説明している[6]。

　さらにプラトンは『ティマイオス』において宇宙生成という主題を論じながら、デーミウールゴス（δημιουργός〔創造者〕）である神について論じている。そこで彼はデーミウールゴスが善なる者であると主張している。

　　それでは、生成する事物すべてとこの宇宙万有との創造者が、いったいどのような原因によって、これを創造したのかということを話そう。創造

第1章　中期プラトン主義とオリゲネスにおける神の善性の理解

者はすぐれた善きものであった。ところが、およそ善きものには、何事についても、どんな場合にも、物惜しみする嫉妬心は少しも起こらないものである。そこで、このような嫉妬心とは無縁だったので、創造者は、すべてのものができるだけ、創造者自身によく似たものになることを望んだのであった[7]。

けれども『ティマイオス』の中で、デーミウールゴスが至高者であるということはあまり明確に述べられていない。プラトンは宇宙生成に際して、デーミウールゴスを導くモデルとなるものがあることに触れて、次のように述べている。

> ところがさて、何を創造するにしても、そのデーミウールゴスが、常に同一を保つもののほうに注目し、その種のものを何かモデルに用いて、当の被造物の形や性質を仕上げる場合には、そのようにして造り上げられるものはすべて、必然的に立派なものとなる。しかし、デーミウールゴスが生成したものに注目し、そうした生み出されたものをモデルに用いる場合には、被造物は立派なものとはならない[8]。

プラトンはこのモデルに関して、デーミウールゴス自身がそれを創造したと言っているわけではない。またこのモデルがデーミウールゴスの一部分であると述べているわけでもないのである[9]。さらに『ティマイオス』には宇宙生成以前の混沌とした物体の様子が述べられており[10]、その中に次のような言葉がある。

> そして神がそれらのものを、もとは立派でもなければ善くもなかった状態から、およそ可能な限り立派な善いものに創造したという、このことだけは、何はさておいても、いつでも言われるものとして、わたしたちは前提しておこう[11]。

ここで言われているようにデーミウールゴスが混沌とした物体から可能な限

第1部　アタナシオスにおける神の善性の理解

り善きものを創造したということは、裏を返せばデーミウールゴスは可能な限りにおいて創造を行なうことが許されているだけであったのであり、混沌とした物体を完全には支配することができないということになる[12]。

このような仕方でプラトンがデーミウールゴスを論じたのには理由がある。すなわちプラトンの思想の背後には、神義論の問いがあったのである。つまりプラトンは、この世界が不完全な現実を抱えているにもかかわらず、神によって創造されたものであるということを矛盾なく説き明かそうとして、このような議論をしているのである[13]。

ところがこのプラトンの試みは、その後の哲学者たちに対して大きな課題を残すこととなった。プラトンにおいては、善のイデアである神は明確に至高者として述べられているが、デーミウールゴスである神が至高者であるということについては曖昧である。しかもプラトン自身は、善のイデアとデーミウールゴスの関係について何も説明していないのである[14]。こうして両者の関係をどのように理解するかということが、中期プラトン主義者にとって大きな問題となった。そして中期プラトン主義者たちは両者の関係を、両者の善性の関係についての問いと深く結びつけて論じていくのである。

1-2　中期プラトン主義の二類型

ディロンは、中期プラトン主義者たちが『ティマイオス』のデーミウールゴスを二通りの仕方で解釈していることを紹介している。そして彼はこのデーミウールゴス解釈の相違によって、中期プラトン主義における神理解の二つの類型が生まれた、と分析している。

第一に『ティマイオス』を神話として理解しながら、その中に述べられているデーミウールゴスに対してある程度の神的な役割を認めつつ、神的知性における創造の働きを担う位相として捕えた者たちがいる。さらにこのように理解する者たちの中から、ストア派の影響のもとでデーミウールゴスを非人格化して、ロゴス論を主張する者たちが現れた。つまり彼らは、至高者なる神の創造の働きの媒介者として、ロゴスとデーミウールゴスを重ねあわせて捉えたのである[15]。このロゴスは至高者なる神に対して従属的な存在であり、その結果、神はロゴスによる創造のわざに対してある一定の距離を置いて働くと理解され

た。このようにしてロゴス論を展開した代表的な人物は、アレクサンドレイアのフィロンやプルタルコスである。特にフィロンのロゴス論は、キリスト教会の神学者たちが主張したロゴス・キリスト論に多大な影響を与えた。

　第二に『ティマイオス』の宇宙生成の描写を、字義通り受け入れた者たちがいる。中期プラトン主義者たちの間では、『ティマイオス』の宇宙生成やデーミウールゴスをそのまま受け入れる立場の方が支配的であった。デーミウールゴスを文字通り神と理解した者たちは、二人の神を想定した。すなわちプラトンの善のイデアを第一の神とし、デーミウールゴスを第二の神としたのである[16]。ロゴス論と同様に、二人の神を想定した者たちも、第二の神は第一の神に従属する存在であると理解した。そしてこの立場を代表する人物は、アルキノオス[17]やヌメニオス[18]である。

1-3　アルキノオスにおける不動の動者である神の善性

　アルキノオスの哲学において特筆すべきことの一つは、彼がアリストテレスの「不動の動者」の概念を、自らの思想に導入していることである。それは『プラトン哲学講義』第10章の中に顕著に現れている。

　　また、知性は魂よりも優れており、また可能態にある知性よりも、現実活動態においてすべてを同時につねに思惟する知性がより優れており、さらにまたその知性よりも、その知性の原因となる、まさにそれらのさらに上位に位置する知性こそがより美しいのであるから、これこそが第一の神であり、この宇宙全体の知性がつねに活動していることの原因となるものであろう。そしてそれは、それ自身は不動でありながら、宇宙の知性に対して働きかける。あたかも太陽もまた、視覚が太陽に目を向ける時には、視覚に対して働きかけるように、また欲求されるもの［欲求の対象］が［それ自身は］不動のままで欲求を動かすように、まさにそのようにこの知性もまた宇宙全体の知性を動かすであろう[19]。

　この箇所でアルキノオスは三つの実在について述べている。すなわち魂、現実活動態においてすべてを同時につねに思惟する知性（宇宙全体の知性）、第

一の神である。そしてアルキノオスは第一の神を、「不動の動者」の概念を用いて捉えている[20]。アルキノオスはこの概念を用いることによって、すべてのものから超越している第一の神を、第二の神である宇宙全体の知性と明確に区別しようとしたのである。

　さらに同じくこの章において、アルキノオスは善のイデアと分有による善との区別を行っている。

　　　また神は悪でもない——そんなことを口にするのは許されない——からである。また、善でもない。なぜなら、何かの分有によって、とりわけ善性の分有によってそうなるであろう［が、しかるにそれはありえない］から[21]。

　この箇所でアルキノオスは、第一の神が分有による善を持つことを否定しようとしている。第一の神が善であるのは、善の分有によるのではなく、第一の神こそ善のイデアに他ならないからである[22]。このようにアルキノオスは第一の神を善のイデアとしながら、その善性を分有による善とは区別している。後にヌメニオスは第一の神を「善それ自体」と呼び、第二の神であるデーミウールゴスを単に「善」と呼んで両者を区別するが[23]、アルキノオスの善に関するこの言及はヌメニオスの先駆けと見なすことができるのである。

　しかしアルキノオスはヌメニオスほど明確には、第二の神を『ティマイオス』に描かれているデーミウールゴスとして位置づけていないように思われる。実際にアルキノオスは『プラトン哲学講義』第10章で、第一の神とデーミウールゴスとを同一視しているように思われる表現を用いている。

　　　そして、それ（第一の神）が善であるのは、それがあらゆるものに可能な限り善を尽くし、あらゆる善の原因であることによる。……また、父であるのは、それがあらゆるものの原因であり、天空の知性と宇宙の魂を、自分自身を範として、つまり自分自身の思惟［イデア］を範として、秩序付けていることによる。なぜなら、それはそれ自身の意志によって万物を自分自身で一杯に満たし、宇宙の魂を呼び覚まして自分自身に向けさせ、

その魂の知性の原因となるのであるから。そして宇宙の魂の知性は、父によって秩序づけられて、この宇宙の中の自然の全体を秩序づけるのである[24]。

　この箇所でアルキノオスは第一の神を父と呼んでいるが、これは『ティマイオス』28Cでデーミウールゴスを「この万有の造り主であり父である存在」[25]と呼んでいる箇所に由来するものと考えられる[26]。したがってアルキノオスは第一の神とデーミウールゴスとを、ここで同一視しているように思われる[27]。ところがその一方で、この箇所において父である第一の神は天空の知性（宇宙全体の知性、すなわち第二の神）の運動の原因となっているだけであり、この世界を直接秩序づけているのは天空の知性なる第二の神である、とされている。つまりこの箇所では第二の神こそデーミウールゴスのような存在として理解されているのであり、第一の神は「不動の動者」として被造物に対してある距離を置きながら第二の神を通して働きかける存在なのである[28]。
　またアルキノオスは『プラトン哲学講義』第28章で、人間の目標が神のようになることであると論じているが、そこで次のように述べている。

　　その神とは、すなわち、天空にある（ἐπουράνιος）神であって、ゼウスに誓って決して、天空のかなたの（ὑπερουράνιος）神ではない。後者は、徳というものを持たず、それに優るものであるがゆえに[29]。

　このようにアルキノオスは、人間が目標とする神とは天空のかなたにいる第一の神ではなく、それより一段低い天空にある神であると述べている。そのようにして彼は、『プラトン哲学講義』第10章で述べた「不動の動者」である第一の神を、『プラトン哲学講義』第28章の人間が徳の手本として目標とすべき神と混同するのを避けたのである。つまり第一の神を、人間が真似できるほどに人間に近い存在と見なしてしまうならば、第一の神の超越性が危うくなるとアルキノオスは考えたのである[30]。したがって『プラトン哲学講義』第28章で述べられている諸々の天にいる神は被造物に近い存在であり、必然的にデーミウールゴス、あるいは『プラトン哲学講義』第10章で述べられている宇宙全

体の知性である第二の神を指していると結論づけることができる[31]。

以上のようにこの著作全体の議論は、被造物に対する第一の神の超越性を保持しようとする意図によって基礎づけられている。「不動の動者」である第一の神と、被造物と直接関わる第二の神との区別も、そのようなアルキノオスの意図から生まれているのである。

1-4 ヌメニオスにおける「善それ自体」である神

ヌメニオスの著作は完全な形では一つも現存しておらず、様々な断片が伝えられているだけである。その中で新プラトン主義者のプロクロスがヌメニオスの説を図式的に紹介しており[32]、そこにヌメニオスの神理解がよく言い表されている。

> ヌメニオスは三つの神を明らかにして、第一の神を父と呼び、第二の神を作者と呼び、第三の神を作品と呼んでいる。というのも、彼によれば、宇宙は第三の神であるから。したがって、彼によれば、デーミウールゴスは二重のもので、それは第一の神でもあり、第二の神でもあるが、創造されたものは第三の神である[33]。

ここでプロクロスは、ヌメニオスが三人の神を立てた、と述べている。そしてデーミウールゴスの二重の働きを第一の神と第二の神に帰しているが、これはプロクロスの間違いであり、ヌメニオスは第二の神と第三の神にデーミウールゴスの働きを帰したと考えられる[34]。実際にある他の断片の中では、次のように述べられている。

> 第一の神と第二の神について理解しようとする者は、まず序列をつけ何らかの整理をして、それぞれを区別しなければならない。……思索の中の宝を言葉でもって表すために、自らを知っているお方である神を呼び出して、わたしたちはそのようにして始めよう。今や祈るべきだ。そして区別すべきだ。自らの居場所にいる第一の神は単純で、全体として自分自身と共にあり、けっして分割され得ない。しかし、第二の神と第三の神は一つ

第1章　中期プラトン主義とオリゲネスにおける神の善性の理解

のもので、二性である質料と一緒になりこれを一つのものにするが、これによって分割される[35]。

　ここでヌメニオスは第一の神と第二の神との区別をより根本的なものと考えており、第二の神には二つの側面があって、その一方、すなわち質料に関わる側面が第三の神として論じられる場合もあった、と理解するのが妥当である[36]。実際にヌメニオスはアルキノオスよりも明確に、第一の神とデーミウールゴスとを区別していた。例えばヌメニオスは、第一の神をあらゆる活動から離れている存在として、次のように描いている。

　　すなわち、第一の神はあらゆる働きから無為であり、王であるのに対し、デーミウールゴスとしての神は天を巡りながら支配する、ということである[37]。

　このようにあらゆる働きについて無為である第一の神は、創造の働きからも距離を置いているのである。さらにヌメニオスは、次のようなパラドクスを含む表現で第一の神を言い表している。

　　明らかに第一の神は静止したままだが、これに対して第二の神は動いている。第一の神は可知的なものに関わっているが、第二の神は可知的なものと感覚的なものとに関わっている。あなたはさらにもっと驚くことを聞くことになる。すなわち、第二の神に運動が属するのに対して、第一の神に属する静止は生来的な運動であるとわたしは主張する[38]。

　第一の神にとって静止こそ生来的な運動である、という逆説的な表現をヌメニオスが用いた理由は、アリストテレスの「不動の動者」の概念を彼が避けていたからに他ならない[39]。いずれにせよ、このような表現にも第一の神の被造物に対する超越性を強調するヌメニオスの意図がうかがえる。
　またヌメニオスは神の善性について、大変に興味深い発言をしている。例えば次のように述べている。

第1部　アタナシオスにおける神の善性の理解

　　実在とイデアが可知的なものであり、知性はそれより年長でそれの原因であることが同意されたならば、まさにこの知性のみが善（τὸ ἀγαθόν）であることが見出されたことになる。というのも実際、デーミウールゴスは生成の神であり、善は実在の始原たるべきものなのだから。善の模倣者であるデーミウールゴスは、これと類比関係にあり、実在の似像であり模像である生成は、実在と類比関係にある。生成のデーミウールゴスが善（ἀγαθός）であるとすれば、実在のデーミウールゴス（第一の神）もきっと、実在に生来的な善それ自体（αὐτοάγαθον）であるだろう。……第一の神は善それ自体である。これの模倣者であるデーミウールゴスは善である[40]。

　このようにヌメニオスは第一の神こそ τὸ ἀγαθόν、αὐτοάγαθον であり、デーミウールゴスは単には ἀγαθός であり、τὸ ἀγαθόν の模倣者であると理解していた。さらに次のように述べている。

　　というのも、第二の神が善であるのは自分自身によってではなく、第一の神によってであるとするならば、どうして、それを分有することによって第二の神が善であることができるものが、善でないことがあろうか。とりわけ第二の神はまさに善としての第一の神を分有するからには。きっと、このようにプラトンは推論した結果、鋭い目を向ける者に、善は一つである、と表明したのである[41]。

　第二の神は、「善それ自体」である第一の神の善性を分有することによって善となる。だからこそ第一の神の善性と、デーミウールゴスの善性との区別が生まれるのである。そしてヌメニオスはこのような区別を、プラトンの言葉を根拠として行なったのである。

　　これらのことがそのようであることを、プラトンは別々の仕方で記した。すなわち、ことに『ティマイオス』においては「彼は善であった」（『ティマイオス』29E）と言って、デーミウールゴスについて普通の意味

20

第1章　中期プラトン主義とオリゲネスにおける神の善性の理解

で善と書いた。他方、『国家』においては善を「善のイデア」（『国家』第6巻508E）と言った。デーミウールゴスのイデアは善であるからである。これはわたしたちによって、第一にして唯一の神の分有によって善であると主張されたものである。……そのように、当然デーミウールゴスも第一の善を分有することによって善であるからには、善のイデアとは、善それ自体である第一の知性であろうから[42]。

このようにヌメニオスはプラトンの『ティマイオス』29Eと『国家』第6章508Eの言葉を取り上げるのであるが、第一の神より低いレベルにデーミウールゴスを位置づける根拠をプラトンのこの箇所に求めるやり方は、ヌメニオス以前には誰もしなかった[43]。

さらにヌメニオスの神の善性の理解を知る上で重要なことは、彼が質料を悪と見なしていたという事実である[44]。

　……（質料は）欲望的性格を持ち、流動するものだからである。したがって、質料に目を向けるゆえに、可知的なもの（それは自分自身の方を向いているのだから）の方に向いていないことによって、質量のことを配慮して、自分自身には無関心になっている。そして、質料を熱望しながら、感覚的なものに触れて、それを自分の性格へと導く[45]。

このようにしてヌメニオスは、デーミウールゴスによって創造が行われた際の素材を欲望的性格を持つものと理解したが、アルキノオスにはこのような主張は見られない。また『断片』52はカルキディウスの『ティマイオス注解』からの断片であり、そこではヌメニオスの質料に関する教理が論じられている[46]。この箇所でカルキディウスはヌメニオスが質料を悪と見なしていた事実を明言し、さらにヌメニオスがそのように考えた理由を述べている。

　ヌメニオスは、ピュタゴラスが質料を、液状で、性質を持たないものであって、それはストア派のように、質料が、彼らが非相違と呼ぶところの悪と善の中間的諸性質に近いものと捉えるのではなく、明らかに有害なも

21

のであると見なしたと述べるのである。……このようにして、ストア派の人々も、ピュタゴラスも、質料が形なきものであり、性質を欠いていると（見なすことで）一致している。しかしピュタゴラスはこれ（質料）を悪いものと見なすのであるが、ストア派はこれを善とも悪とも見なさないのである。……しかし、ピュタゴラスは驚嘆すべき、そして人類の意見に対立する真理を、遂行すべき断言によって、ためらうことなく主張する。彼は言う。摂理が存在しているにも拘わらず、悪もやむを得ず存立している。それは、質料が存在するからであり、また質料が悪を備えているからである。というのも、もし世界がこの質料から成るのならば、確かにこの以前から存在していた悪なる本性から造られたのである[47]。

このカルキディウスの言葉からもわかるように、ヌメニオスには明確に神義論の問いがあったのである。すなわち彼はこの世界の悪の原因を神にではなく、質料に見ようとしたのである。

そしてここにこそ、ヌメニオスが第一の神とデーミウールゴスとの区別を強調する理由がある。ヌメニオスは第一の神が悪の原因と無関係であることを論証するために、質料にこそ悪の原因があると見なした。したがって彼はデーミウールゴスを悪の原因とは考えなかったが、質料を用いて創造を行なったデーミウールゴスを、第一の神とは明確に区別する必要があったのである。第一の神は悪の原因とは何の関わりもない「善それ自体」なのであり、善の模倣者であるデーミウールゴスとは異なる至高の存在なのである。

第2節　オリゲネスにおける神の善性の理解

2-1　中期プラトン主義からの影響

オリゲネスは神が永遠の創造者であり、永遠にわたってこの世界を支配なさる主に他ならないと理解していた。さらにオリゲネスは神が永遠の創造者、支配者であられるためには、その神が支配し働きかけておられる被造物が常に存在していなければならないと考えた。そこでオリゲネスは次のように述べてい

第1章　中期プラトン主義とオリゲネスにおける神の善性の理解

る。

　何と言っても、子がいなければ人は父たり得ないし、所有物あるいは奴隷なしに人は主人たり得ない。同様に、その権能下にあるものがなければ、神は「万物を支配する者」と呼ばれ得ない。それゆえ、神が万物を支配なさるお方であることが明示されるためには、必然的に万物が実在せねばならない[48]。

もし神がその力を向けておられる対象が何も存在しなければ、神を永遠の創造者、永遠の主と呼ぶことはできない。その結果オリゲネスは、この世界の存在の永遠性を想定するのである[49]。ではオリゲネスは永遠性というものを、どのような仕方で理解していたのか。次の言葉に、オリゲネスの永遠性についての理解が言い表されている。

　しかし、以上のすべてのことも、「あなたはわたしの子。きょう、わたしはあなたを生んだ」（詩編第2篇7節）と御子について神によって語られている、御子の気高い誕生を十分に明らかにしているとは言えません。神にあっては、永遠に「きょう」なのです。それと言いますのも、わたしの考えでは、神にとって、夕べもなく朝もありません。あえて言えば、初めもなく永遠に続く神の生命に併存する時は、神にとって、「きょう」なのです。そこに御子は生まれます。ですから、御子の誕生の元も、御子の誕生の日も見出すことはできないのです[50]。

このようにオリゲネスは永遠性を、時間を超えたものとして捕えていた[51]。したがって彼は生成の領域を基礎づける存在の領域として、永遠の世界を想定していたのである。このように時間的な世界の外側に永遠性を見るオリゲネスは、その視点に基づいて被造物の永遠性を想定している。すなわち被造物は存在の領域である超時間的な世界において、神に全く従属するものとしてその存在が与えられている。だからこそ生成の領域である時間的世界の内側では、永遠の創造者にして主なる神に対して、被造物は永遠に従属する存在として共存

することができるのである。
　けれども同時に被造物は、超時間的世界においてはある始まりを持つことになる。そう考えなければ、被造物が神に創造されたものであるとは言えなくなってしまう。そこからオリゲネスは「非物体的精神の先在的創造」という思想を導き出す。超時間的な先在の世界で、いまだ物体的ではない非物体的精神が創造されるのである[52]。このことについてオリゲネスは次のように述べている。

　　それで、主要なものとして（principaliter）存在するものと、派生的に（consequenter）生起しているものとの両者を含めた、将来の被造物の可能態と形態（virtus ac deformatio）のすべてが、予知の能力によって前もって造られ秩序立てられたものとして、この知恵の実体そのものに内在していたのである。だから、知恵ご自身の内に表現され、予示されたこれらの被造物のために、知恵は、ソロモンを通して、ご自分が「神のわざの道の初めとして創造された」（箴言第8章22節）と言っておられるのである。それは即ち、知恵が全被造物の始原・理拠、像（species）といったものをご自分の内に含んでおられるという意味である[53]。

　ここで論じられているように非物体的精神の先在的創造は、被造物があらかじめロゴスである御子に可能態、形態として内在する、という仕方で起こっている。しかしこのような説明によって神の超時間的な精神世界における創造のみわざを語ったとしても、その際ロゴスなる御子は媒介者として働かれることになる。したがって、神と時間的物体的世界とを取り結ぶ媒介者としてロゴスを捉えていた護教家の理解が、オリゲネスにおいては、超時間的な精神世界における神と非物体的被造物との間を取り結ぶ媒介者として理解し直されたことになるのである[54]。
　以上のようなオリゲネスの神学には、明らかにプラトン主義の影響が見られる。例えば、オリゲネスの神学の前提となっている生成の領域と存在の領域の区別は、まさにプラトンのイデア論の影響に他ならない。またオリゲネスが護教家から受け継いだロゴス・キリスト論は中期プラトン主義のロゴス論、特に

第1章　中期プラトン主義とオリゲネスにおける神の善性の理解

アレクサンドレイアのフィロンの思想に影響を受けて古代のキリスト教会の神学者たちが展開したものである。そして中期プラトン主義のロゴス論の類型ではロゴスが、また第一の神と第二の神の類型では第二の神が、至高者なる神と世界との媒介者と理解されたが、このような枠組みはオリゲネスのロゴス・キリスト論にも見られる。すなわちオリゲネスにとってもロゴスなるキリストは、神と非物体的被造物との媒介者なのである。

2-2　神の善性に基づく経綸

　オリゲネスの主張には中期プラトン主義者たちと類似の理解が見られるが、それと同時にオリゲネスの神学には同時代の哲学者たちとの際立った違いも確認することができる。アルキノオスにおいて神は「不動の動者」であった。またヌメニオスにおいては静止を生来的な運動とする神であった。したがって彼らの神が自らこの世界に、また人間に積極的に関係を持とうとしたり、直接語りかけたりするということは考えられない。両者共に、神が被造物に対して超越していることを何にも優って強調している。そして善のイデアと同一視される第一の神の善性とは、アルキノオスやヌメニオスにとって被造物に対する神の超越性を表現するための概念に他ならなかった。

　まさにこの点において、オリゲネスにおける神の姿は中期プラトン主義者たちとは非常に異なっている。すなわちオリゲネスにおける神はこの世界と深く関わってくださるお方なのである。

　　　神の摂理は、神が統治しておられる万物を……神の能力のように包含している。その能力は、配下にあるすべてのものを包含している[55]。

このようにオリゲネスは、神が摂理をもって万物を包み込んでいてくださるお方であると理解していたからこそ、神が人間に対して生き生きと働きかけてくださる人格的なお方であると理解した。例えばヌメニオスが善なる神を τὸ ἀγαθόν と中性形で言い表していたのに対して、オリゲネスは ὁ ἀγαθός と男性形で呼んだのである[56]。

第1部　アタナシオスにおける神の善性の理解

　　この言葉を、教会に属するものでありたいと願っていますわたしの考えでは、善いお方である神が語っておられます。救い主はこのお方をたたえて言っておられます。「父なる神おひとりのほかに、善いお方はない」（マルコによる福音書第10章18節）。従って、「善いお方」（ὁ ἀγαθός）は「存在者」と同じお方なのです[57]。

さらにオリゲネスはキリストの十字架の死について次のように述べている。

　　実際、あえてこう言ってもよいでしょう。神と等しくあることを固守すべきことと思い、世の救いのために奴隷となることを拒むよりも、かえってご自分を低くし、死に至るまで、十字架の死に至るまで従う者となられた時、キリストが善いお方であられることは、一層大いなるもの、神聖なもの、真に御父の像として顕れたのです[58]。

このようにオリゲネスは、キリストが十字架に死なれることにこそ、神であられるキリストの善性が顕れていると理解した。これは、不受苦性（ἀπάθεια）にこそ神の特質を見出していたプラトン主義者たちには、考えられない主張である。したがってオリゲネスにとって神の善性は、神が被造物と積極的に関係を持ってくださることに他ならない[59]。オリゲネスは神の善性という言葉を用いて、神が自らの中に静止してその超越性を保持している姿を述べるのではなく、この世界を愛してくださる神の姿を描き出しているのである。

　　わたしたちの神は、何という善いお方であろうか。神に逆らった人のためにさえ、涙を流しておられる。これは愛の情に由来することである。誰も自分を憎んでいる人のために、涙を流しはしない。……神はネブカドネツァルのためにさえ、涙を流しておられるのだ[60]。

ディロンはヌメニオスが『断片』16で「善それ自体」を第一の神に、「善」をデーミウールゴスに使い分ける用語法を、オリゲネスが『諸原理について』

第1巻第2章13節において取り入れていると指摘している。そしてそれによってオリゲネスが、御父と御子との区別を表現していると述べている[61]。確かにディロンの指摘の通り、『諸原理について』第1巻第2章13節ではそのような使い分けが見られる。けれどもそこで注意しなければならないのは、同じ用語をオリゲネスはヌメニオスとは異なった意図で用いている点である。実際に当該箇所では、次のように述べられている。

　すなわち、根源的善が御父であられることには疑問の余地はない。この善から御子はお生まれになったのであり、御子はすべての点で御父の像であられる。そこで御子は、疑いもなく、まさに御父の善の像と言われる。つまり、御子の内に存在する善は、御父の内に存在する善以外の第二の善ではない。それゆえ、救い主ご自身が福音書の中で、「神ひとりのほかによい者はいない」（マルコによる福音書第10章18節）とまさしく言われたのである。この根源的善それ自体（ipsa principalis bonitas）のみに由来し、御父の内にある善以外の別の善が御子の内に見られるのではなく、御子の内にある善にはいかなる相違も差異も存在しないのであるから、正しく御父の善の像と呼ばれる。したがって、「神ひとりのほかによい者はいない」（同）という言葉が、キリストや聖霊が善であられることを否定するものと考えて、それを冒涜とみなしてはならない。むしろ、すでに述べたように、父なる神のうちに根源的善があると理解すべきであって、そこからお生まれになった子と、そこから発出なさった聖霊とは、疑いもなく、父なる神の善性（bonitatis natura）を自らのうちに表現するのであり、この〔父なる神の善性〕こそ、泉として御父の内にあり、そこから御子がお生まれになり、聖霊が発出なさるのである。そこで、御父と御子と聖霊以外に聖書の中で善と言われているものがあれば、それが天使であれ、人間であれ、下僕であれ、宝であれ、良い心であれ、良い木であれ、これらすべては厳密な表現ではない。というのは、これらのものは、実体的善（substantialis bonitas）を自分の内に有しているのではなく、付帯的善（accidens bonitas）を有しているからである[62]。

ここで注意したいのは、子なる神の善性が父なる神の善性を根源としていることを指摘しながら、オリゲネスが両者の一体性を強調していることである。御子は御父の中に存在する善以外の第二の善ではなく、御父の内にある善と御子の内にある善にはいかなる相違も差異も存在しないのである。さらにオリゲネスは御父、御子、聖霊の三位一体なる神の善性を「実体的善」と呼び、被造物の善を「付帯的善」と呼んでいる。オリゲネスがここで強調しているのは、この三位一体なる神の善性と被造物の善性との間の区別に他ならない。したがってヌメニオスは、「善それ自体」と「善」という二つの言葉によって第一の神とデーミウールゴスとの違いを強調しているが[63]、これに対してオリゲネスはヌメニオスの用語を用いながら、神とキリストとの善性が一体であることを強調しており、むしろ三位一体の神の善性と被造物の善性との間にこそ決定的な違いを見ているのである。

したがって中期プラトン主義者たちとオリゲネスの神の善性の理解が、大きく異なっていることは明白である。アルキノオスもヌメニオスも神の善性という表現を、神の被造物に対する超越性を保持する姿を言い表すために用いた。これは、プラトンの善のイデアの概念以来続いている特質と言ってよい。しかしオリゲネスは、神は善なるお方であるがゆえに人間に働きかけずにはいられない、と理解した。神の善性は、御子の十字架の死という人間を救う神のみわざにおいてこそ、一層大きなものとして顕れたのである。したがってオリゲネスにとって三位一体の神の経綸こそ、神の善性の表現に他ならない。

2-3　神の善性と神の義の調和

さらにオリゲネスにおける神の善性の理解を知る上で、マルキオンの理解と比較することは重要である。ヌメニオスは自らの神義論の問いに答えるために質料に悪の原因があると理解したが、デーミウールゴスを悪の原因とはしなかったことはすでに指摘した[64]。ところがマルキオンは、デーミウールゴスを悪と結びつけて理解する。そのようなマルキオンの思想を、ヒッポリュトスとエイレナイオスは次のように述べている。

　　ポントス出身のマルキオンと、彼の師であるケルドンは、万物には原理

があると説いていた。すなわち善なる者、義なる者、そして質料である。彼らの弟子の何人かは、これに第四（の原理）を付け加え、善なる者と義なる者、悪しき者と質料について説いた。しかし（マルキオンも弟子も）全ての者が、善なる者は何も創造しなかったと言うが、ある者は義なる者を悪しき者と呼び、またある者は義なる者をただ義なる者と呼んだ。この（義なる）者が全てをすでに存在していた質料から造り出した、と彼らは言う。この（義なる）者は善性に依らずに、理性無く創造したのである。従って、被造物は創造者に類似しているに相違ないのである[65]。

　マルキオンは、神を二つに分け、一方を善なる（神）、他方を裁きの（神）と呼んで、双方から（神を）取り去ってしまったのである。実に、裁きの（神）が善なる者でないとすれば、神ではない。善を欠く者は神ではないからである。また逆に、善なる（神）が裁きの（神）でもないとすれば、神としての在り方を剥奪されて、第一の場合と同じ結果を被ることになる。ところで、神に裁き手としての資格を帰さずに、いったいどうして彼らは、すべてのものの御父を知恵ある者と呼ぶのか。知恵あるお方であるとすれば、吟味なさるお方でもある。吟味なさる方には裁きの資格も備わっており、裁き手は義しく吟味なさるために正義を体得しておられる。正義は裁きを求め、裁きは正義と共にある時には、知恵へと移行するものなのである[66]。

このようにマルキオンはデーミウールゴスを義なる神、さらには悪しき神と見なし、このデーミウールゴスを善なる神と対立させた。至高の神こそ善であり、この神が人間を救済するためにキリストを遣わした。この神は人間の肉体や魂、そして人間の住む世界など、何一つ創造しなかった。マルキオンがこのような主張をしたのは、そうすることによって彼なりに神義論の問いに答えようとしたからに他ならない。テルトゥリアヌスは、マルキオンに悪の由来について答えようとする意図があったことを次のように述べている。

　というのもこの男（マルキオン）は、現在の多くの人々、殊に異端者た

ちのように、悪に関しての問い、すなわち悪は何処からやって来たのかという問いに病み、そして異常な好奇心に感覚を麻痺させて、創造者がこのように述べているのを見つけた。「わたしが悪を創造せし者である」。このよこしまな男（マルキオン）を納得させるような他の論拠と共に、この創造者において悪い実を生み出す悪い木、すなわち悪そのものを解釈する。そして彼は良い実を（生み出す）良い木に対しては、別の神を想定しなければならないと考えた[67]。

オリゲネスは、善なる神を創造者とは見なさないマルキオンを念頭においていたからこそ、善なる神が永遠にわたって創造者であり、永遠にわたってこの世界の支配者であられるのだということを強調したのである[68]。善なる神が創造者であられることは、決して揺るがすことができないのである。実際にオリゲネスもまた、マルキオンの神理解を批判する姿勢を明確にしている。

この異端の指導者たちが、義と善とは別々のものであると言って、ある種の区別を設けようとしているのも、ある人々を困惑させている。この異端者どもは、その区別を神性にも適用し、わたしたちの主イエス・キリストの父は善なる神ではあるが、義なる神ではなく、逆に、律法と預言者たちの神は義なる神ではあるが、善なる神ではないと主張している[69]。

そしてオリゲネスは被造物の永遠性の理解を土台としながら、マルキオンとは異なった神義論を展開している。オリゲネスはマルキオンのように創造者なる神に悪の原因を求めるようなことをしないで、悪の原因を神の外側に求めた[70]。けれどもそこでプラトンやヌメニオスのような議論をしなかった。すなわちプラトンは、デーミウールゴスが自ら支配することができない混沌とした物質によって宇宙を生成した、と考えた。またヌメニオスは質料が悪の原因であることを前提として、それを材料にしてデーミウールゴスが創造を行った、と考えた。これに対してオリゲネスは次のように主張する。

（ものが）そこから（造られる）原因、造られざるものと思われている

第 1 章　中期プラトン主義とオリゲネスにおける神の善性の理解

質料としての「元（はじめ）」があります。しかし、これはわたしたちの（受け入れ得るもの）ではありません。『マカバイ記』の中で 7 人の殉教者の母親、及び『（ヘルマスの）牧者』の中で痛悔の天使が教えているように、神は存在するものを非存在から造られたことを、わたしたちは確信しているからです[71]。

このようにオリゲネスは、神の意志と能力による無からの創造を主張する。プラトンやヌメニオスの理解では、質料を神の支配が及ばない領域と認めてしまうことになり、神の全能が揺るがされてしまうからである。

さらにオリゲネスは次のように考えた。被造物が非時間的な先在の世界で神に創造された時に、神は被造物が自由であることを許された[72]。しかしまさにそこで被造物は自らの自由を用いて善から遠ざかり、悪に陥ってしまった。被造物が神から離れる行為をもし神がそのまま放置しておかれたとすれば、神はもはや堕落した被造物にとってその存在の源ではなくなってしまう[73]。そこで神は、それぞれの被造物が先在の世界で悪に陥った程度に比例して悪い状態へと、この世界の中に被造物を創造なさった[74]。これは先在の世界での被造物の堕落に対して、神が義を貫かれたことを意味する。それと同時に神はそのようにしてお造りになった物質的世界を、罪ある魂の教育の場となさった。すなわち先在での堕落の度合いに応じて味わうこの世界での苦悩は、魂が神に近づくための神の教育に他ならない。こうして魂は神に近づき、最後にはすべての被造物が神との原初の合一へと進み、万物は復興する[75]。万物の復興について、オリゲネスは次のように述べている。

また、最初の至福の状態から離れたとはいえ、回復不能なほどに離れてしまわなかった者は、先に述べた聖なる至福の位階にある者たちに配慮され支配されるために服従させられた。彼らは、それらの天使たちの援助を享受し、有益な手引きと訓練によって再教育されて、元（はじめ）の至福の状態に回復し、復帰することができる。私見によれば、これらの者たちこそ、この人類という階級を成している。この人類は、主イエスが弟子たちについて父なる神に語られた時に約束された、あの一致を、将来の世において、

あるいはイザヤによれば、新しい天と新しい地が造られる（イザヤ書第65章17節を参照）来るべき代々において、回復するであろう[76]。

このようにオリゲネスは罪と悪の状況をも含めたこの世界の現実のすべてを、神の摂理的、教育的な義の展開の結果であるとして肯定的に解釈する[76]。つまりそのすべてにおいて、神の善なる意図が表現されているのである。したがってオリゲネスは神の善性と神の義を、マルキオンのように相容れないものとは理解しない。むしろオリゲネスにおいて、神の善性と義とは調和するのである[78]。

またオリゲネスの神義論はヌメニオスやマルキオンと異なり、神の被造物に対する経綸を強調する点にその特徴がある。すなわち神は悪の現実をも含めた被造物全体に対して、関係を断ってしまわれるのではなく、むしろ積極的に関係を持ち、そのすべてをご自分の支配のもとに置きながら、それらを創造の時の原初の姿へと回復しようとして働きかけ続けてくださる。したがってオリゲネスにとって神の善性とは、あらゆる被造物の現実に対してご自分の経綸を貫いておられる神の姿を指す言葉に他ならない。

おわりに

このように中期プラトン主義者たちは神の善性の概念を、「善のイデア」と「分有による善」との区別（アルキノオス）、あるいは「善それ自体」と「善」との区別（ヌメニオス）を強調することによって、被造物に対する神の超越性、あるいは神と被造物との媒介者に対する神の超越性を表現するために用いた。これに対してオリゲネスは神の善性の概念を、悪の現実をも含めた被造物全体に対して、神が積極的に関わる姿を表現するために用いたのである。

けれどもオリゲネスの神学は、その後大きな課題を残すことになる。オリゲネスは、善なる神の経綸の永遠性と普遍性を主張するために、被造物の永遠性の教理や万物の復興の教理を主張した。後の教会はオリゲネスのそれらの教理を異端と判断し、彼が正統派神学とは異なった主張をしたのだと理解した[79]。確かに被造物の永遠性や万物の復興という教理には、人間の救済の課題によっ

て神の存在と行為が規定されてしまい、被造物に対する神の自由と主体性が確保できなくなってしまう危険が内包されている。この問題を乗り越えようとした人物こそアタナシオスに他ならない。すなわちアタナシオスは、善なる神があらゆる被造物の状況に対してご自分の経綸を及ぼしておられる、とのオリゲネスの理解を継承しながら自らの神学を展開させたが[80]、同時にオリゲネスの被造物の永遠性の教理を受け継ぐことはしなかったのである。

第 2 章 『異教徒駁論』における神の善性に基づく自己啓示

はじめに

　アタナシオスの最初期の作品である『異教徒駁論』と『ロゴスの受肉』は共に一つの作品を形作っており[81]、そこには内容的な一貫性があると考えられる。ところがラウスは両書を比較して、『ロゴスの受肉』には『異教徒駁論』に見られるような人間の観想による救済の獲得という理解は見出されず、人間の救済においてロゴスの受肉が中心的な役割を果たしていると考え[82]、次のように主張している。『異教徒駁論』ではプラトン主義の伝統に基づく観想の理解によって人間の魂が捉えられており、魂は神的事物との本質的同一性をもつものであり、その魂が観想によって神との結合を成し遂げることができる。ところが『ロゴスの受肉』ではそのような理解は一変して、魂は無から創造されたものであり、全く神の恵みに依存しており、観想はもはや魂が神化するための手段ではなく、観想による救済という考え方はそれ以後のアタナシオスの作品の中に姿を見せなくなる[83]。このように『異教徒駁論』は救済の能力が人間に内在していると考えているが、『ロゴスの受肉』は人間を全く悲観的に受け止め、ただ受肉したロゴスだけが人間を贖うことができると理解している[84]。そしてラウスは、このような両書の間の変化を、アタナシオスは『異教徒駁論』において新プラトン主義に一時的に関心をもったが、その後それを全く拒絶したのだ、と結論づけている[85]。
　けれどもピーターセンは『異教徒駁論』と『ロゴスの受肉』との間に異なった人間理解、救済理解があるとする見解を批判して、次のように主張している。アタナシオスは『異教徒駁論』において人間の観想の能力を語っている時にも、魂の神に対する自立性を強調することにではなく、魂があらゆる偶像礼拝を捨てて、ご自分を啓示しておられるまことの神を知るようになることに主要な関心を置いている[86]。つまり『異教徒駁論』では、啓示の教理を説明する

第1部　アタナシオスにおける神の善性の理解

コンテクストで人間の魂について論じられている[87]。したがって受肉と贖罪の教理を述べることに主要な関心を置く『ロゴスの受肉』とは、そのコンテクストにおいて違いは認められるが、両書において人間理解に本質的な相違があるわけではない[88]。

　『異教徒駁論』が神を観想する魂に関する言及する際の、そのコンテクストに注意を促すピーターセンの指摘は重要である。けれどもピーターセンは、必ずしも『異教徒駁論』全体がどのようにして議論を進めているかを辿って見せているわけではない。そこでこの章では、ピーターセンの見解に基づきながらも、詳細に、全体的に『異教徒駁論』のコンテクストを辿ることによって、本書が救済の教理ではなくて啓示の教理を述べることに主要な関心があることを論証したい。本書のコンテクストを丁寧に辿るならば、神の自己啓示が神の善性に基づいていることを本書が何よりも強調していることが明らかになる。神はその善性ゆえに、人間に自らを隠すようなことをなさらないし、だからこそ神を観想し得る存在として人間を創造された。したがってアタナシオスが人間に内在する救済能力を強調しているように思われる箇所においても、そのような能力を神がその善性のゆえに人間に与えておられることを前提としているのであり、プラトン主義の枠組みで理解された神への観想をそこで述べているわけではないのである。

第1節　『異教徒駁論』の目指しているもの　　　　（『異教徒駁論』第1章）

　『異教徒駁論』はその冒頭で、本書が何を目指して書かれているのかを述べている。すなわち「神への礼拝に関する知識と、あらゆる真理に関する知識」[89]を説明するために本書を書き進めるのであり、この知識をすぐさま「救い主キリストへの信仰」[90]と言い換えている。同時にこの知識はキリストの教えを通して、毎日自らを太陽の光よりもはっきりと啓示していると述べており[91]、この知識が啓示されている事実が明白であることを強調している。

　さらに異教徒たちがキリストの十字架を引きあいに出しながらこの知識を蔑んでいることを批判して、「なぜなら彼らは十字架を中傷しながら、十字架の

力が世界に満ちていること、また十字架を通して神の知識の効果がすべてのものに啓示されていることを知らないからである」[92]と述べて、キリストの十字架こそがこの知識を啓示するものであると主張する。そして次のように述べている。

　すなわち十字架がひとたび確立されて、すべての偶像が打ち倒され、このしるしによってあらゆる悪魔の働きが打ち負かされ、キリストのみが礼拝せられ、キリストを通して御父が知られる……のであれば、どうしてわたしたちは、なおこのことが人間の言葉によって考えられるなどと、理性にかなった仕方で言うことができようか。むしろわたしたちは十字架にのぼられたお方が、神のロゴス、すべてのものの救い主であられると告白すべきではないだろうか[93]。

　このようにキリストの救済のみわざに他ならない十字架について述べられているが、ここでは十字架の救済の内容を解説しているのではなくて、十字架が父なる神を啓示する出来事であり、また十字架によってキリストこそ礼拝されるべきお方だということが明らかにされた、と論じられている。つまり十字架が、神とキリストを啓示するという側面が強調されている。そして以後『異教徒駁論』において、十字架に関する言及は一切見られない。アタナシオスにとって、十字架が神を啓示する出来事であるということが確認されればそれで十分なのであり、さらに十字架による救済の内容を論じることに関心はないのである。ここにも本書がその目標を、啓示の教理を説き明かすことに置いているということが表れている。

　したがって十字架が神を啓示していることが明白であるにもかかわらず、その事実を受け入れない人々は、雲に隠れているという理由で太陽の価値を低く見ていながら、太陽に照らし出されている全世界を眼前にしてその光に驚嘆しているのと同じである[94]。すなわち神の啓示を受け入れない不信仰の原因は、これほど確かな事実を認めない人間の偽りにこそある。したがって次のように述べられている。

第1部　アタナシオスにおける神の善性の理解

　　そこでわたしたちはまず不信仰者たちの無知を、できる限り論駁する。その結果偽りが論駁され、真理は自ずと輝き出す[95]。

　ここに『異教徒駁論』がどのような仕方で議論を進めていくのか、その基本的な道筋が提示されている。すなわちまず、神の自己啓示を受け入れない者の無知と偽りが論駁される。これは本書の前半、第2〜29章で取り扱われる。続いて神の自己啓示の光が、どれほど自明なものとして輝いているかが論じられる。これは本書の後半、第30章以下で取り扱われるのである。

第2節　神の自己啓示を受け入れない人間の偽り　　　（『異教徒駁論』第2〜29章）

2-1　存在しない悪を作り出す人間の偽り　　　（『異教徒駁論』第2〜7章）

　『異教徒駁論』第2章の冒頭には、第29章までの内容を要約していると思われる言葉がこのように述べられている。

　　悪は初めから存在したわけではなかった。また今日でさえ、悪は聖なる者たち（御使いたち）の間には見出されず、彼らの間には全く存在しない。むしろ人間こそが、後になって悪を考え出し、自分自身に従って悪を想像し始めた。それゆえに、人間は存在しないものをまるで存在するかのように見なしながら、自分たちのために偶像の観念を作り出したのである[96]。

　ここで言われているように、まず『異教徒駁論』第2〜7章の箇所では、最初から存在したわけではない悪を自分勝手に考え出し、想像した人間の罪が論駁される。さらに『異教徒駁論』第8〜29章の箇所では、存在しない悪を考え出した人間が、同様に存在しない神々をあたかも存在するかのごとく考

え、自分たちの手で偶像を作り、その偶像を礼拝するようになった罪が論駁されていく。

　本書の前半部を要約するこの言葉に続けて、存在しない悪を作り出す人間の偽りへの論駁が始まる。そこでまず次のように述べている。

　　　すなわち、万物と人間の思惟を超え、すべてのものの創造者であり、万物の王であられる神は、善にして麗しいお方なので、神ご自身のロゴス、わたしたちの救い主イエス・キリストを通して、人類をご自分の像にかたどって造られた[97]。

　このように人間が神の像(かたち)にかたどって創造されたことを取り上げて、だからこそ人間には神との類似性が与えられていて、それを保持する限り人間は神を観想し、神との交わりに生きることができたのだ、とさらに議論を進めている[98]。したがって人間は神を観想する能力を持つということになるのだが、この箇所で何よりも留意しなければならないのは、神が善なるお方であるからこそ神を観想する力が人間に与えられているのだ、と述べられている点である。すなわち神がその善性に基づいて人間を創造なさったことが、人間が神を観想し得ることの前提となっているのである。

　けれども最初に神の善性に基づいて与えられた力を人間が自ら捨て去ってしまう姿が、『異教徒駁論』第3章以降に描かれていく。『異教徒駁論』第3章の冒頭では次のように述べられている。

　　　これまで語られたように、このような仕方で創造者は人類を創造され、彼らがそのような状態でいることを欲せられた。ところが人間は、よりよいものを無視して、それらを理解することを嫌に思い、かえって自分自身により身近なものを追い求めた。人間により身近なものとは、肉体であり、その感覚である……彼らは魂を肉体の快楽の中に閉じ込めてしまい、魂はあらゆる種類の欲望によってかき乱され、汚されてしまった。そして彼らは初めに神から受け取った能力を完全に忘れたのである[99]。

第1部　アタナシオスにおける神の善性の理解

　人間の魂は、神を観想する力を神から受け取っていたにもかかわらず、自分により身近な肉体の欲望に心を向けてしまったのである。このように人間を魂と肉体とに分け、肉体の欲望は魂を神から引き離す力をもつとしている点で、確かにプラトン主義の影響を認めることができる。けれどもここでなされている議論の枠組みが、プラトン主義的な霊肉二元論によって規定されているわけではない。すなわち魂と肉体との対立が、ここで主要な問題とされているわけではない。魂には神を観想する力が与えられていたにもかかわらず、「存在しないものに関心を注ぎながら、魂は自らの能力を変質させてしまう」[100]。つまり「魂が自由意志をもって創造され」[101]、それゆえに「魂は善から遠ざかるのと同じように、善にもまた向かう傾向がある」[102]のだが、魂がその自由意志を実在する善に向かうためにではなく、実在しない悪に向かうために働かせてしまう。したがってここで問題となっているのは、自由意志を与えられている魂がそれを悪用して神から離れてしまうことであり、そこに見える人間の偽りの姿に他ならない。だから肉体が、一方ではその欲望の力のゆえに人間を悪へと駆り立ててしまうと述べられてはいるが、魂に対立する肉体にこそ罪悪の根源である、と考えられているわけではない。アタナシオスは同時に、肉体が本来神に向かうための道具であることをもこの箇所で述べている。すなわち肉体の目は調和の取れた被造世界を見ることによって創造者を理解するためのものであり、聴力は神の言葉と神の律法を聞くためのものであり、両手は祈りをささげる時に神に向かって伸ばすためのものなのである[103]。ご自分を啓示しておられる神に向かって肉体を働かせることが、魂に与えられている能力であるにもかかわらず、魂はそれを捨ててしまっている。ここにこそ、魂と肉体とを併せもつ人間の偽りがある。

　このように存在する善からは遠ざかり、存在しない悪を追い求める人間の偽りを明らかにしたアタナシオスは、さらに悪は自ら存在すると考えるギリシア人たちの主張と、同様に悪がそれ自体で独立した存在であると考え、キリストのまことの父とは別の神、悪の創始者であるデーミウールゴスを想定する、おそらくマルキオン派と思われる異端者たちの主張とを取り上げる[104]。そしてこれらの主張がどれほど理性にそぐわない、根拠をもたないものであるかを指摘し、主なる神は唯一であるとしながら、次のように述べている。

教会の知識の真理は必然的に輝く。すなわち、悪は神から来たのではなく、神の内にはなかった。悪は初めから存在したのでもなければ、何らの実体をももたない[105]。

アタナシオスは教会の信仰によって、存在しない悪をまるで存在するかのように主張するギリシア人たち、異端者たちの主張を論駁する。悪は初めから存在したものではなくて、「初めから、人間が悪を見出し、考え出したのであり、悪は人間によって作り出された」[106]のである。

2-2　目に見える偶像を作り出す人間の偽り 　　　（『異教徒駁論』第 8 〜 29 章）

さらにアタナシオスは『異教徒駁論』第 8 章で、悪を作り出す人間の偽りが偶像を作り出してしまったという問題を取り上げる。魂は「善なる神の像にかたどって造られたことを忘れ」[107]、「魂が自らの内に持っている鏡、それを通す時だけ父の像を見ることができたその鏡を、肉的な欲望の奥底に隠してしまった」[108]。こうして魂は神を観想する本来の姿を見失い、善から顔を背けて悪を追い求めながら、肉体の感覚に反応するものだけに囚われてしまう。すなわち、目に見えるもの以外には存在しないと考えるようになる[109]。そして次のように述べている。

> したがってあらゆる肉欲に満たされ、それらによって混乱させられて、魂は肉体的で触れることのできるものによって、その知性において忘れてしまった神を作り続けた。そして「神」の名を目に見えるものに当てはめた……それゆえに偶像礼拝の主要な原因は悪である。というのは、人間は存在しない悪を想像するようになったために、同様に自らのために存在しない神々をも作り出したからである[110]。

人間は目に見えない神を観想することを放棄したために、目に見えるもの、手で触れることのできるものだけを追い求めるようになってしまい、ついには目に見えるものに神を求めて偶像を作り出してしまう。けれども偶像は、悪が

第1部　アタナシオスにおける神の善性の理解

初めから存在したものではないのと同様に、本来存在しない神々である。『異教徒駁論』第8〜11章前半の箇所では、このようにして人間によって始められた偶像礼拝が、だんだんとその罪悪の深みへ落ち込んでいく様子が描かれている。

　さらにアタナシオスは、そのような人々が偶像について考えていることから論拠を取り上げて[111]、偶像礼拝への論駁を開始する。すなわち『異教徒駁論』第11章後半〜第29章の箇所で、偶像の神々の姿を具体的に取り上げながら、それらがどれほど罪悪と矛盾とを抱えているかを明らかにしていく。例えば、人間の法律や道徳が禁じている罪悪を平気で犯すギリシアの神々を、それにもかかわらず恭しく礼拝することの愚かさを指摘している[112]。またそもそも偶像が人間の手によって作られたものであり、人間の保護のもとにあるからこそ朽ち果てることなく保たれているのに、そんな偶像を神としている人間がどんなに憐れむべき者であるか、と述べている[113]。このようにさまざまな偶像礼拝の偽りを論駁した後で、『異教徒駁論』第29章の最後に次のように述べている。

　　ギリシア人たちの偶像礼拝がこのように論駁され、それらがあらゆる不敬虔に満たされていて、利益ではなく損害となるために人間の生活に導入されたということが示されたのだから、わたしたちが本書の冒頭で告知していたように、今こそ真理の道に従おう。誤りは論駁されたのだから。そして宇宙の支配者にして創造者、御父のロゴスを観想しよう。それは、わたしたちがこの方を通してロゴスの父なる神を理解するようになるためであり、またギリシア人たちが自分自身から真理をどれほど遠くに切り離しているかを知るためである[114]。

　もはや人間の偽りを論駁する目的を達成したのだから、本書の冒頭で述べていたように自ずと輝き出す真理の光に目を向け、神を観想しよう、そうアタナシオスは勧めている。こうして『異教徒駁論』第30章から、神の自己啓示の光がどれほど自明なものとして輝いているかを論じていくのである。

第3節　神の善性に基づく自己啓示
（『異教徒駁論』第30～47章）

3-1　神を観想する力を与えられている魂
（『異教徒駁論』第30～34章）

　そこでアタナシオスはまず『異教徒駁論』第30～34章の箇所で、人間の魂には神を観想する能力があることを論証している。人間は自分自身のうちに真理の道、すなわち神に至る道をもっていて、その道に導かれて歩むならば、「真理の道はわたしたちを真実に存在する神のもとへと連れて行くであろう」[115]。その真理の道とは、「それぞれの人間の魂であり、魂のうちにある知性である」[116]。この箇所で、神の自己啓示が自明なものであることを論証しようとしているはずのアタナシオスが、神がどのような仕方で自己啓示をしておられるのかということを述べるのではなくて、何よりもまず神の啓示を受け取る能力が本来人間に与えられているのだ、と論じ始めている点は興味深い。
　それに続けてアタナシオスは人間の魂が知性をもつことを、知性をもたない動物と比較しながら論証する。すなわち人間は動物とは異なり、魂が知性にしたがって肉体を統御し、方向づけているのだと主張する[117]。そのような魂によって人間は、「自分自身の外側にあるものを観想する」[118]。さらに人間が不死を思い浮かべることができる事実を取り上げ、肉体はその本性において死を免れ得ないがゆえに、肉体の外側にある不死の事柄を観想することはできないので、不死を観想することができるのは魂に他ならないとしながら[119]、次のように述べている。

　　魂が不死であるということもまた、偶像礼拝の完全な論駁のために、教会の教えの中に組み入れられなければならない[120]。

このように魂が不死であるからこそ、魂は不死の事柄、永遠の事柄を考えることができるのだとするアタナシオスの主張には、明らかにプラトン主義の影

響が認められる。けれどもそのことによって直ちに、アタナシオスがプラトン主義的な観想の理解をここで展開しているのだ、と結論づけるのは性急である。アタナシオスは魂の不死性を主張してはいるが、その不死性のゆえに、肉体とは異なって、魂には神的事物との本性的同一性が内在しており、そのような本性に基づく観想によって魂が自らを救済することができる、と考えているわけではない。

　このように主張するアタナシオスの念頭には、神を観想する人間の能力を否定する人々の存在があった。

　　　だから偶像を礼拝するギリシア人たちに、言い訳をさせてはならない。また自分はそのような道を知らなかったし、だからこそ自分は自分の不敬虔についての言い訳を見出した、などと自らを欺くようなことを誰にもさせてはならない[121]。

　この人々は、自分たちには目に見えない神を観想することなどできないのだから、目に見える偶像によらなければ神を知ることができないのだ、と主張していた。また「異端者のある者たちは、人間が肉体の目に見える姿かたち以上のものではないと考えるから、人間が魂をもっていることを否定する」[122]と言われているように、人間は神を観想する魂など持っていないのだと主張する異端者たちも、アタナシオスは視野に入れていた。そんなギリシア人たちや異端者たちの主張を聞き過ごしてしまうならば、目に見えない神を知るためには目に見える像が必要なのだ、との偶像礼拝の言い訳を許してしまうことになる。

　したがってアタナシオスがここで魂の不死性を主張している目的は明瞭である。すなわち、自らの偶像礼拝を正当化する者たちの偽りに対抗して、プラトン主義的な理解を用いながら、魂は不死であるからこそ目に見えない死を越えた事柄を観想することができるのだ、と主張しているのである。そのような魂を持っているからこそ、本来人間は神を観想することができるのであり、だからこそ偶像礼拝へのいかなる言い訳も許されない。アタナシオスが魂の不死性を教会の教えとする理由は、何よりもまず「偶像礼拝の完全な論駁のため」[123]なのである。

そしてこの偶像礼拝への論駁が、神の自己啓示が自明なものであることへの論証ともなっている。すなわち、彼らが主張するように、人間が本来的に神を知る力を持っていないということになると、そもそも神が人間をご自分の啓示を受け取ることのできない存在として創造された、ということになってしまう。そのような不完全な創造のみわざを前提として、神がご自分を啓示なさるとすれば、その神の自己啓示は本来的に人間には届き得ないものとなってしまい、自明なものであるとは言えなくなる。だからこそアタナシオスは、人間には神を知る力が与えられているのだと主張しているのであり、またそのような存在として神は人間を創造されたのだと述べている。

> 魂は神の像にかたどって造られ、神に似せて創造された……それゆえに魂が自ら染められているあらゆる罪の汚れを捨てて、神の像にかたどられたものだけを純粋に保つならば、その時に神の像は輝き、魂は鏡に映し出すように、御父の像なるロゴスを真実に観想することができるし、救い主がその像であるところの御父を、ロゴスにおいて深く考えることができる[124]。

ここに述べられているように、魂は神の像にかたどって創造されたのであり、本来神の像を映し出す存在とされている。したがって、神が人間をこのような存在として創造されたという事実が、神の自己啓示がいかなる人間にも届き得るものであることを保証しているのである。またアタナシオスは、不死であり、肉体の死後も生き続ける魂が、「神のロゴス、わたしたちの主イエス・キリストを通して魂をお造りになった神の恵みによって生きることをやめることはない」[125]のだと述べている。神を知る力を与えられている魂は、肉体の内にある時も、肉体を離れた後も、神の恵みによって生かされている。そのような魂を人間に与えてくださり、その自己啓示を自明なものとしていてくださる神のみわざこそが、まさに神が人間に恵みを注いでおられる事実を表しているのである。したがって、それにもかかわらず魂の鏡を曇らせる罪の汚れとは、自分自身がこのような存在として造られていることを認めず、神を観想することを拒否して、偶像礼拝の言い訳を追い求める人間の偽りに他ならない[126]。

第1部　アタナシオスにおける神の善性の理解

　以上のように神がご自分を知ることのできる存在として人間を創造され、そのようにして自らを啓示しておられるそのお姿について、アタナシオスはすでに『異教徒駁論』第2章で神の善性と結びつけて言及していた[127]。すなわち神は善なるお方であるゆえに、神を観想することができる存在として人間を創造された。それはご自分を啓示しようとなさる善なる神が、自らを観想することができる魂を人間に造り与えることによって、その啓示が届くようにしようとなさったみわざなのである。そのようにして自己啓示のみわざを自明なものとしておられる神の善性が、この箇所の議論においてもその底流にあるのである。

3-2　被造物の中で働いて神を啓示するロゴス
　　　　（『異教徒駁論』第35〜44章）

　ところが以上のように、人間の魂が本来神を観想する力を与えられていることを論証した直後に、アタナシオスは『異教徒駁論』第34章の最後で次のように述べている。

> しかし魂の知性をかき乱し、魂がよりよいものを見ようとするのを邪魔する外的な影響のために、もし魂の側でのこの教育が十分でないのであれば、目に見えるものから神についての知識を得ることがなお可能である。なぜなら、被造物はその秩序と調和を通して、文字で書き記すように、その主にして造り手であられるお方を指し示し、表しているからである[128]。

　ここでアタナシオスは、神を知ることができる魂が、それにもかかわらず神を知り損なっている状況を視野に入れ、観想以外の方法で神の自己啓示を受け取る道、すなわち目に見える被造物を通してその創造者にして支配者であられる神を知る道があるのだ、と主張している。そして『異教徒駁論』第35章の冒頭ではこう述べている。

> 善であられ、人間を愛し、ご自分がお造りになった魂に関心をもたれる神は……人間が無から創造されたために神の知識を獲得し損なっているの

で、ご自分のロゴスによって被造物を秩序付け、その結果、神は本来見えないお方であるにもかかわらず、その働きを通して人間に知られるようにされた[129]。

このように善であられ、人間を愛しておられる神であるからこそ、観想によって神を知ることのできない人間を放置なさらないで、さらに被造物を通してご自分を啓示されるのである。
　ラウスは、『異教徒駁論』第30～34章は魂によって神を観想するというプラトン主義的な議論が、また『異教徒駁論』第35章以下は被造物の秩序を通して神を知るというストア派的な議論がなされているとしながら、神を知るためにプラトン主義とストア派の方法を組みあわせていることがプロティノス的であり、ここに新プラトン主義の強い影響がある、と主張する[130]。しかし筆者はこの箇所について、ラウスとは異なった仕方で解釈することが可能であると考える。本来は神を観想することのできる力を与えられているのに、それにもかかわらず実際には神を知り損ねている人間に対して、なお神はその善性に基づいてご自分を啓示しようとなさる、その有様がここで描かれているのではないか。すなわち『異教徒駁論』第34章までの議論と第35章以下の議論の繋がりだけを取り上げて、そこにプロティノス的な構造を読み取るよりも、人間にご自分を啓示しようとなさる神の善性を強調している本書全体のコンテクストを考慮に入れ、観想では神を知ることができない人間の状況をも乗り越えて自己啓示なさる神の善なるご意志が、第35章以下においてさらに展開されていると理解する方が、この箇所の自然な解釈であると考える。
　こうして『異教徒駁論』第35～39章の箇所では、この宇宙がある一つの意志によって秩序づけられており、それはこの宇宙の唯一の創造者にして支配者であられるお方のご意志であるということを、アタナシオスはさまざまな自然現象を例示しながら論証している。そして『異教徒駁論』第40章に至り、次にように述べている。

　　こうして偶像礼拝が退けられたので、正しい信仰は必然的にわたしたちのものであり、わたしたちが礼拝し説教している神こそ、唯一の真実の

第 1 部　アタナシオスにおける神の善性の理解

　　神、被造物の主、あらゆる存在の創造者に他ならない。もしこのお方が、完全に聖なるものにして、あらゆる被造物を超えておられるキリストの御父でないとしてならば、一体どなたなのか。このお方は卓越した舵取りのように、ご自身の知恵にしてご自身のロゴスであられるわたしたちの主、救い主キリストを通して、わたしたちの救いのために宇宙をお導きになり、秩序付けておられ、ご自身にとって最善と思われることをしておられるのだ[131]。

　ここで言われているように、宇宙を支配し、導いておられるお方は、ロゴスを通して働かれる神に他ならない。この神のロゴスが種子的ロゴスではないことを指摘しながら[132]、さらに次のように述べている。

　　生きて働いておられる神、すべてのものの善なる神のロゴスのことを、わたしは言っているのである。このお方は造られたものやあらゆる被造物とは異なり、善なる神の唯一の固有のロゴスであられ、このお方がこの全宇宙を秩序付けたのであり、宇宙をその摂理によって明らかにしておられる。このお方は善なる御父の善なるロゴスであられ、このお方こそ対立するものを組みあわせ、それらのものから一つの調和を造り出して、すべてのものの秩序を確立しておられる[133]。

　　被造物の本性は、無から生じたので変わりやすく、独力では弱く、死すべきものである。しかしすべてのものの神は、善であられ、本性において優れたお方であられる。だからこそまた、このお方は人を愛される。なぜなら善なる存在は、何ものをも妬むことはしないからである。だからこのお方はどのような存在をも妬むことをなさらず、むしろ、人間へのご自身の愛を示すことができるように、すべてのものが存在することを願っておられる[134]。

　ここでは神とロゴスの善性が、宇宙に秩序を与え、本性において弱い被造物を支えることに向けられている。神はその善性のゆえに、無から生じた存在で

あるために独力では自らを保つことができない被造物を生かし、支えておられる。そのように被造物を生かす善なるお方だからこそ、神は何とかして被造物にご自分を啓示しようとなさるのである。

3-3　聖書を通して神を啓示するロゴス
　　　（『異教徒駁論』第45〜46章）

　さらにアタナシオスは『異教徒駁論』第45章後半〜第46章において、多くの聖書の言葉を次々と引用し始める。この聖書引用の目的がどこにあるのか、ということは重要な論点である。それはこの箇所を、『異教徒駁論』全体の中でどのように位置づけるかということと深く関わる。

　これについてメイエリングは、『異教徒駁論』第35〜45章前半の箇所で取り上げた「宇宙の調和を通しての神の啓示」の事実を、第45章以下の聖書の言葉によって証明し、それまでに論じてきた被造物を通しての神の啓示の事実を聖書によって補足しているのだと理解している[135]。もしメイエリングのこの理解が正しいのであれば、引用される聖書の内容は、被造物の中での神の啓示の事実を述べているものに集中するはずである。ところが実際には、最初に旧約聖書が語る偶像礼拝への批判の言葉が引用される（出エジプト記第20章4節、詩編第115篇4〜7節、申命記第4章19節）[136]。さらに偶像礼拝をそのように論駁した後で、聖書は人間に対して神の知識を何も与えないまま沈黙を保っているのではないのだと述べ[137]、唯一の主なる神を指し示し、このお方だけを礼拝するように命じている聖書の言葉が引用される（申命記第6章4〜5節、13節）[138]。このような議論に続けて、確かに神が被造物に働きかけておられることを示す聖書の言葉が引用されているが（詩編第119篇90〜91節、第147篇7〜9節、第33篇6節、9節、創世記第1章26節、箴言第8章27節、ヨハネによる福音書第5章19節）[139]、この『異教徒駁論』第45章以下の議論全体を考慮すれば、この箇所で被造物における啓示の事実を聖書によって単に補っているだけだとは即断できない。

　さらにここで留意すべきは、「ずっと前から、神のロゴスはユダヤの人々に偶像を廃棄するように通告した……」[140]、「彼らの破滅の理由を、ロゴスは他の言葉で指摘している……」[141]、「ロゴスは被造物について教えることをやめ

ないで、その美しさをよく知っていながら……人々に警告した……」[142]といった言葉に続いて、聖書の言葉が引用されていることである。つまりロゴスが直接語りかけておられる言葉として、偶像礼拝を批判する聖書の言葉が引用されているのである。そこには聖書を通して神を啓示なさるロゴスの姿が浮かび上がっている。しかもそのように聖書の言葉を引用した後で、次のように述べられている。

> ユダヤ人たちは、ずっと前からよりいっそう十分な教えを受けていた。なぜなら神の知識をただ被造物の働きからだけでなく、聖書から得ていたからである[143]。

ここでもアタナシオスは、被造物の働きによる神の自己啓示と共に、それとは区別された仕方で、聖書の言葉による神の自己啓示に言及している。したがって、アタナシオスは『異教徒駁論』第45章までに論じてきた被造物を通して神を啓示なさるロゴスの働きとは異なる、ロゴスによる啓示の働きの別の側面に光を当てているのである。すなわち被造物を通しての働きと並んで、聖書の言葉を通して神を啓示なさるロゴスの働きを、ここで新しい主題として取り上げているのである。

3-4 神の善性の前で問われる人間の罪責
（『異教徒駁論』第47章）

そして本書の結論部である『異教徒駁論』第47章では、「聖そのもの、いのちそのものであられ、門にして、羊飼いにして、道であられ、すべての者の王にして、導き手にして、すべての者の救い主であられ、命の与え手にして、光にして、普遍的摂理であられる」[144]ロゴスこそが神を啓示されるのだと述べて、次のように述べている。

> ご自分からお生まれになった善にして創造者なる御子をもちながら、御父はご自分を被造物から隠すことをなさらず、ご自分が引き起こされたすべてのものの秩序と生命とを通して、ご自分を毎日すべてのものに啓示し

ておられる[145]。

　このようにご自分を決して隠すことをなさらず、ロゴスを通して啓示しておられる神の善性が、この最終章においても強調されている。これほどまで神がその善性を人間に対して貫いておられるのだと信じているからこそ、それにもかかわらず神の自己啓示を拒絶して偶像礼拝に心奪われている人間の罪を、アタナシオスは本書を締めくくるにあたって問い質さずにはいられなかったのである。

　　もしあなたたちがこの方への敬虔な信仰を持っているなら、おお、キリストを愛する者たちよ、喜べ。希望を持て。なぜならば、この方への信仰の実と敬虔の実は不死と天の御国である。しかしそれはあなたたちの魂が、この方の律法に従って整えられる時のみである。この方に従順に生きる者たちは、報酬として永遠の命を持つが、反対の方向へ向かい徳の道を旅しない者たちは、大いなる恥ずべき無慈悲な危険を裁きの日に被るであろう。なぜなら彼らは真理の道を知っていたのに、彼らが知っているものとは反対のことをしたからである[146]。

おわりに

　以上のように『異教徒駁論』は、神がその善性に基づいて自己啓示をしておられることを論証することを目指して、その議論の全体の構造が形成されている。すなわち善なる神は、人間に対して神を観想する力を与えておられるのだが（『異教徒駁論』第30〜34章）、それにもかかわらず神を知りそこねている人間を放置なさないで、被造物を通して働くロゴスによって（『異教徒駁論』第35〜44章）、さらには聖書を通して働くロゴスによって（『異教徒駁論』第45〜46章）、ご自分を啓示しておられる[147]。その議論の中でアタナシオスは確かにギリシア哲学の概念を用いてはいるが、その概念が議論の枠組みを作り上げているのではなくて、あくまで人間にご自分を啓示される神の善性の概念が本書の議論を方向づけているのである。

第3章　アタナシオスの『ロゴスの受肉』における神の善性

はじめに

　ラウスは、アタナシオスの著作である『異教徒駁論』と『ロゴスの受肉』の間で、異なった人間理解、救済理解が展開されていると主張した。さらにその論拠として、『異教徒駁論』には『ロゴスの受肉』には見られない新プラトン主義の影響が色濃く認められるのだと論じた[148]。これに対して前章では、『異教徒駁論』の内容をそのコンテクストを辿りながら明確化し、本書の議論が新プラトン主義の影響によってではなく、人間に対して自己啓示をしておられる神の善性を論証しようとするアタナシオスの意図によって方向づけられていることを明らかにした。

　この章では『ロゴスの受肉』を取り上げ、本書の神学が『異教徒駁論』と一貫したものであることを論証したい。そこでまず『ロゴスの受肉』のコンテクストを詳細に、全体的に辿ることによって、ロゴスが受肉なさった出来事が神の善性に相応しいことを明らかにすることを目指して、本書が議論を進めていることを示したい。次に『ロゴスの受肉』において人間理解を論じている箇所のコンテクストを明らかにしながら、本書の人間理解が神の善性によって基礎づけられており、この点で『異教徒駁論』と一致していることを論証したい。最後に『ロゴスの受肉』が『異教徒駁論』と同様に、人間が神を観想することに大きな役割を与えていることを明らかにしたい。

第 1 部　アタナシオスにおける神の善性の理解

第 1 節　『ロゴスの受肉』の全体像
　　　　──神の善性に相応しいロゴスの受肉

1-1　『ロゴスの受肉』が目指しているもの
　　　（『ロゴスの受肉』第 1 章）

　この箇所は本書の序論であり、そこで本書の目的を次のように明らかにしている。

> 　さて、幸いにして、真にキリストを愛する者よ、次に、わたしたちの宗教に即して、ロゴスの受肉について語り、わたしたちのためのロゴスの神聖な顕現について説明することにしよう。これを、ユダヤ人は中傷し、ギリシア人は愚弄するが（コリントの信徒への手紙Ⅰ第 1 章22節）、わたしたちは礼拝するのである。むしろ、ロゴスの卑しい身分での顕れのゆえにロゴスに対するよりいっそう大きく豊かな畏敬をあなたがたが抱くためである。実に、不信仰な者らに愚弄されればされるほど、ロゴスはご自分の神性に対するよりいっそう大きな証を提供されるのである。不可能なこととして人々に理解できないことを、ロゴスは可能なこととして明らかにされるからである。また、不当なこととして人々が愚弄することを、ロゴスはご自分の善性（ἀγαθότης）に相応しいことと証明されるからである[149]。

> 　救い主は本性の必然性から肉体をまとわれたと考えることなく、本性によって肉体をお持ちにならないお方でありロゴスであられたが、それにもかかわらずご自分の父の人々への愛と善に応じて、わたしたちの救いのために人間の肉体をとってわたしたちに顕れてくださったことを知るためである[150]。

　ここに明確に述べられているように、本書はロゴスが受肉され、顕現されたことを説明することによって、そのことがロゴスの善性、またロゴスの父の善

第3章　アタナシオスの『ロゴスの受肉』における神の善性

性に相応しいことが証明されることを目指している。

1-2　死への腐敗から解放する神の善性
　　　（『ロゴスの受肉』第2～10章）

　本書の本論（『ロゴスの受肉』第2～55章）において、ロゴスの受肉が神の善性に相応しい理由として、二つのことが掲げられている。第一にロゴスの受肉は人間を死への腐敗から解放するのであり（『ロゴスの受肉』第2～10章）、第二にそれは神を観想する生へと人間を導くのであり（『ロゴスの受肉』第11～55章）、まさにこの二つのことにおいて神の善性が顕れている。

　そこでまず、ロゴスの受肉が人間を死への腐敗から解放することを論じるに際して、なぜ人間が死への腐敗に服するようになったかを『ロゴスの受肉』第2～5章で問題にしている。その中で次のように述べられている。

> 　実に、神は善なるお方、否むしろ善の源泉である。善なるお方として、神はいかなるものに対しても妬むことをなさらない。それゆえ、いかなるものであれ、それが存在することに対しても妬むことはなさらなかったので、神はご自分のロゴスであられるわれらの主イエス・キリストを通して、万物を存在しないものから造られたのである。これらの造られたものらの中でも、地上の何ものにもまして人類を神は憐れまれた。そして、人類がその誕生の定めのゆえに常に自分を維持しえないのをご覧になって、いっそう大きな恵みを注がれた。神は単に人類を地上の理性をもたないすべてのものらのようにお造りになったのではなく、ご自分の像にかたどって造られ、ご自分のロゴスの力にあずかるものとされた。その結果、人類はいわばロゴスの影を有するものとして、ロゴスにあずかった者（理性的な者）となり、聖なる者らの生である、楽園における真の生を生きる者として、至福の内にとどまり得るようにされたのである[151]。

　すなわち神は善なるお方であられるので、人間を存在しないものから、ご自分の像にかたどって創造なさることによって、人間が神を観想して生きることができるようにされたのである。さらに次のようにアタナシオスは述べてい

第1部　アタナシオスにおける神の善性の理解

る。

> さらにまた、人間の決断能力が両極に揺れ動くのを知っておられたので、あらかじめ配慮され、彼ら（人間）に付与された恵みを法と場によって固められた。実に、神は人間をご自分の楽園に連れて行かれ、彼らに法を与えられた[152]。

人間が神を観想する力を与えられていながら、その決断能力が揺れ動くことを知っておられたので、神は楽園において人間に法を与え、これによって人間の神を観想する生を支えようとなさったのである。ところがそのような神の善性に基づく人間へのご配慮に対して、人間の取った行動が次のように述べられている。

> ところが、人々は怠惰に陥り、神を観想するのをやめてしまい、先の論文で論じられたように、悪を思い巡らし、自分のために悪を案出したのである[153]。

> ところが、人々は永遠のものから離れ、悪魔の唆しによって腐敗するものへと向かってしまい、死へと腐敗するものとなった責任をその身に負ったのである[154]。

人間は法に背いて神を観想することを捨てたために、死への腐敗に向かう責任を負うことになってしまったのである。したがって人間が死への腐敗に支配されてしまったのは、人間に対する神の裁きに他ならない。

これに対して、善なる神がご自分の品位に関わることとして人間を死への腐敗から解放なさるということが、『ロゴスの受肉』第6〜10章で論じられている。すなわちこのような状況において、人間が法に則して神の裁きを受けないとすれば、神の真実性が損なわれてしまう。同時に人間が神の裁きによって死への腐敗に投げ出されてしまうならば、それは神の善性に相応しくない。そこで、神の真実性と神の善性の両者を満たすためにロゴスが受肉されたのであ

り、このお方の十字架の死の内にすべての人が死ぬことによって人々を腐敗に定める法が破棄され、ロゴスの復活の恵みによって人間は不滅の生へと引き戻されたのである[155]。

1-3　神を観想する生に導く神の善性
　　　（『ロゴスの受肉』第 11 〜 55 章）

　続いて『ロゴスの受肉』第11章から、ロゴスの受肉が神を観想する生に人間を導くことが論じられていく。そこでまず『ロゴスの受肉』第11〜12章の箇所では、『異教徒駁論』で論じられた神の善性に基づく自己啓示に関する議論が改めて取り上げられる。すなわち善なる神は人間をご自分の像にかたどって創造し、神を観想することができる存在とされた（『異教徒駁論』第30〜34章）。さらに善なる神は人間が神を観想することを軽んじたとしても、被造物を通して（『異教徒駁論』第35〜44章）、聖書を通して（『異教徒駁論』第45〜46章）、ご自分を観想する道を人間に与えておられたのである。

　そして『ロゴスの受肉』第13章ではこのような『異教徒駁論』の議論を展開して、神の善性に基づく自己啓示を受け入れようとしない人間へのさらなる神の働きかけを論じている。

　　　はたして神はどうなさるべきだったのであろう。そのような状況を黙認し、人々が悪魔どもに欺かれ、彼らがご自分を知らぬまま放置しておかれるべきだったのであろうか。最初に神の像にかたどって人間をお造りになる必要がどこにあったのか。理性的な（ロゴスにあずかる）者が理性（ロゴス）を欠く生を送るようになるくらいなら、人間を理性（ロゴス）を欠く者として単にお造りになるべきではなかったか。そもそも、最初から人間には与えられるべきではなかったのではあるまいか。では、神によって造られた人々が、神を礼拝せず、他の者らが自分たちを造ったと見なすとすれば、創造主であられる神にとって、いったいどんな益があり、いかなる栄光があるのだろうか。それでは、神はご自身のためではなく、他の者らのために人々を造られたと認めることになる[156]。

第 1 部　アタナシオスにおける神の善性の理解

　この箇所には「神の善性」という言葉は直接出てこないが、『ロゴスの受肉』第11〜12章で紹介している『異教徒駁論』の内容を受け止めながら、アタナシオスがここで議論を展開していることは明らかである。そして『異教徒駁論』では、神に背を向ける人間に対してどこまでもご自分を啓示しようとなさる神の性質を、「神の善性」という言葉で言い表してきた。そしてこの『ロゴスの受肉』第13章の冒頭で、観想、被造物、聖書を用いての神の自己啓示を受け入れようとしない人間を（『異教徒駁論』の内容）、なお神が放置なさるのはご自身にとって相応しくないのだ、とアタナシオスは論じている。その際彼の念頭には、どこまでも人間に対して自らを啓示しようとなさる善なる神のお姿があったのだと当然考えられるのである[157]。したがって『ロゴスの受肉』第14章以下においてロゴスの受肉による神の自己啓示のみわざ、人間の再創造のみわざが論じられていくが、これは『異教徒駁論』の議論をロゴスの受肉というパースペクティブの下でさらに展開したものだと考えられるのである。

　まず『ロゴスの受肉』第14〜19章において、ロゴスが受肉され、イエス・キリストとしてこの地上を歩まれたことにより、ロゴスがその肉体の行為を通して人間を観想に導いてくださるのだと語り、その姿を「善良な（ἀγαθός）教師」が自ら弟子たちの立場にまで下って教えている姿になぞらえている[158]。また『ロゴスの受肉』第17〜18章のところで、ロゴスが肉体をお取りになってもロゴスが肉体に汚されることはなく、むしろ逆にロゴスが肉体を支配し[159]、肉体を聖化なさるのだと述べ[160]、ロゴスが肉体に対して主体性、主権性を持ちつつ関わりながら、その肉体を通してご自分を啓示しておられるのだと述べられている。これは明らかに、ロゴスが肉体をお取りになることを認めないマルキオン派や、その背景にあるギリシア哲学的な霊肉二元論を念頭に置いている議論であり、アタナシオスはそのような異端者や哲学者の教えを踏み越えて、ロゴスが肉体を取られたことに神の善性を認めているのである[161]。

　続いて『ロゴスの受肉』第20〜32章の箇所では、受肉したロゴスの肉体の行為において特筆すべき十字架と復活のみわざを取り上げている。まず『ロゴスの受肉』第20〜26章において、受肉したロゴスの十字架の死に対する様々な想定される反論に答えていきながら、十字架の死がどれほど神の善性に相応しいものであるかを論証している[162]。そこで「死に対する勝利の記念碑」と

第3章　アタナシオスの『ロゴスの受肉』における神の善性

いう表現が、繰り返し用いられている。すなわち十字架に死なれたロゴスが復活させられたことによって、十字架の死と復活が死に対する勝利の記念碑となったのであり[163]、だからこそこのみわざは神の善性に相応しいのである。さらに『ロゴスの受肉』第27〜32章のところでは、復活されたキリストが確かに死を滅ぼされ、今生きて働いておられる証拠を示している。すなわちキリストの弟子たちが死を恐れず、死を死んだものとして死を踏みにじっている姿を示し、そこにこそキリストによって死が確かに滅ぼされた証拠があるのだと述べている[164]。また偽りの神々と悪霊どもが追い払われ、力を失っている事実を示し、今生きておられるキリストのみわざをそこに見ている[165]。このようなロゴスの十字架と復活のみわざによって、神を観想することができるはずではないか、と語りかけている[166]。

　そして『ロゴスの受肉』第33〜55章の箇所で、ユダヤ人とギリシア人に対する論駁が述べられていく。ロゴスの受肉が神の善性に相応しいことを論証することで彼らを論駁し、神を観想する生に導こうとしているのである。まず『ロゴスの受肉』第33〜40章の箇所で、ユダヤ人に対する論駁が展開されている。そこでは旧約聖書がロゴスの受肉について様々な仕方で言及していることを、多くの聖句を引用しながら示すことに集中している。

　さらに『ロゴスの受肉』第41章以下において、ギリシア人に対する論駁が展開されている。まず『ロゴスの受肉』第41〜45章の箇所では、ロゴスの受肉はギリシア人たちが考えるような不条理な出来事ではないこと[167]、むしろ神の善性に相応しいことを[168]、さまざまな点から論証している。そこで例えば、宇宙は巨大な身体であり、神のロゴスがその身体の諸肢体に浸透しているとする中期プラトン主義の理解を肯定的に取り上げながら、そのように理解するギリシア人たちがロゴスの受肉を否定すること、すなわちロゴスが万物の一肢体である人間の内に浸透されたと信じないことこそ、彼らの自己矛盾ではないか、と批判している[169]。さらに『ロゴスの受肉』第46〜53章の箇所で、今生きて働いておられるキリストのみわざを次々と例示する。すなわち偶像礼拝が失われ[170]、神託はやみ[171]、魔術は滅ぼされ[172]、ギリシア人の知恵と哲学者の大言壮語の愚かさが暴露され[173]、人々が不道徳を捨て[174]、童貞性の徳の実践に導かれ[175]、戦争に生きていた人々が平和の中で生かされている[176]。その

59

第 1 部　アタナシオスにおける神の善性の理解

ような事実を数え上げながら、まさにそこにこそ今生きておられるキリストのみわざがあるのだと語りかけ、神を観想する生へと招いている[177]。そして以上のようなギリシア人に対する反駁をまとめながら、アタナシオスは次のように語っている。

　　実に、このお方（ロゴス）が人となられたのは、わたしたちを神としてくださる（θεοποιηθῶμεν）ためである。すなわち、このお方（ロゴス）が肉体を通してご自分を顕されたのは、見えない御父の認識をわたしたちが得るためである。すなわち、このお方（ロゴス）が人々の暴力を耐え忍ばれたのは、わたしたちが不滅を受け継ぐためである[178]。

このようにロゴスの受肉の目的は人間を神化させることにあり、人間が神化される具体的な内実を二つ挙げている。第一に人間が見えない神の認識を得ること、すなわち人間が神を観想する生に導かれることと、第二に人間が不滅を受け継ぐこと、すなわち人間が死への腐敗から解放されることである。本書全体の議論はこの二つの事柄を軸にして展開されてきたのであり、ここにこそロゴスの受肉が神の善性に相応しい理由がある、と語り続けてきたのである。そしてさらに続けて、このようなロゴスの受肉のみわざは人間が把握し尽くすことのできるものではないこと[179]、またそうであるからこそ、ロゴスが受肉されて以来働き続けておられるそのみわざを見て、神を観想するように勧めている[180]。

1-4　結び（『ロゴスの受肉』第 56 〜 57 章）

この箇所でアタナシオスは、聖書を書いた聖なる者たちの生活に倣いつつ聖書を読むならば、そのことによってこれまで述べてきた事柄をより完全に、より明確に聖書から理解することができるようになる、と述べている。そのようにして神が啓示されたことを聖書から理解することによって、裁きの火を避けることができるようになると語り、本書を締めくくっている。

第 3 章　アタナシオスの『ロゴスの受肉』における神の善性

第 2 節　神の善性に基づく人間理解

2-1　『ロゴスの受肉』第 7 章についてのラウスの理解

　前述のようにラウスは、『異教徒駁論』と異なり『ロゴスの受肉』では人間の神を知る観想の力が否定されており、両書の間で異なった救済理解、人間理解が展開されていると主張している。その際、死への腐敗から解放されるために悔い改めでは不十分であると述べる『ロゴスの受肉』第 7 章を重要な論拠として取り上げ、このように主張している。堕落の結果である死と腐敗は、『ロゴスの受肉』においては人間の実在の中に埋め込まれている。そして、悔い改めが人間にとって腐敗しない生へ立ち戻るために不十分であるとする『ロゴスの受肉』第 7 章の主張は、贖罪の問題に関して『異教徒駁論』と『ロゴスの受肉』との間の相違を決定的に示している、とラウスは述べている[181]。

2-2　『ロゴスの受肉』第 7 章の解釈──そのコンテクストに即して

　そこで『ロゴスの受肉』第 7 章の言葉を、そのコンテクストに即して検討する。この箇所では、死への腐敗から解放されるために悔い改めでは不十分である理由を、次のように述べている。

> しかし、悔い改めが理に適うものと神は思われなかった。というのは、それによって、もはや人々が死に束縛されないなら、神は真実ならざるお方（οὐκ ἀληθής）としてとどまることになるからである。また、悔い改めは、本性に即することから解放するのではなく、罪を抑制するにすぎないからである。確かに、過失だけで、それに続く腐敗がなかったなら、悔い改めで十分であったろう。しかし、いったん違反が先に進んで、人々は本性に即する腐敗に捕えられてしまい、像にかたどられたという恵みを剥奪されてしまった以上、いったいどうすればよかったのか[182]。

　確かにここで、人間が「神の像にかたどられた」という創造の時に与えられ

61

第1部　アタナシオスにおける神の善性の理解

た恵みを剥奪されてしまったからこそ、人間が悔い改めによって死の束縛から解放され得ないとアタナシオスは語っている。だから創造の時に与えられた神を観想する力が、堕落によって失なわれたと述べているのだと理解することができる。

　しかし、この箇所で見落としてはならないのは、何よりもまず神の真実性を傷つけてしまうからこそ悔い改めでは不十分である、と言われていることである。神の真実性の問題は、『ロゴスの受肉』第6章から論じられている。創造の時に神がお定めになった法の真実性のゆえに[183]、その法に背いた人間を神はお裁きにならないわけにはいかない。そうでなければ、神の真実性が損なわれてしまう[184]。けれども人間が法の裁きのもとに滅んでしまうならば、悪魔の欺瞞と人間の怠慢によって神のみわざが消滅してしまうことになり、それでは神の善性に相応しくない[185]。このような議論の流れの中で、悔い改めの問題が取り上げられていることを考慮すべきである。すなわち人間をお裁きにならないわけにはいかない神の法の真実性と、ご自分の創造のみわざを無になさるわけにはいかない神の善性との両者が、どのようにして満たされるのかを問うている議論において、人間の悔い改めでは不十分であると述べられているのである[186]。神の法の真実性は、人間の悔い改めによる解決を許さない。神の像にかたどられた恵みが奪われてしまったと述べているのも、そのような人間の側の変化にではなく、それほどまでに徹底して神の法に基づく裁きが人間に対して貫かれていること、すなわち神の法の真実性に強調点を置いているのである。

　けれどもそのように神の真実性が貫かれると同時に、神の善性が貫かれなければならない。この問題を解決するためにこそ、神はロゴスを受肉させられたのである。

　　このようにして、わたしたちのすべてが死の腐敗に対して責任があったので、ロゴスはわたしたちのあいだからわたしたちと同じ肉体をとり、すべての人に代わって、その肉体を死に渡し、御父にお献げになった。ロゴスはこれを人々への愛からなされたのであるが、それは、このお方の内にすべての人が死ぬことで、人々を腐敗に定める法が破棄されるためであっ

第3章　アタナシオスの『ロゴスの受肉』における神の善性

た——その権力は主の肉体に対して使い果たされたので、もはや主に似た者となっている人々に対して、いかなる場も有していないのである。さらに、腐敗へと向かっていた人々を再び不滅に引き戻してくださるためでもあり、ご自分の死によって人々を生かし、ご自分のものとされた肉体と復活の恵みによって、火から藁を遠ざけるように、人々から死を取り去ってくださるためでもあった[187]。

　受肉なさったロゴスの十字架の死の内にすべての人が死ぬことによって、人々を腐敗に定める法が破棄され、ロゴスの復活の恵みによって人間は不滅の生へと引き戻された。そして次のように述べている。

　　この偉大なみわざは、ことのほか神の善性に相応しいものであった。実に、もし王が館か都を造営し、それが住人の怠慢のゆえに盗賊によって攻撃されたとしても、王はそれを決して見捨てることなく、かえって、住人の怠慢に目を留めることなく、むしろ自分の品位に関わることとして、自分の任務として防衛策を講じ、救済するものである。それ以上に、善の極みである御父のロゴスである神は、ご自分によって成った人類が腐敗の内に転落するのを見過ごしにされなかった。ロゴスはご自分の肉体を献げ物とすることで、人類の上に降り懸かっていた死を消滅させ、ご自分の教えによって彼らの怠慢を矯正し、ご自分の力をもって人々のあらゆる状況を修復したのである[188]。

　このようにアタナシオスはロゴスの十字架と復活において顕わされた神の姿を、ある国の住民が自分たちの怠慢のために盗賊に悩まされている時、その怠慢ゆえに彼らを見捨てるのではなく、自らの品位に関わることとして救済する王の姿になぞらえている。つまりロゴスの受肉が神の善性に相応しいのは、一方では、そのロゴスが十字架で死なれることによって、神ご自身がお定めになった法に基づく裁きを真実なものたらしめるからである。また他方では、ご自分の品位に関わることとして創造のみわざが無になってしまわないために、ロゴスの十字架と復活によって腐敗に陥った人間が回復される道を切り開かれ

第1部　アタナシオスにおける神の善性の理解

るからである。このようにアタナシオスは神の善性という言葉によって、神が神であることを貫いておられる姿を表現しているのである。したがってこれは、ハルナックが主張するような救済論を前提とした受肉論[189]ではない。確かにロゴスの受肉は人間の救済を目指したものであると言えるが、さらに根本的な受肉の動機は神の善性が貫かれることにこそある[190]。

2-3　人間理解を決定づける神の善性

　したがって『ロゴスの受肉』第7章のこのようなコンテクストを考慮するならば、悔い改めが人間の救済にとって不十分であると『ロゴスの受肉』が述べていることを論拠にして、本書では『異教徒駁論』が強調していた人間の観想に基づく救済に対して消極的になったのだ、とラウスのように結論づけるのは大いに問題がある。ここでは人間の観想の力の変化が問われているのではなく、人間に対する神の法の真実性に基づく裁きと、そこでなお創造のみわざを無にすることなく、人間を死への腐敗から解放してくださる神の善性が問われているのである。『ロゴスの受肉』における人間理解は、人間の観想の力の有無によって規定されているのではなく、神の真実性と善性によって規定されている。さらに善なる神が人間を死への腐敗の中に放置なさらずに、ロゴスの受肉によってそこから解き放たれる道を与えてくださったのだと論じられているのであるから、神の善性こそが『ロゴスの受肉』における人間理解を決定づけていると言うことができる。

　そして神の善性が人間理解を決定づけているのは、『異教徒駁論』においても同様である。『異教徒駁論』では、神の善性に基づく自己啓示の前に立たされている人間が問題とされており、神がその善性に基づいて人間を創造なさったことが、人間が神を観想し得ることの前提となっている[191]。したがって『異教徒駁論』と『ロゴスの受肉』の間では、神の善性が人間理解を決定づけている点で共通しているのである。

　ラウスが両書における人間理解の違いを主張する時、それぞれにおいていかなるコンテクストで人間の観想の力について論じられているかを、十分に考慮していないように思われる。コンテクストから切り離してそれぞれの人間の観想の力に関する言及を抽出して、そこで人間論を一般論として構築し、比較す

第3章　アタナシオスの『ロゴスの受肉』における神の善性

ることは、方法論として不十分なものであると言わざるを得ない。コンテクストに即して両書の人間理解を辿るならば、そこで神の善性とは決して切り離し得ない人間の姿が浮かび上がってくる。人間の存在は神を観想する力の有無によってではなく、神の善性によって決定づけられているのである。

第3節　人間の観想を支える神の善性

3-1 『ロゴスの受肉』における人間の観想の重要な役割

　このように『ロゴスの受肉』において神の善性が人間理解を決定づけているのであるが、依然として本書は悔い改めること、神を観想すること、すなわち神へと働きかける人間の行為にも重要な役割を認めている。ラウスは『ロゴスの受肉』において人間がロゴスの受肉の恵みに依存する存在として理解されていることを強調しながら、「だから観想は、もはや魂が神化するための手段ではない。それは、すでに神的なものとなってしまった魂が行なう諸活動の内の一つにしかすぎない」[192]と言っている。確かに『ロゴスの受肉』において、観想が人間を神化する手段であると考えられているわけではないが、人間が神を観想することは本書において重要な役割を果たしており、「魂が行なう諸活動の内の一つ」と見なしてその価値を低く見積もることはできない。

　『ロゴスの受肉』の構造がこのことを明示している。すなわち本書の冒頭で、ロゴスの受肉に顕された神の善性を明らかにするという目標を掲げながら、このことに対する人間の応答を期待する言葉が語られている。

　　　ロゴスは十字架によってご自分が卑しい者と見なされることで、偶像のまやかしを打破し、ご自分の神性と力とを認めるよう、中傷し信じない者たちを密かに納得させられるのである[193]。

この直前で、キリストを愛する者たちがより豊かな畏敬へと導かれるようにとの願いをアタナシオスは述べているが[194]、同時に信じない者たちが信仰へと導かれることへの期待がここでは述べられており、未信者である読者が悔い

65

第1部　アタナシオスにおける神の善性の理解

改めて神に向かうことを求めている本書の姿勢が現れている。

　こうして『ロゴスの受肉』の本論では二つの主題を掲げて、ロゴスの受肉に顕された神の善性を明らかにしていく。すなわち本書の第1部（『ロゴスの受肉』第2〜10章）は「死への腐敗から解放する神の善性」であり、第2部（『ロゴスの受肉』第11〜55章）は「神を観想する生に導く神の善性」である。第2部の主題に本書の大半が費やされていることからもわかるように、神を観想すること、悔い改めて神へと向き直ることは本書の重要な構成要素となっている。

　またこの第2部において、善なる神のみわざに対して人間が応答することを求めている言葉が何度も繰り返されている[195]。そして次の言葉は重要である。

　　　石綿を身に着けた人は火が自分に触れ得ないことを認めるように、また圧制者が縛られているのを見たいと思う人は征服者の王国に行って見て回るように、死に対する勝利を信じない人も、キリストへの信仰を受け入れ、キリストの教えを一通り学んでみればよい。そうすれば、死の無力さと死に対する勝利がわかるであろう[196]。

　死に対する復活のキリストの勝利を信じることのできない者たちに対して、試しにこの信仰を受け入れてみよ、そうすればキリストの勝利がわかるから、そう語りかけて、読者が自らの意志によって信仰への一歩を踏み出すことを求めている。このように『ロゴスの受肉』において人間が神を観想することは、神の善性に対する人間の応答として重要な役割を与えられている。

　神の善性に対する人間の応答を求める姿勢は、『異教徒駁論』にも見られる。『異教徒駁論』第2〜29章で、神の自己啓示を受け入れない人間の偽りを徹底的に論駁し、第29章の最後でこのように語っている。

　　　ギリシア人たちの偶像礼拝がこのように論駁され、それらがあらゆる不敬虔に満たされていて、利益ではなく損害となるために人間の生活に導入されたということが示されたのだから、わたしたちが本書の冒頭で告知していたように、今こそ真理の道に従おう。誤りは論駁されたのだから。そ

第3章　アタナシオスの『ロゴスの受肉』における神の善性

して宇宙の支配者にして創造者、御父のロゴスを観想しよう。それは、わたしたちがこの方を通してロゴスの父なる神を理解するようになるためであり、またギリシア人たちが自分自身から真理をどれほど遠くに切り離しているかを知るためである[197]。

こうして『異教徒駁論』第30章以下では、神がその善性に基づいてご自分を啓示しておられること、だからこそ人間は神を観想することができるのだということを論証している。『異教徒駁論』が神に対する人間の応答の意義を認めていることは、以上のような本書全体の構造から明らかである[198]。

3-2　神を観想する生へと促す神の善性

また『ロゴスの受肉』第2部の主題「神を観想する生に導く神の善性」が示しているように、ロゴスの受肉が神を観想する生へと人間を導く働きをしているのであり、人間の観想は神の善性によって支えられている。アタナシオスはこのように語っている。

> では、神は何をなさるべきだったのであろうか。というよりも、それによって人々が再び神を知覚し得るために、再び像にかたどって新たにするほかに、何がなされねばならなかったのだろうか。神の像であられるわたしたちの救い主イエス・キリストの到来において、いったいどのようにしてそれがなされたのであろうか。実に、それは人々を通してはなされ得なかったのである。なぜなら、人々は像にかたどって造られたものだからである。また、天使たちを通してもなされ得なかった。なぜなら、天使たちも神の像そのものではなかったからである。このため、御父の像として、像にかたどられた人間を再創造し得るように神のロゴスが自ら来られたのである[199]。

人間が神を知覚し、観想するためには、ロゴスの受肉によって人間が再創造されなければならなかったのである。したがって人間の観想は、神の善性に対して人間が主体的に応答するものでありながら、その神の善性によって人間に

第1部　アタナシオスにおける神の善性の理解

与えられるものでもある。さらに続けてこのように語られている。

> いずれにせよ死と腐敗が滅ぼされない限り、それはなされ得なかったのである。それゆえに、ご自分の身において死が滅ぼされ得るため、そして人々が再び像にかたどられたものとして新たにされるために、当然神のロゴスは死すべき肉体をとられたのである[200]。

ここで、『ロゴスの受肉』第1部の主題である「死への腐敗から解放する神の善性」の議論が取り上げられている。ロゴスの受肉によって人間が死と腐敗から解放されない限り、人間が再創造されて神を観想することができるようにはならなかったのだ、と述べられている。つまり死への腐敗からの解放は、神を観想する生の土台であると考えられているのである。したがって死への腐敗からの解放という本書第1部の主題と、神を観想する生に生きるという第2部の主題とは、互いに深く関わりあっている。このことは次のような表現にも現れている。

> ロゴスは、ご自分の肉体を献げ物となさることで、人類の上に降り懸かっていた死を消滅させ、ご自分の教えによって彼らの怠慢を矯正し、ご自分の力をもって人々のあらゆる状況を修復されたのである[201]。

ロゴスがご自分の肉体を十字架にお献げになることによって死を滅ぼされることと、ご自分の教えによって人間の怠慢を矯正なさることとが結びあわされている。人間が死への腐敗から解放されることは、人間の神に向かう姿勢と深く関わっているのである。

死への腐敗について、アタナシオスは次のように述べている。

> 「死んで滅びるであろう」とは、単に死んでしまうだけでなく、死の腐敗の内にとどまることを言う以外の何であろう[202]。

このように死への腐敗とは、単に人間が死んでしまうことではなく、死へと

第3章 アタナシオスの『ロゴスの受肉』における神の善性

向かって腐敗していく状態にとどまっていることである、とアタナシオスは考えている。すなわち死への腐敗のゆえに、人間の生は死に定められたものとなっており、死が人間の上に支配権を樹立している[203]。これは、神の法に背いた人間に対する神の裁きに他ならない。したがって人間が神の裁きによって死に定められたことは、単に無へと帰るということだけを意味しない。死に定められていることこそが、人間の命を決定づけてしまっている。なぜなら人間は、死が自分の望みや願いを絶ってしまうことを知っており、そのような死の絶望にいつも脅かされる生を生きなければならないからである[204]。

しかし受肉されたロゴスの十字架と復活によって、人間は死への腐敗から解放された。アタナシオスはこのことを次のように述べている。

そして、すべての人と同じような肉体によって彼らと共にいてくださるお方として、神の不滅の御子が、復活の約束によって、まさに不滅をことごとくまとわせてくださったのである[205]。

実に、ご自分の肉体を供え物とされたことで、ロゴスはわたしたちを悩ます法に終止符を打たれたのであり、復活への希望を与えてくださったことで、わたしたちに生命のはじめを更新されたのである[206]。

単に御子が「復活」によって不滅をまとわせてくださったと語るのではなく、「復活の約束」によってそのようになさったのだと語っている。またロゴスの十字架が神の法の裁きに終止符を打たれたことによってお与えになったのは、「復活への希望」であると述べている。このような言葉を語るアタナシオスの念頭には、復活の約束を信じ、復活に希望を置く人間の姿がある。したがって十字架と復活による死への腐敗からの解放とは、人間に対して死ぬことのない復活の命が与えられたということにとどまらない。そのような復活の命、不滅の命が与えられたからこそ、人間は今復活の約束を信じる生、すなわち復活に希望を置く生を生きることができる者とされている。そしてもはや、死を恐れることなく生きることができるのである。だからこそアタナシオスは、次のように断言することができたのである。

こうして、生命を衣としてまとっており、それによって腐敗は滅ぼし尽くされたので、もはや死と腐敗とを恐れることはないのである[207]。

このようにロゴスの十字架と復活に顕された神の善性によって、人間は自分を死に定める神の法の裁きを免れ、死への腐敗から解放された。だからこそ人間は死の支配から自由な存在とされており、もはや死を恐れることなく、復活の約束に望みを置いて生きる者とされている。『ロゴスの受肉』は読者に対して、この神の善性に基づく恵みの事実を受け入れ、死への腐敗から解放された喜びをもって神を観想する生に生きるように促しているのである。

神の善性が人間の観想を支えているという理解は、『異教徒駁論』においても共通している。すなわち善なる神が人間に神を観想する力を与えておられ、また被造物を通して、聖書を通してご自分を啓示しておられるのだと語る『異教徒駁論』の議論の構造そのものが、神を観想する生が神の善性によって支えられていることを前提としているのである[208]。

おわりに

『ロゴスの受肉』は人間の観想の力への評価において、『異教徒駁論』から変化したというわけではない。『ロゴスの受肉』が死への腐敗から解放されるために悔い改めでは不十分であると述べている時にも、そこで問われているのは、神の真実性に基づく裁きにさらされている人間が神の善性に相応しい仕方で救われるとはどういうことか、ということである。そして神が自らの善性に相応しく人間を救ってくださるまさにそのためにこそ、ロゴスを受肉させてくださったのであり、本書はその全体を通じて、ロゴスが受肉されたことが神の善性に相応しいことを明確化することを目指して議論を進めている。したがって『ロゴスの受肉』における人間理解は、その観想の力の有無によってではなく、神の善性によって決定づけられているのである。

また同時に、『ロゴスの受肉』は人間の観想に対して消極的な評価をしているわけではない。人間が神を観想することは、神の善性に対する人間の応答と

して重要な役割が与えられている。そして神はロゴスの受肉というご自分の善なるみわざを通して、人間がご自分を観想する生に生きるように促しておられるのである。

したがって、『異教徒駁論』と『ロゴスの受肉』には異なった人間理解が展開されている、とするラウスの主張には同意できない。むしろそれぞれのコンテクストの相違を理解すれば、両書は共通して神の善性に深く関わる人間理解を展開していると結論づけることができるのである。

第 4 章　アタナシオスの『アレイオス派駁論』第 3 巻第59～67章における神の善性

はじめに

　アタナシオスは「神の善性（ἀγαθότης）」という言葉を、その最初期の著作である『異教徒駁論』と『ロゴスの受肉』において、自らの神学の特質を表現するためのキーワードとして使用している。アタナシオスは『異教徒駁論』の中で、神がご自分を人間に対して啓示しておられる三つの側面を取り上げている。すなわち第一に創造のみわざにおいて神を観想する力を人間に与えてくださることによって、第二に被造物の中に働いておられるロゴスによって、第三に聖書の言葉を通して働くロゴスによって、神はご自分を啓示しておられる。そしてそのような神の自己啓示にこそ、神の善性が顕されているのだとアタナシオスは理解している[209]。また『ロゴスの受肉』は次のように論じている。すなわち人間は神に造られた本来の姿を失い、死への腐敗に支配されてしまったが、神は受肉されたロゴスであられるイエス・キリストの十字架と復活によって、人間を死への腐敗から神を観想する生へと導いてくださった。そのようにして神が御子の十字架と復活による救済を与えてくださったことにこそ、神の善性が顕されているのだとアタナシオスは主張している[210]。

　このように一方では神の自己啓示に、他方では十字架と復活による神の救済のみわざに神の善性が顕されている、とアタナシオスは理解したが、この点について彼は神の善性の概念を被造物に対する神の超越性を言い表すために用いた中期プラトン主義者とは異なり、この概念を神の被造物に対する経綸を言い表すために用いたオリゲネスの理解と一致している[211]。

　さらにアタナシオスは神の善性という言葉を『アレイオス派駁論』全3巻の最後の部分にあたる第3巻第59～67章の箇所[212]、すなわち第62章と第66章において集中して用いている。『アレイオス派駁論』第3巻第59～67章の議論においては、神の善性の概念が主題的に論じられているわけではない。しかし、

第 1 部　アタナシオスにおける神の善性の理解

　この箇所でアタナシオスが神の善性という言葉によって言い表そうとしていることを考察するならば、神の被造物に対する経綸と結びつけて、神の善性の概念が理解されているように思われる。したがってこの点においては、『異教徒駁論』と『ロゴスの受肉』で述べられていた神の善性の概念と一貫している。しかしそれと共にアタナシオスはこの箇所において、『異教徒駁論』と『ロゴスの受肉』では述べていない神の善性の概念の特質を言い表していると思われる。

　そこで本章では、『アレイオス派駁論』第 3 巻第59〜67章におけるアタナシオスの神の善性の理解を明らかにしたい。そこでまずそのための予備的考察を行ないたい。すなわちこの箇所でアタナシオスが何を意図し、何を論じようとしているのかを明確にしたいのである。第一に、この箇所について詳細な注解を行なっているメイエリングの議論を取り上げる。彼はアタナシオスのこの箇所での議論が、神の意志を論じる際の神学的問題（すなわち意志の偶有性と時間性を神に負わせるという問題）を、神の意志と神の存在の同一化によって解決することを目指しているのだと理解している。第二に、このメイエリングの理解を批判検討しながら、彼とは異なる仕方でこの箇所についての解釈を示したい。アタナシオスはここで、神の意志と神の存在の同一化ではなく、神の意志と御子の同一化を論じているのであり、そうすることによって御子と被造物の相違を明確にしようとしているのである。第三に、そのような予備的考察に基づく解釈を踏まえて、アタナシオスがこの箇所で述べている神の善性の概念の特質を論じたい。彼は、神の経綸（神と被造物の関係）が神の父性（御父と御子の関係）に基礎づけられることに、神の善性が顕されていると理解しているのである。

第 1 節　メイエリングの理解——神の意志と神の存在の同一化による神の意志の永遠性の論証

1-1　自由意志と必然性とを超越するもの

　神が意志を持ってある決断をする、ということを言おうとする場合に、一つ

第 4 章　アタナシオスの『アレイオス派駁論』第 3 巻第 59 〜 67 章における神の善性

の難問に突き当たる。すなわちある意志的決断が行なわれる時、そこにはそれまでになかった新しい何かが常に含まれているはずである。したがって決断をした者自身にも、ある変化が生じることになる。しかしそのような意志的決断を神が行なうことを想定した場合、それは神に変化が生じることを認めてしまうことになり、その結果神の永遠性、不変性が侵されてしまうことになるのではないか。メイエリングは、神の意志に関して議論する際に生じるこのような神学的問題を解決することこそが、アタナシオスがこの箇所を執筆した目的であると理解している[213]。

　そしてメイエリングは、アタナシオスが神の意志について広範囲にわたる思索を行なった最初のキリスト教の著述家であるとしながら、同じくこの問題について広く思索した最初の異教の哲学者がプロティノスであることを指摘する。そしてこの問題について論じられているプロティノスの『エネアデス』第 6 巻第 8 章と、『アレイオス派駁論』第 3 巻第 59 〜 67 章とを比較しながら議論を進めている[214]。

　アタナシオスはこの箇所の冒頭で、「御父が決意し、意志をお持ちになることを通して、御子は御父から生み出された」[215]というアレイオス派の主張を取り上げて、次のように批判している。すなわち、もし彼らが言うように御子が神の意志に基づいて生み出されたとするならば、そのような神の意志的決断がなされる前に御子はどこにおられたのか。神が決断をなさって初めて御子が存在するようになったのだとすれば、アレイオス派の主張は「御子が存在しない時があった」[216]と言うことと同じ意味になってしまうではないか。アタナシオスは、このような理解を認めることはできなかった。メイエリングはその理由を、アタナシオスがプラトン主義の存在論的概念によって神を理解していたからである、と説明している[217]。つまり、御子が存在しない時があったとするアレイオス派の理解は、プラトン主義が強調する神の存在の永遠性の概念を傷つけてしまうことになる、とアタナシオスは考えた。したがってアタナシオスは、プラトン主義による神の存在論的概念を保持するために、御父がその意志に基づいて御子を生み出したとする主張を退けた、とするのである。

　これに対してアレイオス派の人々は、次のように反論する。

75

第1部　アタナシオスにおける神の善性の理解

　　　もし神のロゴスが意志によって存在するようになったのでなければ、その結果として神が御子を必然性のゆえに、意に反してお持ちになったことになる[218]。

　このような主張も、アタナシオスにとっては受け入れがたいものであった。アタナシオスは、どのような意味においても神に必然性を負わせることには反対であった。そこで彼は、自由意志の反対が必然性であるとするアレイオス派の主張を一応は認めながら、「本性（φύσις）に基づくものは、意志による決断を超越し、それに先行するのである」[219]と主張した。つまり御子の存在は、「意志に基づいている」のではなく、「必然性に支配されている」わけでもなく、「本性に基づいている」という第三の道を提示した。このように本性が自由意志と必然性とを超越するのだと主張する時、アタナシオスは本性という言葉を「存在」（οὐσία）という言葉と同一視しているのだ、とメイエリングは理解する[220]。したがってアタナシオスは、存在が自由意志と必然性とを超越するという理論をここで展開しているのであり、このような理論がプロティノスの思想に見出されること、さらにプロティノス以前に中期プラトン主義者ヌメニオスの思想の中にすでに見出されることをメイエリングは指摘している[221]。

1-2　自由意志が内包する偶有性と時間性

　またメイエリングは次のように論じている。すなわちアタナシオスは、アレイオス派の主張では自由意志の持つ偶有性を神に帰することになってしまうことになる、という点を問題視している。アタナシオスは『アレイオス派駁論』第3巻第62章で神の善性について論じながら、もし神が意志による決断のゆえに善であるならば、神は善であることをおやめになることができるのか、と問う。もちろんそのような言い方は神に対して相応しくないのであり、したがって神は意志に基づいて善であるわけではない。それと同様に、神は意志に基づいて御子の御父ではないのだ、とアタナシオスは主張する。メイエリングはこの発言が、他の箇所で神に偶有的属性を帰することに反論しているアタナシオスの議論の仕方と非常に類似している、と指摘している[222]。

第 4 章　アタナシオスの『アレイオス派駁論』第 3 巻第 59 〜 67 章における神の善性

　そしてアタナシオスは神の善性について論じながら、「なぜなら決断し、選択することは、二つの方向のどちらかに傾く可能性を伴うのであり、それがまさに理性的な本性の持つ特性である」[223]として、自由意志が持つ不確かさに言及している。すなわち自由意志に基づく決断には、いつも反対の決断をする可能性が含まれている。しかし、神がそのような偶有的な自由意志を持つことをアタナシオスは受け入れないのであり、それゆえ御子は神の自由意志に基づく決断を通して存在するようになったのではないと主張している、とする[224]。そしてメイエリングは、ここでアタナシオスが中期プラトン主義の教理、特に自由意志の不確かさについて論じているアルビノスの思想[225]に依拠しながら、神が自由意志を持つという考えに反対しているのだと理解している[226]。またアタナシオスが神の本質的善性を主張する時にも、神の善性は不変のものであり、人間の善性が偶有的であるとするアルビノスの思想に教えられたのだ、としている[227]。

　さらにメイエリングは、アタナシオスが偶有的な自由意志を神に帰することを拒否する時、同時に時間的世界における神の決断を想定することを退けているのだ、と主張する。すなわちアタナシオスは『アレイオス派駁論』第 3 巻第 59 章で、御父の意志を通して御子が存在するようになった、とするアレイオス派の主張が、御子が存在しない「時」があった、という彼らの教理と結びついていることを批判するのであるが、メイエリングによれば、ここでアレイオス派の主張が、神の意志に時間性を負わせてしまう結果になることを、アタナシオスは問題にしている[228]。またメイエリングは次の言葉を取り上げる。

　　　御父ご自身は、最初に決断して、その後で望んで存在なさるのか。あるいは決断する前にすでに存在なさるのか。……御父が決断する前にこのお方はどなたであったのか。あるいはあなたたちの考えに従うならば、御父が決断した後でこのお方は何を手に入れなさったのか[229]。

　この箇所でアタナシオスはアレイオス派の人々に対して、神の決断が神の存在に変化を引き起こすことになるのではないかと問いながら、πρό、εἶτα という時間的概念を用いていることを、メイエリングは指摘する。すなわちこの箇

所でアタナシオスは、神の意志による決断に時間性を持ち込むことを批判しているのだと、メイエリングは解釈しているのである[230]。

1-3　神の意志と神の存在の同一化

このようにアタナシオスは、アレイオス派の人々が自由意志の持つ偶有性と時間性を神に帰することを批判したのだ、とメイエリングは主張する。しかし同時にメイエリングは、神が意志を持つこと自体をアタナシオスが決して否定しているわけではない、という点を指摘する。すなわちアタナシオスはロゴスを、「御父の生ける意志」[231]と見なすことによって、神の意志をロゴスと同一視している[232]。プロティノスは、一者の存在と同一化される一者の意志が非時間的な永遠の世界におけるものであり、決して時間的世界における意志ではないとするが、アタナシオスもまたプロティノスと同じように考えている。つまり、神が非時間的な永遠の世界において意志を持つ、という考え方をアタナシオスも受け入れているのだ、とメイエリングは主張する[233]。

これは、『アレイオス派駁論』第3巻第66章1節におけるアタナシオスの発言とも結びつく。この箇所では、御父が御子を生み出すことをお望みになっておられたということを、アタナシオスは積極的に受け入れている[234]。したがってアタナシオスは、「神の偶有的な意志を通して御子が存在する」と考えることだけを退けているのであり、神の本質と同一化される永遠の意志について反対しているわけではない、とメイエリングは主張するのである[235]。

ただしアタナシオスとプロティノスの理解には、重要な相違がある。すなわち両者は共に、神の意志と、時間的世界において偶有的な決断をする人間の意志とを明確に区別した。そしてこの区別によって、アタナシオスは神の意志を論じる際の神学的問題を解決しようとした。ところが、プロティノスにはそのような意図はない。すなわち彼は、神の存在と同一化された神の意志という概念さえも、一者には相応しくないと考える。この世界のすべてのものは一者の永遠の意志に基づく決断を通して存在するが、この一者自身は存在を超えており（ἐπέκεινα τῆς οὐσίας）、存在と同一化された意志を超越しているのである。けれどもアタナシオスにとっては、神の意志と神の存在とを同一化することで十分であり、神こそ真実の存在なのである。このアタナシオスの理解は、

第 4 章　アタナシオスの『アレイオス派駁論』第 3 巻第 59 〜 67 章における神の善性

ἐπέκεινα τῆς οὐσίας という概念をその哲学の中核とはしていない中期プラトン主義者たちの理解と一致している、とメイエリングは考えている[236]。

第 2 節　神の意志と御子の同一化による
　　　　　御子の主権性（κυριότης）の論証

2-1　御父の御子との関係と神の被造物との関係の区別

　メイエリングは『アレイオス派駁論』第 3 巻第59〜67章で意図されていることが、神の意志と神の存在との同一化によって神の意志が非時間的な永遠の世界のものであることを論証し、そうすることによって意志の偶有性と時間性を神に負わせてしまう問題を乗り越えることにあったと解釈する。しかし、このようなメイエリングの理解において見落とされていることがある。それは、アタナシオスがこの箇所で神の意志に関する一般的、普遍的な問題を論じているわけではなく、御父が御子を生み出すというその一点において、それが意志に基づくものであるとするアレイオス派の主張を問題にしている、ということである。したがってこの箇所の議論において焦点化されているのは、あくまでも御父の御子との関係における神の意志の問題に他ならない。
　このことは『アレイオス派駁論』第 3 巻第59〜60章におけるアタナシオスの議論を丹念に追えば、一目瞭然である。すなわち先ほど一部を紹介したが、アタナシオスは第59章 2 節で次のように述べている。

　　　「御子が神の意志によって存在するようになった」と主張することは、「御子が存在しない時があった」、「御子が無から存在するようになった」、「御子は被造物である」と主張するのと同じ意味である[237]。

　この言葉からわかるように、御父が御子を意志に基づいて生み出すことは、御子が存在しない「時」があることが問題であるだけでなく、そのような理解が御子を被造物と見なすことにつながってしまう、ということをアタナシオスは問題にしているのである。

第 1 部　アタナシオスにおける神の善性の理解

　そして、御父が御子を意志に基づいて生み出した、という主張が決して聖書に基づくものではないことを、アタナシオスはマタイによる福音書第 3 章17節、詩編第45篇 2 節、ヨハネによる福音書第 1 章 1 節、詩編第36篇10節、ヘブライ人への手紙第 1 章 3 節、フィリピの信徒への手紙第 2 章 6 節、コロサイの信徒への手紙第 1 章15節を引用して論証していく[238]。そして『アレイオス派駁論』第 3 巻第60章の冒頭で、アタナシオスは次のように述べている。

　　すべてのもの（聖書の言葉）が至るところでわたしたちにロゴスの存在について語っているが、「ロゴスが意志に基づいている」とか「ロゴスが造られた」とは言っていない。それなのに、神のロゴスに先行する意志や決断をどこで見出したのか。聖書を離れて、彼らがウァレンティノスの悪を真似たからではないか[239]。

　したがって聖書に従うならば、御子が神の意志に基づく存在であられると主張することはできないのである。しかし被造物の場合は違う。被造物はかつて存在しなかったのであり、後に存在するようになったのであるから、被造物に対してはそれに先行する神の意志と決断を認めることができる[240]。アタナシオスはこのように述べた後で、詩編第115篇 3 節、第111篇 2 節、第135篇 6 節を引用して、被造物に先行する神の意志について聖書が言及していることを示している[241]。
　このようにアタナシオスは、御父が御子を意志に基づいて生み出されたと主張することについては聖書の言葉を引用して反対しているが、神が被造物を意志に基づいて創造し、支配しておられることについてはこれを聖書が認めていると考えている。したがってアタナシオスはこの箇所で、神の意志に関する一般的、普遍的な議論をしているのではなく、御父と御子の関係と、神と被造物の関係とを明確に区別して、神の意志の概念は後者において用いるべきである、と主張しているのである。
　この箇所の議論をメイエリングのように解釈することには、深刻な問題があると思われる。アタナシオスの議論の目的は、神の意志の永遠性、つまりその意志の一般的、普遍的性質を論証することにある、とメイエリングは主張し

第 4 章　アタナシオスの『アレイオス派駁論』第 3 巻第 59 〜 67 章における神の善性

た。しかしこのような理解では、アタナシオスがこの箇所で御父と御子の関係と、神と被造物の関係との区別を強調している点がぼやけてしまい、アタナシオスの議論の意図を十分に捉えることができなくなる。神の意志の永遠性を一般化して主張するだけでは、「意志に基づいて」という言葉によって神と被造物の関係を言い表し、「本性に基づいて」という言葉によって御父と御子の関係を言い表しているアタナシオスの真意を捉え損ねてしまうことになる。アタナシオスはここで、神の意志の普遍的な性格を論証したいのではなく、神との関わりにおける御子と被造物との違いを強調したいのである。

2-2　神の意志と御子の同一化

またアタナシオスは『アレイオス派駁論』第 3 巻第 59〜67 章において、メイエリングが主張するように神の意志と神の存在との同一化を論じているのではない。アタナシオスはこの箇所で、神の意志と御子であるロゴスとの同一化を論じている。すなわちアタナシオスは『アレイオス派駁論』第 3 巻第 60 章 2 節で、御父と御子の関係に神の意志という概念を持ち込むアレイオス派がウァレンティノスに倣っているのだと批判したが、それに続けて次のように述べている。

> ウァレンティノス派のプトレマイオスは次のように言った。すなわち生まれないお方は思考、意志という一組のものを持ち、最初にこのお方は思考し、それから意志を働かせた。そしてこのお方はご自分が思考によって思い描いたものを、それに意志の力を加えることがなければ、生み出すことができなかった。それゆえにアレイオス派の人々はそれらの知識を取り上げて、意志と決断がロゴスに先立つことを望んでいるのである[242]。

アタナシオスはこの箇所で、アレイオス派の人々がロゴスをプトレマイオスの言う「思考によって思い描いたもの」と見なしている、と判断している。すなわち彼らはプトレマイオスから学んで、神の中にあるロゴスに神の意志が加えられることによって初めてロゴスが生み出された、と主張する。そしてアレイオス派の人々はこれを根拠にして、ロゴスが神の意志に基づいて生み出され

た被造物であると結論づけている、とアタナシオスは見なすのである。したがってアタナシオスはこのアレイオス派の主張を論駁するために、神の意志が御子なるロゴスに先立つことはない、と主張する。そしてこのことを論証するために、神が被造物に対して先行する意志を働かせて創造するのに対して、「創造者ご自身のロゴスは、本性によってこのお方から生み出されたのである」[243]とアタナシオスは述べている。

さらに『アレイオス派駁論』第3巻第62章では、神が意志に基づいて御子を生み出さなかったとすれば、御子の誕生は神が必然性に強いられた結果なのか、と問うアレイオス派の人々に対して、アタナシオスは「本性に基づくものは、意志による決断を超越し、それに先行するのである」[244]と述べて反論した。メイエリングはここに、神の意志に関する神学的問題を中期プラトン主義に導かれて乗り越えようとするアタナシオスの姿を見たのであるが[245]、そもそもこの箇所での論争点は神の意志に関する神学的問題なのか。アレイオス派の人々の問い、すなわち御子が神の意志に基づいて生み出されたことを否定するならば、神は必然性に強いられて御子を生み出したのか、という問いに対して、彼ら自身の答えは最初から決まっていたに違いない。当然神に必然性を負わせるわけにはいかないのだから、神は意志に基づいて御子を生み出した、と彼らは答えたであろう。アレイオス派の人々にとっては、御子が神の意志に基づいて生み出された被造物である、という理解こそが議論の前提なのである。したがって彼らがアタナシオスとの論争において、神に必然性を負わせるのか、と問うたのは、神の意志を論じる際に生じる神学的問題、すなわち神は偶有的な自由意志をお持ちになるのか、そうでなければ神は必然性に強いられるお方なのか、という課題に突き当たり、その答えを見出そうとしていたからではない。彼らがこのような問いを投げかけた目的は、ひとえにアタナシオスの次の主張を打ち負かすためであった。すなわちアタナシオスは、御子と被造物とを明確に区別することによって、御子は決して神の意志に基づいて生み出された被造物ではないと主張していた。だからこそ彼は、アレイオス派の人々が御子に先立つ神の意志の働きを主張することを批判した。そんなアタナシオスを論駁するためにこそ、彼らはこのような難問を発したのである。したがってここでの真実の論争点は、神が偶有的な自由意志を持つのか、あるいは神が必

第4章　アタナシオスの『アレイオス派駁論』第3巻第59〜67章における神の善性

然性に強いられるのか、ではなく、御子が被造物なのか、そうではないのか、ということなのである。

　そしてアタナシオスは、アレイオス派の人々がこのような難問を発することによって、御子の神性を否定しようとしていること、御子を被造物と見なす自分たちの主張を擁護しようとしていることを見抜いて、次のように批判している。

　　御子について聞いている時に、彼らは本性による存在を、意志によって評価すべきではない。しかしながら彼らは神の御子について聞いていることを忘れて、あえて、必然性とか、意志とは無関係にとかいう、人間に見られる矛盾を神に当てはめようとする。それは、神のまことの御子がおられることへの否定を可能にするためである[246]。

　アタナシオスは、「神のまことの御子がおられることへの否定」を主張し、御子を神に対して従属的な存在として捉えているアレイオス派の人々の理解を批判しているのである。

　このアレイオス派の明確な従属説を前提とする神理解は、中期プラトン主義における神理解と類似しているように思われる。すなわち中期プラトン主義者たちは超越者である神に対してロゴス、あるいは第二の神が明確に従属的な存在であると理解していた[247]。しかし関川は、R・C・グレッグとD・E・グローの著作[248]、あるいはR・P・C・ハンソンの著作[249]を紹介しながら、アレイオス派の従属説は彼ら独自の救済論から生み出されたものである、と主張する。すなわち彼らは「苦しむ神」であられる御子の姿を新約聖書から読み取り、これを説明するために不受苦にして至高なる神の存在と、苦しみを経験する神性の劣った神の存在とを仮定したのである[250]。このような理解を考慮するならば、アレイオス派の従属説を単純に中期プラトン主義の影響によるものと見なすことはできないであろう。

　しかしいずれにせよアタナシオスにとって御子は、アレイオス派の人々が考えるような神に従属する被造物ではなく、御子は御父と等しく被造物に対する主権者であられる。すなわち、アタナシオスは次のように述べている。

第 1 部　アタナシオスにおける神の善性の理解

　　　意志が御子に先立って御父の中に存在すると述べることは、冒涜ではないのか。なぜなら、もし意志が御父の中において先立っているのであれば、「わたしは御父の中にいる」（ヨハネによる福音書第14章10節）という御子の言葉は真実ではなくなってしまうからである。いや、たとえ御子が御父の中におられても、御子は第二の地位を持つに過ぎないであろう……もしそうであれば、いかにして御子が主であられ、いかにして彼らが僕であるのか。けれども、御子はあらゆるものの主であられる。なぜなら、御子は御父の主権と共におられるお方だからである。そして、被造物は皆服従する。なぜなら、被造物は御父の一体性の外にいるからであり、それらはかつて存在しなかったが、存在するようになったものだからである[251]。

　ここでアタナシオスは、御父と御子の主権者としての一体性を強調している。アタナシオスとアレイオス派の人々との論争点である「御子は被造物なのか、そうではないのか」という問題は、換言すれば「神の主権性をどのように理解するのか」という問題でもある。すなわち、御子が被造物であることを前提とするアレイオス派の立場からすれば、神の意志が御子の存在に先立っていると言えないとしたら、神が被造物である御子を生み出すという必然性に服してしまわれることになり、神の主権性が被造物の存在によって侵されてしまうことになるが、そのようなことは断じて認められない。けれどもアタナシオスにとっては、神の意志が御子の存在に先立っていなければ神に必然性を負わせることになる、とするアレイオス派の人々の議論は全く問題にならない。御子はそのように御父の主権性を脅かすような御父の外にある存在ではなく、御父の中におられ、御父と等しく主権性を持ち、御父と共に被造物を支配なさる主なるお方に他ならないのである。

　そしてアタナシオスは『アレイオス派駁論』第 3 巻第63章から、神の意志と御子なるロゴスとの関係について議論を開始する。すなわち彼は次のように述べている。

第 4 章　アタナシオスの『アレイオス派駁論』第 3 巻第 59 〜 67 章における神の善性

御父ご自身のロゴスであるこのお方は、わたしたちがロゴスの前に存在する意志を思い描くことをお許しにならない。なぜなら、このお方は御父の生ける意志だからである[252]。

ここでアタナシオスは、神の意志と御子とを同一化している。そしてこれを根拠にして、神の意志がロゴスに先立つことがないのだと主張している。したがって、ロゴスが神の意志に基づく被造物ではないのだというこれまでの主張が、ここにも貫かれている。さらに『アレイオス派駁論』第 3 巻第63〜64章にかけて、アタナシオスは御子が神の生ける意志であることを、箴言第 8 章14節、コリントの信徒への手紙Ⅰ第 1 章24節、イザヤ書第 9 章 5 節、詩編第73篇23〜24節、ヨハネによる福音書第14章10節といった聖書の言葉を引用して論証する[253]。そして『アレイオス派駁論』第 3 巻第65章において、アタナシオスは特に箴言第 8 章14節の言葉を取り上げ、この聖書の言葉において神の知性（φρόνησις）と神の意志（βουλή）が同じものであると述べられているのだと主張する[254]。そして、アレイオス派の人々がウァレンティノス派に倣って神の思考と神の意志を切り離し、ロゴスに先立つ神の意志という概念を用いて、御子を御父から切り離すことを批判しながら[255]、神において知性と意志とが一つであるように、神のロゴスと意志が一つであり、「神の御子は知性であり、生ける意志である」[256]と述べている。

したがってアタナシオスが「御子は神の生ける意志である」と述べる時、そこでメイエリングが解釈するように神の意志と神の存在を同一化することによって、自由意志が内包している偶有性、時間性を超越するような神の永遠の意志を論証することに目的があったのではない。神の意志と神の存在とを同一化しているのではなく、神の意志と御子なるロゴスとを同一化することによって、御子が他の被造物と同じように「自らに先立つ神の意志に基づく存在」なのではなく、被造物とは区別された「神の本性に基づく存在」であり、御子が被造物に対して主権者であられることを論証しようとしているのである。

第1部　アタナシオスにおける神の善性の理解

第3節　『アレイオス派駁論』第3巻第59～67章における神の善性

3-1　神の父性と神の経綸との関係（その区別と結合）に顕された神の善性

3-1-1　神の父性と結びつく神の善性

　前述のように、アタナシオスは『アレイオス派駁論』第3巻第59～67章において、御子と被造物の区別を明確にすることによって、御父と御子の関係と、神と被造物の関係の区別を論証しようとしている。そのようなコンテクストを踏まえた上で、この箇所で論じられている神の善性に関する言及について考察するならば、アタナシオスの神の善性の概念についてどのような特質を見出すことができるだろうか。

　まずアタナシオスは神の善性について、『アレイオス派駁論』第3巻第62章において集中して述べている。しかし彼はそこで神の善性の内容を説明するためにではなく、神の父性（神が御子の御父であられること）がその本性に基づくことをアレイオス派の人々に納得させるために、神の善性の概念を例証として用いている。すなわち、アタナシオスは神の善性に関する言及の直前の箇所で、御父が御子を生み出されたのが意志に基づくことではなく、必然性に強いられてでもなく、本性に基づくことであると述べ、神が御子を意志に基づく被造物として創造したとするアレイオス派の主張を、「神のまことの御子」[257]を受け入れようとしない不信仰として批判する。それに続けて、神の善性について次のように述べている。

　　神が善であり、憐れみ深くあられることは、意志によってこのお方に帰属するものなのか、それとも意志によらないものなのか。もし意志によるものであれば、神が善であることを開始されたのであり、このお方が善ではない可能性があるのだ、とわたしたちは見なさなければならない。なぜ

第 4 章　アタナシオスの『アレイオス派駁論』第 3 巻第 59 〜 67 章における神の善性

なら決断し、選択することは、二つの方向のどちらかに傾く可能性を伴うのであり、それがまさに理性的な本性の持つ特質だからである。しかし、意志に基づいて神が善にして憐れみ深くあられることがもし不条理であるならば、彼らが言ったことは自分自身に向かって言われなければならない。「それゆえに神が善であられるのは必然性によってであり、意志によってではないということになる。いったい誰が神に必然性を負わせるのか」。しかし、神の場合に必然性について語ることが不条理であり、それゆえに本性によってこそ神が善であられるならば、いっそう確かな理由で、いっそう真実なこととして、意志によってではなく、本性によって、神は御子の御父であられる[258]。

　ここでアタナシオスは、神の父性が神の意志に基づくと主張することを問題視しながら、そのような主張は神の善性が神の意志に基づくと理解する時に生ずるのと同じ問題を引き起こすのだ、と述べている。すなわち「もし意志によるものであれば、神が善であることを開始されたのであり、このお方が善ではない可能性があるのだ、とわたしたちは見なさなければならない」のであり、そのように神が善であることを意志に基づいて選択し、開始なさったのであれば、神が善であることをお選びにならなかった可能性が生じてしまうことになる。

　ここでアタナシオスは、ただ単に意志的決断が内包する偶有性を神に帰することを問題視しているわけではない。メイエリングは、この箇所において神の意志が偶有性を持つということが問題視されているのであり、アタナシオスはこの問題を克服するために神の意志の永遠性を論証しようとしたのだ、と解釈した。しかしアタナシオスにとって、神の意志がその存在と結びついた永遠性を持つことは自明のことであった。むしろ彼の関心は、神の父性と神の意志との関係を明確化することにこそあったのである。だからこそ、『アレイオス派駁論』第 3 巻第63章でアタナシオスは「御父ご自身のロゴスであるこのお方は、わたしたちがロゴスに先立って存在する御父の意志を思い描くことをお許しにならない。なぜなら、このお方は御父の生ける意志だからである」[259]と述べているように、神の意志と神の存在を同一化することによって、神の意志の

永遠性を論証することに関心を向けるのではなく、神の意志と御子を同一化することによって、神の意志が御子に先行するのではないと主張したのである。そして同様の議論を、『アレイオス派駁論』第3巻第62章では神の善性について行なっている。すなわち、神の善性は神の意志に基づいて選択されたものではなく、神の意志に後続するものではないのである。

では神の善性が神の意志に基づくものではなく、神の意志が神の善性に先行するのではないのであれば、神の善性についてどのように言い表すことが相応しいのか。これについてアタナシオスは、「本性によってこそ神が善であられる」[260]と述べている。すなわち神の善性は、神の意志的決断に後続して生み出されたために神の本性とある距離を持っている、というわけではない。神の善性は神の本性に直接結びついており、いわば両者は一体なのである。だからこそ「神が善であられるのは必然性によってであり、意志によってではないということになる」[261]として、神に必然性を帰するような理解はあり得ない。このような主張は、神の本性と神の善性とが切り離されることを前提として議論をする場合には成り立つのかもしれない。しかしアタナシオスは、両者が直接結びついており、一つのものとして理解していたので、意志に基づくのか、必然性に強いられるのか、というディレンマは彼の中には存在しないのである。

けれども同時にアタナシオスは、神の善性が神の本性に基づく不変的属性であるという理解を、アレイオス派の人々も当然認めるであろう、と予想していたものと思われる。このような神の善性の理解は、当時の中期プラトン主義の理解と一致するものである。プラトン以来、至高者である神は「善のイデア」として理解されてきたのであり、特に中期プラトン主義者たちは不変的善性と偶有的善性との区別を強調し、前者は超越者である神だけに帰属すると考えていた[262]。またオリゲネスもマルキオン派との論争を念頭に置きながら、神の善性の永遠性、不変性を強調したのであり[263]、この理解は哲学の世界だけではなくキリスト教会の思想家たちの間でも広く受け入れられていたのである。そうなるとそもそも御子を被造物と見なしているアレイオス派の人々に対して、このようなアタナシオスの主張がどれほど説得力を持っていたのであろうか。彼らは神の善性の永遠性を認めるには違いないが、それと同じように神と、彼らが被造物と見なしている御子との関係において、永遠性を認めること

第 4 章　アタナシオスの『アレイオス派駁論』第 3 巻第 59 〜 67 章における神の善性

など決して期待することはできないのではないか。実際にアレイオス派の人々は、神の父性の永遠性を主張するアタナシオスに対して、そのような論理は被造物を永遠の存在と見なす考え方につながる、と批判していた[264]。ここにおいても御子を被造物とするか、それとも御父と一体の主権者とするかの違いが浮き彫りになる。したがって、ここでアタナシオスは神の父性の永遠性を合理的に論証して、アレイオス派の人々を論破しようとしているのではなく、むしろこれは彼自身の「信仰告白」の言葉であると言うことができる。すなわち彼は神が永遠に善なるお方であられるのと同様に、神は永遠に御子の御父であられるとの信仰を言い表しているのであり、そのように御父と御子の関係の永遠性を信じるからこそ、被造物に対する主権性を御父と同じく御子にも帰しているのである。アタナシオスにとって、神が善なるお方であられると信じることと、神が御子の御父であられると信じることとは同じこと、いや、「いっそう確かな理由で、いっそう真実なこととして、意志によってではなく、本性によって、神は御子の御父であられる」[265]のである。

3-1-2　神の経綸と結びつく神の善性

いずれにせよ、アタナシオスはこの『アレイオス派駁論』第 3 巻第 62 章で、神の善性が神の意志に基づくものではなく神の本性に基づくものであると述べることによって、彼が理解する神の善性の概念の重要な特質を言い表している。すなわち、この箇所において神の本性に基づく神の善性は、同じく神の本性に基づく神の父性、すなわち御父と御子の関係と結びつけられているが、これに対して神の意志に基づくところの神と被造物との関係、すなわち神の経綸とは一応区別されているのである。

ところが同時にアタナシオスは、神の善性を神の経綸と結びつけて論じている場合がある。すなわち、彼は『ニカイア会議の宣言について』第 1 章で次のように述べている。

> 逆に彼らは次のように言うべきであった、「なぜあなたは神であられるのに、人となられたのか」。なぜならば御子のみわざは、このお方が神であられることを証明しているからである。その御手によるものは御父の善

第1部　アタナシオスにおける神の善性の理解

性を崇めており、わたしたちのためになされた御子の経綸をほめたたえている[266]。

　ここでは御父の善性と御子の経綸が、崇められ、ほめたたえられるべきものとして並列して述べられているのであり、御父の善性と御子の経綸が重ねあわせて理解されている。さらに『ニカイア会議の宣言について』第11章で、次のように述べられている。

　　人間は自力で存在することができず、場に取り囲まれており、神のロゴスの中にある。しかし神はご自分の力で存在し、すべてのものを取り囲み、何ものによっても取り囲まれることはない。そしてこのお方は、ご自分の善性と力にしたがってすべてのものの中におられるが、ご自分の固有の本性にしたがってすべてのものの外におられる[267]。

　すなわち神はその本性に基づいて、すべてのものの外におられ、それらを超越しておられる。しかし神はその善性に基づいて、すべてのものに内在しておられる。したがってこの箇所では神の善性が神の本性と区別されて、神があらゆる被造物に内在するという神と被造物の関係、すなわち神の経綸と結びつけて論じられている。
　このようにアタナシオスは、一方で『ニカイア会議の宣言について』第11章に見られるように、神の善性を神の本性と区別して、神の経綸と結びつけて論じているが、他方では『アレイオス派駁論』第3巻第62章に見られるように、神の善性が神の本性に基づくものであるとして、神の意志に基づく神の経綸と区別して論じている。したがって、アタナシオスは神の本性と神の経綸との区別を重んじていたが、同時に両者の結びつきも大切にしていたのであり、神の善性という言葉によって、神の本性と神の経綸の区別と結合の両方を言い表しているのである。
　そしてアタナシオスは『アレイオス派駁論』第3巻第59章以下の箇所でも、神の本性と神の経綸との区別と結合について触れている。すなわち第64章において、次のように述べている。

第4章　アタナシオスの『アレイオス派駁論』第3巻第59～67章における神の善性

ロゴスは、意志によって存在するようになったものの外に立ち、むしろこのお方ご自身が御父の生ける意志である[268]。

　御子なるロゴスは、神の意志に基づいて存在するようになったもの、すなわち被造物の外に立つ。このように御子と被造物との区別を強調することによって、アタナシオスは神の本性に基づく神の父性と、神の意志に基づく神の経綸との区別を明確にしている。しかし同時に彼は、被造物の外に立つ御子が神の生ける意志そのものであると述べている。つまり、御子は決して他の被造物と同様の神の意志に基づく存在ではないのだが、神の意志そのものとして神の経綸のみわざを行なわれる。このようにして本性に基づいて御父の御子であられるお方の存在と、神の経綸とが深く結びついているのだとアタナシオスは主張するのである。
　以上のようにアタナシオスは神の本性と神の経綸との関係、すなわちそれらの区別と結合の両方を強調するのであり、そのような理解は『アレイオス派駁論』第3巻第59章以下の箇所にも表されている。しかしここで御子が被造物の外に立つ存在であると述べることによって、神の本性と神の経綸の区別を明確にしているという点がとりわけ重要である。アタナシオスは神の本性と神の経綸との結びつきを重んじつつも、両者が一体化して、さらにはその結果経綸が本性を規定するなどとは決して考えていないのである。御子はあくまでも被造物の外に立って働きかける、神の生ける意志に他ならない。したがって神の本性こそが常に神の経綸を規定している、とアタナシオスは理解していたのである。そして彼はこのことを言い表すためにこそ、「ロゴスはすべてのものの主である。なぜなら御父の主権性とひとつだから。被造物は服従する。なぜなら御父の一体性の外にあり、かつて存在せず、造られたからである」[269]と述べたのである。御父と御子は一体となって、被造物に対する主権性をお持ちになる。だからこそ神の父性が主権性を持って、神の経綸のみわざを生み出すのである。そしてアタナシオスはこのような神の父性と神の経綸の関係を、神の善性という言葉で言い表しているのである。

3-2　神の生成的な本性に顕された神の善性

3-2-1　神の善性の内実である御父と御子の愛の交わり

　アタナシオスはさらに『アレイオス派駁論』第 3 巻第66章において、神の善性について言及している。この箇所でもアタナシオスは、まず神の父性に関する例証として神の善性について述べ始めている。ただし『アレイオス派駁論』第 3 巻第62章とはコンテクストが異なっている。すなわち、これまで述べてきたように御子の存在に先立って神の意志が働いたとするアレイオス派の主張に対して、第62章では御父が本性に基づいて御子を生み出されたと語り、さらに第63章以降では御子が御父の生ける意志であられると述べることによって、神の意志が御子に先立つという主張を退け、御子が御父と一体であり、共に被造物に対する主権者であられることを論証してきた。それに続くこの第66章においてアタナシオスは、それまでとは異なるパースペクティブで御父と御子の関係を論じている。すなわち主権者であられる御父と御子が、愛の交わりにおいてどれほど深く結びついておられるかを語っている。アタナシオスは、この章の冒頭で次のように語り始める。

　　　御子が意志ではなく本性によって存在するのであるから、御子は御父が望むことなく、御父の決断に反して存在するのか。全くそうではない。御子は御父がお望みになって存在するのであり、御子ご自身がこのように言っている。「父は子を愛して、子にすべてのことをお示しになった」（ヨハネによる福音書第 5 章20節）。なぜなら、意志の結果として神が善であることを開始されたのではなく、また思いがけなく、意に反して善であられるわけでもないように（というのも神がどのようなお方であるかということも、神ご自身が望まれたことであるから）、御子の存在は、たとえそれが意志の結果として開始されたのではないとしても、御父の意志とは無関係なものではなく、御父の意に反するものでもないのである[270]。

　御子を被造物とし、御子の主権性を損なうような意味で、御父が御子を意志

第 4 章　アタナシオスの『アレイオス派駁論』第 3 巻第 59 〜 67 章における神の善性

に基づいて生み出したわけではない。けれども、御父は御子の誕生をどのような意味においてもお望みになることがなかったかと言えば、決してそうではない。御子は、御父の意志に反して生み出されたわけではないのである。それは神が意志に基づいて善なるお方ではないにもかかわらず、自ら望んで、喜んで善を行なわれるのと同じである。したがって神はご自分の本性に基づくものを、ご自分の喜びとし、それを望まれるお方なのである。しかもアタナシオスは、「御子は、御父がご自分を望まれたのと同じように、意志によって自ら御父を愛し、望み、ほめたたえられる」[271]と述べて、この愛の意志が、御父から御子への一方的なものではなく、御子から御父へのものでもあることを主張する。このようにアタナシオスは、神が善であられることをご自分の意志としておられるのと同じように、御父は喜んで御子を愛し、御子もまた御父を愛することをご自分の意志としておられるのだ、と述べている。

　このようにアタナシオスは『アレイオス派駁論』第 3 巻第66章において、神の意志という言葉をこれまで論じてきたのとは異なる仕方で用いている。つまり彼はこれまで、被造物に対して向けられた神の意志を問題としてきた。しかしこの箇所で論じている神の意志とは、御父と御子の間で相互に向けられる意志である。したがって神の経綸にかかわる神の意志ではなく、神の父性に関わる神の意志をここで取り上げているのである。

　さらにこの第66章でアタナシオスは神の善性の概念を、そのような神の父性の特質を示すための例証として以上の意味で用いている。すなわち彼は次のように述べている。

　　しかし御子が存在しなかったかもしれないと述べることは、まるで御父に固有のものが存在しなかったかもしれないと言うかのごとく、御父の本質にさえ達する不信仰な推測である。なぜならそれは、御父が善なるお方ではなかったかもしれない、と言うことと同じことだからである。しかしながら、御父が永遠に本性に基づいて善なるお方であるように、御父は永遠に本性に基づいて御子を生んでくださるお方である。そして御父が御子をお求めになり、御子が御父をお求めになると述べることには、先行する意志ではなく、本性の真実性や、本質の特性と同一性が想定されているの

である[272]。

　アタナシオスはここで、御子が存在しなかったかもしれないと推測するアレイオス派の人々に対して、そのような主張は「御父が善なるお方ではなかったかもしれない、と言うことと同じこと」である、と述べている。つまり御子の存在が不確かになり、併せて神の父性が不確かになるならば、同時に神の善性もまた不確かなものになってしまう。そのようにして、神の父性が神の善性の内実であることを示しているのである[273]。したがってアタナシオスはこの第66章において、神の父性が内包している御父と御子の愛の交わりを強調しながら、そこにこそ神の善性が顕されていると主張しているのである。

3-2-2　経綸を基礎づける御父と御子の愛の交わり

　ウィディコムは、『アレイオス派駁論』第3巻第66章においてアタナシオスが論じている御父と御子の愛の交わりに注目し、これを「永遠に愛を生み出す生成的な愛」と呼んでいる[274]。すなわち御父と御子の愛の交わりは、お互いに相手に対して永遠に与え、永遠に受ける愛の交わりに他ならない。アタナシオスは神の存在を、御父と御子の永遠の愛の行為として理解していたのであり、彼はこの神概念に基づいて、御父と御子の関係と、神と被造物の関係とを区別することができたのである[275]。

　さらに、永遠に生成的な愛の交わりとして捉えることのできる御父と御子の関係こそが、神の被造物に対する経綸を基礎づけているとアタナシオスが理解していたのだ、とウィディコムは述べ、そのことをアタナシオスが『アレイオス派駁論』第2巻第2章において論じていることを指摘する[276]。すなわち、もしキリストが御子でないとすれば被造物と呼ばれることになり、その結果神は御父とは呼ばれず、ただ創造者とだけ呼ばれることになる[277]。そうなると被造物と見なされた御子には、「生成的な本性（γεννητική φύσις）がない」[278]ということになる。しかしアタナシオスはこのような理解を批判して、次のように述べる。

　　もし神の本質がそれ自体として実り豊かなものではなく、彼らが言う通

り、まるで輝くことのない光や枯渇した泉のように不毛なものであるとするならば、神が創造する活力を持っておられると述べることを彼らは恥じないのであろうか[279]。

つまりアタナシオスは、ここで述べられている「創造する活力」と御子を同一視していたのである[280]。しかもアタナシオスにとって、御子が御父から子として生まれたお方ではなく、被造物であられるとするならば、それは同時に御子が生成的な本性をお持ちにならないことを意味した。したがって神の創造する活力、生成力は、御父と御子の愛の交わりなしには成り立たないのである。このような理解は、アタナシオスの次の言葉にも表れている。

> もし神が、ご自分の外側にあるもの、つまりかつて存在しなかったものを、それらが存在することを望んで創造なさり、神がそれらのものの創造者となられるとすれば、なおのこと神は、まず第一に、ご自分の固有の本性から生み出されたお方の御父であられるに違いない[281]。

すなわち神が御子の御父であられることが、神が被造物の創造者であられることに先立っており、さらには前者が後者を基礎づけている、とアタナシオスは理解していたのである[282]。

そして、アタナシオスが被造物に対する御子の主権性を強調するのは、御父と御子の間での永遠に生成的な愛の交わりが、神の経綸を基礎づけていることをはっきりと示すためである。御子が御父と一体となり、御父と共に被造物に対する主権性をお持ちになると理解するからこそ、御父と御子の関係と、神と被造物の関係との相違は明確になる。同時に前者が後者を基礎づけているという構造も、このように理解してこそ鮮やかに浮かび上がってくるのである。すなわち、御父と御子が愛の交わりにおいて一つとなり、一つの主権性を働かせて被造物と関係を持ってくださるからこそ、神の経綸は神の父性に顕された愛によって、すなわち永遠に生成的な愛によって支えられた確かさを持つことになるのである[283]。

おわりに

　神は永遠者であるのに、その神の意志的決断にも偶有性と時間性が含まれているのか。メイエリングは、このような神学的難問に答えることこそ、アタナシオスが『アレイオス派駁論』第3巻第59～67章を執筆した目的であると主張する。しかし筆者はアタナシオスの議論の目的が、御子を被造物と見なすアレイオス派の理解を論駁して、御子の被造物に対する主権性を論証することにあったと考える。すなわちアタナシオスは、神が被造物を「意志に基づいて」創造したが、御子を「本性に基づいて」生み出したと主張することによって、神の父性（御父と御子の関係）と神の経綸（神と被造物の関係）とを明確に区別しようとした。メイエリングの理解では、この区別をアタナシオスが強調している点が曖昧になってしまう。

　以上のように、アタナシオスのこの箇所における議論の意図を正しく汲み取るならば、ここで論じられている神の善性の概念の特質も明らかになる。『アレイオス派駁論』第3巻第59～67章を通して、アタナシオスは神の善性という言葉を用いて、神の父性と神の経綸の関係の特質を言い表している。第一に、神の父性と神の経綸は明確に区別されつつも、両者は深く結びついているのであり、神の父性が主権性を持って神の経綸を生み出すのである。このような神の父性と神の経綸の関係にこそ、神の善性が顕されている。第二に、神の善性は御父と御子の相互の愛の交わりに顕されている。そしてこの御子と御子の愛の交わりにこそ、神の生成的な本性が顕されている。神の父性に顕されている神の生成的な本性こそが、神の経綸を生み出す活力なのである。したがってこのように神の内在的な愛の生成力が、外に向かって、被造物に対して働きかける神の経綸を基礎づけているという構造は、神の父性が神の経綸に対して主権性を持つことが強調されることによって明確になるのである。

　アタナシオスは『アレイオス派駁論』第3巻第59～67章においても、『異教徒駁論』、『ロゴスの受肉』と同様に、神の経綸と結びつけて神の善性の概念を用いていた。すなわち神は善であられるからこそ、被造物に対して働きかけてくださるのである。しかしそれと同時に『アレイオス派駁論』のこの箇所に

は、神の善性の概念に関して、『異教徒駁論』と『ロゴスの受肉』には見られない新しい理解が述べられていた。すなわち神の経綸は、御父と御子の間の永遠に生成的な愛の交わりによって生み出され、基礎づけられているのであり、このような仕方で神の経綸が確かなものとされていることにこそ、神の善性が顕されている。ここにこそ、アタナシオスが『アレイオス派駁論』第3巻第59～67章において示した神の善性の理解の固有性がある。

補遺──『アレイオス派駁論』第3巻の著者問題について

1　カンネンギーサーの主張

『アレイオス派駁論』全3巻はアタナシオスの主要な神学的著作である、と長く考えられてきた。ところがカンネンギーサーが『アレイオス派駁論』第3巻に関して、アタナシオスの著者性に疑義を提起したことにより[284]、その著者問題について活発な議論が行なわれるようになった。カンネンギーサーはその後も論文を発表して[285]、自説の擁護を試みた。ただしカンネンギーサーは1995年の論文では[286]、アタナシオスが著者ではない可能性を示唆しながらも、より注意深く、『アレイオス派駁論』第3巻がアタナシオスの著作の中で「特殊な位置」（Sonderstellung）にあると言及するに止めている。これに対して他の研究者たちは、アタナシオスの著者性を認める主張を展開してきた。そこでこの問題に関する研究史を、レーマンス[287]とJ・D・アーネスト[288]の論述を通して概観する。

『アレイオス派駁論』第3巻の著者をアタナシオスとすることに反対するカンネンギーサーの主要な論拠は、本書が『アレイオス派駁論』第1～2巻と教理的・文体的に異なっているとの理解である。すなわちカンネンギーサーの分析によれば、最初の2巻には牧会的・教理教育的な文体と問題意識が見られるが、第3巻はそれらよりも抽象的・理知的・学究的な調子で書かれている。『アレイオス派駁論』第3巻の著者は第1～2巻の用語や概念の一部を受け入れていることから、それらを読んで消化していたのは明らかであるが、解釈の視点は異なっている。文体が違うし、多くの新しい言い回しが用いられて

第 1 部　アタナシオスにおける神の善性の理解

いる。『アレイオス派駁論』第 3 巻における論敵はあくまで架空のものである。こうしてカンネンギーサーは、『アレイオス派駁論』第 1 〜 2 巻と第 3 巻との間の相違点と、両者に共通している特徴を説明するために、自信を持って次のように主張する。すなわち、『アレイオス派駁論』第 3 巻の著者はアタナシオスではなく、アタナシオスの身近にいてその神学を熟知していた人物であり、ラオディケイアのアポリナリオスが著者ではないか。

　またカンネンギーサーは『アレイオス派駁論』第 1 〜 2 巻が漸進的に形成されたと考えている。すなわち最初にいくつかの別々の小論からなる第 1 〜 2 巻の中心部分が、アタナシオスに身近な支持者たちのために書かれた。その中心部分には、御子の永遠の生誕と受肉に関する議論（『アレイオス派駁論』第 1 巻第11〜36章）、フィリピの信徒への手紙第 2 章 9 〜10節と詩編第45篇 7 〜 8 節に関する釈義的な小論（『アレイオス派駁論』第 1 巻第37〜52章）、箴言第 8 章22節以下に関する長大な解説部を含むより精緻な議論（『アレイオス派駁論』第 1 巻第53章〜第 2 巻第72章）が収録されていた。その後この中心部分に、アレイオスの『タレイア』、さらにソフィストのアステリオスによるアレイオスの教えを擁護する書物からの抜粋を加えて、340年には現在伝えられている『アレイオス派駁論』第 1 〜 2 巻の形に拡大された、とカンネンギーサーは主張した。

2　カンネンギーサーへの批判と『アレイオス派駁論』の全体像の探求

　しかしながら『アレイオス派駁論』第 1 〜 2 巻の生成は、カンネンギーサーが仮定するよりもずっと複雑なものである。例えばカンネンギーサーの考えによれば、『アレイオス派駁論』第 1 巻第 1 〜10章は後代の付加とされるが、第11章における ἐκείνου は、第10章で言及されていた悪魔を指している。C・スティッドはカンネンギーサーの著作についての書評の中で[289]この事実を指摘しながら、これは多くの改訂と再形成を伴って、全体が固く結び合わされた構造的な一体性を持つことを示しているように思われる、と述べている。またブレイジングは『アレイオス派駁論』に関する詳細な注解を行ない[290]、第 1 〜 3 巻全体の構造が一つの文学的な単位として理解され得ると主張し

第 4 章　アタナシオスの『アレイオス派駁論』第 3 巻第 59 〜 67 章における神の善性

て、カンネンギーサーのような編集史的方法とは距離を置く。そしてこの著作の構造についての大まかな輪郭は、他のキリスト者による異端論争に見出されるのと同様に、法廷におけるレトリックの様式に適合している、と論じている。

　そのような中でメイエリングが『アレイオス派駁論』第 3 巻に関する論文と詳細な注解を発表して[291]、カンネンギーサーの仮説について自らの理解を示した。メイエリングは『アレイオス派駁論』第 1 〜 2 巻と第 3 巻の内容の相違を指摘するカンネンギーサーの主張の妥当性をある程度認めながらも、他方でカンネンギーサーが第 3 巻において最も思弁的・抽象的な箇所と呼ぶ第 59 〜 67 章でさえ第 1 〜 2 巻との多くの類似が見られ、かえってその箇所もまた第 1 〜 3 巻全体の論争的な企図に適合している、と論じている。したがってカンネンギーサーの指摘が、『アレイオス派駁論』第 3 巻のアタナシオスの著者性を否定するほどの説得力を持つものではない、とメイエリングは結論づける。

　この他にもカンネンギーサーへの批判が多くの研究者によって論じられた。スティッドは、両者に見られる相違が後代に改訂された結果である、とした[292]。また D・シュミッツは[293]、『アレイオス派駁論』全 3 巻が論争において相手を中傷する際に同じ用語を用いていることを指摘した。J・ヴォリンスキー[294]やアーネスト[295]は、τριάς や σκοπός のような重要な神学的用語が、『アレイオス派駁論』第 1 〜 2 巻や他のアタナシオスの著作と厳密に同じ意味で、第 3 巻で用いられていることを指摘した。さらに K・メッツラーは[296]、『アレイオス派駁論』第 1 〜 2 巻と第 3 巻に見られる聖書引用がどの聖書写本から取られているかを分析して、第 3 巻がカンネンギーサーの言うように「特殊な位置」にあることを示したが、同時にその違いがアタナシオスの著者性を否定するのに十分な論拠となるとは言えない、とした。

　L・アブラモウスキーは[297]、『アレイオス派駁論』第 1 〜 2 巻と第 3 巻との間に語調、語彙、文体の明確な違いがあるとするカンネンギーサーの結論を受け入れるが、アタナシオスとは異なる著者を想定することは受け入れない。そしてアブラモウスキーはカンネンギーサーとは違い、『アレイオス派駁論』第 3 巻においてアタナシオスは実在の論敵に対抗して議論をしていると主張する。アタナシオスは『アレイオス派駁論』第 3 巻の第 2 部（第 26 〜 58 章）に

おいて、アレイオス派の聖書についての議論を非常に詳細に描いている。もしアタナシオスの論敵が全く架空の存在であるなら、彼はこのような議論を書かなかったであろう。なぜならその議論は、アレイオス派の主張に対する見事な反論となっているからである。こうしてアブラモウスキーは、第3巻の第1部（第1～25章）と第3部（第59～67章）ではエウセビオス派（ニコメディアのエウセビオスの教説の支持者たち）が論敵であり、第2部ではアレイオス派に対して書かれている、とした。すなわち『アレイオス派駁論』第3巻は、セルディカ教会会議（342/343年）以前の数年間に起こった、エウセビオス派とアレイオス派との神学的論争が反映されていると考えられるのである。したがってアブラモウスキーは『アレイオス派駁論』第1～2巻と第3巻の相違を、それが著者の相違によるものではなく、むしろ異なった歴史的なコンテクストの結果であると考える。

『アレイオス派駁論』において引用されている聖書写本の由来に関するメッツラーの詳細な研究は、このアブラモウスキーのテーゼを支持するものと思われる[298]。メッツラーは、福音書、その他の新約聖書、旧約聖書の間の違いを考慮しながら、『アレイオス派駁論』第1～2巻と第3巻における聖書引用の基礎となっている聖書本文に違いがあることを証明した。同時に両方の聖書本文が、アレクサンドレイアに由来する特徴を示している。アブラモウスキーはこの二重の現象は次のように説明する。すなわち『アレイオス派駁論』第1～2巻はアレクサンドレイアにおいて、アタナシオスの第2回目の追放（339～346年）の前に書かれた。その後で『アレイオス派駁論』第3巻が第2回目の追放の期間に書かれたのだが、その時にアタナシオスは第1～2巻を執筆していた時に使ったのとは違う聖書写本一式を持っていた。

3　まとめ

カンネンギーサーの主張は、『アレイオス派駁論』第1～2巻、第3巻それぞれの語彙や文体の違いに注意を喚起するきっかけを与えた。しかしながら多くの研究者たちは、カンネンギーサーが両者の違いを論拠にして、『アレイオス派駁論』第3巻についてアタナシオスの著者性に疑義を差し挟むことには批判的であった。カンネンギーサー自身もこれらの批判を受け止めて、2003年

第 4 章　アタナシオスの『アレイオス派駁論』第 3 巻第 59 〜 67 章における神の善性

には自説を撤回した[299]。

　しかしカンネンギーサーの問題提起は、『アレイオス派駁論』全 3 巻の詳細で厳密な読解を研究者たちに促すきっかけを与えた。そのような中でブレイジングは『アレイオス派駁論』第 1 〜 3 巻全体の文学的な構造の明確化を目指し、またメイエリングは第 3 巻の詳細な注解を試みて、それぞれに労作を生み出した。さらにメッツラーは聖書引用の由来となった本文を分析して、『アレイオス派駁論』第 1 〜 2 巻と第 3 巻との相違を新たに指摘したし、アブラモウスキーは両者の相違が著者の違いではなく、それらが書かれた歴史的状況の違いを反映していると視点を提示した。

　以上のような研究史を踏まえ、筆者は『アレイオス派駁論』全 3 巻がアタナシオスによって書かれたものと考える。

第2部　アタナシオスの救済論

第 1 章 『異教徒駁論』第30〜34章における アタナシオスの人間論が意味するもの
―― ロゴスの受肉による救済が不可欠な人間の現実

はじめに

　アタナシオスの最初期の作品である『異教徒駁論』と『ロゴスの受肉』は共に一つの作品を形作っており[1]、そこには内容的な一貫性があると考えられる。ところがラウス[2]は、次のように問題提起をしている。アタナシオスは『ロゴスの受肉』第7章において、人間は悔い改めによって堕落の結果である死への腐敗から不滅へと回復することはできない、と論じているが、この主張は人間の贖罪と救済の問題に関して『異教徒駁論』と『ロゴスの受肉』との間の相違を決定的に示している。なぜなら『異教徒駁論』第34章では、魂はたとえ神から離れても、自らを浄化して神への観想に立ち帰ることができる、と述べられているからである。『異教徒駁論』ではプラトン主義の伝統に基づく観想の理解によって人間の魂が捉えられており、魂は神的事物との本質的同一性をもつものであり、その魂が観想によって神との結合を成し遂げることができる。ところが『ロゴスの受肉』ではそのような理解は一変して、魂は無から創造されたものであり、全く神の恵みに依存しており、観想はもはや魂が神化するための手段ではなく、観想による救済という考え方はそれ以後のアタナシオスの作品の中に姿を見せなくなる。このように『異教徒駁論』は人間には救済の能力が内在していると考えているが、『ロゴスの受肉』は人間を全く悲観的に受け止め、ただ受肉したロゴスだけが人間を贖うことができると理解している。そしてラウスは、このような両書の間の変化を、アタナシオスは『異教徒駁論』において新プラトン主義に一時的な関心を持ったが、その後それを全く拒絶したのだ、と結論づけている。

　このように『異教徒駁論』と『ロゴスの受肉』の神学に相違を見るラウスの主張に対しては、これまでにいくつかの反論がなされてきた[3]。筆者もまた、両書の間に神学的な相違があるとは考えていない。そこで筆者はそのことを論

証するに当たり、特に『異教徒駁論』第30～34章の解釈を試みたい。ラウスはこの箇所こそアタナシオスにおけるプラトン主義的な人間論が論じられていると考えているが、筆者はラウスとは異なるパースペクティブでこの箇所を解釈したい。そこでまず『異教徒駁論』のコンテクストを念頭に置きながら、この箇所が本書全体の中でどのように位置づけられているかを指摘する。その上でこの箇所で論じられている三つの主題、すなわち「理性を持つ魂」、「魂の不死性」、「魂の自己浄化」を取り上げ、それぞれの概念をアタナシオスがどのような意味で論じているかを考察する。その結果、この箇所が表面的には人間の姿を論じているようでありながら、その議論の根底には神がどのようなお方であるか、つまり神論が存在することを明らかにしたい。アタナシオスの神学的関心は、創造、啓示、受肉、救済といった多様な神学的主題を論じる時にも、常にそれらの行為者であられる神の主権性を言い表そうとすることに向かっている。まさにこのようなアタナシオス神学の特質を、『異教徒駁論』と『ロゴスの受肉』とが一体となって表現していることを論証したい。さらに両書の議論の繋がりから、『異教徒駁論』第30～34章が『ロゴスの受肉』第6～7章で展開されている救済論的な記述に対してどのような役割を果たしているかを明らかにしたい。

第1節 『異教徒駁論』全体のコンテクストにおける人間論的論述（『異教徒駁論』第30～34章）の位置づけ

『異教徒駁論』はその冒頭で、本書が何を目指して書かれているのかを述べている。すなわち「神への礼拝に関する知識と、宇宙についての真理に関する知識」[4]を説明するために本書を書き進めるのであり、この知識をすぐさま「救い主キリストへの信仰」[5]と言い換えている。同時に、この知識はキリストの教えを通して毎日自らを太陽の光よりもはっきりと啓示している、としながら[6]、この知識が啓示されている事実が明白であることを強調している。

さらに異教徒たちがキリストの十字架を引きあいに出しながらこの知識を蔑んでいることを批判して、キリストの十字架こそがこの知識を啓示するもので

第 1 章 『異教徒駁論』第 30 〜 34 章におけるアタナシオスの人間論が意味するもの

あると主張する[7]。すなわち、十字架は父なる神を啓示する出来事であり、また十字架によってキリストこそ礼拝されるべきお方だということが明らかにされたのである[8]。こうしてキリストの救済のみわざに他ならない十字架に触れながら、その救済の内容を解説するのではなくて、十字架が神とキリストを啓示するという面を強調している。

このように十字架が神を啓示していることが明白であるにもかかわらずその事実を受け入れない人々は、雲に隠れているという理由で太陽の価値を低く見ていながら、太陽に照らし出されている全世界を前にしてその光に驚嘆しているのと同じであり[9]、神の啓示を受け入れない不信仰の原因は、これほど確かな事実を認めない人間の偽りにこそある。こうしてアタナシオスは「わたしたちはまず不信仰者たちの無知を、できる限り論駁する。その結果偽りが論駁され、真理は自ずと輝き出す」と述べて、『異教徒駁論』の議論の道筋を提示する[10]。すなわちまず神の自己啓示を受け入れない者の無知と偽りが論駁される。これは本書の前半の第 2 〜 29 章で取り扱われる。続いて神の自己啓示の光がどれほど自明なものとして輝いているかが論じられる。これは本書の後半の『異教徒駁論』第 30 章以下で取り扱われる。

そこで『異教徒駁論』全体のアウトラインは、次のように考えることができる。すなわち序論（『異教徒駁論』第 1 章）、第 1 部は「神の自己啓示を受け入れない人間の偽り」（『異教徒駁論』第 2 〜 29 章）、第 2 部は「神の善性に基づく自己啓示」（『異教徒駁論』第 30 〜 46 章）、結論（『異教徒駁論』第 47 章）である。第 1 部に関してはさらに二つに章立てすることができ、第 1 章は「存在しない悪を作り出す人間の偽り」（『異教徒駁論』第 2 〜 7 章）、第 2 章は「偶像を作り出す人間の偽り」（『異教徒駁論』第 8 〜 29 章）である。また第 2 部に関してはさらに三つに章立てすることができ、第 1 章は「人間の魂に与えられている神を観想する力」（『異教徒駁論』第 30 〜 34 章）、第 2 章は「被造物を通して神を啓示するロゴス」（『異教徒駁論』第 35 〜 45 章前半）、第 3 章は「聖書を通して神を啓示するロゴス」（『異教徒駁論』第 45 章後半〜 46 章）である[11]。

このように『異教徒駁論』第 30 〜 34 章の箇所は、神の自己啓示を受け入れようとせずに、偶像礼拝に心を向ける人々に対して、神の自己啓示がどれほど

確かなものであるかを論じている本書の第2部の冒頭に位置している。そしてこの箇所でアタナシオスは、人間の魂には神を観想する能力があることを論証している。この箇所で神の自己啓示が自明なものであることを論証しようとしているはずのアタナシオスが、神の自己啓示そのものではなくて、まず神の啓示を受け取る人間の能力について論じ始めている点は興味深い。つまりアタナシオスにおいて、『異教徒駁論』第30～34章で人間の理性を持つ魂の働き、魂の不死性、魂の自己浄化による観想を論じている時にも、そのことによって神の自己啓示がいかに確かなものであるかを言い表そうとする意図が働いているのである。その際にアタナシオスは神の善性（ἀγαθότης）という言葉を用いて、神の自己啓示の確かさを言い表している[12]。この神の善性という言葉は、『ロゴスの受肉』においても重要な役割を果たしているように思われる[13]。

第2節　理性を持つ魂（『異教徒駁論』第30～32章）

2-1　人間を外側へ、上へと向けさせる理性を持つ魂

　アタナシオスは『異教徒駁論』第30章において人間には理性を持つ魂があり、そのような魂の働きによって神を観想することができるのだということを論じている。この章の冒頭で次のように述べられている。

　　　しかし真理の道は、わたしたちをまことに存在なさる神に導くであろう。この道を知り、それを間違いなく理解するためには、わたしたち自身の他には何も必要とはしない。なぜなら神への道は、神ご自身がとりわけ崇高なお方であるために、わたしたちから遠いというわけではなく、またわたしたちとは無関係であるわけでもない。むしろ「信仰の言葉はあなたの心の内にある」（申命記第30章14節）とモーセが教えたように、その道はわたしたちの内にあり、わたしたちは自らその端緒を見出すことができるのである。救い主もまた次のようにおっしゃって、このことを指摘し、承認された。「神の国はあなたがたの内にある」（ルカによる福音書第17章21節）。そこで信仰と神の国はわたしたちの内にあるのだから、わたし

第 1 章　『異教徒駁論』第 30 〜 34 章におけるアタナシオスの人間論が意味するもの

たちはすぐさますべてのものの王、御父の救いのロゴスを観想し、理解することができる[14]。

　ここでアタナシオスは、人間の内には「真理の道」と呼び得る、神に向かう道があるのだと述べている。さらに聖書の言葉を引用しながら、この神に向かう道を言い換えて、「信仰の言葉」、「神の国」としている。このように人間は自らに与えられている神への道に導かれて、御父の救いのロゴスを観想し、理解することができるのである。さらにアタナシオスはこの道が何なのかを、次のように述べている。

　　そしてもしその道は何なのかと誰かが尋ねるなら、わたしは次のように言う、それはおのおのの魂であり、その内にある心であると。……そこで人がそれぞれ魂を持っており、この魂が理性を持っていることを、単純な信仰の者たちのために手短に示す必要がある[15]。

　アタナシオスによれば、人間の内にある神への道とは理性を持つ魂に他ならない。この魂によって、人は神を観想することができる。そして『異教徒駁論』第 31 章では、この理性が持つ魂の特質を論じられていく。そこでまずアタナシオスは理性を持つ人間と、理性を持たない動物とを比較している。

　　すなわちただ人間だけが、自分自身の外側にあるものについて熟考することができるのであり、そこにないものについて考え、さらに考え直し、自ら判断してよりよい推論を選ぶことができるのである。しかし理性を持たない動物はただ近くにあるものを見るだけであり、仮に動物がその見えるものによって害を受けるとしても、ただそれに向かって襲い掛かるだけである。けれども人間は見えるものに向かって突進せず、視覚に映るものを理性で判断する。そしてしばしば人間は動き始めてから、自らの理性によって引き止められる[16]。

　このように、理性を持たない動物が何も考えずに見えるものに突進するのに

対して、理性を持つ人間は自らの理性によってその突進が自らに害を及ぼすのではないかと判断し、行動を止めることができる。さらにアタナシオスは次のように述べる。

> そして心は異なったものなので、心はあらゆる感覚を判断するものとなるのである。つまり感覚が識別する事柄を、心は判断するし、思い出す。また心は逆に感覚に対してよりよいものを示す。目はただ見ることができ、耳はただ聞くことができ、口はただ味わうことができ、鼻はただ匂うことができ、手はただ触れることができるだけである。しかし見て、聞いて、触れて、味わって、匂うべきものを決断するのは、感覚の務めではなく、魂とその知的機能の務めなのである。確かに手はつるぎを握ることができるし、その口は毒を含むことができるが、もし心が判定を下さないならば、手や口はこれらのものが有害であると気づかないのである[17]。

肉体の器官が持つさまざまな感覚も、理性による心の働きがコントロールしているのである。そしてこのように心が諸感覚を統御していることを、アタナシオスは竪琴を奏でる演奏家の姿になぞられる。演奏家がさまざまな弦の音色を巧みに選んで、相応しいバランスでハーモニーを奏でる[18]。それと同じように、人間においては理性を持つ魂が多様な肉体の諸感覚を相応しい仕方で用いるのである。

ではそのように肉体の諸感覚を統御することによって、人間の内にある魂は人間自身をどこに向かわせようとするのか。このことに関してアタナシオスは、次のように興味深いことを述べている。

> こうして肉体が地面に横たわっている時に、人間はしばしば天にあるものを思い浮かべて観想するのである。つまり肉体が静止し、休息し、眠っている時、人間はしばしば内側で活動している――その人は自分自身の外側にあるものを観想して、異国の地を横切り、友人たちと会い、しばしばこれらのことを通して、あらかじめ自らの毎日の行動を推測し、認識する。これは理性を持つ魂以外の何だというのか。人間はその魂によって、

自分自身の上にあるものについて熟考し、思案するのである[19]。

魂の理性的な働きは、人間をして「自分自身の外側にあるもの」を観想させ、「自分自身の上にあるもの」を熟考させる。これこそが理性を持つ魂の働きの特質に他ならない。さらに『異教徒駁論』第32章では同じ事柄について、魂の不死性と関連づけながら次のように述べている。

> 肉体はその本性に従って死滅するのであるのに、いかにして人間は不死について考え、しばしば美徳のために死ぬことをものともしないようになるのか。また肉体は一時のものであるのに、いかにして人間は永遠であるものを心に描いて、その結果目の前にあるものを軽蔑し、永遠のものだけを欲するようになるのか。肉体それ自体は、そのような考えを自らに関して持つことができなかったし、肉体の外側にあるものを熟考することもできなかった。なぜなら肉体は死滅し、一時のものだからである。肉体以外のものが、肉体に反しその本性に対立するものについて思いを巡らすに違いない。そこでもう一度繰り返すが、これは理性を持ち、不死である魂以外の何だというのか[20]。

肉体はその本性に従って死滅するものであるために、人間に対して不死について考えさせたり、死をものともしないような歩みをさせたりすることはできない。不死の事柄はまさに死滅する肉体の外側にあるものであり、そのような不死の事柄へと人間を向かわせることができるのは、同じように不死である魂に他ならないのである。このようにアタナシオスにおいては、魂における理性的な働きが人間を自らの外側へ、自らの上へと向かわせることと、魂が人間を不死の事柄へと向かわせることとが一つのものとして理解されている。ちなみに魂の不死性についてはさらに『異教徒駁論』第33章で論じられているが、これについては後で取り上げる。

2-2　神へと向かわせる理性を持つ魂

ここでさらに留意すべきこととして、アタナシオスが理性を持つ魂の特質を

論じる際に、魂が神へと向かうものであるということを何よりも強調している、ということが挙げられる。アタナシオスは魂における理性的な働きについて、『異教徒駁論』第2章で次のように述べている。

　　万物と人間の思惟を超え、宇宙の創造者であり、万物の王であられる神は、善にして惜しむことのないお方なので、神ご自身のロゴス、わたしたちの救い主イエス・キリストを通して、人類をご自分の像にかたどって造られた。また神はご自分の似姿を通して、存在するものを知覚し、理解できるように人間を造られた。さらに神は人間に神ご自身の永遠性の概念と知識をもお与えになった。それは人間がこの神との類似性を保つことによって、神の概念を決して捨てることなく、また聖徒たちとの交わりを去ることもないためであり、かえって人間に授けられた神の恵みと、御父のロゴスによって与えられた特別な力を保つことによって、人間が牧歌的でまことに祝福された不死の命を生きつつ、神を喜び、神と交わるためである[21]。

　このように神は人間をご自分の像にかたどって創造なさることによって、人間が存在するものを理解し、永遠なるものを知ることができるようにされたのであり、まさしく理性を持つ存在となさったのである[22]。そしてその理性は人間が神を喜び、神と交わって生きるためのものである。したがってアタナシオスにとって魂に与えられた理性の働きの特質は、人間を神に向かわせることにある。同じことは『ロゴスの受肉』にも述べられている。

　　善なる方として神は、彼ら（人間）をご自分の像であるわれらの主イエス・キリストに与らせ、ご自分の像にかたどり、似姿にかたどって彼ら（人間）を造られたのである。それは、このような恵みを通して、像――つまりわたしが言わんとするのは御父のロゴスである――を認識して、ロゴスを通して御父に関する概念を受け入れることができるようになり、創造者を知覚することで、幸福で祝された生涯を送ることができるためであった[23]。

第 1 章 『異教徒駁論』第 30 〜 34 章におけるアタナシオスの人間論が意味するもの

このように魂の理性的な働きは人間を自らの外側へ、上へと向けることにあるのだが、そこでアタナシオスが何よりも言いたいのは、人間の外側に、上におられる神へと人間を向けることにこそ理性を持つ魂の役割がある、ということである。なお関川は『異教徒駁論』を含むアタナシオスの主要な著作において頌栄的モティーフが見られることを指摘しているが[24]、魂の理性的な働きによって人間は神へと向けられるのだとするアタナシオスの理解にもまさに頌栄的モティーフが現れていると考えられるのである。

第 3 節　魂の不死性（『異教徒駁論』第 33 章）

アタナシオスは『異教徒駁論』第33章において、魂の不死性という主題を中心に論じている。そこで留意すべきことは、『異教徒駁論』第33章における魂の不死性についての議論は、それ以前からの議論の流れの中で論じられているということである。すなわち魂の理性的な働きが何よりも人間をして神へと向わせることにある、との議論と深い関わりを持たせながら魂の不死性を論じているのであり、この点は決して見過ごしにされてはならない。まずアタナシオスは次のように論じ始めている。

> 魂は死なない、ということもまた、偶像礼拝の完全な論駁のために、教会の教えの中に組み入れられなければならない。肉体について知り、その肉体と魂との違いを知れば、このことは容易にわかる。もしわたしたちの議論によって、魂は肉体とは違うものであり、肉体はその本性において死滅することが明らかになったなら、魂は肉体とは違うので不死であるに違いない[25]。

これまでにも魂と肉体との違いが論じられてきたが、そのように違いを強調する意図は、魂が肉体の諸感覚を統御する働きを持ち、その働きによって魂が人間を神へと向かわせる働きを持つことを論証することにあった。そして同様の意図がここにも見られる。すなわちこの箇所では魂と肉体との違いを、肉体が本性において死滅するものであり、それに対して魂は不死であるという点に

113

見ているが、そのように論じる意図もまた、魂の不死性という特質が何よりも人間を神へと向かわせるためのものであることを論証することにある。さらにアタナシオスは次のように述べる。

> したがってもし魂が肉体によって動かされるのであれば、その動かす力が取り去られてしまった時に魂は死んでしまうのだが、魂こそが肉体を動かしているのであれば、なおさらその魂は自らを動かすに違いない。そしてもし魂が自らを動かすのであれば、魂は必然的に肉体が死んだ後にも生き延びるに違いない[26]。

肉体が魂を動かしているのではなく、魂が肉体(とその諸感覚)を統御しつつ動かしているのだから、肉体が死んでもそのことによって魂は死ぬことはないのだ、とする。したがってアタナシオスは人間の死が魂と肉体の両方の死を意味するとは考えていないように思われる。この点だけを取り上げるならば、この箇所におけるアタナシオスの人間理解は、プラトン主義的な霊肉二元論に規定されているオリゲネスの人間理解に連なるものであり、プラトン主義における人間の魂の永遠性を前提としているかのように判断できそうである。さらにアタナシオスは次のように述べる。

> なぜなら、動くならその肉体は生きており、動くのをやめたらその肉体は死んでしまったと言われるのと同じように、動くことが魂のいのちに他ならないのである[27]。

このようなアタナシオスの理解は、プラトンの『パイドロス』245C以下の議論に影響を受けている、とメイエリングは指摘している[28]。確かにこの箇所におけるアタナシオスの人間論には、ある程度プラトン主義の思想の影響を認めなければならないであろう。しかしそのような表現上のプラトン主義との類似がアタナシオスの神学を規定している、と早急に判断すべきではない。メイエリングは魂の不死性を論じるこの箇所の次の言葉に注目している。

第 1 章　『異教徒駁論』第 30 ～ 34 章におけるアタナシオスの人間論が意味するもの

　魂と肉体を結びあわされた神がお望みになられて、その魂を肉体から自由になさるとすれば、その時魂は不死についてどれほどはっきりと知るようになるだろうか。なぜならもし魂が肉体と結びあわされている時でさえその肉体の外側の生を生きていたとすれば、なおさら魂は肉体が死んだ後も生き続けるであろうし、神の恵みによって生きるのをやめないからである。そしてこの神がご自分のロゴス、わたしたちの主イエス・キリストを通して魂をお造りになられたのである[29]。

　魂が肉体と結びあわされたのは「神がお望みになられ」た結果に他ならず、その魂が不死をはっきりと知るようになるために死によって「肉体から自由になさる」のも神であられる。さらに、そのようにして肉体の死後も魂が生き続けることができるのは「神の恵み」によるのであり、さらに言えば「神がご自分のロゴス、わたしたちの主イエス・キリストを通して魂をお造りになられた」からなのである。この箇所についてメイエリングは次のように論じる。中期プラトン主義者も魂の不死性を主張するが、その際魂の先在性と結びつけて不死性を理解している。これに対してアタナシオスの場合には、魂の不死性は神の賜物として与えられていることを強調しており、ここに重要な相違がある[30]。アタナシオスの神学においては、人間の存在は神の恵み、神の賜物抜きには考えられないのである。

　またさらに一歩踏み込んで、アタナシオスが神の恵みによる魂の不死性をこの箇所で論じている意図がどこにあるのかを問う必要がある。この箇所でアタナシオスは、あくまで人間が自らの外側に、上に、すなわち神に向かう存在として造られていることを論証したいのであり、そのこととの関連で魂の不死性を主張しているのである。つまり魂は不死であるがゆえに、魂自体が独自の神的な性質を持つことを論証しようとしているのではない。人間の不死性は神の恵みに溢れる創造のみわざに基礎づけられており、しかもそのように神から不死性を与えられた魂の働きによって、人間がどんなに確かに神へと向かい、神を観想することができるか、ということを論証したいのである。したがってここでアタナシオスが言い表したいのは、魂の不死性を恵みの賜物として人間にお与えになり、そのようにして人間と関わりを持ち、人間が神を観想する生に

生きることができるように創造された神ご自身のお姿に他ならない。

第4節　魂の自己浄化による観想（『異教徒駁論』第34章）

4-1　ハミルトンによる鏡の直喩の解釈

　さらにアタナシオスは『異教徒駁論』第34章において、神から離れた魂が自らを洗い清めることによって、神への観想に立ち戻ることができることを次のように論じている。

> また彼らは神を捨てたのだが、なぜもう一度隠れ家なる神に立ち帰ることをしないのか。なぜならちょうど彼らがその心で神から離れ去り、存在しないものを神々として形作ったのと同じように、その魂が持つ心によって神に向かって立ち上がり、もう一度立ち帰ることができるからである。もし彼らが身に着けているあらゆる欲望の汚れを振り払い、魂に付加されたすべての異質なものを除去するまでに自らを洗い清め、その魂を創造された時のように純粋なものとするなら、彼らは立ち帰ることができるのである。そしてその結果、魂において御父のロゴスを、つまり彼らが初めにその像にかたどって造られたロゴスを観想することができるようになるのである。というのも魂は神のロゴスにかたどり、神の似姿にかたどって創造されたからである。……だから魂が自ら染まっているあらゆる罪の汚れを捨てて、像にかたどられたものだけを純粋に保ち、そこでこの像が輝きを放つ時、まるで鏡に映し出されたかのように、魂は御父の像なるロゴスをありのままに観想するのであり、ロゴスにおいて御父を黙想するのである。そしてこの救い主は御父の像なのである[31]。

　ここで人間の魂が神の像にかたどって創造されていること、そしてそれは魂が御父のロゴスを観想することができるためであることをアタナシオスは論じながら、だからこそ人間の魂は神から離れた結果、身にまとった欲望の汚れを自ら拭い取り、神を観想する生に立ち帰ることができると主張する。まさにラ

第 1 章　『異教徒駁論』第 30 〜 34 章におけるアタナシオスの人間論が意味するもの

ウスはこの箇所と『ロゴスの受肉』第 7 章との主張の際立った違いを指摘しているのである[32]。

　A・ハミルトンは特にこの鏡の直喩に注目しつつ、興味深い指摘をしている[33]。ハミルトンはこの箇所だけではなく、『異教徒駁論』第 8 章でも鏡の直喩が用いられていることを指摘しながら、これらの鏡の直喩が用いられている箇所と、プロティノスの『エネアデス』第 1 巻第 6 章 5 節との類似性に注目している。『異教徒駁論』第 8 章では次のように述べられている。

　　なぜなら魂は肉体の欲望の複雑さの中で、鏡を隠してしまったのである。魂はいわば自らの中にその鏡を持ち、それを通してのみ魂は父の像を見ることができたのである。魂はもはや知覚すべきものを見なくなり、むしろあらゆる方向に動かされ、魂は感覚に作用したものだけを見るようになった。したがってあらゆる肉欲に満たされ、それらの観念によって混乱させられて、魂は知性において忘れてしまった神を、肉体的で触ることのできる形態で表現したのである[34]。

また『エネアデス』第 1 巻第 6 章 5 節では、次のように述べられている。

　　さあ、それでは醜い魂があるとしてみよう。そしてその魂は不埒で不正で、ありとあらゆる欲望に苛まれてちょっとしたことにも動転し、臆病のゆえに恐れおののき、卑小なるがゆえに嫉妬に狂い……おびただしい死と混じりあってしまっているものとするのであって、その結果、その魂はもはや魂の見るべきものを見ず、常に外的なもので下の世界にあるもの、暗いものに惹かれているので、もはや自己自身の中にとどまることを許されない魂となっていると、言わなければならないのではなかろうか。だから思うに、醜い魂とは不浄な魂のことで、感覚に訴える魅力に惹かれてどこへでも引きずられ……つまりそれは、人が泥や汚物にまみれると、もはや自分の持っていた美しさをあらわすことができず、ただ見えるのは泥と汚物に覆われた姿だけということになってしまうのに似ているのである。むろん、その場合、彼に縁のないもの（つまり泥や汚物）がつけ加わったか

ら、その魂が現れたのであって、もしもう一度美しくなろうとするなら、自分の肉体をきれいに洗い清めて、もとの姿になることを自分のつとめとしなければならない[35]。

　ハミルトンは『異教徒駁論』と『エネアデス』の類似点を具体的には指摘していないが、比較するならば確かにいくつか重なりあう表現を数え上げることができる。例えば、魂が肉欲に覆われてしまっていることによって魂の本来の姿が汚されてしまっていること、まただからこそ魂が自己を浄化する必要があること、などである。おそらくハミルトンは、そのような両書の議論の重なりあいを見ながら、それによって『エネアデス』からのある種の影響が『異教徒駁論』には見られると考えていると思われる。

　しかしハミルトンの主要な関心は、そのような両書の類似点ではなく、むしろその相違点を取り上げてその分析を行なうことに向けられている。つまりなぜ『異教徒駁論』は『エネアデス』のような泥の直喩ではなく、鏡の類比を用いているのか、と問う。その理由は、アタナシオス自身が生きていたアレクサンドレイアにおけるキリスト教プラトン主義の伝統の中で、人間における神についての知識と、その知識がどのようにして罪に汚されたかを語るのに、鏡の類比こそ適切であると見なされてきたからである、と論じている[36]。

　さらにハミルトンは、アタナシオスが鏡の直喩を用いたのはそれ以上の理由がある、とする。アタナシオスは『異教徒駁論』第8章と第34章で、神の像にかたどって創造された存在として人間を描いており、また御父の像としてのロゴスにも言及している。そして人間が神を知ることができると主張しつつ、アタナシオスはその人間の能力がロゴスとの関係に由来するのであり、人間の知識の対象がロゴスであることを示すために、鏡の類比を用いているのである。したがって、アタナシオスが鏡の比喩を使うのはプラトン主義的な思考類型の上にキリスト教的な虚飾を施す試みに過ぎないとするのは、あまりに厳しすぎるであろう。むしろ鏡の直喩の源泉はコリントの信徒への手紙Ⅱ第3章18節[37]に求められるべきであり、それをアタナシオスは人間の運命と堕落についての自らの理解において、プラトン主義の強調点と一致するような仕方で解釈したのである、とハミルトンは述べている[38]。

第 1 章 『異教徒駁論』第 30 〜 34 章におけるアタナシオスの人間論が意味するもの

ところがハミルトンは、人間の運命と堕落に関する説明と、ロゴスに関する理解とを、鏡の比喩を使うことによって統合しようとするアタナシオスの企ては成功していない、と評価している。つまり一方で人間は罪を犯したことで受肉によってのみ癒され得る腐敗を背負っているのだとし、他方で神の知識を自ら失ったことが人間の堕落であるとする（それゆえに理論上キリストにおける神のみわざなしに、人間は自ら神の知識へ立ち帰ることができる）、このような人間の堕落についてのアタナシオスの二通りの説明は矛盾を抱えたままである、とする[39]。したがってこの点においてハミルトンは、『異教徒駁論』と『ロゴスの受肉』の神学が相容れないとするラウスの主張と同様の見解を示しているのである。

4-2　ロゴスを映し出す鏡である魂

アタナシオスが『エネアデス』とは違い鏡の比喩を用いたことによって、人間の魂における神を知る力がロゴスによって与えられていることと、その知識の対象がロゴスであることを示そうとしたとするハミルトンの指摘については、筆者も同意する。ただし筆者は『異教徒駁論』の鏡の比喩と『エネアデス』の泥の比喩との違いが、ハミルトンが考える以上のことを示していると考えている。

『異教徒駁論』では、人間の欲望の汚れによって魂の持つ神を映す鏡が隠れてしまったので、その汚れを取り除くことによって再び魂はロゴスを、さらには御父を映し出すことができるとする。しかし『エネアデス』の場合は、汚れによって隠されたのは何よりも自分自身の美しさに他ならない。

> だから、（これと同じように）魂が醜いのは自分に縁のないものと混合し融合して、肉体や素材の方に傾く（惹かれる）肉体と言えば正しいだろう。そして魂の場合、その醜さは、それが清浄でも純粋でもない点にあるのであって、それは黄金の場合、その醜さが土塵にまみれている点にあるのと同じなのである。そこで人がその土塵を払い取ると、黄金が後に残され、それは美しいものとなるが、それは黄金が他のものから引き離されて、自己自身とだけしか交わっていないことによるのである。まことに魂

の場合にも同じことが言えるのであって、あまりにも肉体と交わりすぎることによって生ずる肉体ゆえの欲望から引き離されて自分のみとなり、そのほかの情念からも自由となり、肉体に宿ることによって持つようになったものから浄化され、純一な自己としてとどまった時、その魂は他のものに由来する一切の醜さを捨て去ったことになるのである[40]。

このように『エネアデス』においては、魂が浄化されるためには黄金が泥を取り除くことによって「自己自身とだけしか交わっていない」状態になるように、まさに魂そのものの美しさが輝きだすように、魂が肉欲から引き離されて「自分のみ」となり、純一な自己となることが目指されるのである。そしてそのような自己浄化の先にあるものを次のように述べている。

　さて、魂は浄化されると形となりロゴスとなって、まったく肉体のないもの、知性的なものとなり、その全体が神的なものの一部となるのであって、湧水のように溢れでてくる美やこれに類するものは、すべてそこに源をもっているのである[41]。

魂の浄化によって魂そのものがロゴスとなり、その魂本来の神的な美があらわれてくる。これこそが、ここで目指されていることである。

これに対して『異教徒駁論』が比喩として用いている鏡の特質は、その鏡が映し出す働きをするということである。すなわち、鏡そのものの美しさが重要なのではなく、その鏡が映す神が輝きを放つことこそが重要なのである。したがって『異教徒駁論』では、あくまでも魂が神に向かうことが目指されるのではあり、魂自身に向かうことではない。かえって『異教徒駁論』第3章では、人間が自分自身に向かうことが肉体への執着と同一視されて批判されている。

　しかし人間は、よりよいものを軽蔑し、それらを理解することを避けてしまい、むしろ自分自身により近いものを追い求めたのである。自分自身により近いものとは、肉体とその感覚である。そこで彼らは知性的な現実

から自らの心を転じて、自分自身を注視し始めた。そして自らを注視し、肉体とその他の感覚に執着することによって、いわば、彼ら自身に関心を抱くように惑わされてしまい、彼らは自愛的な欲望に陥り、神を観想することよりも、彼ら自身の善を好んだ。こうして自分の時間を浪費し、近くにあるものから顔をそむけることをよしとしないで、彼らは自分の魂を肉体的な喜びの中に閉じ込めた。そのために魂はあらゆる種類の欲望によって乱され、汚されてしまった。そしてついには、彼らが初めに神からいただいた力を忘れてしまったのである[42]。

　魂が肉体の欲望に陥ることが問題視されていることは『エネアデス』の主張と同じであるが、魂がそのようになってしまうのは、自分に近いものへと心を向け、否、自分自身に関心を抱き執着することによるのである。だからこそ魂がなすべきことは、自分自身に向かうことではなく、むしろ自分の外側へ、上へ、すなわち神に向かうことなのである。したがって、『エネアデス』が泥の比喩を用いることによって、魂そのものの美しさに向かうように促すのとは対照的に、『異教徒駁論』は鏡の比喩を用いることによって、魂が自分自身に向かうことをやめて神に向かうことが促されているのである。

第5節　神の自己啓示の確かさに表されている神の主権性

　このように『エネアデス』の泥の比喩との違いによって鮮明になった、『異教徒駁論』の鏡の比喩が言い表そうとしている事柄は、これまで見てきた『異教徒駁論』第30章以下の議論と一貫した内容を持っている。理性を持ち（『異教徒駁論』第30～32章）、不死である（『異教徒駁論』第33章）魂が人間に対して与えられているのは、何よりも人間が神に向かうために他ならない。同様に人間が魂を自己浄化するのも（『異教徒駁論』第34章）、鏡のようにロゴスと御父を映し出すために他ならず、やはりここでも魂が神に向かうように創造されているのだということを言い表そうとしている。

　ではなぜアタナシオスはこのように人間の魂が神に向かい、神を観想するこ

とができるように創造されていることを強調するのであろうか。それは人間の魂に神から与えられているそのような特質を認めようとしない者たちを批判し、正すために他ならない。実際に『異教徒駁論』第30〜34章において、アタナシオスはそのような人々を繰り返して批判している。

> だから偶像礼拝をするギリシア人たちに言い訳をさせてはならない。そして他の誰も、まるでそのような道を知らなかったかのように、またそれゆえに自らの不信仰についての言い逃れを見出したかのように、自分自身を欺かせてはならない。なぜなら、たとえすべての者がその道に従うわけではなく、むしろ生活上の快楽のために脇へと引きずられたためにそれを捨ててしまうとしても、わたしたちは皆その道に足を踏み入れているのであり、それを知っているのである[43]。

> 特にある異端者たちがこのことをも否定しているので、そうする必要がある。彼らは人が肉体の見える形状に過ぎないと考えているのである。人が理性的な魂を持っていることをわたしたちが示すならば、単純な信仰の者たちは自分で偶像礼拝へのより明確な論駁を得ることができるであろう[44]。

> そこでわたしたちはこれまでに述べたことを重ねて言う——彼ら（ギリシア人たち）はいのちのない存在を礼拝するために神を否定したのと同時に、自分たちには理性を持つ魂があると考えようとはしないのである。それによって彼らは自らの愚かさに対する罰を受けて、動物の一つと見なされるに至った。それゆえ彼らはまるで魂を欠いたかのように、いのちのない存在に自らの迷信的な信頼を寄せて、自分たちが憐れみと手引きを必要としていることを示したのである[45]。

これらの文章に述べられていることこそ、『異教徒駁論』が絶えず念頭に置いていることに他ならない。人間には目に見えない神を知る力など与えられていないのだから、目に見える偶像を礼拝してもかまわないではないか、と自ら

第 1 章 『異教徒駁論』第 30〜34 章におけるアタナシオスの人間論が意味するもの

の偶像礼拝を正当化する者たちに対して、アタナシオスは本書において神の自己啓示の確かさを論証したいのである。したがって理性を持ち、不死であり、自己浄化して鏡のようにロゴスを映し出すことのできる魂が人間に与えられていることを主張する『異教徒駁論』は、一見単なる人間論を展開しているようでありながら、神を観想し得る魂を認めない人々を批判しつつ、神がこのような魂を人間に造り与えてくださることによってどれほど確かにご自分を啓示しておられるかを言い表そうとしているのである。またアタナシオスは次のように述べている。

> しかし、もし彼らが自分は魂を持っていると考え、自らの理性の働きを誇りに思い、そうするのは正しいことだと考えているとすれば、ではなぜ彼らはまるで魂を持っていないかのようにあえて理性に反して行動するのか。どうして考えるべきではないことを考えるのか。それなのに、自分が神よりも優れているとなぜ主張するのか。なぜなら、彼らは見えない不死の魂を持っているのに、目に見えて朽ち果てる外観で神を表すからである[46]。

人間に理性を持つ魂が与えられていることを認めないで偶像礼拝を正当化する人々は、アタナシオスからすれば「自分が神よりも優れている」と主張しているのと同じなのである。神はその創造と啓示のみわざによって、人間がご自分のことを知ることができるようにしておられるのに、この事実を否定して自らの偶像礼拝を正当化する人々は、そのようにして自分自身の判断を神のみわざよりも上位に置こうとしている。これに対してアタナシオスは、彼らの勝手な主張がまことの神とそのみわざを支配すべきではなく、神こそが主権者にして支配者であられるのであり、神の創造と啓示の確かなみわざを前にして彼らの行なう偶像礼拝は決して正当化されるものではない、と主張しているのである。そして本書の結論部分では、次のように述べている。

> この方に従順に生きる者たちは、報酬として永遠の命を持つが、反対の方向へ向かい徳の道を旅しない者たちは、大いなる恥ずべき無慈悲な危険

を裁きの日に被るであろう。なぜなら彼らは真理の道を知っていたのに、彼らが知っているものとは反対のことをしたからである[47]。

これは、自らの偶像礼拝を正当化する者たちへの神の裁きを告げる厳しい言葉である。この神の裁きの前で、彼らに弁解の余地はない。なぜなら彼らもまた真理の道を知っていたはずなのであり、そのように言い得る根拠は『異教徒駁論』第30〜34章で十分に論じられてきたのである。つまり人間は理性を持ち、不死の魂が与えられており、自らの魂を自己浄化することができる存在として、神に創造された。その人間が真理の道を知らないはずはない。にもかかわらず、自ら知っているはずの真理の道に逆らっている彼らの罪は、決して言い逃れできない重大なものなのである。

第6節　ロゴスの受肉による救済の前提としての人間論

『ロゴスの受肉』は、以上のような『異教徒駁論』の議論を受け止めて書かれている。そして『ロゴスの受肉』においても『異教徒駁論』と同様に、神のみわざの主権性が強調されている。特に注目すべきは『ロゴスの受肉』第6〜7章である。すなわち一方では、神がお定めになった律法に背いた人間（そこでは当然『異教徒駁論』でアタナシオスが批判し続けてきた、自らの偶像礼拝を正当化している者たちも念頭に置かれているに違いない）に対して神の裁きが真実に貫かれないとするならば、神の主権が侵されてしまうのであり、悔い改めによる人間の側の働きかけによって、神の主権に基づく裁きの真実性が曲げられてはならないのである。しかし他方では、人間が律法に基づく神の裁きによって滅ぼされるままであるならば、そのような人間を創造された神のみわざが人間の罪と悪霊の支配に負けてしまうことになり、やはりそこでも善なる神の主権性が損なわれてしまう。そこでこのディレンマを乗り越える道を切り開かれたのは主権者なる神ご自身であり、御父のロゴスが受肉してくださることによって人間に救いを与えてくださると共に、罪ゆえに死への腐敗に陥っていた人間の現実に対して神の主権性を確立なさったのである[48]。したがってラウスやハミルトンが主張するように『異教徒駁論』と『ロゴスの受肉』の議論

第 1 章 『異教徒駁論』第 30 〜 34 章におけるアタナシオスの人間論が意味するもの

は矛盾を抱え込んでいるのではなく、むしろ共に神の主権性を言い表そうとする意図において実に見事に統合されていると言えるのである。

　このような『ロゴスの受肉』へと至る全体の議論の展開を踏まえて、『異教徒駁論』第30〜34章における人間論を読み直すならば、その箇所でアタナシオスが含意しているものが浮かび上がってくる。人間は本来、神を観想して生きることができる存在として創造されている。だからこそその創造による賜物を無にしてしまっている人間の罪は、極めて重大である。こうして『異教徒駁論』第30〜34章の肯定的な人間理解が、かえって人間の罪の大きさの強調に繋がっている。この『異教徒駁論』における罪の大きさの強調は、さらに『ロゴスの受肉』第 6 〜 7 章で論じられている、人間の罪を裁かないわけにはいかない神の真実性の強調へと結びついているのではないか。すなわちこれほどまでに人間の罪が重大であり、深刻であるからこそ、神の真実性はそのような人間の罪を裁かざるを得ないのである。また、だからこそ神がご自分の善性に基づいてそんな罪人を救おうとなさった時に、ロゴスの受肉は必須の出来事だったのであり、他に人間を救う道はなかったのだ、ということも強調されているのである。したがって『異教徒駁論』第30〜34章における人間論は、創造の賜物を自ら捨てている人間の罪の重大さ、深刻さを強調することによって、ロゴスの受肉による救済が不可欠であることを明確にする、という役割を果たしているのである。

第2章 なぜ人間は悔い改めによってでは救われないのか
――『ロゴスの受肉』第7章の解釈を巡って

はじめに

1 『異教徒駁論』と『ロゴスの受肉』の救済論における緊張関係

　ラウス[49]は『ロゴスの受肉』には『異教徒駁論』に見られるような人間の観想による救済の獲得という理解は見出されず、人間の救済においてロゴスの受肉が中心的な役割を果たしていると考え、次のように言っている。『異教徒駁論』ではプラトン主義の伝統に基づく観想の理解によって人間の魂が捉えられており、魂は神的事物との本質的同一性をもつものであり、その魂が観想によって神との結合を成し遂げることができる。ところが『ロゴスの受肉』ではそのような理解は一変して、魂は無から創造されたものであり、全く神の恵みに依存しており、観想はもはや魂が神化するための手段ではなく、観想による救済という考え方はそれ以後のアタナシオスの作品の中に姿を見せなくなる。このように『異教徒駁論』は人間には救済の能力が内在していると考えているが、『ロゴスの受肉』は人間を全く悲観的に受け止め、ただ受肉したロゴスだけが人間を贖うことができると理解している。そしてラウスは、このような両書の間の変化を、アタナシオスは『異教徒駁論』において新プラトン主義に一時的な関心をもったが、その後それを全く拒絶したのだ、と結論づけている。

　さらにラウスは、死への腐敗から解放されるために悔い改めでは不十分であると述べる『ロゴスの受肉』第7章を重要な論拠として取り上げ、このように述べている[50]。堕落の結果である死と腐敗は、『ロゴスの受肉』においては人間の実在の中に埋め込まれている。つまり悔い改めが人間にとって腐敗しない生へ立ち戻るために不十分であるとする『ロゴスの受肉』第7章の主張は、贖罪の問題に関して『異教徒駁論』と『ロゴスの受肉』との間の相違を決定的に示しているのであり、両書の間には救済論上の相違がある。

第2部　アタナシオスの救済論

　メイエリング[51]は、その『ロゴスの受肉』に関する注解書の中でラウスの理解を批判しつつ、アタナシオスは『異教徒駁論』においてアレクサンドレイア学派の伝統に倣って哲学的な論述を行なっていたが、『ロゴスの受肉』において神学的な論述に変わった、と見なすべきではないと論じている。その理由は、両書が内容的に深く関連しあっているからである。すなわち、『異教徒駁論』と『ロゴスの受肉』は元来まとまった一冊であり、創造者なる神が歴史において四つの方法で自己啓示を行なったことを、両書を通じて論じている。その四つの方法とは、第一に人間の中にある神の像にかたどられた性質によって、第二に人間と被造物に見られる調和した姿によって、第三にモーセと預言者によって、第四にロゴスの受肉によってである。そしてこの中で第一から第三までが『異教徒駁論』に、第四が『ロゴスの受肉』に記されている。さらに『ロゴスの受肉』において、絶えず『異教徒駁論』を参照するように指示されている。また『ロゴスの受肉』においては、人間が堕落によって神を見る目が暗くされたが、完全に神を見ることができなくなったと述べられているわけではない。したがって、両書の間に救済論の変更があるわけではないのであり、両書に違いを認めるとすれば、それはアタナシオスが取り組んでいる主題の違いに過ぎない、とメイエリングは結論づけている。

　ピーターセン[52]もラウスの主張を取り上げ、『異教徒駁論』と『ロゴスの受肉』との間に異なった人間理解、救済理解があるとする見解を批判して、次のように言っている。アタナシオスは『異教徒駁論』において人間の観想の能力を語っている時にも、魂の神に対する自立性を強調することにではなく、魂があらゆる偶像礼拝を捨ててご自分を啓示しておられる真の神を知るようになることに主要な関心を置いている。つまり『異教徒駁論』では、啓示の教理を説明するコンテクストで人間の魂について論じられている。したがって受肉と贖罪の教理を述べることに主要な関心を置く『ロゴスの受肉』とは、そのコンテクストにおいて違いは認められるが、両書において人間理解に本質的な相違があるわけではない、と主張している。

　ラウスが両書の救済論の異質性を強調したことによって、両書それぞれに述べられている議論を簡単に整合させることができないことを指摘し、そこにある種の緊張関係が存在することを明確にした点は評価されるべきである。なぜ

なら、これによって両書の緊張関係をどのように解釈すべきであるかという問いが生まれ、これを取り上げる研究者が出てきたからである。しかし、両書に救済論上の根本的な違いがあるとするラウスの結論には、同意することができない。むしろ、筆者もまたメイエリングやピーターセンのように、両書における内容的な一貫性があると考えている。そして、ラウスが指摘した両書の間の緊張関係は、かえってアタナシオスの神学、すなわちその救済論における内容的な深さを表現していると考えている。

2　本研究の主題と方法

　前述したようにラウスは、アタナシオスが『ロゴスの受肉』第 7 章において、人間は悔い改めによって堕落の結果である死への腐敗から不滅へと回復することはできない、と論じていることに注目している。このアタナシオスの主張こそ、『異教徒駁論』において人間の魂が観想によって神との結合を成し遂げることができると論じていることと際立った違いを見せている、とラウスは指摘する。しかし、果たしてラウスが言うように、『異教徒駁論』と矛盾することを『ロゴスの受肉』第 7 章は言っていると理解してよいのか。

　そこで本研究では、両書の緊張関係がアタナシオス神学の内容的な深さを表していることを論証するための一つの試みとして、『ロゴスの受肉』第 7 章の解釈の問題を集中的に取り上げたい。すなわちこの箇所でアタナシオスは「人間は悔い改めによってでは救われない」と述べているのであるが、その意味を解き明かすことによって『ロゴスの受肉』の神学における救済論上の特質を明らかにしたい。

　ところでピーターセンはラウスを批判する際に、『ロゴスの受肉』第 7 章の解釈については触れていない。これに対してメイエリングは『ロゴスの受肉』第 7 章と前後の箇所について、詳細な注解を行なっている。

　そこで本研究では以下のような方法で論じたい。まずラウスの『ロゴスの受肉』第 7 章についての解釈には、重要なことが見落とされていると思われるので、そのことを指摘する。次にメイエリングが、この箇所をどのように解釈しているかを紹介する。そしてそのメイエリングの解釈を検討しつつ、この箇所についての筆者の解釈を示したい。さらにそこから「人間は悔い改めによって

第2部　アタナシオスの救済論

では救われない」という言葉を通して見えてくる、アタナシオスの『ロゴスの受肉』における救済論の特質を明らかにし、『異教徒駁論』のそれとの関係を検証したい。

第1節　『ロゴスの受肉』第7章に関するラウスの解釈の問題点

1-1　『ロゴスの受肉』第7章の前後のコンテクストの概観

　アタナシオスは『ロゴスの受肉』第7章の直前までの箇所において、堕落した人間が滅びに陥ってしまったために生じた一つのディレンマについて論じている。人間はそもそも存在しないものであったが、人間が存在するようになることを妬むことをなさらない善なる神によって、神の像にかたどって創造された（『ロゴスの受肉』第3章3節）。さらに神は人間に律法を与えて、これを守ることによって神の像にかたどられた恵みに基づく不滅の生を歩ませようとなさった（『ロゴスの受肉』第3章4〜5節）。ところが人間は律法に背き、それによって神の像にかたどられた恵みを失い、その結果本来の存在しないものへと戻ってしまい、死への腐敗に陥ってしまった（『ロゴスの受肉』第4〜5章）。

　このような状況において、もし神が律法を破った人間への裁きとして人間を滅ぼされなかったとしたならば、前もって違反に対する裁きを予告しておられた神ご自身の言葉を空虚なもの、偽りのものとしてしまうことになる（『ロゴスの受肉』第6章2〜3節）。そうなってしまうことは神の真実性に相応しくない（『ロゴスの受肉』第7章1節）。同時に人間の罪の結果ではあったとしても、神が創造された人間が悪魔の企んだ欺瞞によって滅んでしまい、そのようにして神のみわざが消滅してしまうとすれば、それは神の善性に相応しくない（『ロゴスの受肉』第6章4〜10節）。こうして一方で神の真実性が貫かれるならば、他方で神の善性が成り立たない、というディレンマが生じてしまう、とアタナシオスは述べている。まさにこのディレンマを乗り越える道として、アタナシオスが最初に取り上げるのが人間の悔い改めである（『ロゴスの

受肉』第7章2節)。

　しかしアタナシオスは、人間が悔い改めによって腐敗から不滅に復帰することができない、と述べ、二つの理由を掲げている。第一の理由として、次のように述べている。

　　しかし、悔い改めが理に適うものとは神の目には映らなかった。というのは、それによって、もはや人々は死に束縛されないなら、神は真実ならざる者としてとどまることになるからである[53]。

　すなわちこの箇所では、もし人間が悔い改めによって救われるならば、神の真実性が損なわれてしまうので問題である、とアタナシオスは述べている。さらに第二の理由として、次のように述べている。

　　また、悔い改めは、本性に即することから解放するのではなく、罪を抑制するにすぎないからである。確かに、過失だけで、それに続く腐敗がなかったなら、悔い改めで十分であったろう。しかし、いったん違反が先に進んで、人々は本性に即する腐敗に捕えられてしまい、像にかたどられたという恵みを剥奪されてしまった以上、いったいどうすればよかったのか[54]。

　すなわちこの箇所では、悔い改めは罪を抑制することしかできないので、人間が堕落によって剥奪されてしまった神の像にかたどられた恵みを回復させるのに悔い改めでは不十分である、とアタナシオスは述べている。

　こうして人間が腐敗から不滅へと救われるためにロゴスが受肉なさったのだということが、『ロゴスの受肉』第7章4節から第10章の終わりに到るまで論じられていく。すなわち、受肉なさったロゴスがすべての人に代わってご自分の肉体を死に渡され、ロゴスの内にすべての人が死ぬことによって、人間を腐敗に定める律法は破棄された(『ロゴスの受肉』第8章4節)。ロゴスが人間の背負うべき死に対する負債を返済してくださった(『ロゴスの受肉』第9章2節)。こうして悔い改めでは保持できなかった神の真実性が、受肉なさった

第2部　アタナシオスの救済論

ロゴスの代償の死によって貫かれた。またロゴスが死から復活してくださることによって、腐敗へと向かっていた人間を再び不滅へと引き戻してくださった（『ロゴスの受肉』第8章4節、第9章）。このロゴスの死からの復活こそが、悔い改めでは果たすことのできなかった神の像にかたどられた恵みの回復を成し遂げたのである。

1-2　ラウスの解釈の問題点

　ラウスはこの二つの理由のうち、第二の理由の箇所のみを取り上げて議論している[55]。すなわちこの箇所で、人間が神の像を剥奪されてしまい、もはや神と結びつく能力が完全に失われたのだとアタナシオスが述べている、とラウスは理解する。そしてラウスはこの第二の理由を述べている箇所だけを取り上げ、『ロゴスの受肉』では人間が悔い改めによってでは救われないとするほどに、人間を全く悲観的に受け止めている、としている。そしてこれを論拠にして、『異教徒駁論』との違いを指摘しているのである。

　しかし第一の理由は、なぜ人間が悔い改めによってでは救われないとアタナシオスが述べているかを理解するために、決して無視することのできない重要な発言である。すなわち悔い改めによって救われないのは、人間の側から神に近づく能力が失われたからだと述べるに先立って、神の真実性が貫かれるためにも神がそれをお認めにならないのだ、とアタナシオスは主張しているのである。またアタナシオスは第二の理由についてよりも、第一の理由のために多くの分量を用いて議論をしていることも、重視すべき点である。

　したがって、なぜアタナシオスが悔い改めによってでは救われないと述べているかを理解するために、この二つの理由を共に取り上げる必要がある。

　これに関して筆者は、第一の理由でアタナシオスが述べている事柄が、第二の理由で述べている事柄を規定していると考えている。つまり、神の裁きの真実性のゆえに人間は悔い改めでは救われないのであり、その神の真実な裁きの結果として人間の側から神に近づく能力が失われたのだ、とアタナシオスは述べているものと思われる。

　そしてこの二つの理由の関係を検証することによって、『異教徒駁論』と『ロゴスの受肉』における救済論が矛盾しているわけではないことを示す一つ

第 2 章　なぜ人間は悔い改めによってでは救われないのか

の根拠を提示することができると考えている。

第 2 節　メイエリングの解釈

2-1　マルキオン派批判を背景に置いた解釈

2-1-1　マルキオン派批判を背景に置くメイエリングの解釈

　メイエリングは、アタナシオスが『ロゴスの受肉』第 7 章に至る議論をしている時、マルキオン派を批判する意図を強く持って議論しているのだと理解している。メイエリングはそもそも『ロゴスの受肉』全体を、「このアタナシオスの護教的著作は、反マルキオン派に強く彩られたキリスト教信仰の基礎講座である」[56]と見なしている。

　確かにアタナシオスは『ロゴスの受肉』第 2 章で、マルキオン派と思われる人々の主張を取り上げて批判している。

　　次に、異端者どものある者たちは、自分たちのために、われらの主イエス・キリストの父とは別の、万物の形成者を案出している。彼らは自分たちが言っていることに、まったく目が眩んでいるのである。実に、主ご自身がユダヤ人に言っておられる。「あなたたちは読んだことがないのか。創造主は初めから人を男と女とにお造りになった」。そして、こうも言われた。「それゆえ、人は父母を離れてその妻と結ばれ、二人は一体となる」（マタイによる福音書第19章 4 〜 5 節）。さらに、創造主に言及して言っておられる。「したがって、神が結びあわせてくださったものを、人は離してはならない」（マタイによる福音書第19章 6 節）。いったい、彼らはどこから御父とは無縁の創造といった考えを持ってきたのか。ヨハネに従って、総括して言えば、「万物はロゴスによって成った。ロゴスによらずに成ったものは何一つなかった」（ヨハネによる福音書第 1 章 3 節）のであるに、いったいどうしてキリストの父とは別の形成者が存在するのか[57]。

133

これほど強くマルキオン派批判の意図を『ロゴスの受肉』全体に見る研究者は、メイエリングの他には見られない。この点に、メイエリングの解釈の際立った特質がある。例えば、カンネンギーサーも『ロゴスの受肉』第2章のこの箇所でマルキオン派の主張が取り上げられているとするが[58]、それ以降の議論においてアタナシオスにマルキオン派批判の意図が明確にあったと解釈していない。

2-1-2　神の真実性とは神の首尾一貫性

メイエリングは神の真実性と神の善性とのディレンマについての議論（『ロゴスの受肉』第6～7章）においても、アタナシオスがマルキオン派を批判しようとする意図があったことを読み取っている。

メイエリングはそのように解釈する根拠として、アタナシオスが『異教徒駁論』第6～7章で論じている内容を取り上げる[59]。

> 異端者たちに属する者たちは、教会の教えから逸脱し、信仰を台無しにしてしまい、また悪がそれ自体単独の存在であるという誤った考え方をしている。彼らは自分たちのために、キリストのまことの御父に加えて、他の神を造り出す。それは生まれることなく造る者、悪の創始者、被造物の創造者である[60]。

この箇所でアタナシオスは、創造者をキリストの父なる神と対立する「悪の創始者」と見なすマルキオン派の神理解を批判している。そしてアタナシオスは、エイレナイオスやテルトゥリアヌスといった彼以前の反異端教父たちによるマルキオン批判の議論を踏まえているのだ、とメイエリングは主張する。そのようにマルキオンを批判する反異端教父たちの議論をよく知っていたアタナシオスが、『ロゴスの受肉』第6章以下においてもマルキオン派批判を意図しながら議論を展開しているのだ、とメイエリングは主張している。

そしてメイエリングは、『ロゴスの受肉』第6章3節の「不条理であるのは、掟を破るなら人間は死によって滅びると定められたのに、違反の後にも死なずにいたなら、神の言葉は空しくされ、神が語られたことは偽りだったこと

になるからである」[61]という言葉を次のように注解する[62]。アタナシオスはここで、神が律法に基づく裁きを行なわなければ神が矛盾を抱え込む、という問題を取り上げている。エイレナイオスやテルトゥリアヌスによれば、マルキオンは旧約聖書に証言されているデーミウールゴスが矛盾を抱え込んでいることを批判した。そしてマルキオンは創造者の矛盾が、神が自ら制定した律法を破棄したことから生じたのだ、と主張した。アタナシオスもマルキオンも、神が矛盾を抱え込むことはあり得ない、という点で一致している。しかしマルキオンがこうした矛盾の解決を、キリストを遣わされた神とは区別された創造者に担わせたのに対して、アタナシオスは善なる創造者が矛盾を抱え込むことはあり得ないと述べる。アタナシオスはそのように主張することによって、ここで自覚的にマルキオン派批判を行なっている。

アタナシオスは『ロゴスの受肉』第7章1節でも、同様の問題に触れている。

> しかし、このような事態に至らねばならなかったのではあるが、その反面で、死に関する法制の点で、神が真実なお方であられることを明らかにすることも神にとって相応しいことである、という事態に直面する[63]。

ここでアタナシオスは、神が真実であられるからこそ自ら定めた律法に従わなければならない、と述べている。このようにアタナシオスが述べている律法に対する神の真実性を、メイエリングは神の律法に対する首尾一貫性（Konsequenz）と理解している[64]。

そしてメイエリングは、アタナシオスが『ロゴスの受肉』第7章3節で悔い改めによって人間が救われることが神の真実性に相応しくないと論じる時にも、そこで神の首尾一貫性が問われているのだと解釈している[65]。すなわち、神は律法違反に対する裁きをお定めになった時に、悔い改めによって救われる可能性を予告していなかった。それなのに、もし堕落の後に悔い改めによる救いの可能性を認めるならば、神が首尾一貫していないことになってしまうと論じている。

2-1-3　創造論における神の善性から救済論における神の善性へ

　アタナシオスは、神が律法に基づく裁きによって人間を滅ぼしてしまうならば、そこで神の善性とのディレンマが生じてしまうということを、『ロゴスの受肉』第6章4節以下で論じている。メイエリングは、アタナシオスが神の善性について論じる時にもマルキオン派を批判する意図を持っていた、と考えている。

　そこでメイエリングは、ここと同じく神の善性について論じている『ロゴスの受肉』第3章3節の議論が、この『ロゴスの受肉』第6章4節以下と内容的に深く結びついていると見なしている[66]。アタナシオスは『ロゴスの受肉』第3章3節で、プラトンの『ティマイオス』29E におけるデーミウールゴスの言葉[67]をパラフレーズして、次のように述べている。

　　　実に、神は善なる方、否むしろ善の源泉である。善なる方として、神はいかなるものに対しても妬むことはない。それゆえに、いかなるものであれそれが存在することに対しても妬むことはなかったので、神はご自分のロゴスであるわれらの主イエス・キリストを通して、万物を存在しないものから造られたのである[68]。

　メイエリングは、アタナシオスがこの『ティマイオス』の言葉を中期プラトン主義者とは異なった仕方で解釈し直して用いている、と述べている[69]。すなわち中期プラトン主義者は、善なる創造者が善の源泉である善のイデアに従属すると理解していたが、これに対してアタナシオスは父なる神こそ創造者にして善の源泉である、と理解した。そのような創造者の善性を、アタナシオスは『ティマイオス』の表現を用いて、被造物の存在を妬まないこと、というふうに言い表した。実はこの『ティマイオス』の言葉は、エイレナイオスのような反異端教父たちによって、マルキオン批判のために用いられていた[70]。したがって、アタナシオスがこの『ティマイオス』の言葉を用いているのも、そこにマルキオン派批判の意図が働いている。すなわち創造者の善性を強調することによって、創造者の善性を否定するマルキオン派を批判している。

第 2 章　なぜ人間は悔い改めによってでは救われないのか

　そしてメイエリングは、『ロゴスの受肉』第 3 章では神の善性という言葉が人間の創造について用いられていたが、『ロゴスの受肉』第 6 章では人間の救済について用いられている、と理解している[71]。つまり善なる神はマルキオン派のように創造を否定するお方ではなく、人間が存在することを妬まないその善性に基づいて人間を創造した。ところがその人間が神に背いたことによって滅びに定められてしまう。このような事態についてアタナシオスは『ロゴスの受肉』第 6 章 8 節で次のように述べている。

　　　お造りになっておきながら、ご自分のみわざが滅びるのを見過ごしになさるのであれば、その無頓着のゆえに、神の善性よりも無力のほうがさらけ出されることになる。それよりは、初めに人間をお造りにならないほうがよかったであろう[72]。

　アタナシオスはこのように述べて、被造物についてのマルキオン派批判の議論を、人間の堕罪に向けての神の行為の議論へと拡大している[73]。すなわち、マルキオン派が主張するように善なる神が被造物を造ることをしないならば、神が創造に対して怠慢であり、無力だということになる。それと同様に、神が滅びに向かう人間を救うことをしないならば、救済に対する神の怠慢と無力がさらけ出されてしまう。このように創造に対してだけでなく、救済に対しても、善なる神が怠慢であり無力であると見なされてよいのか、という議論は、テルトゥリアヌスやエイレナイオスがマルキオンを批判する際にすでに用いていたものである[74]。

　したがって、メイエリングが理解する『ロゴスの受肉』第 6 章 4 節以下で述べられている神の善性とは、滅びに向かう被造物を怠慢あるいは無力のために見過ごすのではなく、むしろ被造物が救われることによって創造のわざを無に帰することをさせない神のお姿に他ならない。

2-1-4　人間のもろさのしるしである悔い改め

　メイエリングは『ロゴスの受肉』第 7 章 4 節に述べられている、人間が悔い改めによってでは救われない第二の理由を、次のように解釈している[75]。ア

137

レクサンドレイアのフィロンや『ケルソス駁論』に見られるように、哲学の議論において悔い改め、あるいは心の変化は、それ自体が人間のもろさのしるしと見なされていた。アタナシオスはこうした哲学の議論を踏まえつつ、悔い改めが人間のもろさを表すものであるとするならば、悔い改めることによって人間が滅びを乗り越えることができるとは考えられない、とアタナシオスは理解していた。

ただしメイエリングはこの第二の理由に関しては、ごくわずかしか論じていない。

2-2　メイエリングの解釈の評価

メイエリングはラウスとは違い、『ロゴスの受肉』第7章に論じられている、人間が悔い改めによってでは救われない第一の理由について、それ以前の議論の流れを踏まえつつ、自らの見解を丁寧に示している。その際メイエリングは、アタナシオスがマルキオン派批判を念頭に置きながら論じていると考え、そのパースペクティブから神の真実性と神の善性の意味を解釈した。

『ロゴスの受肉』第1章では、この書物が何を目指して書かれていくかが次のように示されている。

> さて、幸いにして、真にキリストを愛する者よ、次に、わたしたちの宗教に即して、ロゴスの受肉について語り、わたしたちのためのロゴスの神聖な顕現について説明することにしよう。これを、ユダヤ人は中傷し、ギリシア人は愚弄するが（コリントの信徒への手紙Ⅰ第1章22節）、わたしたちは礼拝するのである。むしろ、ロゴスの卑しい身分での顕れのゆえにロゴスに対するよりいっそう大きく豊かな畏敬をあなたがたが抱くためである。実に、不信仰な者らに愚弄されればされるほど、ロゴスはご自分の神性に対するよりいっそう大きな証を提供されるのである。不可能なこととして人々に理解できないことを、ロゴスは可能なこととして明らかにされるからである。また、不当なこととして人々が愚弄することを、ロゴスはご自分の善性に相応しいことと証明されるからである[76]。

すなわち、ロゴスの受肉が決して愚弄されるべきことではなく、神の善性に相応しいことを論証しようとしているのである。そしてコリントの信徒への手紙Ⅰ第1章22節をパラフレーズしながら、ロゴスの受肉を批判するユダヤ人、ギリシア人を意識してこれからの議論を進めていくと述べられている。それならばアタナシオスの論敵としてマルキオン派に偏って想定すべきではなく、もっと包括的に捉えるべきであると考えられる。

　こうしてアタナシオスは、ロゴスの受肉が神の善性に相応しい出来事であることを論証するために、まずこの世界の創造と創造者である神について論じることから始めるのが相応しいとして[77]、『ロゴスの受肉』第2章では自分とは異なった世界の起源についての理解を批判的に取り上げていく。けれどもその第2章でもマルキオン派だけが取り上げられているわけではない。すなわち第一にエピクロス主義[78]、第二にプラトン主義[79]、そして最後にマルキオン派[80]について論じられている。

　また『ロゴスの受肉』を通じて、マルキオン派に関係する固有名詞は一度も出てこない。だからこそ多くの研究者は『ロゴスの受肉』第2章以外に、アタナシオスがマルキオン派を想定して論じている箇所があるとは考えていない[81]。

　そうなると『ロゴスの受肉』第7章を解釈する際に、メイエリングのようにマルキオン派批判の意図を強調し過ぎることには問題があるものと思われる。むしろアタナシオスがもっと多様な論敵を意識して、ここで議論していると理解すべきであると考えられる。

　したがって、メイエリングがマルキオン派批判の意図を背景にして解釈した神の真実性、神の善性についての理解そのものにも、問題があると考えられる。すなわちマルキオン派批判の意図に偏って解釈したことによって、アタナシオスの神の真実性、善性の理解について見落としている側面があるのではないか、と考えられる。

　さらにメイエリングは、人間が悔い改めによってでは救われない二つの理由について論じてはいるが、両者の関係については論じていない。

第2部　アタナシオスの救済論

第3節　神の主権を顕す神の善性と神の真実性

3-1　王としての支配を確立する神の善性

3-1-1　『ロゴスの受肉』第3章3節の解釈

　メイエリングは、創造者の理解に関するアタナシオスと中期プラトン主義者との違いを、次のように指摘している。すなわち中期プラトン主義者たちが善の源泉である善のイデアに従属する仕方でデーミウールゴスの善性を捉えていたのに対して、アタナシオスは『ティマイオス』を用いながら、創造者こそ善の源泉であると主張した[82]。この指摘は正しいと思われる。けれどもこの『ティマイオス』の言葉を、アタナシオスがマルキオン派批判のためだけに用いたかと言えば、そうではないのではないか。

　アタナシオスはこの箇所で、神は被造物が存在することを妬まないことと、神が存在しないものから万物を創造されたという「無からの創造」の教えとを結びつけ、そこに見られる神の性質を神の善性と呼んでいる[83]。そうなると、ここではマルキオン派のように善なる神と創造者を分離させるのではなく、創造者こそ善なる存在だとする考えをアタナシオスがここで述べている、とするメイエリングの理解ではまだ十分にアタナシオスの真意を捉えきれていないのではないか。すなわち善なる創造者が万物を無から創造されたと述べることによって、アタナシオスは創造者なる神と被造物である万物との間の明確な区別を意識しつつ、神の他に被造物の源泉となり得るものはなく、神だけが完全な仕方で被造物を支配しておられることを、この箇所で言おうとしているのである[84]。したがってここで述べられている神の善性とは、被造物の存在を妬まないがゆえに創造してくださる神のお姿を指していると同時に、被造物と共にその創造のみわざさえも唯一完全に支配しておられる神のお姿をも指している。

　このようにアタナシオスが無からの創造の教えによって、あらゆるものを支配しておられる神のお姿を捉えていたことは、『ロゴスの受肉』第2章の議論と第3章の議論との関係を見れば明らかである。アタナシオスがこのような無

第 2 章　なぜ人間は悔い改めによってでは救われないのか

からの創造の教えによって、『ロゴスの受肉』第 2 章で批判的に取り上げているプラトン主義の「先在した物質からの創造」[85]を意識しつつこれを退けていることは言うまでもない。同時にアタナシオスは、エピクロス主義の「万物は自然発生的に成った」[86]とする理解をも退けている。

　実に、万物は摂理を欠くものではないので自然発生的なものではなく、神は無力な方ではないので、先在した物質によるものでもない。むしろ、存在しないものから（無から）、いかなるかたちでも決して存在していなかったものから、ロゴスを通して神は万物を存在するようにされたことを教えている[87]。

　このようにアタナシオスは無からの創造の教えによって、先在した物質からの創造を教えるプラトン主義だけではなく、万物生成に何らの支配者も認めないために摂理を欠いたエピクロス主義の考え方を批判しているのである。無からの創造とは、神こそ世界生成の唯一の源泉であるとする教えに他ならないのであり、したがってこの教えの前では偶然性を世界生成の源泉とするような考え方は当然退けられるのである。
　またメイエリングは、『ティマイオス』の解釈をめぐってのアタナシオスと中期プラトン主義との違いを指摘したが、『ティマイオス』の言葉と無からの創造の教えとの関係を積極的に論じているわけではない[88]。しかし、アタナシオスが中期プラトン主義とは違う仕方で『ティマイオス』を解釈した上で、それを無からの創造の教えと結びつけていることには深い意味がある。中期プラトン主義者は、可視的世界である「生成」の領域と不可視的世界である「存在」の領域との二元論を土台にしながら、至高者なる神と創造者なる神の善性を階層的に区別した[89]。これに対してアタナシオスは創造者なる神を善の源泉と見なすことによって、可視的世界と不可視的世界との二元論に基づいてではなく、神と被造物の明確な区別に土台して創造論を展開した。そして、アタナシオスはこのように神と被造物とを明確に区別することによって、神が世界生成の唯一の源泉にして、あらゆるものを支配しておられることを言い表そうとしているのである。これはアタナシオスが無からの創造の教えによって言おう

3-1-2　神の品位に関わることとして人間を救う神の善性

『ロゴスの受肉』第3章における神の善性の理解が、第6章と深く関わっているとするメイエリングの理解は正しいものと思われる。そしてメイエリングが言うように、『ロゴスの受肉』第3章では創造における神の善性について論じたが、第6章では救済における神の善性へと議論を拡大させた[90]、ということも確かに言い得ることである。

しかしその場合にも、『ロゴスの受肉』第6章においてマルキオン派批判に限定されるような仕方で、救済における神の善性が論じられているわけではない。アタナシオスは『ロゴスの受肉』第6章6節で次のように述べている。

> 他方、人々の怠慢によるにせよ、悪霊どもの欺瞞によるにせよ、人々に対して振るわれた神の技巧が消滅せしめられることは、大いに不当なことであった[91]。

ここにアタナシオスが、何に対抗して救済のみわざにおける神の善性を主張しているかが表れている。すなわち、もし人間が罪を犯したために神の律法に基づく裁きによって滅ぼされるままであったとすれば、神の創造のみわざが人間の怠慢、悪霊の欺瞞に負けてしまうことになる。それではまさに神の万物に対する支配よりも、人間の罪、悪霊の支配が力を持ってしまうことになる。したがって『ロゴスの受肉』第6章で言い表されている、このような事態に対抗して働かれる神の善性とは、人間の存在を妬まないがゆえに人間が滅びてしまうのを放置なさらない神の姿を指しているのと同時に、まさにその救済のみわざによって人間の罪や悪霊の支配をも含めたすべてのものを完全に支配しておられる神の姿を指しているのであると考えられる。

さらにアタナシオスは『ロゴスの受肉』第10章1節で、救済のみわざにおける神の善性を一つの譬え話によって言い表している。

> この偉大なみわざは、ことのほか神の善性に相応しいものであった。実

第2章　なぜ人間は悔い改めによってでは救われないのか

に、もし王が館か都を造営し、それが住人の怠慢のゆえに盗賊によって攻撃されたとしても、王はそれを決して見捨てることなく、かえって、住人の怠慢に目を留めることなく、むしろ自分の品位に関わることとして（εἰς τὸ ἑαυτοῦ πρέπον）、自分の任務として防衛策を講じ、救済するものである。それ以上に、善の極みである御父のロゴスである神は、ご自分によって成った人類が腐敗の内に転落するのを見過ごしにされなかった[92]。

アタナシオスはここで神の姿を、ある国の住人が自分たちの怠慢のために盗賊に悩まされている時、その怠慢ゆえに彼らを見捨てるのではなく、自らの品位に関わることとして救済する王の姿になぞらえている。したがって救済における神の善性とは、人間をご自分の品位に関わることとして救済し、罪の滅びの中にある人間の現実に対してさえも王としてのご自分の支配を確立なさる神の姿を言い表している言葉であると考えられる。

3-2　神の真実性とは神の主権を肯定すること

神の善性についてのアタナシオスの理解に見られる、神がすべてのものに対してご自分の支配を完全な仕方で確立なさる姿は、律法に対する神の真実性についての理解にも表れている。アタナシオスは『ロゴスの受肉』第7章1節で、神が律法によって定められた裁きに対して真実な方でなければならないとして、その理由を次のように述べている。

> というのは、わたしたちの益のため、わたしたちの存続のために、真理の父であられる神が偽りの者と見なされるのは不条理なことだからであった[93]。

ここで、人間の益と存続のために神が律法の裁きに対する真実性を曲げるということはあってはならない、と述べられている。つまり、アタナシオスがなぜ神の律法の裁きが貫かれる必要性を覚えたかと言えば、人間が救われることが出発点になって、人間を救済するという目的に支配された仕方で、神が律法に基づく裁きを曲げてしまわれることを問題視したからである。

143

この箇所をメイエリングのように、神の真実性を神の律法に対する首尾一貫性と捉えるならば、問題の焦点は律法に定められた裁きに対して神の側に矛盾があるのか、首尾一貫性があるのか、ということが問われることになる。しかしこの理解では、人間を救済するという目的に対して神がある距離を置き、そこでもご自分が主にして支配者であられることを顕しておられる、という側面が捉えられないのではないか。

この点に関して、ミューレンベルクも筆者と同じような仕方でアタナシオスにおける神の真実性の意味を理解している。つまりミューレンベルクは『ロゴスの受肉』第6章について論じながら、次のように述べている。

> 神の真実性とは、神ご自身の自己肯定であり、人間の反抗と自立に相対する神の主権（souveraineté）を肯定することである[94]。

ミューレンベルクはアタナシオスにおける神の真実性を、人間の罪に対抗して神がご自分の主権を肯定なさることと理解している。すなわち神は律法に基づく裁きを行なわれることによって、ご自分が主権者であり、だからこそ人間を救済するという目的に支配されるお方ではない、ということを顕しておられる。そこに神の真実性が顕されているのである。

さらに、このような神が主権者であられるとの理解は、前述した神の善性の議論においても見出すことができる。なぜなら神はご自分の品位に関わることとして人間を救われるのであり、まさにそのようにして王にして主権者であられるご自分の姿を顕しておられるからである。

第4節　なぜ悔い改めによってでは救われないのか

4-1　悔い改めによってでは救われない第一の理由の意味

アタナシオスが神の真実性を論じる場合にも、神の善性を論じる場合にも、彼にとって神は人間の現実の状況や人間の行動によって左右されるお方ではない。

第 2 章　なぜ人間は悔い改めによってでは救われないのか

　むしろアタナシオスは次のように考えた。一方で、神は律法の裁きに対する真実性を貫徹なさることによって、ご自分の主権を顕された。他方で、神は裁きによる人間の滅びがご自分の創造のみわざを無にしてしまうという事態に対抗してその主権を顕され、まさに人間の存在を妬まない善性に基づいて人間が救われる道を切り開こうとなさった。

　したがって神の真実性と善性についてのこのようなアタナシオス理解から、『ロゴスの受肉』第 7 章 3 節において、悔い改めによって人間が死への腐敗から不滅へと復帰することが神の真実性に相応しくない、と述べられている意味が明らかになる。

　メイエリングのように、最初から悔い改めによって救われる可能性を神が予告しておられないのに、後になって悔い改めによる救いの可能性を認めるならば、神の首尾一貫性が損なわれてしまう、というふうに解釈すべきではないのではないか。神は律法の裁きを貫くことによってご自分の主権を顕されたのであり、そのような神の主権に基づく裁きであるからこそ、人間がたとえ悔い改めをもってしても変えることができるようなものではない、ということをアタナシオスは言いたいのではないかと思われる。

4-2　悔い改めによってでは救われない二つの理由の関係

　メイエリングは、『ロゴスの受肉』第 7 章 3 〜 4 節に述べられている悔い改めによってでは救われない第二の理由を、悔い改めが人間のもろさのしるしであり、そのような悔い改めでは滅びを乗り越えられないとアタナシオスが考えていたのだ、と解釈した[95]。

　ところがアタナシオスはこの箇所で、悔い改めは罪を抑制し得るだけであり、すでに堕落によって人間が死への腐敗に捉えられ、神の像にかたどられた恵みを剥奪されてしまったからこそ、悔い改めによってでは解決しない、と述べている[96]。つまり、アタナシオスはここで悔い改めが内包するもろさを問題にしているのではなく、深刻な滅びの現実が悔い改めでは解決できないほどに人間を捉えてしまっているのだ、と言っている。

　したがってこの第二の理由についての解釈は、メイエリングよりもラウスの方が適切であると思われる。ラウスは、『ロゴスの受肉』第 7 章では人間が悔

い改めによっては救われないほどに、堕落の結果である死と腐敗が人間の実在の中に埋め込まれてしまったと述べる[97]。

　悔い改めによってでは救われない第二の理由をこのように捉えるならば、第一の理由との関わりが見えてくる。すなわち第一の理由で述べられているように、神はその主権を肯定するという真実性に基づいて、律法に背いた人間をお裁きになり、その結果人間は死への腐敗に捉えられてしまい、神の像にかたどられた恵みは剥奪されてしまった。こうして神の主権に基づく裁きが真実に貫徹されたからこそ、第二の理由が述べるような神の裁きを受けた人間の滅びに捉えられた現実は、もはや悔い改めによってでは救われ得ないほど厳しいものとなってしまっているのである。

　そしてこのように神の主権に基づいて裁きを行なわれる神の真実性と、神の主権を顕すために人間を死への腐敗に放置なさらない神の善性は、神ご自身の他には誰も解決することができないディレンマを生んだ。このディレンマは人間の悔い改めも含めたどのような手段によっても解決されず、ただロゴスが受肉してくださることによってのみ乗り越えることができたのである。

第5節　滅びの現実を支配する神

5-1　人間の観想の力が顕す主権者なる神の善性

　ラウスは、『ロゴスの受肉』で論じられている滅びが、人間を捉えてしまっている事態について、堕落した魂であっても神を観想し得るとする『異教徒駁論』第34章の考え方とは全く矛盾している、と主張する[98]。アタナシオスは当該箇所で次のように述べている。

> あるいはなぜ彼らは自分が神を捨てたのと同じように、再び隠れ家なる神に立ち戻ることをしないのか。というのは、ちょうど彼らがその知性において神から顔を背け、存在しないものから神々を造ったのと同じように、彼らの魂の持つ知性において再び神に向かって立ち返ることができるからである。もしも彼らが身にまとったあらゆる欲望の汚れを振り払い、

第 2 章　なぜ人間は悔い改めによってでは救われないのか

魂とは異質のあらゆる付加物を取り除くまで自分自身を洗い清め、創造された時のように魂を純粋な状態にするならば、彼らは立ち戻ることができるのである。それは彼らが御父のロゴスを観想することができるためである。彼らは初めにこのロゴスにかたどって創造されたのである。……そこで罪に染まった魂があらゆる汚れを捨てて、像にかたどられたものだけをきよくに保ち、そのようにして像が輝きを放つならば、魂はまるで鏡に映すように御父の像であるロゴスを観想することができ、またロゴスにおいて御父を黙想することができる。そして救い主はこの御父の像に他ならない[99]。

　この箇所でアタナシオスは神を捨てた者（偶像崇拝者）に向かって、罪に染まった魂であってもなお神を観想し得るのだと述べ、神に立ち返るよう促している。
　しかし、『ロゴスの受肉』は『異教徒駁論』の議論を前提としながら論じられており、両者は内容的に深く結びついている。例えば次の『ロゴスの受肉』第12章には、神が創造の時に人間に対して神を観想する力を与えておられるという『異教徒駁論』の議論を念頭に置いた言葉が見られる。

　　実に、ロゴスである神を知り、この方を通して父を知るために、像にかたどられたものであるという恵みで十分であった[100]。

　アタナシオスはこのように述べ、神が人間をご自分の像にかたどって創造し、神を観想することができる存在としてくださった、とする『異教徒駁論』第30〜34章の議論をここで振り返っている。さらにアタナシオスはこの『ロゴスの受肉』第12章で、人間が自分に与えられている神を観想する力を軽んじたとしても、被造物を通して（『異教徒駁論』第35〜44章）、聖書を通して（『異教徒駁論』第45〜46章）、神はご自分を観想する道を人間に与えておられたのだ、と述べて『異教徒駁論』の議論を辿っていく[101]。したがってアタナシオスは『ロゴスの受肉』において、『異教徒駁論』で述べられている罪に染まった魂であっても神を観想し得るとする議論を、はっきりと視野に入れてい

147

るのである。

　また『異教徒駁論』では、人間の観想の力は神がその善性に基づいて人間に造り与えてくださったものである、と述べられている。

> なぜなら世界の創造者にしてすべてのものの王なる神は、あらゆる存在と人間の思考を超えておられ、またこのお方が善であり、惜しみなく与えてくださるので、ご自分のロゴス、すなわちわたしたちの救い主イエス・キリストを通して、ご自分の像にかたどって人間を創造されたからである。そして神はご自分との類似性を通して、人間が実在するものを観想し、理解し得るようにもしてくださり、ご自分の永遠性に関する概念と知識をも人間に与えてくださった[102]。

　したがって人間の観想の力を強調しているのは、それが神の善性に基づくみわざであることを強調しようとしているからである。『ロゴスの受肉』では、神の善性という言葉によってあらゆるものを支配なさる神の主権者としての姿を言い表していたが、それは『異教徒駁論』においても同様である。すなわち、神を観想する力を人間に与えておられる善なる神の恵みのみわざが、どのような悲惨な罪の現実の中にいる人間をも支配しているのだと確信しているからこそ、罪に染まった魂でさえも神を観想することができるのだ、とアタナシオスは述べているのである。

　ちなみにこのように論じるアタナシオスの念頭には、神を観想する人間の能力を否定する人々の存在があった[103]。この人々は、自分たちには目に見えない神を観想することなどできないのだから、目に見える偶像によらなければ神を知ることができないのだ、と主張していた。しかしこのような主張を聞き過ごしてしまうならば、目に見えない神を知るためには目に見える像が必要なのだ、との偶像礼拝の言い訳を許してしまうことになる。だからアタナシオスはこのような言い訳に対抗して、目に見えない神を観想することができる人間の力を強調し、その力を根底から支えている善なる神のみわざを示しているのである。

　したがって『異教徒駁論』の議論においては『ロゴスの受肉』と同様に、主

第 2 章　なぜ人間は悔い改めによってでは救われないのか

権者なる神の善性があらゆるものを支配しているという理解が主要な役割を果たしている。

5-2　アタナシオスが理解する人間の滅び

5-2-1　人間は決定論的に滅びに定められているのか

　前述のように両書は内容的に深く結びついているのだが、同時にラウスが指摘するように、『ロゴスの受肉』には一見すると『異教徒駁論』とは馴染まないように思われる言葉が出てくる。すなわちアタナシオスは『ロゴスの受肉』において人間が神を観想する力を無駄にし続けている現実を指して、それは神の主権に基づく裁きの結果であり、だからこそ悔い改めによってでは救われないほどに滅びの現実が人間を捉えてしまっている、と述べている。

　このようにアタナシオスが『ロゴスの受肉』において論じている人間の滅びの現実とは、果たしてラウスが主張するように神を観想する力が人間に与えられていると述べる『異教徒駁論』と矛盾するものなのか。すなわち『異教徒駁論』は人間の観想の力を高く評価しているので、人間の自己救済能力を認めているということになり、これに対して『ロゴスの受肉』は滅びが決定論的に人間を支配していると考えているので、人間の側の働きかけは人間の救いに一切関わらない、ということになるのかが問題になる。『異教徒駁論』については前章で取り上げ、決して人間の自己救済能力を認めているわけではないことを論証した。では『ロゴスの受肉』に関してはどうなのか。

5-2-2　人間の滅びを引き起こす二重の主体

　アタナシオスは人間の滅びについて『ロゴスの受肉』第 4 章で次のように述べている。

> ところが、人々は怠惰に陥り、神を観想するのをやめてしまい、先の論文で論じられたように、悪を思い巡らし、自分のために悪を案出したのである。こうして、前もって警告されていた死の宣告を受け、存在し始めた時の状態にとどまりえず、彼ら（人間）の思いのままに、腐敗に服し、死

が彼らの上に支配権を樹立したのである。というのも、戒めに違反したことは彼ら（人間）を本性に即したものへ連れ戻し、その結果、存在しないものから成ったものとして、時間の推移の内に、存在しないものへとなる腐敗を甘受することになったからである。つまりかつては存在しなかったという本性を持ち、ロゴスの臨在と人々に対する愛とによって存在するよう呼び出されたのであれば当然、人間は神に関する認識を欠き、存在しないものへと戻るのである。実に、存在せぬこと（無）は悪であり、存在することは善である。存在するものは存在する方である神によって成ったものだからである。したがって、人間は常に存在する本性を欠いているのである。それは、滅びるものとして、死と腐敗の内にとどまるということである。実際、人間は本性に即して死ぬべきである。存在しないものから成ったからである。しかし、存在する方との類似性のゆえに、存在する方を観想することでそれを守るなら、本性に即する腐敗を鈍くし、不滅であり続けることもできたのである[104]。

ここに人間の滅びの現実を言い表すアタナシオスの言葉の二重性が見られる。すなわち一方では律法に基づく神の裁きによって「前もって警告されていた死の宣告を受け」た人間は、死への腐敗に捉えられてしまったと述べている。けれども他方では本来無から創造された人間の本性に即して、人間が無へと戻ってしまうことこそが死への腐敗だとしている。

しかもこの箇所でアタナシオスは、存在するお方である神を観想することによって、無へと戻ってしまう人間の本性を鈍くすることができたのだ、と述べている。なぜなら人間は神との類似性を持っており、神を観想することによって神との類似性を守るならば、本性に即して死への腐敗に捉えられてしまうことを免れることができるからである、としている。このような言い方は、人間の観想の能力を高く評価する『異教徒駁論』の言葉遣いと重なっている。

したがってアタナシオスはここで、人間の滅びを引き起こしている二重の主体を取り上げている。すなわち一方では人間の滅びの現実は神の裁きによって引き起こされたものであるとしながら、他方ではその滅びは人間が神を観想することをやめたことによって引き起こされた当然の結果であり、人間の存在を

支えておられる神を捨てたのだから必然的に本来の無であった本性が人間を捉えてしまったのだ、と述べている。

5-2-3　死への絶望から復活の希望へ

しかも、このように神を観想することをやめてしまうという罪を過去において人間が犯してしまったために、決定論的な仕方で現在の人間が滅びに定められている、とアタナシオスは言いたいのではない。『ロゴスの受肉』第 3 章 5 節には次のような興味深い記述がある。

> 「死んで滅びるであろう」（創世記第 2 章 17 節）とは、単に死んでしまうだけでなく、死の腐敗の内にとどまることを言う以外の何であろう[105]。

死への腐敗とは、単に人間が死んでしまうことではなく、死へと向かって腐敗していく状態にとどまっていることである、とアタナシオスは考えている。この死へと向かって腐敗していく状態にとどまる人間の姿を、アタナシオスは『ロゴスの受肉』第 5 章で次のように述べている。

> このことが起きて以来、人々は死に、以後、腐敗が人々に対する力を得、人類全体に対して本性に即する以上の力を発揮し、戒めの違犯に関する神の威嚇以上の力を彼らに及ぼすようになってしまった。その罪科において、人々はとどまるところを知らず、わずかに第一歩を踏み出しただけで、あらゆる限度を越えるまでになってしまった。初めに、悪を見出した者となって以来、自分たちの許に死と腐敗を招き寄せたのである。以後、不義に迷い込み、あらゆる違犯を犯し尽くし、一つの悪にとどまらず、あらゆる悪を考え出し、罪に対して飽くことを知らぬ者となってしまったのである[106]。

このように死への腐敗に捉えられた人間は、あらゆる罪と悪を犯し尽くしていくのだと述べ、これに続けてアタナシオスは人間の犯している罪を具体的に数え上げている[107]。したがって人間が神の裁きによって死に定められたとい

うのは、単に将来死んで無へと帰ってしまうということだけを意味しているのではない。死に定められていることこそが、人間の現在の命を決定づけてしまっているのである。なぜなら人間は死が自分の望みや願いを絶ってしまうことを知っており、そのような死の絶望に脅かされる生を今生きなければならないからである[108]。

同時にアタナシオスは、受肉されたロゴスの十字架と復活によって人間が死への腐敗から解放していただいたことを、次のように述べている。

> そして、すべての人と同じような肉体によって彼らと共にいてくださるお方として、神の不滅の御子が、復活の約束によって、まさに不滅をことごとくまとわせてくださったのである[109]。

単に御子が「復活」によって不滅をまとわせてくださったと語るのではなく、「復活の約束」によってそのようになさったのだと語っている。

> 実に、ご自分の肉体を供え物とされたことで、ロゴスはわたしたちを悩ます法に終止符を打たれたのであり、復活への希望を与えてくださったことで、わたしたちに生命のはじめを更新されたのである[110]。

ここではロゴスの十字架が神の律法に基づく裁きに終止符を打たれたことによって、「復活への希望」を与えてくださったと述べている。つまりアタナシオスは、この書物を読む人々が実際に死に向かう絶望から解き放たれ、復活の約束を信じ、復活への希望に生きるようになっていくことまで念頭に置いているのである。ロゴスの受肉、十字架、復活によって与えられた救いとは、人間に対して死ぬことのない復活の命が与えられたということにとどまらない。さらに人間が死への絶望から解き放たれ、復活の約束を信じ、復活に希望を置いて生き得るようにしてくださったと述べることによって、人間が神を信じて生きる現在の生の回復さえも述べている。

このように、現在の生の問題として人間の滅びと救いを捉えるパースペクティブを持っているアタナシオスであるからこそ、滅びが決定論的に人間を支

配しているとは考えていなかったものと思われる。過去の堕罪の出来事が現在の人間を決定論的に滅びに定めているのではなく、まさに今この時、存在そのものであられる神を捨て、その神を観想することをしないために、無が本性である自らの姿に心奪われ、死への絶望に支配されて生きている人間の姿を、アタナシオスは人間の滅びの現実として見つめているのである。

5-2-4　滅びの現実をも支配する主権者なる神

　しかしアタナシオスが、神を捨ててしまったために死への絶望に支配されている人間の現実を、同時にそれは神の真実性に基づく裁きによるのだ、と述べていることにも大切な意味がある。そのような言い方をすることによって、神を観想する生を自ら捨てた結果として滅びに捉えられ、死への絶望に押さえ込まれてしまっている人間をも、神が主権者として支配しておられるのだと、アタナシオスは考えているのである。すなわち人間は神の御手さえ届き得ない滅びに陥ったのではなく、まさに神の支配のもとで裁かれているのである。したがってアタナシオスは『ロゴスの受肉』の読者に、人間が現在死への絶望に捉えられている現実を、自らの主体的な行動がもたらした罪責として受け止めさせようとしてはいるが[111]、だからと言って人間を滅びの現実に対する解決のない絶望感に追い込もうとしているのではない。むしろその滅びの現実さえも支配しておられる主権者なる神の前に読者を立たせ、その神を畏れる心を呼び起こそうとしているのではないか。そのような深い畏れをもって神の前に立たされる時、人間は自らの罪が招いた滅びの現実の中においてでさえも、自分の罪責による取り返しのつかない現実や、自分を罪へと駆り立てた悪霊の得体の知れない力が自らを支配しているのではなく、神が支配しておられることを悟らされるのである。

　同時に、そのような神への畏れの中で読者が知るのは、その主権者なる神がロゴスを受肉させてくださり、自分たちに対して救いの道を切り開いてくださったことに他ならない。アタナシオスはこのような仕方で人間の滅びと救いを述べることによって、どのような滅びの現実の中にある読者であっても、主権者なる神の救いのみわざを確信し、死への絶望から解き放たれ、復活に希望を置いて生きるようになることを期待していたのではないか、と思われる。

おわりに——『異教徒駁論』と『ロゴスの受肉』との一体性

　したがって『異教徒駁論』と『ロゴスの受肉』の内容は、ラウスが主張するように対立矛盾しているのではないと考えられる。すなわち『異教徒駁論』は、神が人間にお与えになった神を観想する力が、主権者なる神の善性に基づくゆえに決して揺るがないのだと語っている。そして『ロゴスの受肉』は、神を観想する力が人間には与えられているという『異教徒駁論』の議論を前提としながら、それにもかかわらずそのせっかくの神から賜物を無にし続けている人間の滅びの現実を取り上げている。さらに『ロゴスの受肉』は、そのような自業自得としか言いようのない人間の滅びの現実が神の裁きによるのだと述べることによって、人間のどのような現実をも支配しておられる神の姿を明らかにし、その主権者なる神が成し遂げられたロゴスの受肉による救いの確かさを主張しているのである。

　前述した両書の深い結びつきを念頭に置くならば、両書の議論をこのように一体のものとして解釈した方がより妥当なものであると考えられる。

第3章 『アレイオス派駁論』における
アタナシオスの救済論

第1節 『アレイオス派駁論』の救済論研究の方法
——聖書講解に基づいた『アレイオス派駁論』の救済論

1-1 はじめに

　筆者が本章で『アレイオス派駁論』全3巻を取り上げて明らかにしたいのは、本書におけるアタナシオスの救済論の特質である。アタナシオスの救済論は、彼の神理解（キリスト論・三位一体論）と極めて強く結びついていると考えられる。このことは、例えばトランスの論文においてすでに論じられている[112]。すなわちトランスは、キリストの人性に見られる弱さに『アレイオス派駁論』が積極的な意味を見出していることを指摘し、まさにキリストが「わたしたちのため」の代理者としての歩みを遂げられたこと、そのようにして受肉の御子がわたしたちの弱さを含めた人間の全体性を受け入れてくださったからこそ、わたしたちが完全な仕方で救われる、と論じている。そのように見える世界と見えない世界との間の二元論、神と被造物との間の二元論によって規定された神理解を踏み越えて、神が被造物を超えたお方であると同時に、その被造物に対してご自分を開き、深く関わってくださるお方であることを、トランスはアタナシオスの御父、御子、聖霊に関する教理を丁寧に解説しながら論じている。そこにはまさに、アタナシオスの救済論がいかに深くその神論と結びついて展開されているかが示されている。筆者が本章で論じたいアタナシオスの神学の特質もまた、トランスのこのような議論と方向性において重なり合っている。

　もちろん一人の神学者の神論と救済論が深く関わりあっていることは、それ自体ごく自然なことであると言い得る。けれどもアタナシオスの神学における神論と救済論の関係には、注目すべき特質がある。それは第一に、アタナシオ

スは両者の関係を、自覚的に取り上げて考察していることである。第二に、彼は両者の結びつきを、ある緊張関係を伴った仕方で捉えてみせていることである。

このことを巡って、以前に筆者は『ロゴスの受肉』を取り上げて論じた[113]。その論考においては、神が神であられることを貫かれるために、ご自分が創造なさった人間が罪のために死への腐敗に陥っている現実に対して、一方ではご自分の定められた律法に基づいて人間に裁きを下し、他方ではご自身の創造のみわざが無に帰することのないよう人間に救いをお与えになるために、ロゴスを受肉させられた、と『ロゴスの受肉』が論じていることを示した。そのような仕方で神論（神が神であられることを貫かれることに顕された神のお姿）と救済論（ロゴスの受肉によって人間への裁きと救いが実現したこと）が緊張関係を伴いながら深く結びついていることを確認した。つまりアタナシオスにおいては、神論が絶えず主導的な役割を果たしながら、その救済論が論じられているのである。

そのようなアタナシオスにおける神論と救済論の関係に対する筆者の関心に基づき、本章では『アレイオス派駁論』においてどのような仕方で神論と結びつけられた救済論が展開されているかを解明したい。

1-2　聖書講解に基づいた『アレイオス派駁論』の神学

トランスは、アタナシオスのロゴスの受肉に関するキリスト論的、救済論的な教理が、彼の聖書解釈全体のパースペクティブを決定づけているとするが、同時にこのことはある独立した概念が、聖書解釈の原理として「外部から」聖書にもたらされたのではない、とする。つまりアタナシオスのロゴスの教理は、まさにその聖書釈義から生じたものであり、だからこそアタナシオスは、哲学的なロゴスの教理の前提であるプラトン主義的な二元論を捨て去ったのである、とする[114]。このトランスの主張によるなら、アタナシオス自身においては、聖書以外の原理によって教理を論じるのではなく、聖書釈義を通して神学を展開しようとする意識が強く働いていると考えられるのである。

カンネンギーサーもまたアタナシオスの思考法と聖書との密接な結びつきを指摘して、彼は一つの「聖書的な思考様式」を持っていると論じている。どの

第3章 『アレイオス派駁論』におけるアタナシオスの救済論

ような状況に直面し、どのような責任を引き受ける時にも、アタナシオスは自分の考えと行動が聖書解釈を反映したものであることをいつも確認していたのであり、さらに重要なのは、彼が暗記していた旧約聖書と新約聖書の知識は、神の受肉の啓示に集中していたことであった[115]。

T・G・ヴァイナンディは、アレイオス派との論争におけるアタナシオスの応答が聖書的な特質を持つことを指摘し、聖書の章句や概念の正しい読解と適切な釈義に基づくことに集中して議論を進めている、としている。まさにアタナシオスはアレイオス派との論争とニカイア信条（325年）の擁護において、徹底して聖書的なのである[116]。

このようにアタナシオスは他の原理に基づいてではなく、聖書を説き明かすことによって自らの神学を展開しようとする意図を強く持った神学者であったと考えられるが、このことは『アレイオス派駁論』の構成によく表れている。アーネストは『アレイオス派駁論』に関して、アレイオス派との論争が一群の証拠聖句の解釈の違いに基づいていたために、『アレイオス派駁論』はアタナシオスのある聖書釈義の実践のショーケースになっている、とする[117]。またヴァイナンディも、『アレイオス派駁論』全体が論争されている聖書の章句を巡って構成されていることを指摘している。

実際に前述のブレイジングが示している『アレイオス派駁論』全体の構成を見るなら[118]、アタナシオスがアレイオス派の主張に対して聖書講解によって反論しようとしていることがわかる。『アレイオス派駁論』第1巻（全64章）では、第40〜45章でフィリピの信徒への手紙第2章5〜11節の講解を、第46〜52章では詩編第44篇7〜8節の講解を、第53〜64章ではヘブライ人への手紙第1章4節の講解を行なっている。『アレイオス派駁論』第2巻（全82章）では、第6〜11章でヘブライ人への手紙第3章2節の講解を、第11〜18章で使徒言行録第2章36節の講解を、第44〜82章で箴言第8章22〜25節の講解を行なっている。『アレイオス派駁論』第3巻（全67章）では、第1〜6章でヨハネによる福音書第14章10節の講解を、第7〜16章でヨハネによる福音書第10章30節の講解を、第17〜25章でヨハネによる福音書第17章11、20〜23節の講解を、第26〜58章で御子の恥辱に関する福音書のいくつかのテキストの講解を行なっている。このようにアタナシオスは本書において、聖書のいくつか

の箇所を取り上げ、その講解を積み重ねながら議論を進めていることは明白である。

そこで本章では『アレイオス派駁論』で論じられている聖書講解の中から、特に救済論に関わる議論が集中して出てくるものを取り上げ、そこでの議論を丁寧に取り上げながらアタナシオスの神学の特質を論じたい。そこで注目したいのはアタナシオスがロゴスの受肉の目的を論じる際に、それが「わたしたちのため」（δι' ἡμᾶς, ὑπὲρ ἡμῶν）の出来事であったという言葉を頻繁に用いていることである。特にこの言葉が集中して出てくるのは、『アレイオス派駁論』第１巻のフィリピの信徒への手紙第２章５〜11節の講解、詩編第44篇７〜８節の講解、第２巻の箴言第８章22〜25節の講解、第３巻の御子の恥辱に関する福音書テキストの講解の中の「福音書の物語における σκοπός についての理解に関する小論」の箇所である。そこでこれらの箇所をその議論のコンテクストに沿って分析しながら、アタナシオスの救済論の特質を明らかにしたい。

第２節　罪と死からの救いの内実である 「神の宮とされること」
──フィリピの信徒への手紙第２章５〜11節の講解 （『アレイオス派駁論』第１巻第40〜45章）

2-1　聖書講解によるアレイオス派批判

アタナシオスは『アレイオス派駁論』第１巻で、フィリピの信徒への手紙第２章５〜11節の「キリスト賛歌」の箇所を取り上げてその意味を説き明かしている。

> 互いにこのことを心がけなさい。それはキリスト・イエスにもみられるものです。キリストは、神の身分でありながら、神と等しい者であることに固執しようとは思わず、かえって自分を無にして、僕の身分になり、人間と同じ者になられました。人間の姿で現れ、へりくだって、死に至るまで、それも十字架の死に至るまで従順でした。このため、神はキリストを高く上げ、あらゆる名にまさる名をお与えになりました。こうして、天上

第 3 章 『アレイオス派駁論』におけるアタナシオスの救済論

のもの、地上のもの、地下のものがすべて、イエスの御名にひざまずき、すべての舌が、「イエス・キリストは主である」と公に宣べて、父である神をたたえるのです（フィリピの信徒への手紙第 2 章 5 ～11節、新共同訳）。

アタナシオスはこの聖書箇所の講解を始める直前の箇所で、ここについてのアレイオス派の解釈への批判を加えている[119]。それに続けて『アレイオス派駁論』第 1 巻第40章の冒頭で、アタナシオスは次のように述べている。

　それゆえに、一方で主ご自身が自ら教えてくださった御子についての理解を用いながら、わたしたちは彼ら（アレイオス派）の不合理な考えを論駁してきた。しかしよりいっそう御子の不変性と、その御父の変わることのない本性と、彼らの愚かさが明らかにされるために、今や神の言葉を説き明かすことこそ相応しいのである。したがって使徒はフィリピの信徒たちに手紙を書いてこう述べている……[120]。

ブレイジングは、ここでアタナシオスが言う「主ご自身が自ら教えてくださった御子についての理解」とは、教会の中で伝承されてきた「信仰の基準」である、と述べている[121]。すなわちアタナシオスは「信仰の基準」の規範性を認めつつ、それを根拠にしてこれまで議論してきたが、ここから「よりいっそう御子の不変性と、その御父の変わることのない本性と、彼らの愚かさが明らかにされるために」フィリピの信徒への手紙第 2 章 5 ～11節の講解をすることによって議論を進めていく。このようにアタナシオスは、教会の中で伝承されてきた「信仰の基準」と聖書の言葉とが内容的に重なりあうものとして受け止めていたのである。こうして以下においては、聖書を講解するという方法によってアレイオス派の思想を論駁して正しい信仰の理解を明確化しようとするのであり、そのように議論を展開させていくアタナシオスの意図がこの箇所に明示されているのである。

2-2　神の秘義としての罪と死からの救い

2-2-1　神の秘義

　アレイオス派はこの聖書箇所において御子の高挙が述べられていることを指摘し、それを根拠にして、御子において何らかの進歩が起こっており、それは神が御子に「その徳のある生き方に対する報酬」[122]をお与えになったのだ、と主張する。このようなアレイオス派の主張が、19世紀のケノーシス理論に似た考え方があることをブレイジングは指摘している[123]。これに対してアタナシオスは、この聖書箇所について次のように述べている。

> 　この箇所ほどにわかりやすく、明白なものはないだろう。なぜなら、御子はより劣ったものからより優れたものになったのではなく、御子は神であられながら僕のかたちを取られたのであり、そうすることによって御子は進歩させられたのではなく自らを低くなさったのである[124]。

　アタナシオスはこの聖書箇所が、御子が変わることなく神であり最も高きところにいつもおられるお方であること、しかし同時にそのお方が僕のかたちを取られ高挙されたことを明確に述べている、と理解している。するとそこに問いが生まれるのであり、アタナシオスは自問するように問いを重ねていく。

> 　今受け取る前にも、いつも持っておられたものを、御子はどのようにして受け取るのか。また高く挙げられる前に最も高きにおられたお方が、どのようにして高く挙げられるのか。今礼拝される前にいつも礼拝されておられたお方が、どのようにして礼拝される資格を受け取られるのか[125]。

　このような問いに対して、アタナシオス自身が次のように答えている。

> 　それは謎ではなく、神の秘義である[126]。

ブレイジングは、「神の秘義」と「謎」という言葉のアタナシオスにおける使用法について解説している[127]。すなわち「神の秘義」は教会の礼拝、サクラメント、教会の教理、使徒のケリュグマ、受肉といったことについて用いられ、神の救いの経綸に関する事柄を指し示している。これに対して「謎」はそれ以外の霊的、教理的意味について用いられている。実際にアタナシオスはこれに続く箇所で「神の秘義」と説き明かすために、ヨハネによる福音書第1章1節、14節の言葉を取り上げ、神であられるロゴスが「わたしたちのために」受肉なさったことを論じ始めている[128]。

以上のようにアタナシオスはアレイオス派との論争が、教会の教理において極めて重要な神の救いの経綸に関わる事柄であることを自覚していた。そして教会における正しい教理がどのようなものであるのかを、聖書の言葉から説き明かしていくのである。

2-2-2 罪と死からの救い

アタナシオスは、キリストの受肉がキリストの降下と高挙とどのように関係しているのかを、次のように論じていく。

> 「このお方は高く挙げられた」という言い方は、ロゴスの本性が挙げられたことを示しているのではない。御子はいつも「神と等しく」あられたし、今もそうであられるのであり、その高挙は人性についてのことなのである。「このお方は低くなられた」と「このお方は高く挙げられた」という句がその人性について言われているのが明白になるように、これらのことはロゴスが肉体を取られた時より前には言われなかったのである。低い状態があるところに、高挙もまたあり得る。もし肉体を取られたために「このお方が低くなられた」という句が書かれたのであれば、「このお方は高く挙げられた」という句が同じ理由で書かれたことは明らかである[129]。

このように述べて、アタナシオスはキリストのロゴスとしての本性とその人性を区別して、フィリピの信徒への手紙が述べているキリストの降下と高挙がこのお方の人性における出来事であると論じている。さらにアタナシオスは、

第 2 部　アタナシオスの救済論

キリストの受肉によってその人性の降下と高挙が起こった理由を次のように明確にしていく。

　　人間は肉体から成り立っており、死はこの肉体が要求するものである。それゆえにこのお方は御父のかたちにして死ぬことのない者なので、ロゴスは「僕のかたちを取られた」。そしてわたしたちのために人としてその肉体において死を耐え忍ばれたのであり、こうしてこのお方はわたしたちのために死を通してご自分を御父に献げてくださったのである。それゆえに人性においても、わたしたちのために、わたしたちの利益になるように、このお方は高く挙げられたと言われているのであり、その結果その死においてわたしたちは皆キリストの中で死に、こうしてキリストご自身の中でわたしたちは再び高く挙げられ、死から甦らされ、天へと挙げられるのである。「先駆者イエスがわたしたちのために入られたのは、まことのものの写しにではない。そうではなく天そのものに入られ、今やわたしたちのために神の御前に顕れてくださったのである」（ヘブライ人への手紙第 6 章20節、第 9 章24節）。しかしもしキリストがこれまでも、いついかなる時も諸天の主にして創造者であられるのに、今わたしたちのために天そのものに入られたのであれば、まさにわたしたちのための今ここでの高挙が書かれているのである[130]）。

　ここで特徴的なのは、キリストの死においてわたしたちが皆このお方の中で死に、このお方の中でわたしたちが高く挙げられ、死から甦らされた、と述べられていることである。この箇所は例えばローマの信徒への手紙第 6 章 4 節以下を思い起こさせるのであり、アタナシオスはフィリピの信徒への手紙が語るキリストの降下と高挙において、そのキリストと共に死んで甦らされるわたしたち人間の救いを重ね合わせているのである。しかもヘブライ人への手紙をパラフレーズしながら、キリストがわたしたちのために先駆者となって、天に入られ、神の御前に顕れてくださった、と述べる。

　これに続けてアタナシオスはわたしたちのためのキリストの高挙を、ヨハネによる福音書第17章19節を引用しながら「このお方ご自身が、ご自身の中で

第3章 『アレイオス派駁論』におけるアタナシオスの救済論

わたしたちすべての者をきよめてくださる」[131]出来事として論じ、さらにはコリントの信徒への手紙Ⅰ第1章30節、詩編第89篇17〜18節を引用しながら、「わたしたちこそが御子のものである義の中に挙げられている」[132]出来事として論じている。したがってキリストの降下と高挙の出来事は、わたしたちがキリストと共に死んで甦らされて神の御前に立たせていただく出来事であり、これによってわたしたちはキリストの中できよめられ、義とされた、とアタナシオスは理解しているのである。

　このようにフィリピの信徒への手紙で述べられているキリストの降下と高挙は、罪と死から解放されるという救いを神がわたしたち人間に与えてくださるための出来事に他ならない、とアタナシオスは主張している。このことについてアタナシオスは、この聖書箇所の講解の後半においても繰り返して強調している。

　　これはまさに、わたしたちに対するこのお方の善性のしるしである。その結果、わたしたちは高く挙げられたのである。なぜなら主がわたしたちの中におられ、わたしたちのために恵みがこのお方に与えられたからであり、また恵みを与えてくださる主は、わたしたちのように人となられたからである。他方で救い主であられるこのお方は、自らわたしたちの卑しいからだを取ることによってご自分を低くされ、罪に隷属する肉体を取って僕のかたちになられた。神のロゴスは欠乏なく満ち溢れておられるので、このお方はご自分が前進するためにわたしたちから何ものをも受け取ることはなく、むしろわたしたちがこのお方を通して前進させられたのである[133]。

　罪に隷属する肉体を取られたキリストがわたしたちに与えてくださる前進とは、まさにその罪からの救いに他ならない。またさらに続く箇所でも、キリストの受肉が罪と死からの救いであることを、アタナシオスは重ねて述べていく。

　　もし主が人となることがなければ、わたしたちは罪から贖われ、死から

甦らされることはなく、地の下で死にとどまっていたことであろう[134]。

　もし「ロゴスが肉体となられた」のであれば、必然的にその復活と高挙は人性に関することとしてこのお方に帰されなければならない。こうしてこのお方の死は人々の罪を贖い、死を廃棄するのであり、このお方のゆえに復活と高挙はわたしたちに確保されるのである[135]。

このようにキリストの降下と高挙の全体が、わたしたち人間の罪を贖い、死を廃棄して甦らせてくださるという、神の救いの経綸に基づくみわざなのである。こうしてアレイオス派が主張する、御子への報酬としての高挙という理解を、アタナシオスは自らの聖書解釈によって退けるのである。

2-3　神の宮とされること

　また『アレイオス派駁論』第1巻第42〜43章において、非常に興味深い議論をアタナシオスは重ねている。

　「神はキリストにお与えになった」という句は、ロゴスご自身のために書かれたのではなかった。ちょうどわたしたちが論じてきたように、ロゴスが人となられる前でも、ロゴスは御父の固有の本性と一致して、御使いたちやあらゆる被造物によって礼拝されていた。しかしわたしたちのために、わたしたちの利益になるように、この句がロゴスについても書かれたのである。というのは、人としてキリストは死んで高挙されたように、神としていつも持っておられたものをキリストは人として「受け取られた」、とこの句には述べられている。それはそのように御子に与えられた恵みが、わたしたちにももたらされるためである。ロゴスはからだをお受け取りになったが、それは恵みを受けなければならないほどにロゴスが小さくされたということではない。むしろロゴスはご自分が受け取られたものを神化なさり、それを人類に差し出してくださったのである[136]。

　この箇所でアタナシオスは、キリストが死んで高挙され、すべての者から礼

拝される名を父なる神から与えられ、受け取られたことの意義を説き明かしている。そもそもいつも変わらずキリストは礼拝されておられたのに、なぜ改めて僕となり、十字架の死に至るまでご自分を低くされ、高挙され、ご自分の名によって神が礼拝されるという出来事が起こったのか。これについてアタナシオスは「ロゴスはご自分が受け取られたものを神化なさり、それを人類に差し出してくださったのである」と述べている。受肉された御子はわたしたちのからだ、わたしたちが置かれているその状態のすべてをご自分のものとされ、それを神化してわたしたちに与えてくださったのである。そしてこのような議論に続けて、アタナシオスは次のように語るのである。

　ちょうどロゴスであり、「神のかたちであられた」このお方がいつも礼拝されておられたように、このお方は人となりイエスと呼ばれたのと同じお方でありながら、にもかかわらずあらゆる被造物をその足下に置かれた。そして被造物は「この御名のもとでこのお方に向かって膝をかがめ」、ロゴスが肉体を取りその肉体において死を耐え忍ばれたと「告白している」が、このことは皆このお方の死の不名誉としてではなく、「父なる神の栄光として」起こったのである。造られ失われた人間が見出されること、また死んだ人間が生きるようになって神の宮となることが、御父の栄光である。天の諸力である御使いたちや大天使たちが今「イエスの御名によって」主を礼拝しているように、彼らはいつもこのお方を礼拝していた。だから人となられた時でさえ神の御子が礼拝されていることは、わたしたちの恵みにしてわたしたちが高く挙げられることであり、天の諸力はわたしたちが御子と結びあわされて彼らの領域に入ってくるのを見ても驚くことはないであろう。しかしながら御子が「神のかたちであられたが」僕のかたちを取り、死に至るまでそのからだを委ねてご自分を低くされることがなかったならば、このことは起こらなかったのである[137]。

キリストの降下と高挙がもたらすわたしたちの救いを、罪と死からの救いとして論じるだけでなく、わたしたちが神の宮とされ、わたしたちの中でキリストが礼拝されること自体を救いの内実として語っている。つまりキリストがも

たらしてくださる救いが、わたしたちをしてキリストを礼拝する者とするということまで含んで捉えられているのである。さらに「造られ失われた人間が見出されること、また死んだ人間が生きるようになって神の宮となることが、御父の栄光である」と述べられているが、キリストによってわたしたちが救われるのはまさに御父の栄光が顕れるためであり、わたしたちの救いは神の栄光の顕現に仕えるものなのである。そのように人間の救済が、神の神らしさを顕すのである。さらにアタナシオスは、次のように言葉を続けている。

> 見よ。十字架のゆえに人々から神の愚かさと見なされたことが、あらゆるものに勝ってほめたたえられている。なぜならわたしたちの復活はその中に備えられており、預言者が予め言っていたように、もはやイスラエルの人々だけではなくあらゆる国民がその偶像を離れて、キリストの御父であられるまことの神を認めているからである。悪霊どもの惑わしは空しくされたのであり、まことの神のみがわたしたちの主イエス・キリストの御名によって礼拝されている。しかし主は人間のからだで歩まれ、イエスと呼ばれていた時にすら、礼拝され、神の御子であると信じられていたのであり、このお方を通して御父は知られたのである。すでに語ってきたように、ロゴスがロゴスであられることによってそのような恵みをお受けになったのではなく、わたしたちがその恵みを受けたことを、これらすべてのことは明らかにする。わたしたちがこのお方のからだと関わりを持つゆえに、わたしたちさえも神の宮となり、わたしたちは神の子らとされ、こうして今や主はわたしたちの中で礼拝されているのであり、見る者たちは使徒が告げるように、「まことに神は彼らの中におられる、と言い表す」(コリントの信徒への手紙Ⅰ第14章25節) のである[138]。

人間の救済が神の栄光を顕すという事実は、「わたしたちがこのお方のからだと関わりを持つゆえに、わたしたちさえも神の宮となり、わたしたちは神の子らとされ、こうして今や主はわたしたちの中で礼拝されているのであり、見る者たちは使徒が告げるように、『まことに神は彼らの中におられる、と言い表す』のである」という具体的な展開を持つものとして示されている。つまり

わたしたちの救いが、わたしたちを神の宮とすることを含むものであるからこそ、そのわたしたちを通して神の栄光が他の人々にも受け入れられ、彼らは信仰告白に導かれるのである。

第3節　人間の救済を主導する神
　　──詩編第 45 篇 7 〜 8 節の講解
　（『アレイオス派駁論』第 1 巻第 46 〜 52 章）

3-1　キリストの本性は可変か不変か

　フィリピの信徒への手紙第 2 章 5 〜 11 節の講解に続けて、アタナシオスは『アレイオス派駁論』第 1 巻第 46〜52 章で、詩編第 45 篇 7 〜 8 節の言葉を取り上げて、その意味を説き明かしながら議論を行なっている。

　　神よ、あなたの王座は世々限りなく／あなたの王権の笏は公平の笏。神に従うことを愛し、逆らうことを憎むあなたに／神、あなたの神は油を注がれた／喜びの油を、あなたに結ばれた人々の前で（詩編第 45 篇 7 〜 8 節、新共同訳）。

　この箇所は古くから主イエス・キリストのことが預言されている言葉として、教会の中で理解されてきた。すでに新約聖書において、すなわちヘブライ人への手紙第 1 章 8 〜 9 節でそのように理解されている。

　　一方、御子に向かっては、こう言われました。「神よ、あなたの玉座は永遠に続き、／また、公正の笏が御国の笏である。あなたは義を愛し、不法を憎んだ。それゆえ、神よ、あなたの神は、喜びの油を、／あなたの仲間に注ぐよりも多く、あなたに注いだ」（ヘブライ人への手紙第 1 章 8 〜 9 節、新共同訳）。

　アタナシオスもまたこの詩編の言葉の最初において「神よ」と呼びかけら

れ、「あなた」と呼ばれている存在を、まさしくキリストと理解してその意味を論じている。

前述のブレイジングはその注解において、『アレイオス派駁論』第1巻第37章〜第2巻第18章前半と第2巻第44章〜第82章の箇所を「アレイオス派が典拠とする主要な聖書テキストの講解についての修正」という表題でまとめており[139]、さらにその箇所を区分けして第1巻第37〜52章には「御子の変化する本性を教えていると考えられた聖書テキスト——フィリピの信徒への手紙第2章9〜10節、詩編第44篇7〜8節」という小見出しをつけている[140]。ブレイジングが示すように、ここでアタナシオスは詩編第45篇7〜8節が御子の本性が変化することを述べているテキストではないことを説き明かしている。すなわちアレイオス派は、この詩編において香油を注がれ王位に就かせられている存在、つまり御子キリストについて、そのようにかつて王でなかった御子が後に王とされたのであり、したがってこの聖書テキストは御子の本性が変化していることの証明となる、と主張していた。これに対してアタナシオスは、そのようなアレイオス派の解釈を論駁していくのである。

3-2　キリストに香油が注がれた理由

そこでアタナシオスはこの詩編の「あなたの神は油を注がれた」という言葉を取り上げ、次のように論じる。キリストはかつて王ではなかったのであり、王となられるために神から香油を注がれた、ということがここで語られているのではない。そこにはアレイオス派が主張するような、キリストの本性についての何らの変化も語られていない。キリストは永遠に変わることなく神であり王であられたが、それにもかかわらずなおキリストに香油を注がれた。それはこの詩編が、そのようにしてキリストが人間を代表して聖霊による香油を注がれたのだ、ということを述べているのである。すなわちキリストはわたしたち人間の肉体を取って人となり、その肉体に聖霊の香油が注がれることによって、わたしたち人間の肉体をきよめてくださった[141]。そしてアタナシオスはヨハネによる福音書第17章18〜19節を説き明かしながら、次のように述べている。

第3章 『アレイオス派駁論』におけるアタナシオスの救済論

ご自分を聖化されたお方は、聖化の主であられる。どのようにしてこれが起こったのか。またこの主の言葉は次のこと以外に何を意味するのか。「わたしは御父のロゴスでありつつ、人となった時にわたし自身に聖霊を与えた。そしてわたしは人となり、今わたしの中にある聖霊によってわたし自身を聖化した――わたしこそ真理である――すべての者が聖化されるために（なぜなら『あなたのロゴスは真理である』〔ヨハネによる福音書第17章17節〕から）」[142]。

さらにアタナシオスは、キリストがご自分の肉体を聖化された出来事が、ヨルダン川における受洗の時にこのお方に聖霊が下られた時に起こったのであり、その時にキリストはわたしたちの肉体を持っておられたからこそ、わたしたちにも聖霊が下ってくださった、と述べる。そのようにしてキリストはわたしたちを神の宮とされ、神の霊がわたしたちの内に住むようにしてくださった。このためにこそキリストが香油を注がれたのであり、この詩編はまさにその出来事を指し示す言葉なのである[143]。

ではそのようにしてキリストに聖霊の香油が注がれることによって、わたしたち人間にもたらされた救済とはどのようなものか。これについてアタナシオスは次のように述べている。

あなたがたはこれもまたわたしたちのために、わたしたちの利益になるように起こり、書かれていると思わないのか。すなわち主が人となられたのは、死滅すべきはかないわたしたちを、不滅の者としてくださり、わたしたちを天にある永遠の王国に導いてくださるためなのである[144]。

このようにキリストに香油が注がれることによってわたしたちに与えられる救いとは、死滅すべき者が不滅の者とされること、すなわち死に打ち勝つ者とされることなのである。

3-3　キリストの神性と人間の救済との関係

さらにアタナシオスは「それゆえ、神よ、あなたの神は、喜びの油を、／あ

なたの仲間に注ぐよりも多く、あなたに注いだ」というこの詩編の言葉の中の、特に「それゆえ」（διὰ τοῦτο）という言葉を取り上げる。それはアレイオス派が「それゆえ」という言葉を、御子がその徳のための報酬を得たことを示すものと理解し、御子がかつて得ていなかったものを与えられたとすれば御子の本性は変化したのだ、と主張していたからである。これに対してアタナシオスは「それゆえ」という言葉が、御子が報酬を得た理由を示している言葉ではなく、御子が受肉なさった理由に言及する言葉である、と主張する。そしてアタナシオスはこの詩編を次のようにパラフレーズする。

> あなたは神であり、王であられるので、「それゆえ」あなたは香油が注がれた。それはあなた以外の誰も人間を聖霊と結び合わせることができないからである。あなたこそ御父のかたちであり、それによって初めにわたしたちは創造されたのである。なぜなら聖霊はあなたのものだからである[145]。

したがって「それゆえ」という言葉は、御子が神の本性を持っておられるからこそ、「それゆえ」わたしたち人間に救いを与えることがおできになるお方であられた、ということを表現しているとアタナシオスは理解したのである。これに続けてアタナシオスは興味深いことを述べていく。

> なぜなら起源を持つものの本性は、このことのためには信頼できない。というのも御使いたちは罪を犯したし、人間たちは理解しなかったからである。「それゆえ」このお方は神である必要があった。つまり「ロゴスは神であられる」（ヨハネによる福音書第1章1節）、ロゴスご自身が呪いを受けていた人々を自由にするために。このためにもしロゴスが無からの者であれば、このお方はキリストではなく、すべての者の一人であり、自分自身が恵みを受ける者であった。しかしこのお方は神の御子なる神であり、永遠の王にして、御父の反映、その顕れであられるので、「それゆえ」このお方は当然予期されたキリストであり、御父が人々にその聖なる預言者たちへの啓示において予告しておられるお方である。その結果、ちょう

第 3 章　『アレイオス派駁論』におけるアタナシオスの救済論

どこのお方を通してわたしたちは存在する者となったように、このお方において罪の贖いがわたしたちのために起こり、すべてのものがこのお方によって支配されるようになったのである[146]。

　ここでもロゴスがまことの神であられるからこそ、人を救うことができたのだと述べて、アタナシオスは詩編の「それゆえ」という言葉の意味を説き明かしている。その際に「『それゆえ』このお方は神である必要があった」という言葉で、この事態を言い表している。

　これはハルナックがアタナシオスの神学について、それは救済論から遡及したものであり、そのキリスト論は救済論的動機から生み出された神化論である、と主張した[147]ことを思い起こさせるような表現であると言える。けれどもアタナシオスはそのような意図で「神である必要があった」ということを論じているのではない。アタナシオスはここで、御使いや人間によってでは真実の救いをもたらすことができないと述べているが、そのように論じながら、アレイオス派が御子は被造物であると主張していることを明らかに念頭に置いている。被造物では人間を救うことができず、したがって救い主は神でなければならず、そのことをさらに「神である必要があった」という言葉を用いて強調している。そのように論じるアタナシオスには、アレイオス派の理解を強力に退けようとする意図を持っているのである。決してハルナックが言うような意図が、すなわち人間の救いのニーズに合わせてキリストの本性を導き出そうとする意図が、アタナシオスにあるのではない。

　もちろん神学を、特に救済論を考察する際に、人間の救いの必要性がその議論の内容にある方向性を与えるということは、避けられない課題であるし、必ずしも否定されるべきものではない。しかしそこで重要なのは、様々なモティーフを視野に入れながら救済論を展開していく時に、その議論の主旋律が神の存在、神の意志、神の主権によって支配され、方向づけられるものとなっているかを絶えず問うことである。

　しかもその際に、十字架の救済が何よりもわたしたち人間の神に対する背きの罪から救うものであり、わたしたちが受けるべき罪の裁きをキリストが十字架で負われたことによってその救いがもたらされた、と述べる聖書が証言する

第 2 部　アタナシオスの救済論

救済の事実は、決して通り過ぎることができない事柄であると考えられる。アタナシオスもまたこの箇所において、まことの神であられるキリストによってもたらされる救済の内容として、人間の罪について触れている。すなわちこの詩編45篇8節の「神に従うことを愛し、逆らうことを憎むあなたに」という言葉に触れながら、アタナシオスは次のように述べている。

> それゆえに、本性においていつも変わることのない主が、義を愛し不義を憎みながら、香油を注がれて遣わされたのは理に適ったことであり、その結果このお方はご自身と同じ者のままでありながら、変わり得る肉体を取り、『その肉体において罪を処断された』（ローマの信徒への手紙第8章3節）。そして今やその肉体において『律法の要求を満たす』（同第8章4節）ために、さらに『しかしもし神の霊がわたしたちの中に住んでおられるなら、わたしたちは肉体の中にではなく、聖霊の中にいる』（同第8章9節）と言うことができるために、このお方はその力と自由を手に入れられたのである[148]。

主イエス・キリストがその十字架によって与えてくださった救いがまさに罪からの救いであることを、アタナシオスはこのようにローマの信徒への手紙第8章3節の「その肉において罪を処断された」という言葉を引用しながら論じている。つまりキリストは人間の肉体をお取りになり、十字架に死なれることによって、人間の罪に対する神の裁きをご自分がお受けになり、罪を罪として処断された。しかもそのようなキリストの救済のみわざにおいて、この詩編が預言するように、神であられるこのお方が義を愛し不義を憎まれる、ということが貫かれたのであった。不義である人間に対して、神が義をお求めになり、この神の求めを、すなわち「律法の要求」を満たしてくださるためにキリストは十字架で死なれ、わたしたちが受けるべきであった不義に対する裁きをお受けくださった。そのようにしてわたしたちに救いが与えられたのである。したがってここで描かれる人間の救済は、その内実を神がお定めになり、その実現を神が主導しておられるのである。

さらにローマの信徒への手紙第8章9節の言葉に導かれながら、アタナシ

オスはわたしたちの救いが聖霊の内住にまで至ることを述べている。すなわち肉体を持って生きるわたしたちに聖霊が住まわれることによって、もはや肉体の支配ではなく、聖霊の支配のもとで生きる存在に造り変えられるのである。そのように論じて、アタナシオスが他の箇所で「神化」という言葉で言い表している救済の内実にここでも触れているのである[149]。

第4節　人間の救いに相応しい道である神化
――箴言第8章22～25節の講解
（『アレイオス派駁論』第2巻第44～82章）

4-1　キリストの本性は創造されたのか

　さらにアタナシオスは『アレイオス派駁論』第2巻第44～82章において、箴言第8章22～25節の言葉を取り上げて、その意味を説き明かしながら議論を行なっている。

> 　主は、その道の初めにわたしを造られた。いにしえの御業になお、先立って。永遠の昔、わたしは祝別されていた。太初、大地に先立って。わたしは生み出されていた／深淵も水のみなぎる源も、まだ存在しないとき。山々の基も据えられてはおらず、丘もなかったが／わたしは生み出されていた（箴言第8章22～25節、新共同訳）。

　前節で取り上げた詩編第45篇7～8節と同様に、アタナシオスは箴言のこの言葉も主イエス・キリストのことが預言されていると理解して論じている。ブレイジングの注解において『アレイオス派駁論』第1巻第37章～第2巻第18章前半と第2巻第44～82章までの箇所が「アレイオス派が典拠とする主要な聖書テキストの講解についての修正」という表題でまとめているが、さらにその中の『アレイオス派駁論』第1巻第53章～第2巻第18章前半と第2巻第44～82章を合わせて「御子の創造された本性を教えていると考えられた聖書テキスト――ヘブライ人への手紙第1章4節、第3章1節、使徒言行録第2

章36節、箴言第 8 章22節」という表題によって区分されている[150]。ブレイジングが示すように、ここでアタナシオスは箴言第 8 章22〜25節を取り上げながら、この言葉を御子の本性の被造性を示すテキストとするアレイオス派の解釈を論駁しているのである。

そしてブレイジングは当該区分をさらに小区分化しながら、『アレイオス派駁論』第 2 巻第44〜82章の箇所に「御子の κτίζω（創造する）の預言——箴言第 8 章22節」という小見出しをつけている[151]。ここに示されているように、アタナシオスは箴言第 8 章22〜25節の全体に目を配りながらも、特に22節の「主は、その道の初めにわたしを造られた。いにしえの御業になお、先立って」という言葉の説き明かしに集中している。すなわち「主はわたしを造られた」という言葉は御子キリストの神としての本性について述べられているのでなく、御子の人性と経綸（わたしたちのための神のみわざ）に関することとして述べられている[152]。だからこそアタナシオスは、アレイオス派がこの言葉を手掛かりにして御子の本性の被造性を主張することを批判するのである。

以上に述べたことが、この箴言の言葉についてのアタナシオスの基本的な理解である。そこで以下においては、この箴言についてのアタナシオスの解釈をすべて詳細に取り上げるのではなく、その中で救済論、特にキリストの贖罪のみわざについて述べている箇所に絞って考察する。

4-2　人間の救済に対する御子の主権性

アタナシオスは『アレイオス派駁論』第 2 巻第50〜56章において、箴言第 8 章22節の「いにしえの御業になお、先立って」という部分の意味を説き明かしている。その議論の中でアタナシオスは実に興味深いことを述べている。

> これは聖書の表現方法である。すなわち聖書がロゴスの肉体による起こりに言及する時には、このお方が人間になられた理由をも指摘している。しかしロゴスがご自分の神性について語り、このお方の僕たちがこのお方の神性を宣言する時には、すべての事柄が簡潔な言葉で、一つの率直な意味で、あらゆる理由が加えられることなく語られるのである[153]。

このようにアタナシオスは、御子について言及する聖書の表現方法の違いを示す。すなわち御子の人性が述べられる時には、御子が人となられた理由が聖書に述べられる。これに対して御子の神性が述べられる時には、そのことについて何らの理由も述べられることはない。これについてアタナシオスは、御父は理由があって存在しておられるのではないことを強調し、それならばその御父から輝きが発せられているとしてもその理由を問うてはならないのであり、まさに御父の輝きこそロゴスに他ならないのだから、ロゴスもまた理由があって存在しておられるのではない、としている[154]。

　以上のような聖書の表現方法を、アタナシオスは具体的に聖書の言葉を示しながら明らかにしていく。「初めにロゴスがあった。ロゴスは神と共にあった。ロゴスは神であった」（ヨハネによる福音書第1章1節）。ロゴスの神性について述べられているこの箇所には、「なぜ」ということは一切語られていない。しかし「ロゴスは肉体となって」（同第1章14節）という箇所では、ロゴスが来られた理由が語られている。すなわちロゴスは「わたしたちの間に宿られた」（同第1章14節）のであり、そのために来られたのである。さらに使徒パウロも「キリストは神のかたちであられた」（フィリピの信徒への手紙第2章6節）と語り、そこでもそのようなキリストの神性について何らの理由も述べてはいない。しかし「キリストは僕のかたちを取られた」（同第2章7節）という箇所では、「キリストは死に至るまで、しかも十字架の死に至るまでご自分を無になさり」（同第2章8節）と語り、キリストが受肉なさり、僕のかたちを取られた理由を述べている[155]。

　さらにアタナシオスは、主イエスご自身が同じような仕方で語っておられることを例示していく。すなわちヨハネによる福音書第14章10節、第10章30節、第14章9節、第8章12節、第14章6節を引用した上で、アタナシオスは次のように述べる。

　　主イエスはこれらの言葉のそれぞれに理由を、つまり「何のために」ということを付け加えてはおられないが、それは主が人となられたことによる利益を受ける人々に対して、ご自分が従属していると思われることがないためである。そのような理由は必ずや主に優先するものとなってしまう

だろうし、その理由から離れて主はもはや存在することがなくなってしまうだろう[156]。

キリストが受肉されたことには、そうすることによって人間に大いなる利益がもたらされるという経綸上の理由、動機がある。その意味では、救済論において人間の必要がどのように満たされるのかというパースペクティブは重視されるべきである。けれども先に紹介したハルナックのアタナシオス神学の理解が決して支持されない根拠を、このアタナシオスの言葉に見出すことができる。すなわちアタナシオスは、聖書が御子の神性については何らの理由も述べることをせず、そのようにして御子が救済の利益を受ける人間に支配され、従属されるようなお方ではないことを聖書は示しているのだ、と論じている。したがって御子による救済の出来事は、その根本において御子の主権性によって支配され、導かれているのである[157]。さらにアタナシオスは、次のように言葉を続けていく。

　　こうして「主があらかじめ預言者たちを通して約束しておられた福音のために、使徒として聖別された」（ローマの信徒への手紙第1章1～2節）パウロは、自分がそのために「仕える者となった」（エフェソの信徒への手紙第3章7節）ところの福音に従属していた。また主の道を準備するために選ばれたヨハネは、主に従属していた。しかし主は御父の子であり、ただ独り御父から生まれた知恵であられることを除いて、自分がロゴスであられることのために何ら先立つ理由を持たなかった。けれども主は人となられる時に、ご自分が肉体を取ろうと思われる理由を提示なさる。なぜなら主が人となられることに先立って人間の必要があったからであり、その必要性と無関係に主は肉体を取ることをなさらなかったのである[158]。

このように述べた上で、アタナシオスはキリストの救済の内容について論じていくのであるが、まさしくキリストが受肉された理由こそが人間の救済の内実を示している。すなわちキリストが受肉されたのは、わたしたちのために死

ぬことのできる肉体をご自分のものとされるためであった。では何のためにキリストは死なれたのか。それはキリストがご自分の死とその死からの復活によって、「悪魔の働きを滅ぼすため」（ヨハネの手紙Ⅰ第3章8節）であった[159]。さらにアタナシオスはヘブライ人への手紙第2章14〜15節、コリントの信徒への手紙Ⅰ第15章21節、ローマの信徒への手紙第8章3〜4節、ヨハネによる福音書第3章17節、第9章39節を引用した上で、次のように述べる。

> そのように主が来られたのはご自分のためにではなく、わたしたちの救いのため、死が滅ぼされ罪が断罪されるため、見えない者の目が回復して全ての人が死から甦らされるためであった[160]。

アタナシオスはこのように述べて、人間の救済の内実が死からの救いであると共に、わたしたちの罪を背負われた主が十字架で断罪されることによってわたしたちが罪から解き放たれるということをも数えている。したがって前述の詩編第45篇7〜8節の講解においても論じられていたように、人間の救済において神に対する罪の解決が人間にとって不可欠のものであり、キリストの十字架において人間の罪に対する神の裁きが貫かれた事実は救済を支える根本の出来事なのだ、とアタナシオスは考えていたのである。

4-3　人間に真実の利益をもたらす救済としての神化

アタナシオスは『アレイオス派駁論』第2巻第65〜72章において、箴言第8章22節の「道の初めに」という言葉を取り上げ、その経綸上の意味を説き明かしている。その議論の中で、アタナシオスはアレイオス派の一つの批判を紹介している。その批判とは、「たとえ救い主が被造物であったとしても、神はただ言葉を発するだけで呪いを無効にすることがおできになったのだ」[161]というものであり、さらに「救い主が来ることがないとしても、神はただ言葉を発するだけで呪いを無効にすることがおできになった」[162]というものである。つまりアレイオス派は、救い主が被造物であったとしても、あるいは救い主がこの地上に来ることがなかったとしても、人間の救いが実現するためには神が言葉を発するだけで十分ではないか、それなのになぜ救い主がまことの神であ

り、しかも受肉なさる必要があるのか、と主張するのである。これに対してアタナシオスが次のように反論している。

> しかし、ただ単に神にとって可能なことを考えるよりも、何が人間にとって利益になるかを探求する必要がある[163]。

> 主がなさることは何でも人間にとって利益なのであり、別のやり方は適切ではなかったのであり、主はまさしく適切で役立つことを用意されるのである[164]。

すなわちただ神には何でもおできになるのだから、言葉を発するだけでよい、という主張は大切なことを見落としている。それは、何が人間にとって利益になるのか、ということである。神はただご自分に可能な方法をお考えになられたのではなく、人間の救いに最も相応しい方法を選ばれた。それこそが神であられる御子が受肉なさるという道であった、とアタナシオスは論じている。さらに続けて次のように述べる。

> もし主がただご自分のなし得る力に従い、言葉を発して呪いを無効にしたなら、そのように命令を発する主の力強さは顕されたかもしれないが、それにもかかわらず人間は神に背く以前のアダムのようなままであり、外から恵みを受けながら、その恵みを自分の肉体に結び合わせることはなかった。……これが人間の状況であり、もし再び蛇によって惑わされたならば、もう一度神が命令を発して呪いを無効になさる必要があったであろう。その必要は際限がなく、それにもかかわらず人間は罪の隷属と負債のなかに留まり続けたであろう。永遠に罪を犯しながら、人間は永遠に救しを必要としつつ解き放たれることは決してなかったであろう。人間は自らただ肉体でありつつ、肉体の弱さを通して律法によって永遠に打ち負かされていたことであろう[165]。

つまり神が言葉を発し、ご命令だけで人間の罪を赦し、その呪いを取り除か

第3章 『アレイオス派駁論』におけるアタナシオスの救済論

れたとしても、その結果人間は堕落前のアダムの状態に戻るに過ぎない。それは蛇の誘惑にさらされるならば再び堕落してしまう、そのような弱さを抱えたままということである。そのような人間を、堕落するたびに際限なく救し続けることが、真実の意味で人間に利益をもたらす道だと言えるのか、とアタナシオスは問うのである。

だからこそアタナシオスは、御子が被造物ではなく神であられ、そのように神であられるお方が受肉なさることによってもたらされた救いが、人間にどれほど大きな利益をもたらすものとなさったかを強調するのである。

　これを防ぐために、神はご自身の御子をお送りになり、御子は造られた肉体を取って人の子となられた。これによって御子はすべての者のためにご自分のからだを死にお渡しになられた。それはすべての者が死の判決を受けていたが、御子はそれらすべての者とは違うお方であったからである。今後すべての者が御子を通して死んだのだから、その判決の言葉は満たされたのである——なぜならキリストの中で「すべての者が死んだ」（コリントの信徒への手紙Ⅱ第5章14節）からである——そして今後すべての者は御子を通して罪とそれがもたらす呪いから自由になり、まことに死から甦らされて不死と不滅を身にまとった者として永遠にとどまるのである[166]。

つまり人間が神に対する罪のために受けていた死の判決を、キリストは十字架で死なれることによってわたしたちを代表して受けてくださった。このキリストの十字架における神の裁きの出来事は、わたしたちすべての者が御子を通して、御子の中で死んだ出来事であった。そのようにしてもはやわたしたちは罪から解き放たれ、罪の呪いから自由になり、キリストと共に死から甦らされて不滅の者とされることによって、罪と死に勝つ者とされたのである。そのようにしてキリストの十字架と復活のみわざによって、わたしたちは堕落前のアダム以上の者に、つまり蛇の誘惑に打ち勝つ者に造り変えられたのである。まことの神であられる御子の受肉がもたらす人間の救いは、これほどの利益を人間にもたらすのであり、それだからこそただ「神にとって可能なこと」のみに

第2部　アタナシオスの救済論

こだわって受肉を批判するアレイオス派の主張は斥けられるべきなのである。まさにこのような人間の救済の内実を、アタナシオスは「神化」（θεοποίησις）という言葉で言い表している。

　　しかしこれらすべてのことは、ロゴスが被造物であれば起こらなかったのである。……それゆえに真理は次のことを示す、すなわちロゴスはある一つの起源を持つ存在ではなく、むしろそれらの創造者であられる。ロゴスは自らに人間のからだを取り、一つの始まりを持つ者となられた。それはそのからだの創造者であられるこのお方が、ご自分の相似性に従ってこれを回復させ、こうしてからだをご自分の中で神化させ、わたしたち皆を天の王国に導くためである。しかし人間がもし被造物と結びあわされていたなら、すなわち御子がまことの神でなかったならば、神化されることはなかった。そしてからだを身にまとわれたお方が、本性に基づいて神のまことのロゴスであるというわけではなかったとすれば、人間は御父の傍らに立つことはなかったであろう。ちょうどもしロゴスが取られた肉体が本性より人間のものでなかったなら、わたしたちが罪と呪いから解き放たれることはなかったように——なぜならそこには人間ではないお方とわたしたちとの交わりが何も存在しないからである——それと同じようにもし肉体となられたロゴスが本性より御父に由来し、御父に忠実であり、このお方に固有の存在であるというのでないなら、人間は神化されることはなかったであろう。それゆえにその結合は、本性より人間であるものが神の本性であるお方との結びあわされるような出来事であり、その結果人間の救いと神化は確かなものとなるのである[167]。

　神化という神の救いのみわざは、ロゴスが被造物ではなく創造者であられたからこそ成し遂げることがおできになったものなのである。まことの神であられる御子なるロゴスが人間となられたからこそ、このロゴスにおいて神の本性と人間の本性が一つに結びあわされたのであり、この出来事によってわたしたち人間が神の本性に与る道が開かれたのである。

第 5 節　情念からの解放をもたらすロゴスの受肉
　　　──聖書解釈の原理である「聖書の意図」の講解
　　　（『アレイオス派駁論』第 3 巻第 26 ～ 35 章前半）

5-1　聖書解釈の原理である「聖書の意図」

　ここまでの箇所では、『アレイオス派駁論』がいくつかの聖書箇所を講解するという手法で議論を積み重ねていることに注目して[168]、フィリピの信徒への手紙第 2 章 5 ～11節、詩編第45篇 7 ～ 8 節、箴言第 8 章22～25節に関するアタナシオスの聖書講解に言い表されている救済論の特質を考察してきた。その際に、それぞれの聖書箇所を説き明かすアタナシオスの言葉のコンテクストに注意を払い、彼がどのような流れで議論が進めているかを丁寧に辿りながら解釈することを心掛けた。それは先に述べたように、『アレイオス派駁論』の中のいくつかの言葉をそのコンテクストから引き剥がして取り上げ、それらの言葉によってアタナシオスの神学を再構成するのではなく、本書の議論の展開の仕方をできる限り注意深く追いながら、そこに浮かび上がってくるアタナシオスの思想の特質を明確化すべきである、という問題意識があったからである[169]。そのような問題意識を持ちながら『アレイオス派駁論』第 3 巻第26～35章前半を読むならば、この箇所には実に興味深い議論が展開されていることに気づかされる。ここでアタナシオスは意識的、自覚的に、自分自身の聖書解釈の原理を提示している。すなわち、自らの聖書解釈がどのような神学的な理解に基礎づけられているかを、アタナシオス自身がこの箇所で示しているのである。

　アタナシオスはこの箇所の冒頭で、アレイオス派の人々が福音書の物語に描かれている救い主の人間としての特質を取り上げて議論してはいるが、このお方の神性を完全に忘れてしまっている、と批判する[170]。すなわちアレイオス派は、福音書に描かれている御子の三つの存在のありようを取り上げる。第一に指摘するのは、御子が御父から与えられる存在である、ということである（マタイによる福音書第28章18節、ヨハネによる福音書第 5 章22節、第 3 章35

〜36節、マタイによる福音書第11章27節、ヨハネによる福音書第6章37節）。もしこのお方がその本性において御父の御子であられるならば、どのようなものをもお受けになる必要がない、とアレイオス派は主張する[171]。第二に御子が苦しみの時に恐れておられる姿を取り上げ（ヨハネによる福音書第12章27〜28節、マタイによる福音書第26章39節、ヨハネによる福音書第13章21節）、だからこそ御子は生来の御父の力ではない、と主張する[172]。第三に御子が無知であり、知恵において成長なさったことを指摘して（ルカによる福音書第2章52節、マタイによる福音書第16章13節、マルコによる福音書第6章38節）、それゆえにこのお方がその本性において御父の知恵そのものだとは考えられない、とする[173]。これらのアレイオス派の主張に対して、アタナシオスは『アレイオス派駁論』第3巻第35章後半以下で反論を展開している。すなわちブレイジングの注解が示すように[174]、「キリストが御父からすべてものを受けることの意味」（『アレイオス派駁論』第3巻第35章後半〜第41章）、「キリストの無知と教育による成長の意義」（『アレイオス派駁論』第3巻第42〜53章）、「キリストの恐れについての解釈」（『アレイオス派駁論』第3巻第54〜58章）の箇所において、アタナシオスは自らの福音書解釈を示しながらアレイオス派の解釈を批判するのである。そしてこれらの批判に先立って、アタナシオスは次のように述べている。

> これまでわたしたちが手短に述べてきたことから、アレイオス派の人々が自説の根拠とする聖書のテキストを誤解していることを示すのは可能である。さらに彼らが福音書から引用するテキストに欠陥のある解釈を加えていることを、わたしたちが知るのは容易なことである。そのようにし得る条件は、わたしたちキリスト者が保持している信仰の意図（σκοπός）を心に留め、それを基準として用いつつ、使徒が教えるように「霊感を受けた聖書の朗読に打ち込む」（テモテへの手紙Ⅰ第4章13節）ことである。キリストの敵たちはこれを無視して、「真理の道から脱線し」（知恵の書第5章6節）、「つまずきの石につまずいた」（ローマの信徒への手紙第9章32節）のである、「彼らが考えるべき限度を越えて」（同第12章3節）考えてしまうことによって[175]。

第3章　『アレイオス派駁論』におけるアタナシオスの救済論

　ここでアタナシオスは、「信仰の意図」を基準として福音書を読むべきことを強調している[176]。そしてアレイオス派はこの「信仰の意図」を念頭に置かずに福音書を解釈してしまうために、彼らの解釈の内容が欠陥のあるものになってしまうのだ、と述べている。では、福音書解釈の基準である「信仰の意図」の内容はどのようなものなのか。アタナシオスはこれを「聖書の意図」と言い換えて、次のように述べている。

　　聖書の意図（σκοπός）とその特質はどのようなものか。しばしば述べてきたように、聖書の意図には救い主についての二重の説明が含まれている。すなわちこのお方は常に神であられたし、御子であられるのであり、それはこのお方が御父のロゴスであり、輝きであり、知恵であられるからである。そしてついにこのお方はわたしたちのために、神の母なる処女マリアから肉体を取り、人となられたのである[177]。

　つまり「信仰の意図」、「聖書の意図」の内容とは、第一にキリストが神であられることであり、第二にこのお方が人間となって肉体を取られたことである。この「聖書の意図」は、聖書全体にわたって見出すことができるとアタナシオスは主張するが、その中でも代表的な二つの聖句として、ヨハネによる福音書第1章1～3節、14節と、フィリピの信徒への手紙第2章6～8節を示している[178]。
　しかもアタナシオスはこの「聖書の意図」を、ただ単に福音書を読み解くための基準として考えているわけではなく、創世記第1章を解釈する基準としても論じている[179]。したがってキリストがまことの神であられ、そのお方が人となられたという理解は、アタナシオスにとって福音書だけではなく聖書全体を解釈するための原理に他ならないのである。

5-2 「聖書の意図」の持つ救済論的意義──情念からの救い

　さらにアタナシオスは神であられる御子が人間となられたという「聖書の意図」の内容について、議論を重ねていく。まず御子が人となられたことを『アレイオス派駁論』第30章で取り上げながら、次のように述べている。

このお方は人となられたのであり、人の中にお入りになったのではない。さらにこれを認めることが極めて重大である[180]。

御子は単に人の中に入られたのではなく、文字通り人間となられたことをここで強調している。その結果、肉体に固有のもの、例えば空腹、渇き、苦難、疲れといったことは、御子に属すると言われたのであり、これに対してロゴスに固有の働き、例えば死者を甦らせること、目の見えない人を見えるようになさること、出血が止まらない女性をお癒しになることは、人として持っておられる御子のからだを用いて成し遂げられた、とアタナシオスは論じている[181]。そしてアタナシオスは次のように述べている。

しかし実際にロゴスはわたしたちの弱さを負い、「彼は自らわたしたちの罪を担った」(イザヤ書第53章4節)。それはこのお方がわたしたちのために人となられたこと、また弱さと罪を担われたからだがまさにこのお方のものであることを示すためであった。そしてロゴスは、ペトロの言葉で言えば「十字架の上でわたしたちの罪をご自分の身に負われた」(ペトロの手紙I第2章24節)時に、決して自ら傷つけられることはなかった。他方でわたしたち人間は、わたしたちに属する情念から贖われて、ロゴスの義で満たされたのである[182]。

主が人間の肉体をまとわれた時に、肉体に固有なあらゆる情念と共にその全体を身に負われたのは、適切なことであった。なぜなら、からだはこのお方ご自身のものであったとわたしたちが言うのと同じように、そのからだの持つ情念もまたただこのお方のみに属すると言ってよいからである。ただしその情念は、このお方の神性のゆえにこのお方に触れることはなかったのではあるが[183]。

ロゴスが人となり、肉体をまさにご自分のものとなさったので、これらの情念はもはやその肉体に影響を与えないのである。それは、ロゴスがその肉体の内に住まわれるようになったからである。かえってその情念はこ

のお方によって滅ぼされたのであり、今後人間が自らに固有の情念に従い、依然として罪人にして死者のままであるということはもはやない。むしろ人間はロゴスの力に従って死者の中から甦らされたのであり、永遠に不死、不滅にとどまるのである[184]。

このようにロゴスはわたしたち人間の肉体をご自分のものとなさることによって、人間に固有の情念（παθος）をご自分だけのものとなさったのである。ここでアタナシオスは情念という言葉を用いながら、これを人間の弱さ、罪、死と結びつけている。そしてロゴスの受肉は、人間の弱さ、罪、死と深く関わる情念をご自分のものとすることによってこれを滅ぼし、わたしたちを情念から贖い、解き放ってくださったのである。それはまさにわたしたち人間が、ロゴスの義に満たされ、死から復活させられ、不死、不滅の者とされる出来事であった。しかも同時にロゴスは情念をご自分のものとされながら、このお方の神性のゆえに、情念に触れて傷つけられることはなかったのである。

さらにアタナシオスは、情念から人間を救ってくださる御子の神としてのお姿を「ロゴス」という呼び名で言い表しながら、このように論じている。

　したがって同様に、このお方はからだの他の情念をも適切に負われたのである。それは、わたしたちがもはや人間としてではなく、ロゴスに属する被造物として永遠の命に与るためである。というのもわたしたちは、わたしたちの第一の起源に従って「アダムの内に」死んでいるからである。これから後は、わたしたちの起源とわたしたちのあらゆる肉体的な弱さはロゴスに移されたので、わたしたちは地上から引き上げられ、罪がもたらした呪いは、わたしたちの内におられ、「わたしたちのために呪いとなられた」（ガラテヤの信徒への手紙第3章13節）お方を通して取り除かれるのである。わたしたちは皆地上に由来しているから、アダムの内に死ぬのと同様に、わたしたちは「水と霊とによって」（コリントの信徒への手紙Ⅰ第15章22節、ヨハネによる福音書第3章5節）上へと生まれ変わっているから、皆キリストの内に生きるのである。すなわち肉体はもはや地上のものではなく、今やわたしたちのために肉体となられた神のロゴスの働

きによって、ロゴスの性質に与ったのである[185]。

このようにロゴスはわたしたち人間の情念、すなわちそのあらゆる肉体的な弱さを負われることによって、罪の呪いをご自分のものとなさり、人間を生まれ変わらせて、ロゴスの性質に与って生きる者としてくださったのである。そしてこのようなロゴスの受肉による救済を、アタナシオスは神化という言葉で言い表すのである。

> ちょうど主がからだをまとわれた時に人となられたように、わたしたち人間は主の肉体を通してこのお方に結び合わされたので、ロゴスによって神化されており、その時からずっと永遠の命を受け継いでいるのである[186]。

5-3 「聖書の意図」と響きあうアタナシオスの聖書講解

以上のように、アタナシオスはこの『アレイオス派駁論』第3巻第26～35章前半において、「聖書の意図」の持つ救済論的意義を説き明かしてきた。すなわち「聖書の意図」が言い表す、まことの神であられるお方が人となられた出来事（ロゴスの受肉）によって、人間は御子の神としての性質に与り、神化されたのである。ではこの神化の出来事が、人間をどのように生まれ変わらせたのか。これについてアタナシオスは、神化によって人間が情念から贖われ、罪と死から解放されたのだと論じた。さらにこの神化が人間の生にもたらす結実として、アタナシオスは次のことを挙げている。

> そこでこのような情念が他の誰かではなく、主に属するものとされるのは、理に適い相応しいことである。それは、恵みもまたこのお方から引き出されて、わたしたちが他の誰かを礼拝する者ではなく、神を畏れる者となるためである[187]。

すなわち人間は神化されることによって、ただ神だけを畏れ、神を礼拝する者とされるのである。このような「聖書の意図」に込められている救済の内容

第 3 章 『アレイオス派駁論』におけるアタナシオスの救済論

は、これまでのアタナシオスによる聖書講解での議論と響きあっている。すなわちフィリピの信徒への手紙第 2 章 5 〜11節の講解においては、キリストの降下と高挙による救済が、わたしたちを神の宮、神を礼拝する存在にするという内実を持つのだと論じられていた[188]。また、ロゴスの受肉による救済を神化という言葉で言い表し、しかもその神化によって人間が神の本性と結び合わされる出来事が起こった、とする主張は、箴言第 8 章22〜25節の講解においても同様に行なわれていた[189]。さらに、まことの神であられるキリストが人となられたことによってもたらされた救済が、人間の罪を贖い、死を廃棄する出来事であったことは、フィリピの信徒への手紙第 2 章 5 〜11節、詩編第45篇 7 〜 8 節、箴言第 8 章22〜25節の講解それぞれにおいて強調されていたことであった[190]。そしてこの章の「聖書の意図」の講解においては、ロゴスの受肉による罪と死からの救いを、それが人間を情念から解き放つ出来事であったと展開したのである。

したがって『アレイオス派駁論』第 3 巻第26〜35章前半において論じられている「聖書の意図」は、アタナシオス自身が述べているように、彼が聖書全体を解釈する基準となっている。すなわち「聖書の意図」が言い表しているロゴスの受肉の理解は、『アレイオス派駁論』の他の箇所の聖書講解の議論の内容と重なりあい、響きあっているのである。

第 4 章 『アントニオスの生涯』における
アタナシオスの救済論

はじめに

　『アントニオスの生涯』は、アレクサンドレイア教会の主教であり神学者であったアタナシオスの著作であると伝統的に考えられてきた。すなわちアレイオス派との闘争により計 5 回アレクサンドレイアからの追放を経験したアタナシオスは、その第 3 回目の追放期間中に砂漠の修道士たちの共同体のもとに身を寄せていた。その時に修道士たちの強い要望を受けて、アントニオスという偉大な修道士の生涯をアタナシオスが書いた、と考えられてきた[191]。『アントニオスの生涯』がアタナシオスによって書かれたのであれば、本書においてアントニオスの姿を極めて肯定的に描いているアタナシオス自身の神学的特質をも、そこから読み取ることができるものと思われる。そこでこの章では『アントニオスの生涯』から浮かび上がるアタナシオスの神学がどのようなものであるかを明らかにしたい。

　まず議論を進める前提となる考察を行なう。すなわち第一に近年アタナシオス著者説に対してある研究者たちから疑義が呈されたが、これに関する研究史を N・K・ングの論述を通して概観し[192]、アタナシオスが本書の著者であることの真正性を確認する。第二に関川の研究を手がかりにして[193]、本書が単に史的アントニオスを忠実に記録することだけにではなく、アタナシオス自身の神学を積極的に表現することを目指して書かれていることを示す。

　以上の考察を踏まえながら、続けて本書に見られるアタナシオスの神学、特にその救済論がどのようなものであるかを論じる。すなわち第一に、人間が生きていく上での根本的な課題が悪魔との戦いにあると本書では論じられており、その戦いに勝利することにこそ人間の救いの実質を見ているアタナシオスの理解を概観したい。第二にそのような悪魔との戦いを支えるものとして、アントニオスは「十字架のしるし」を行なうのであるが、その「十字架のしる

し」に含蓄されている神学的理解を、『ロゴスの受肉』の議論をも取り上げながら明らかにしたい。第三に『アントニオスの生涯』に見られる救済論において、神の主権性の強調がその根底に見られることを示したい。

第1節　『アントニオスの生涯』の著者問題

1-1　アタナシオス著者説に対する疑義

　『アントニオスの生涯』の著者問題については、アタナシオス研究者のングがその研究史を丁寧に解説している。ングによれば、本書が書かれて間もない教父たちの時代においては、アタナシオスがその著者であるとの証言で一致している[194]。例えばアンティオケイアのエヴァグリオスは、ギリシア語が原著である『アントニオスの生涯』をラテン語に翻訳したが、その表題部に「主教アタナシオスが外国の兄弟たちへ」（Athanasius episcopus ad peregrinos fratres）と書いた[195]。その数年後にヒエロニムスによって書かれた『著名人列伝』の中で、アタナシオスが『アントニオスの生涯』の著者であると繰り返し述べられている[196]。またナジアンゾスのグレゴリオスは380年に『講話』の中で、アタナシオスが修道士アントニオスの伝記を編集した、と証言した[197]。また、著者が知られていない『パコミオスの生涯』の中でも繰り返し、アタナシオスが本書の著者であると述べられている[198]。これらの証言を踏まえつつ、古代の歴史家たち、すなわちルフィヌス（『教会史』）[199]、パラディオス（『ラウソス史』）[200]、ソクラテス（『教会史』）[201]は、『アントニオスの生涯』の著者をアタナシオスと理解し、そのように記述した。その後19世紀になるまで、アタナシオスが著者であることを疑う者はなかった[202]。

　しかしH・ヴァインガーテンが19世紀後半に、『アントニオスの生涯』の伝統的な著者理解を否定し[203]、これをH・M・ガトキンが受け入れてさらに精緻に論じた[204]。けれども彼らの論拠は脆弱であり、批判に抵抗することはできなかった。すなわちヴァインガーテンのテーゼは、J・マイアー[205]によって説得力ある仕方で反証され、退けられた。その後のK・ホイシ[206]、H・ドリース[207]、R・T・マイアー[208]、ミュラー[209]、グレッグ[210]といったアタナシオス

第4章 『アントニオスの生涯』におけるアタナシオスの救済論

研究者たち、またクァステンの『教父学』[211]においてもアタナシオスが著者であるとする伝統的理解に立った。

ところが『アントニオスの生涯』のシリア語版の研究によって、再びアタナシオスが著者であると理解することについて疑義が投げかけられた。従来から本書のギリシア語版がオリジナルテキストであると見なされてきた。すなわちこれまでにギリシア語版の他に、二種類のラテン語版、コプト語版、アルメニア語版、グルジア語版、古スラブ語版の写本が発見され、校訂されてきたが、それらの内容の類似性を論拠としながら、ほとんどの研究者たちは、それらの各種語版の起源は現存するギリシア語版であると考えてきた。ところがこれら各種語版とは内容において重要な点で異なる二種類のシリア語版、すなわち短いテキストと長いテキストが現存しているが、それらのシリア語版とギリシア語版を比較すると、一方が他方の単なる翻訳ではないことがわかる。つまり両者には同じエピソードが同じ順番で書かれているが、長いシリア語版は、ギリシア語版よりも50％ほど長い分量となっている。すでに19世紀末にF・シュルテスが両者を比較検討する研究を行ない、シリア語版はギリシア語版とは異なる別の起源のテキストによるものであると論じたが[212]、この提案は研究者たちによって概して受け入れられることがなかった。

しかし1980年にR・ドラゲによる新しいシリア語の批判的校訂が出版されて[213]、研究者たちはこの問題に注目するようになった。その校訂本の中でドラゲはシリア語版における多数の言語学的な特異性、すなわちその特異な言葉遣いと珍しい構文を指摘した。そしてオリジナルの『アントニオスの生涯』は現存するギリシア語版ではなく、コプト語化されたギリシア語テキストがあったと推測されるのであり、それこそがオリジナルであるとした。というのはアントニオスの死後間もないエジプトの修道士たちの環境は、コプト語とギリシア語の両方が用いられていたと考えられるからである。そしてこの仮説上の失われたテキストはシリア語版にこそ最もよく保存されたが、ギリシア語によって完全に作り直され、短縮された。こうしてドラゲは、『アントニオスの生涯』の著者がヘレニズムの影響を受けたコプト人であり、アタナシオスのようにギリシア語で著述することに熟達した人間ではない、とした[214]。

ドラゲの仮説は多くの研究者の間で反響を呼んだ。M・テッツは1982年にギ

リシア語版の『アントニオスの生涯』の中に二つの層があると主張し、現存するアントニオスの伝記は、ツムイスのセラピオンによってより早い時期に編纂されたアントニオスの物語に、アタナシオスが組織神学的な観点から手を加えたものである、とした[215]。この仮説は、アタナシオスは本書の著者ではなく、一人の編集者に過ぎない、とするものである。またバーンズは1986年に、『アントニオスの生涯』のオリジナルはコプト語化されたギリシア語版ではなく、コプト語のテキストである、という新たな仮説を提案した。シリア語版こそが失われたオリジナルテキストを正確に再現しているが、ギリシア語の翻訳者は組織的に修正を加えた。そう論じつつバーンズは、アタナシオスがオリジナルの著者である可能性を否定するだけでなく、彼をギリシア語版の校訂者であることさえも拒絶した[216]。この他にもシリア語版がギリシア語版よりも先行するというドラゲの仮説は、ラウス[217]やP・ブラウン[218]にも受け入れられた。

1-2　アタナシオス著者説の真正性

　これに対してドラゲの仮説は、1988年にアブラモウスキーによって[219]、1989年にR・ロレンツによって[220]批判された。彼らはシリア語版とギリシア語版における並行箇所を比較することによって、シリア語版の方こそギリシア語版の改訂であるとした。彼らはその著作の中で、ギリシア語版をシリア語版に改訂するプロセスにおける六つの大きな傾向が確認できるとした。

①聖人伝らしい装飾についての傾向は、シリア語版の最初の箇所で特に観察される。例えばギリシア語版は、子どもであったアントニオスを、両親に従順な少年として描いているが、シリア語版では、アントニオスは両親の教師であり、両親は彼を長老としてあがめていた、としている。これはアントニオスの賢い教師としての伝統的なイメージを、その少年時代に投影した脚色に他ならない。

②シリア語版では古風な表現が用いられることによって、アントニオスの物語がずいぶん昔に起こったかのように表現されている。

③シリア語版では天使たちの実在が強調され、彼らが禁欲修道士たちの真実のモデルとされている。

第4章　『アントニオスの生涯』におけるアタナシオスの救済論

④シリア語版には、哲学的用語や概念を聖書の言葉に翻訳する強い意図があることに気づかされる。それは聖書の引用や引喩がシリア語版には280箇所以上見られるが、ギリシア語版では120箇所に満たないからである。もしシリア語版をオリジナルとするなら、ギリシア語版の改訂者はオリジナルテキストから聖書的な言及の多くを削ったということになるが、そのようなことは通例として4世紀の教会において考えられない。

⑤シリア語版はエジプトのことをよく知らない読者のために作られたので、外国の人々、場所、物事のような不慣れなものを取り上げる時、改訂者は読者のためにそれらを省くか丁寧に説明するものと考えられる。この両方の現象がシリア語版にこそ見出される。

⑥シリア語版では4～5世紀のキリスト論論争におけるアンティオケイア学派やネストリオス派の立場を支持する神学的な改訂がなされている。例えば『アントニオスの生涯』第36章では、マリアについて述べる時に、シリア語版ではギリシア語版に見られる「神を産むお方」というフレーズが省かれているが、これはテオトコス・マリア論がシリアのアンティオケイアにおいて退けられていたことを反映している。

　その後ドラゲの仮説は、S・ルーベンソンとD・B・ブラッケによっても退けられた。1990年にルーベンソンは、『アントニオスの手紙』を検証し、それと『アントニオスの生涯』とを比較しつつ、『アントニオスの生涯』がアタナシオスの神学、修道士の伝統、聖人伝の文体の間の緊張関係によって特徴づけられていることを示した。そして『アントニオスの手紙』と『アントニオスの生涯』の神学との間の基本的な調和、またアントニオスとアタナシオスが共有する遺産は、『アントニオスの生涯』の著者がアタナシオスであり、ギリシア語版こそがオリジナルであることを示している、とした[221]。その後ブラッケは、ドラゲが言うシリア語版の言語学的な特異性を取り上げ、それらを一つ一つ検証した。そしてドラゲはシリア語の特異性を誇張しているのであり、シリア語版における言語学的な特異性はコプト語の特性によって説明され得るものではない、とした[222]。そして現存するギリシア語版こそがオリジナルであり、そのギリシア語版の著者がアタナシオスであることを否定する何の理由も見出せない、とした[223]。

この段階で、アタナシオスを『アントニオスの生涯』の著者とする伝統的な理解が揺ぎないものとなったように思われる。アーノルド[224]、ピーターセン[225]、G・J・M・バルトリンク[226]、F・W・ノリス[227]、カンネンギーサー[228]といった最近のアタナシオス研究者たちもアタナシオスが著者であると理解している。

以上のような研究史の展開に基づき、筆者もアタナシオスこそが『アントニオスの生涯』の著者であると考える。

第2節 『アントニオスの生涯』において自らの神学を展開するアタナシオス

2-1 『アントニオスの生涯』の虚像と実像に表されるアタナシオスの神学

関川は、『アントニオスの生涯』とほぼ同時代にアントニオスに言及し、あるいはアントニオス自身に由来すると思われる四つの史料(『砂漠の師父の言葉』、『ツムイスの司教セラピオンの手紙』、『アントニオスの手紙』、『パコミオスの生涯』)に見られるアントニオス像を取り上げ、それらと『アントニオスの生涯』とを対比しつつ、『アントニオスの生涯』におけるアントニオス像の特色を論じている。

そこで関川は、例えば『砂漠の師父の言葉』と比較しながら、『アントニオスの生涯』の特色を明確している[229]。すなわち『砂漠の師父の言葉』のアントニオスが傷つきやすい人間性をはっきりと身に帯びた存在であるのに対して、『アントニオスの生涯』のアントニオスは悪魔の攻撃に対してひるむことのない勝利者である。また『砂漠の師父の言葉』のアントニオスは、この世の不条理に対して神義論的な関心を抱かざるを得ない存在であるのに対して、『アントニオスの生涯』のアントニオスには、神義論的な問いはいかなる正当に場も持たない。さらに『砂漠の師父の言葉』のアントニオスは、素朴な一人の修道士として倫理的な訓戒を語るが神学的な主張は皆無であるのに対して、『アントニオスの生涯』のアントニオスは、神学者であり、正統派主教の同盟

第 4 章 『アントニオスの生涯』におけるアタナシオスの救済論

者であり、奇跡を行なう者にして聖人である。

このように関川は『アントニオスの生涯』におけるアントニオス像が同時代のアントニオス像とは大きく違っていることを指摘して、次のように論じている。

> われわれの興味は、何と言っても、『アントニオスの生涯』のアントニオス像に示された「虚像」の背後に立ち現われるアタナシオスの直面したアレキサンドリアのキリスト教世界の実像なのである。換言すれば、アントニオスという「虚像」の向こうにあるスクリーンの像が結ぶ歴史世界である。そこには何より『アントニオスの生涯』の著者であるアタナシオスの姿がある。……このスクリーンに映し出される実像を背景としながら、アタナシオスは知恵の教師でもなく、党派の指導者でもなく、教会政治家でもない「理想の隠修士」を描くのである。いわばアントニオスの「虚像」は、今再びアタナシオスの手を通して、アタナシオス神学のただ中に配置されて実像を結ぶのである。……悪魔は繰り返し、この隠修士の天への帰還を妨害するが、それにもかかわらず、神のロゴスが己れの死と復活によって開いて下さった道は約束されているのである。天への上昇の手段は、禁欲的な実践による。禁欲は、享楽や快楽の否定、性と富と食物の断念、孤独なる生活から成り立つ。それらは、いずれも人間の魂と肉体の正しい関係と秩序の回復をめざすものであった。V.A. は、アントニオスという実在した禁欲隠修士から一種の虚像を創造し、それを「理想の隠修士」という虚像として提示しながら、それを再び実在たらしめる試みなのである[230]。

関川は、アタナシオスがアントニオスの歴史的な実像よりも理想の修道士像を描くことを目的として『アントニオスの生涯』を書いた、と理解する。そしてその理想の修道士像とは、アントニオスが神へと上昇し、性と食物と富を断念し、ロゴスの勝利に支えられて礼拝に生きている姿であるとする[231]。

2-2 修道士の理想像――神を観想する生を生きるアントニオス

　筆者も、『アントニオスの生涯』にアタナシオスの神学が強く反映されているとする関川の理解に同意する。アタナシオスは自らの神学を表現するという意図を持ちつつ、本書を書いた。もちろんまったくのフィクションというわけではなく、実在のアントニオスの姿を取り上げながら、そのアントニオスの姿にアタナシオスの考える神の救いに与って生きる人間の姿を見出しつつ、本書が書かれたと考えられる。すなわち、確かに『アントニオスの生涯』は理想の修道士像としてのアントニオスの姿を描くことを目指して書かれているが、まさにアントニオスを理想像として論じている箇所においてすでにアタナシオスの救済論的なモティーフを読み取ることができるのである。
　アタナシオスは本書の目的をその冒頭で次のように述べている。

> 　実際わたしにとっても、アントニオスを思い起こすことは、それだけでも非常な益なのです。そして、あなたがたもお聞きになって、この人に驚嘆すると共に、彼の企図に倣いたいとも思っておられることをわたしは存じております。修道士たちにとって、アントニオスの生涯は修行のための十分な型なのですから[232]。

　まさに、アントニオスは修道士たちにとってのまたとない型であり、本書を読むことによって修道士たちは大きな益を与えられる。これは、本書の結論部分でも繰り返して述べられている[233]。しかしアタナシオスはその結論部分において、「必要があれば、異教徒たちにも読み聞かせよ」[234]とも述べ、アントニオスの歩みを伝えることが異教徒への伝道にも役立つと論じている。すなわち、アントニオスの姿は単なる修道士の型にとどまるものではなく、それ以上の意義を有するものと考えられているのである。さらに、アタナシオスは次のように語る。

> 　というのも、著作に基づいてでなく、よそ者の知恵に基づいてでもなく、何らかの技術のゆえにでもなく、ただひたすら敬神のゆえに、アント

第 4 章 『アントニオスの生涯』におけるアタナシオスの救済論

ニオスは知られるようになったからである。これが神の賜物であることを、誰も否定するまい[235]。

　神を敬って生きるアントニオスの姿は、人々を大いに魅了する力を持っていた。だからこそその敬神の姿を通して、アントニオスの名は人々の間で知られるようになったのである。しかもアタナシオスは、そのように敬神に生きる力をアントニオスが持っていたということを強調するのではなく、その力が神の賜物であるという点に意義があるのだと考えていた。したがって、アントニオスを敬神に生かしている力が神から与えられたものであるならば、そのような力を与えてくださった神の栄光をこそあがめるべきであるし、アントニオスに倣う者にも神が同じように敬神に生きる力を与えてくださると期待すべきである。こうして本書には、単にアントニオスの型に倣えとの勧告があるだけではなく、神がわたしたちにもアントニオスのような生き方を賜物として与えてくださるのだ、という救済論的な含蓄が込められているのである。

　アタナシオスの主要な救済論に関する著作の一つである『ロゴスの受肉』は、死への腐敗からの救いということを主題として論じている[236]。そしてこの書物の中でも『アントニオスの生涯』と同様に、悪魔との戦いが論じられている[237]。すなわち、ロゴスの受肉がもたらした死への腐敗からの解放という神の救いの現実を証言する事例として、悪魔の無力化が論じられているのである。『アントニオスの生涯』では『ロゴスの受肉』以上に、人間の根本的な課題としての悪魔との戦いがクローズアップされている。けれどもその悪魔との戦いに勝利するために、人間に対する神の救いのみわざに支えられることが決定的に重要であるとする点で、『アントニオスの生涯』と『ロゴスの受肉』との主張は一貫しているのである。

第2部　アタナシオスの救済論

第3節　『アントニオスの生涯』の主題
　　　——生涯を貫く悪魔との戦いと、その勝利の秘訣

3-1　『アントニオスの生涯』における悪魔との戦いの概観

　『アントニオスの生涯』を概観するならば、アントニオスの悪魔との戦いが至るところに出てきていることに気づかされる。アントニオスは資産家であった両親の死によって多くの財産を受け継いだが、それらをすべて貧しい人々に施し、修道士として町の郊外で修行の歩みを始める。そこでの悪魔との最初の戦いが、『アントニオスの生涯』第5〜7章までに物語られている。また孤独を求めて修行の場を変え、町から遠く離れた墓地へ行き、墓の中に入って戸を閉ざし、そこで修行を始めたが、悪魔はアントニオスによって自分たちの住処が占領されてしまうのではないかと恐れて、悪霊の大群と共に彼を攻撃した。そのように悪魔と再戦するアントニオスの姿が、『アントニオスの生涯』第8〜10章に物語られている。さらにアントニオスは孤独を求めて山に向かい、その山にある荒れ果てた要塞に入り、戸口を閉ざしてほとんど人と会わず、そこで修行を行なった。知人たちはしばしばその要塞を訪ねたが、中に入れてもらうことはできなかったため、外で悪霊と戦うアントニオスの様子を見守った（『アントニオスの生涯』第11〜15章）。このように本書の前半部には、できるだけ孤独な状況を求めて修行場を変えていくアントニオスの姿と、まさにそのいずれの場所でも悪魔と戦い続けている彼の姿が描かれている。

　本書の中盤の第16〜43章には、アントニオスが修道士たちに語った長い講話が収録されている。そして、まさにその講話の大部分と言い得る『アントニオスの生涯』第21〜43章で、悪魔・悪霊への警戒と、それらと戦うよう励ます言葉が語られている。

　また『アントニオスの生涯』第49〜52章では、アントニオスはさらに孤独を求め、誰にも知られていないような荒れ野の奥深くにある山のふもとで、自給自足をしながら修行を始めたことが紹介されている。ここはアントニオスがその後長きにわたり、老年に達するまで修行し続けた場所である。そしてこの

第4章　『アントニオスの生涯』におけるアタナシオスの救済論

場所での生活もまた、次のような言葉で要約されているのである。

> それゆえアントニオスはそこに住んで、(聖書に) 記されているように、血肉に対してでなく敵対する悪霊ども (エフェソの信徒への手紙第6章12節を参照) に対して、彼がどれほど多くの格闘を耐えたかを、わたしたちは彼のところへ入った者たちから知った[238]。

さらに本書の後半で、アントニオスに関するいくつかのエピソードを紹介されているが、その中にも悪霊との戦いの話が数多くある。それは、アントニオスが兵士たちの司令官マルティニアノスの娘を悪霊からきよめる話(『アントニオスの生涯』第48章)、アントニオスの仕事を邪魔する半人半獣を彼が圧倒する話 (『アントニオスの生涯』第53章)、アントニオスが舟の中で悪霊の放つ悪臭を識別する話(『アントニオスの生涯』第63章)、アントニオスが悪霊にとりつかれた若者を癒す話(『アントニオスの生涯』第64章)、アントニオスがある母親の娘から悪霊を追い払う話 (『アントニオスの生涯』第71章) である。

そして『アントニオスの生涯』第89章以下には、アントニオスの生涯の終わりがどのようなものであったかが物語られている。自分がまもなく死ぬことを知ったアントニオスは、周囲の人々によって自分の遺体が神聖なものとして扱われ、埋葬されずに家屋に保存されてしまうことを恐れた。そこで信頼していた二人の修道士に頼んで、自分の遺体を他の誰も知らない場所に埋葬するように命じた。この二人に語りかける言葉こそアントニオスの遺言と言い得るものであるが、そこでも彼は次のように述べている。

> たくらむ悪霊どもをあなたがたは知っており、連中がいかに野蛮で力が弱いかを知っている。だから彼らを恐れず、むしろキリストをつねに呼吸し、この方に信頼しなさい[239]。

このようにアントニオスは最期の時に至るまで、悪霊との戦いに心を向け続けたのである。さらにまた最終章におけるアタナシオスの結びの言葉において

第 2 部　アタナシオスの救済論

も、悪霊との戦いに言及されているのである。

　　必要があれば、異教徒たちにも読み聞かせよ。異教徒であっても、彼らも以下のことを認めるようになるためである。すなわち、我らの主イエス・キリストが神であり神の子であるということを。またそれだけでなく、主を真摯に礼拝し敬虔にこのお方を信じる者たちもまた、異教徒たるギリシア人自身が神々だと思っているところの悪霊どもを、神々にあらずとキリスト者として論駁するのだということを。またそれだけでなく、彼らキリスト者たちはそれらの悪霊どもを、人間を欺き堕落させる者だとして、我らの主キリスト・イエスにおいて踏みつけ駆逐するのだということを[240]。

　このように本書を概観するならば、その主題は明白である。すなわちアントニオスが悪魔・悪霊と戦い、勝利する姿を物語りながら、読者にも同じように戦い、勝利するように促すことを目指して本書は書かれているのである。さらに言えば、アントニオスという一人の人間の一生をそのように描きながら、悪魔との戦いこそが人間が生きる上での最も重要な課題であるとアタナシオスは主張しているのである。

　　このように生きて、わたしたちはしっかりと目ざめていよう。そして、記されているように、「自分たちの心をあらゆる見張りによって守ろう」（箴言第 4 章23節）。というのもわたしたちには、恐るべき抜け目ない敵として、邪悪な悪魔がいるからだ。そして使徒が語っているように、この者どもに対して「わたしたちには闘いがある」――すなわち「血肉に対してでなく支配に対して、そして権威に対して、この闇の世界の支配者に対して、天にいる悪の諸霊に対して」（エフェソの信徒への手紙第 6 章12節）[241]。

3-2 悪魔ではなく神を畏れて生きることの重要性

3-2-1 悪魔に勝利する秘訣——恐れてはならない

　このように、『アントニオスの生涯』はその全体にわたってアントニオスが悪魔と戦う姿を物語っているが、その際にアントニオスが悪魔を圧倒している姿を一貫して描いている。悪魔の前でアントニオスは、弱々しい姿を見せることはない。そこで強く印象づけられるのは、悪魔を決して恐れないアントニオスの姿である。

　町の郊外で修行の歩みを開始した時に、悪魔は誘惑を仕掛けて、様々な欲望をアントニオスの心に呼び起こした。しかし、結局悪魔はアントニオスを堕落させることができずに打ち負かされた。その際に、悪魔は黒い子どもの姿で現れて自ら敗北を認めた。これに対してアントニオスは言った。

　　　それではお前はほとほと見下げ果てた奴だ。というのも、お前は心が黒く、子どものように弱いのだから。わたしはお前に全く関心がない。主がわたしの援助者であり、そしてわたしは自分の敵を監視するからだ（詩編第118篇7節を参照）[242]。

　墓の中で修行をしていた時にも悪魔は攻撃を仕掛けたが、そこで悪魔が目論んだのはまさにアントニオスの心に恐れを呼び起こすことであった。悪魔は、墓全体が振動するような大音響を立てた。また墓の四方の壁が壊れ、そこからライオン、熊、ヒョウ、牡牛、まむし、さそり、狼が入ってきて、アントニオスに今にも襲いかかろうとする幻影を見せた。けれども時々それらの獣がアントニオスに触れ、体がずきずきと痛み、うめき声を出すことはあったが、彼の心は平静を保ち続けた[243]。そしてアントニオスは悪魔に次のように言い放った。

　　　「もし、お前たちの中に何がしか力があるのなら、お前たちのうちひとりだけが来ることで十分だろうに。主がお前たちを弱くなさったから、そ

のせいで、せめて大勢で何とかして恐れさせようとしているのだろう。獣の形をまねたことが、お前たちの弱さのしるしだ」。実に今一度、彼は勇気をふるって言った、「もしお前たちに力があり、わたしに対する権威を受けているのなら、ためらわずに襲いかかれ。もしできないのなら、なぜ無意味に混乱しているのだ。我らの主への信仰は、わたしたちにとって守りのための壁であり、証印なのだ。なぜならわたしたちには十字架のしるしと、我らの主に対する信仰という守りの壁がある」[244]。

また本書には、アントニオス自身が悪魔を恐れることなく歩む姿が描かれているだけではない。アントニオスは仲間の修道士たちにも悪魔・悪霊と戦う際に、それらを恐れてはならないことを繰り返し教えている。例えば、アントニオスが山中の荒れ果てた要塞の中に独りで入り、戸を閉ざして修行に励んだ時にことである。その要塞の中に飲み水はあったので、食物である半年分のパンを年に二度知人から屋根越しに受け取り、そこでの修行に励んでいた。知人たちはアントニオスを心配してしばしばその要塞を訪ねたが、その時にアントニオスが悪霊と激しく戦っている様子を壁越しに認識して、彼らは怖くなって叫んだ。そんな仲間たちに対するアントニオスの対応が、次のように述べられている。

> 彼は、悪霊どもにかまうよりむしろ、これらの人々の言うことを聞いていた。そして戸のそばへ行き、帰るよう、そして恐れないようこの人々に勧めた。つまり、悪霊どもはこわがる者たちに対してこのような幻像を成すのだ、と彼は語ったのである[245]。

また、修道士たちへのアントニオスの長い講話の中でも、悪魔・悪霊との戦いを主題として取り上げながら、それらを恐れる必要がないこと、またそれらに勝利するためにも恐れてはならないことを、以下に示すように繰り返して教えている。

> わたしたちは、悪霊どもの策略を恐れる必要はない。というのも、祈り

第 4 章　『アントニオスの生涯』におけるアタナシオスの救済論

と断食と、主への信頼とによって、彼らはすぐ倒れるからだ。だが倒れても彼らはやめず、再び下劣かつ狡猾に向かって来る。というのも彼らは、目に見える汚い快楽によって心を欺くことができない時にはいつでも、別な仕方で再び攻撃するからだ。そしてさらに、幻像を新たに形づくって恐れさせるふりをする──変身して、女や獣や這うものや体の大きなものや多くの兵士たちをまねることによって。しかしそうであっても、この連中のこのような幻像をこわがる必要はない。というのも、彼らは何者でもなく、もし、特に人が十字架のしるしと信仰によって自分自身を囲うならば、彼らは速やかにいなくなるからだ[246]。

しかしこのようであっても、わたしたち信じる者たちは、彼（悪霊どもの支配者、すなわち悪魔）の幻像を恐れたり彼の声を気に留めたりする必要はない[247]。

必ずや悪霊どもは現れ、そして同じようにして再び消える──信じる者たちのうちの誰一人傷つけずに、彼らを受け入れようとしている火の似姿を自分たちと共に担いつつ。だからこの連中を恐れるのは適当でない。主の恵みによって、彼らのすべてのわざは何にもならないからだ[248]。

子どもたちよ、わたし自身は使徒の言葉を覚えており、自分自身に当てはめた。それはあなたがたが、修行において気弱にならず、悪魔やその悪霊どもの幻像を恐れないことを学ぶためなのだ[249]。

というのも、悪霊どもはやって来て、わたしたちをどういうたぐいの者として見ようと、彼ら自身もまたわたしたちに対して同様な者となり、彼らがわたしたちのうちに見いだす思いに応じて、彼ら自身も幻像を同じように似せるからだ。そこで彼らは、わたしたちが恐れかつ動揺しているのを見いだしたなら、自らすぐに泥棒のように、防備されていない場所を見つけて襲撃してくる。そしてわたしたちが自ら考えていることを、彼らは利子つきで行なう。つまり彼らは、わたしたちが恐れ脅えているのを見

ならば、幻像や脅威によって恐怖を一層増し加え、そして哀れな魂は、彼らによってさらに苦しめられるのだ。他方彼らは、わたしたちが主にあって喜び、来たるべき善いものについて考えており、また主のことを思っており、そしてすべてのことが主の手の内に在り、悪霊はキリスト者に対して少しも強くないのだ、誰に対しても少しも権威を有していないのだと判断しているのを見るならば、このような思いによって守られた魂を見て、恥じて背を向ける[250]。

3-2-2　恐れに打ち勝たせる神の臨在のリアリティ

　アントニオスはこのように自ら悪魔・悪霊を恐れることなく戦い、また自分と同じようにそれらと立ち向かうことを他の修道士たちに勧めた。アントニオスがそのように力強く悪魔・悪霊と向かいあうことができたのは、他方でそのような彼の歩みを支えてくださる神の臨在のリアリティを確信していたからである、と考えられる。実際に本書において、神の臨在のリアリティをアントニオスが大変に重んじていたことが述べられている。

　　　また、預言者エリヤが「わたしが今日その御前に立った主は生きておられる」（列王記上第17章1節、第18章15節）と語っているのを思いめぐらしていた。というのも、アントニオスが見てとったところによれば、「今日」と言うことでエリヤは、過ぎた時間を測っておらず、つねに基礎を据えるかのように、心のきよい者として、また、他のいかなるものにでもなく御心に従う用意のある者として──そのような者だと神に見られることが必要なのである──、自らを神に示すよう日々努めていたからである[251]。

　このようにアントニオスは生きておられる神の前に立つ生活を日ごとに大切にして歩んでいた。そして神の臨在のリアリティへの確信は、本書の著者であるアタナシオス自身のものでもあった。それは例えば次のような箇所に表れている。

第4章 『アントニオスの生涯』におけるアタナシオスの救済論

　少なくとも、そこにいた者のうち身体を病んでいた多くの人々を、主はアントニオスを通じてお癒しになり、そして他の者たちを悪霊どもからきよめられた。また、語ることにおける恵みをアントニオスにお与えになった。かくて彼は嘆き悲しむ多くの者を励まし、争っている他の者たちを友愛へと変じ、さらに付け加えて、この世にあるいかなるものをもキリストへの愛より優先しないようにと、すべての人々に語った[252]。

　この箇所でアタナシオスは、アントニオスが行なう一つ一つの力強いわざを、アントニオスと一体となって働いておられる主イエス・キリストのみわざとして紹介しているのである。このようにアタナシオスは、アントニオスと共に歩み、働いておられる主のリアリティを確信していた。
　そんなアタナシオスが描くアントニオスは、神の臨在のリアリティを絶えず重んじていたからこそ、同時に神がキリストによって悪魔・悪霊を圧倒し、完全に勝利しておられることへの確信をいつも持って生きることができたのである。

　「人の住む全地をわたしは我が手によって巣を捕まえるように捕まえるだろう、そして置き去りにされた卵を取り上げるようにわたしはそれを取り上げるだろう」（イザヤ書第10章14節）。要するに悪魔と悪霊どもはこのようなことを自慢しようとし、どうにかして敬虔な者たちを欺くために、このようなことを公言するのだ。しかしこのようであっても、わたしたち信じる者たちは、悪魔の幻像を恐れたり彼の声を気に留めたりする必要はない。というのも、彼は嘘を言い、真実なことを全然語らないからだ。ともあれ、彼は語って大胆であっても、大蛇のように救い主によって釣り針で引っぱられ、家畜のように鼻孔のまわりに端づなをつけられ、逃亡者のように鼻孔を鼻輪でしばられ、唇が腕輪で貫かれたのだ。そして彼は、わたしたちによって嘲られるべく、主によって雀のように縛られた。悪魔自身と、彼と一緒の悪霊どもとは、わたしたちキリスト者から踏みつけられるべく、さそりや蛇のように撃たれた。そしてこのことのしるしは、今わたしたちが彼に逆らって身を処していることだ。つまり、海を消

し去り人の住む全地をつかまえると公言するこの者が今や、見よ、あなたがたの錬成（修行）を、また、彼に逆らって語るわたしをも、妨げることができないのだ[253]」。

　悪魔はこのように救い主キリストに完全に打ち負かされているのであり、キリスト者はただそれらを踏み潰すだけでよいのである。そうであるとすれば悪魔の誘惑の言葉や幻影はリアリティのない、偽りのものに他ならない。逆に、悪魔がキリストの支配下にあることにこそ、アントニオスは絶えずリアリティを認めて生きたのである。
　したがってアントニオスの前では、悪魔は自ら敗北宣言せざるを得ない弱々しい存在に過ぎないのであり、そのような悪魔の弱音が次のように紹介されている。

　　「なぜ修道士たちは空しくもわたしを非難するのか、また、他のすべてのキリスト者たちは非難するのか。なぜ彼らは毎時間、わたしを呪うのか」。「そもそもなぜ、お前は彼らに苦悩を与えるのだ」とわたしが言うと、悪魔は言った、「わたしではない、彼ら自身が自分たちを悩ませているのだ。何しろわたしは弱くなったのだから。『敵の剣はついに止み、そしてあなたは町々を滅ぼされた』（詩編第9篇7節）とあるのを彼らは読まなかったのか。もはやわたしは、場所も武器も町も持っていない。どこでもキリスト者たちが出てきた。さらに砂漠すら修道士たちで満たされた。彼らは自分自身を見張れ、そして空しくわたしを呪わないでくれ」[254]」。

　このように『アントニオスの生涯』における悪魔は、キリスト者に打ち負かされているまことに弱い存在に他ならない。だからこそアントニオスは仲間の修道士たちに対して、次のような力強い勧めを語りかけることができたのである。

　　だから、もし悪魔自身が何もできないと告白するなら、わたしたちは彼

第4章 『アントニオスの生涯』におけるアタナシオスの救済論

と彼の悪霊どもとを全く見下さねばならない。そこで、敵には、自分の犬どもと共にこのような悪だくみがある。わたしたちはと言えば、彼らの弱さを知ったのだから、彼らを見下すことができる。この仕方で、思惟において先に落胆することのないようにしよう、また、魂において臆病なことどもを考えないようにしよう。「悪霊がやって来て、わたしを覆さないだろうか。持ち上げておいて、投げ倒さないだろうか。または突然現れて、混乱に陥れないだろうか」などと言って、自分自身によって恐れを作り出すことのないようにしよう。このようなことを少しも思わないようにしよう、また、滅びる者のように悲しむことのないようにしよう。むしろ勇気を持とう、そして、救われている者としてつねに喜ぼう（テサロニケの信徒への手紙Ⅰ第5章16節を参照）。そして魂において、彼らを潰走させ無になさった主がわたしたちと共におられるのだと思おう。そして、主がわたしたちと共におられるのだから、敵どもはわたしたちに何もなしえないのだと、つねに思い、心に留めていよう[255]。

このようにアントニオスは、神とキリストが悪魔・悪霊に対して完全に勝利しておられるというリアリティに支えられていた。だからこそ彼はそれらを恐れることなく歩むことができたのである。

3-2-3　畏れるべきは神

関川は、『アントニオスの生涯』においてヨブ記が取り上げられているが、そこには神義論についての関心が見られないことを指摘している[256]。まさにその通りで、ヨブ記を論じている時でさえ、本書の関心は神義論とは異なる別の事柄に向けられている。そして、その神義論とは別の事柄に関して、極めて興味深い議論がなされている。つまりアントニオスはヨブ記を論じながら、悪魔を恐れるのではなく神を畏れることの大切さを語っているのである。

　もし、ヨブのことを思って「それではなぜ悪魔はやって来て、彼に対し何でもかんでもしたのか。そして彼から財産を剥ぎ取り、子どもたちを殺し、彼を痛ましい傷によって撃ったのか」と言う人がいるなら、このよう

207

な人は、力があるのは悪魔でなく、試みのためにヨブを悪魔にお引き渡しになった神だ、ということを今一度知るべきだ[257]。

　悪魔にヨブを試みることをお許しになったのはまさに神であられ、したがって真実の意味でヨブを試みられたのは神ご自身であられる、アントニオスはそのように語っている。つまり悪魔がどんなに力を振い、まるで主権者のように立ち回っているように見えたとしても、すべてを支配しておられるのは神に他ならないことをアントニオスは主張する。そのようにして彼は、偽りの主権者の悪魔ではなく、真実の主権者であられる神に目を向けさせようとするのである。そしてアントニオスは次のように語るのである。

　　そこで、神だけを畏れねばならない[258]。

　本書において、アントニオスは繰り返して悪魔・悪霊を恐れるべきではなく、恐れる必要がないことを語ってきた。そんな彼が同時にここで強調していることは、神以外のものを恐れる必要がなく、ただ神のみを畏れるべきである、ということなのである。
　それは逆に捉えれば、神のみを畏れる心を知れば、悪魔を恐れる心に打ち勝つことができる、ということでもある。アントニオスは墓の中での悪魔との戦いに勝利した際に、その戦いで傷ついたからだを抱えて横になっていた。すると、天井を見上げていたアントニオスは、光が自分の上に降り注ぎ、悪霊どもが姿を消し、体の痛みがおさまり、墓が完全な形を取り戻すのを見て、悪魔との戦いを神が見過ごしておられたのではなく、助けを与えていてくださったことに気づいた。そして次のように述べられている。

　　アントニオスは御助けに気づいて多めに息をつき、苦痛から解き放たれて、現れた幻に尋ねて言った、「あなたはどこにおられたのですか。なぜ、わたしの苦しみを終わらせるために、最初からおいでにならなかったのですか」。すると彼に対して声があった、「アントニオスよ、わたしはここにいた。だがお前の戦いぶりを見るために待ったのだ」[259]。

神はあえてアントニオスにお姿を見せることをなさらず、神が直接に手を下して悪魔を退けることをなさらなかった。それは神ご自身がアントニオスの悪魔と戦う姿をご覧になりたいと思っておられたからであった。けれどもアントニオスは、自分が悪魔との戦いで苦闘することをよしとしておられた神の意志を知り、なぜ神は自分への悪魔の攻撃をお許しになられたのか、と神に訴え、そこから神義論を展開するということはしない。むしろこの神の言葉を聞くと、アントニオスは起き上がって祈り、それまで以上の大きな力が体に漲るのを感じるほどに力づけられたのである[260]。それは言い換えれば、アントニオスが悪魔の攻撃に対して彼自身が戦うことに神の意志があったことを知り、そのようにしてただ独り畏れるべき神が自分に目を注いでおられたことに心励まされる経験をした、ということに他ならない。悪魔との戦いで苦闘する現実もまた、神の意志に支配され、導かれている。そのことに気づかされることによって、かえってアントニオスは自らの苦闘の現実の光景が大きく変化して見えてくる経験をしたのである。

3-3　神からの賜物としての霊の識別

ただ神のみを畏れるからこそ悪魔を恐れるには及ばない、そう確信するアントニオスが悪魔との戦いにおいて重視したのは、さまざまな霊の働きが混在するこの世界の中で悪霊の働きを見極めること、すなわち霊を正しく識別することであった。このことについてアントニオスは次のように述べている。

> だから、わたしたちが霊を通じて、霊たちを識別する賜物を得て、彼らに関することを知りうるようになるには――彼らのうち誰が卑しさの程度が少なく、誰が他の者たちより一層卑しいのか、彼らの各々がいかなる営みについて熱心なのか、そしてどうすれば彼らの各々が覆され放り出されるか――、多くの祈りと修行が必要だ[261]。

霊を正しく識別することができ、恐れる必要のない悪霊の働きを認識することができることは、悪霊との戦いにおいて大きな力となるとアントニオスは考えたのである。では、どうすれば霊を正しく識別することができるのか。その

ための試金石となることを、アントニオスは次のように語っている。

> また、もし人間として、善い者たちの幻を恐れる人々がいれば、現れる者たちは直ちに恐れを愛によって取り去る。「恐れるな」と、ガブリエルがザカリアに言い（ルカによる福音書第1章13節を参照）、現れた天使が神の墓で女たちに言い（マタイによる福音書第28章5節を参照）、そして天使が羊飼いたちに福音書の中で言った（ルカによる福音書第2章10節を参照）通りに。というのも、それらのものに対する恐れは、魂の臆病さによるものではなく、より強いものたちの現れを認識したことによるものだからだ。聖なる者たちの幻とはこのようなものだ[262]。

天使を通して神が働かれる時に、確かに人は自分を超える存在を目の前にして恐れおののく。しかし神はその恐れをすぐさま取り除いてくださるのである。さらに次のように述べている。

> だから、あなたがたがある者たちを見て恐れる時にはいつでも、もし一方で、恐れが直ちに取り去られ、その代わりに名状しがたい喜び、朗らかさ、勇気、元気回復、思念の平静さ、そしてわたしが語っておいた限りの他のことども、男らしさ、そして神への愛が生じるなら、勇気を出して祈りなさい。というのも、喜びと魂の平安とは、現前している者の聖性を示しているからだ[263]。

神はただ恐れを取り除いてくださるだけではなく、人の心に喜びを与えてくださるのである。これによって人は、自分が経験した霊の働きを、それが神の霊によるものであると悟ることができるのである。

そしてまさにこれとは逆に、人の心から喜びが失われ、恐れに心が奪われてしまう時にこそ、そこに悪霊の働きが現れたと悟ることができるのである。

> そして実に次のこともまた、あなたがたにとってしるしであるように。すなわち、幾人かの魂が恐れ続けている時にはいつでも、敵どもが現前し

第 4 章 『アントニオスの生涯』におけるアタナシオスの救済論

ているのだ。というのも、マリアとザカリアに対して大天使ガブリエルがし、また女たちに対して墓で現れた者がしたのと異なって、悪霊どもはこのような者たちから臆病さを取り去らないのだから。むしろ彼らは、臆病な者たちを見ればいつでも、彼らをより一層恐怖でうずくまらせるべく、諸々の幻像を増し加える。そしてそののち彼らは襲いかかり、「倒れて伏し拝め」（マタイによる福音書第 4 章 9 節）と言ってからかうのだ[264]。

したがって、神の霊はわたしたちを恐れの中に留めるのではなく、たちまち喜びの心へと導いてくださるが、これに対して悪霊はわたしたちを恐れの中に留め続け、さらにその恐れを増大させようとする。ここに霊を識別する決め手がある。

そして、霊を識別する力も神から与えられるものであると、アントニオスは考えていた。というのもアントニオスは悪霊を追い出すことができたとしても、そこで傲慢になることを戒めて次のように述べているのである。

　　人は各々の修行を良く吟味し、そしてそれをまね、競い、または自分のために修正しなさい。というのも、奇跡を為すのはわたしたちのわざではなく、救い主のわざなのだから[265]。

悪霊と戦い、勝利する力を人が持っているわけではなく、人を通して神のみわざが行なわれることによって悪霊を追い払うことができるのであるから、人は決してそれを自らの誇りとすることはできない。そしてそれは霊の識別においても同様なのである。

　　わたしが言っておいたように、全く以て祈らねばならず、記されているように、どの霊をも信じるということのないようになるために（ヨハネの手紙 I 第 4 章 1 節を参照）、諸々の霊を識別する賜物を受けねばならないのだ[266]。

霊の識別も神から与えられる恵みの賜物に他ならない。したがってアントニ

211

オスは、悪魔との戦いがただ独り真実に畏れるべき神の力によって行なわれるものであるのと同時に、その戦うべき悪魔の働きを識別することもその神の力によって行なわれるものであると理解していたのである。

第4節　罪の克服

4-1　天への上昇

　悪魔との戦いにおいて最も重要なことは、ただ独り恐れるべき神がアントニオスの味方となっていてくださり、だからこそ悪魔を恐れることなくその戦いに勝利することができ、さらには何が悪魔・悪霊の働きであるかを識別する力を神が与えてくださる、ということであった。そうであるとするならば、そのようなお方であられる神がアントニオスを受け入れていてくださるという事実こそが決定的に重要である、ということになる。

　神がアントニオスを受け入れてくださるということについて、『アントニオスの生涯』第65章のエピソードは興味深いものである。アントニオス自身が味わった不思議な経験がそこに述べられている。

> つまり彼（アントニオス）は、ある時食事をしようとし、祈るために第9時ごろ立ち上がって、自分が思惟において引かれていくように感じたのである。そして驚くべきことに、立ったまま、自分が自分自身の外に出るかのようであり、かつ、ある者たちによって空中へ導かれているかのようであるのを見た。それから、鋭く恐ろしい何者かたちが空中にたっていて、通り抜けないよう彼を妨げようとしているのを見た。彼を導く者たちが抵抗していると、その者たちは、アントニオスが自分たちに対して負い目を負っていないかどうか、釈明を要求した。さて、彼らが彼の誕生からの釈明をまとめようとすると、アントニオスを導く者たちが妨げて、彼らに言った、「彼の誕生からのことは主が拭い去られた。彼が修道者となって神に告白してからについて、釈明をすることが許されるべきだ」。そのあと、彼らは告発しても断罪することができず、彼に自由が与えられ、道

第4章 『アントニオスの生涯』におけるアタナシオスの救済論

は妨げのないものとなった[267]。

　アタナシオスはこの出来事を、パウロが第三の天にまで引き上げられたと自ら述べている経験を引きあいに出して、紹介している[268]。したがって、これはアントニオスが何者かに、恐らくは神の御使いに連れられて、天へと上昇した経験に他ならない。しかしその際に、空中にいた鋭く恐ろしい何者かたちが、アントニオスが罪人であるがゆえに天に昇ることに抗議した。それに対してアントニオスを導く者は、彼の誕生以来の罪はイエス・キリストが消し去られ、修道士になって以降は罪を犯していないことを、妨げる者たちに確認させている。

　このエピソードにおいてアタナシオスは、神とアントニオスとの関係を問う際の重要な問題を取り上げている。その問題とは、アントニオスの罪である。つまり罪を持ったままでは、アントニオスは神に受け入れていただくことができない。しかし彼は誕生以来の罪を主に消していただき、また修道士になった後は自ら罪に勝つ歩みを重ねてきたことを明示することによって、神への上昇を妨害する者を退けることができたのである。

　このことは、本書の主題である悪魔との戦いとも密接に関係していると思われる。つまり、本書において真実に恐れるべき存在は悪魔ではなく、ただ神お独りだけであると述べられており、さらに神こそが悪魔に圧倒的な力で打ち勝っておられるリアリティが強調され、しかも人が霊の働きを正しく識別する力をも神が与えてくださると述べられている。したがって、そのような神が人の味方となっていてくださるかどうかが、悪魔との戦いに勝利するためには決定的な事柄なのであり、同時に神との関係を損なう自らの罪を人がどのように克服するかということは極めて重要な課題なのである。

4-2　十字架のしるしが意味するもの

4-2-1　『アントニオスの生涯』における十字架のしるし

　そこで注目したいのは、本書でアントニオスが悪魔・悪霊と戦う際に「十字架のしるし」（ἡ σφραγὶς, τό σημεῖον τοῦ σταυροῦ）という言葉を繰り返し用いて

213

いることである。例えば、墓所での悪魔との戦いにおいて、アントニオスは悪魔に対して次のように力強く語りかけている。

> もしお前たちに力があり、わたしに対する権威を受けているのなら、ためらわずに襲いかかれ。もしできないのなら、なぜ無意味に混乱しているのだ。わたしたちには十字架のしるしと、我らの主に対する信仰という守りのための壁がある[269]。

また、要塞の中で悪霊と戦うアントニオスの様子に触れて恐れる知人たちに語りかけた彼の言葉が、次のように紹介されている。

> 「だからあなたがたは自分自身に十字架のしるしを施し、勇気を出して立ち去りなさい。そしてこの者どもに自分自身をからかわせなさい」。そこで彼らは、十字架のしるしで身を守りながら去っていった[270]。

また修道士たちへの講話の中でも、アントニオスは十字架のしるしについて語っている。

> しかしそうであっても、この連中（悪霊ども）のこのような幻像を怖がる必要はない。というのも、彼らは何者でもなく、もし、特に人が十字架のしるしと信仰によって自分自身を囲うならば、彼らは速やかにいなくなるからだ[271]。

> むしろ、自分たちと家とに十字架のしるしを施し、そして祈りなさい。そうすればあなたがたは、彼らの姿が消えるのを目の当たりにするだろう。というのも、彼らは臆病者であって、主の十字架のしるしをひどく恐れるからで、というのは、このしるしにおいて救い主は、この連中を裸にすることによって、彼らを見せしめに懲らされたからだ[272]。

さらに、アントニオスを知恵比べで打ち負かそうとした二人の哲学者との対

第 4 章 『アントニオスの生涯』におけるアタナシオスの救済論

話の中で、次のように述べている。

> また、あなたがたは雄弁によってキリストの教えを邪魔できず、わたしたちはと言えば、十字架につけられたキリストの名を唱えて、あなたがたが神々として恐れている悪霊どもを皆追い払う。そして十字架のしるしが現れるところでは、魔術は弱く、妖術は働かない[273]。

その他にも悪霊との戦いにおいて、十字架のしるしが力を発揮することが、『アントニオスの生涯』第35章2～3節、第80章4節で述べられている。

このように悪魔と戦う際に、十字架のしるしをすることがアントニオスには大きな力となっていた。では、なぜそのような力を十字架のしるしは持っていたのか。『アントニオスの生涯』の中には、その理由が説明されていない。ただ気づかされるのは、十字架のしるしと並行して、「信仰」[274]、あるいは「主に対する信仰」[275]という言葉が述べられていることである。アントニオスはただまじないのように十字架のしるしを行なうのではなく、十字架に死なれた主に対する信仰を心に抱きながら十字架のしるしを行なっていたのである。そうであれば、そこで十字架に死なれた主に対する信仰がどのようなものかを問う必要がある。

4-2-2 『ロゴスの受肉』における十字架のしるし

アタナシオスの救済論の著作の代表的なものであり、十字架の贖罪の意味を集中的に論じている『ロゴスの受肉』の中で、アタナシオスは十字架のしるしという言葉を頻繁に用いている。注目すべきは『アントニオスの生涯』と同様に、「信仰」という言葉との並行が見られることである。

> 実に、死が滅ぼされたこと、十字架は死に対する勝利であったこと、もはや死は力を発揮することはなく、真に死は死んだことの無視しがたいしるしと明らかな証拠は、キリストのすべての弟子たちのあいだでは死が意に介されておらず、皆が死を踏み越えており、もはや死を恐れておらず、むしろ十字架のしるしとキリストへの信仰によって、死を死んだものとし

て踏みにじっていることなのである[276]。

　しかし、十字架のしるしとキリストへの信仰によって死が踏みにじられるのであれば、真理によって裁く者にとって次のことは明らかである。すなわち、死に対して勝利の記念碑を掲げ、勝利を立証し、死を無力にしうる者は、キリストその方をおいて他にはないのである[277]。

　このように「十字架のしるし」と「キリストへの信仰」という言葉が並行する例は、他にも『ロゴスの受肉』第29章4節、第50章5節にも見られる。
　では『ロゴスの受肉』おいて、十字架のしるしという言葉にはどのような意味があるのか。まず『アントニオスの生涯』に見られたように、十字架のしるしが悪霊を退ける力を持つ、という意味で『ロゴスの受肉』の中で論じられている事例がいくつかある。それは『ロゴスの受肉』第31章2節、第47章2節、第48章3節、第55章1節である。これに対して、直前に紹介した『ロゴスの受肉』第27章1節、第29章1節では、十字架のしるしには死に打ち勝つ力があると述べられていた。他の箇所でも十字架のしるしが死への勝利をもたらすものとして、次のように述べられている。

　人々が証しているのはキリストであり、彼らの一人ひとりに死に対する勝利をもたらし与えるのもキリストであり、キリストへの信仰を持ち、十字架のしるしを帯びている彼ら一人ひとりの内において死を無力なものとしているのもキリストである[278]。

　ここから読み取ることができるように、十字架のしるしにはキリストが死に対する勝利を与え、死を無力なものとしてくださるという信仰が込められているのである。ただし、これらと同じような意味で用いられているが、微妙な言葉遣いの違いも見られる箇所がある。

　この方は、終わりの時にすべての者の救いのために肉体をとられ、全地に父について教え、死を滅ぼし、ご自分の肉体を復活の初穂として立ち上

がらせ、その肉体を十字架のしるしによる死とその腐敗に対する勝利の記念碑として掲げたことで、復活の約束によってすべての者に不滅を授けられたのである[279]。

ここでは、十字架のしるしが単に死に対する勝利を表すと述べられているのではなく、死と死の腐敗に対する勝利の記念碑と述べられている。「死の腐敗」という言葉は、『ロゴスの受肉』においてはある含蓄が込められている。例えば、次のような興味深い記述がある。

「死んで滅びるであろう」（創世記第2章17節）とは、単に死んでしまうだけでなく、死の腐敗の内にとどまることを言う以外の何であろう[280]。

死の腐敗とは、単に人間が死んでしまうことではなく、死へと向かって腐敗していく状態にとどまっていることである、とアタナシオスは考えている。この死へと向かって腐敗していく状態にとどまる人間の姿を、アタナシオスはさらに次のように述べている。

このことが起きて以来、人々は死に、以後、腐敗が人々に対する力を得、人類全体に対して本性に即する以上の力を発揮し、戒めの違犯に関する神の威嚇以上の力を彼らに及ぼすようになってしまった。その罪科において、人々はとどまるところを知らず、わずかに第一歩を踏み出しただけで、あらゆる限度を越えるまでになってしまった。初めに、悪を見出した者となって以来、自分たちの許に死と腐敗を招き寄せたのである。以後、不義に迷い込み、あらゆる違犯を犯し尽くし、一つの悪にとどまらず、あらゆる悪を考え出し、罪に対して飽くことを知らぬ者となってしまったのである[281]。

このように、死への腐敗に捉えられた人間はあらゆる罪と悪を犯し尽くしていくのだと述べ、これに続けてアタナシオスは人間の犯している罪を具体的に数え上げている[282]。したがって、人間が神の裁きによって死に定められたと

217

いうのは、単に将来死んで無へと帰ってしまうということだけを意味しているのではない。死に定められていることこそが、人間の現在の命を決定づけてしまっているのである。なぜなら人間は、死が自分の望みや願いを絶ってしまうことを知っており、そのような死の絶望に脅かされる生を今生きなければならないからである[283]。このようなことを踏まえるならば、十字架のしるしがただ死に対する勝利の信仰を表すものであるにとどまらず、死への腐敗、すなわち死の絶望に支配されて罪を重ねていく状況から救い出されることへの信仰をも表すものとして、アタナシオスが理解していたと考えることができる。

4-2-3　十字架の死の意味──『ロゴスの受肉』第8〜9章の解釈

そこでアタナシオスが『ロゴスの受肉』の中で、十字架によってもたらされる罪からの救いをどのように捉えているかを考察する。これについてアタナシオスは、『ロゴスの受肉』第8〜9章において集中して論じている。

> このようにして、わたしたちのすべてが死の腐敗に対して責任があったので、わたしたちの間からわたしたちと同じ肉体をとり、すべての人に代わって、その肉体を死に渡し、父に献げたのである。ロゴスはこれを人々への愛からなしたのであるが、それは、この方の内にすべての人が死ぬことで、人々を腐敗に定める法が破棄されるためであった──その権力は主の肉体に対して使い果たされたので、もはや主に似た者となっている人々に対していかなる場も有していないのである[284]。

ここでアタナシオスは十字架の死の意味を、まず次のように理解している。すべての人間は、死への腐敗に対して責任があった。つまり、すべての者が神の律法に背いたために神の裁きに服さねばならなくなり、その結果として死への腐敗のもとに置かれることとなった。しかし、ロゴスであるキリストはその罪責を引き受けてくださるために、受肉され、ご自分の肉体を十字架の死に渡し、そのいのちを父なる神にお献げになった。そのようにして、神の律法に背く者に神の裁きが科せられるという法が破棄された。

またアタナシオスは、「さらに、腐敗へと向かっていた人々を再び不滅へと

第 4 章　『アントニオスの生涯』におけるアタナシオスの救済論

引き戻すためでもあり、ご自分の死によって人々を生かして」[285]と言葉を続ける。キリストはご自分の十字架の死によって、死に向かって腐敗の道を歩み続けている人間を「生かして（ζωοποιέω）」くださった。それは、直前の箇所とのつながりからすれば、人間の罪責をキリストが十字架で死なれることによって代わって引き受けてくださり、神の裁きを取り除いてくださったことによって人間を生かしてくださったということである。しかしそれだけではない。続けてアタナシオスは「ご自分のものとされた肉体と復活の恵みによって、火から藁を遠ざけるように、人々から死を取り去るためでもあった」[286]と述べる。つまり、ここでキリストの十字架の死と結びつけて復活の出来事を語り、キリストの復活の恵みによって人間から死が取り去られた、そのようにして人間を生かしてくださったのだ、と語っている。

　このように十字架の死と復活との結びつきは、これに続く言葉にも見られる。

　　実に、ロゴスは、死ぬこと以外には人々の腐敗を廃する術はないこと、ご自分が父の子、ロゴスとして不死なる者として死ぬことはありえないことを考えあわせて、そのために死にうる肉体をご自分のものとしてとられたのである[287]。

ロゴスが不死であり、しかもご自分の死が人間の救いのために必要であるからこそ、死ぬことができる肉体を取られた、とアタナシオスはここで述べている。ではなぜ、不死であるロゴスが肉体をご自分のものとなさってまで、死ぬ必要があったのか。

　　それは、万物の上にあるロゴスにあずかったその肉体が、すべての人に代わって死ぬことができ、しかもその中に住んでいるロゴスのおかげで不滅のものであり続け、以後、復活の恵みによってすべての人の内で腐敗がやむようにするためであった。そのために、あらゆる汚れを免れた犠牲、供え物として、自らご自分のものとしてとられた肉体を死に献げ、相応の供え物を献げることで、この方に似た者となったすべての人から死を取り

219

去ったのである。実に、万物を超える神のロゴスであられるこの方が、まさにご自分の神殿、身体的な道具をすべての人のための代償として献げて、死に対する負債を返済して下さったのである。そして、すべての人と同じような肉体によって彼らと共にあるものとして、神の不滅の子が、復活の約束によって、まさに不滅をことごとくまとわせたのである。実に、死の内に働く腐敗そのものは、一個の肉体をもって人々の内に住まわれたロゴスのおかげで、もはや人々の許にいかなる場も持たないのである[288]。

ここでアタナシオスは先ほども取り上げたように、ロゴスの十字架の死が「あらゆる汚れを免れた犠牲、供え物として」の死であり、ご自分の肉体を「すべての人のための代償として献げて、死に対する負債を返済して下さった」と述べている。同時にそれと重ねあわせて、もう一つの受肉の意味をここで展開している。つまり死に向かう肉体に不滅のロゴスが住んでくださり、さらに復活の恵みによって、すべての人間の腐敗がやみ、不滅をまとわせてくださったのである。

4-2-4　悪魔との戦いにおける十字架のしるしの力

このような『ロゴスの受肉』における十字架の死がもたらす人間の救いの理解、つまりキリストの十字架の死によって人間の罪責が取り除かれ、神に受け入れていただき、しかも死への腐敗から不滅の生へと導き入れられるという理解は、本書で十字架のしるしについて言及される時にも、当然そこに含蓄されていると考えられる。そしてそのような十字架のしるしの持つ意味は、同じくアタナシオスの著作であり、『ロゴスの受肉』と同じように「キリストへの信仰」と並行させてこの言葉を用いている『アントニオスの生涯』においても含蓄されていると考えられるのである。

したがって、アントニオスが悪魔との戦いにおいて十字架のしるしを行なう時に、キリストの十字架の死によって自分の罪責が取り除かれ、圧倒的な力で悪魔を打ち負かしておられる神が自分を受け入れていてくださることを心に刻んでいたと思われる。しかも十字架のしるしは、アントニオスが自ら死への腐敗から解放されていることを信じ、死を恐れず、絶望のために罪を犯すことな

く、悪魔と戦い続けるための力となったのである。

第5節　人間の救いに対する神の主権性

5-1 『アントニオスの生涯』における救済論の固有性

　以上で見てきたように、『アントニオスの生涯』には『ロゴスの受肉』と重なる救済論が機能している。アントニオスは悪魔との戦いにおいて、悪魔に圧倒的な力で勝利しておられる神とイエス・キリストの救いのみわざを、十字架のしるしを行なうことによって心に刻み、悪魔を恐れることなく、ただ独り恐れるべき神に受け入れていただいていると信じて戦った。そのようなアントニオスを支えていたキリストの十字架による救いの内容は、まさに『ロゴスの受肉』で言い表されているものに他ならない。
　そんな『アントニオスの生涯』の救済論の特質を明確にする上で、『ロゴスの受肉』との違いとして注目すべきことは、前述したように『アントニオスの生涯』において神の救いを必要としている人間の現実を悪魔との戦いの歩みとして捉え、そのことに集中して論じていることである。『ロゴスの受肉』にも人間の悪魔との戦いが触れられているが、その主題が前面に出てきているわけではない。むしろ『ロゴスの受肉』においては、受肉がどのような仕方で人間を死への腐敗から神を観想する生へと至らしめる出来事となったのかということを、特に受肉なさったロゴスの十字架の死と復活のみわざに焦点を当てて精緻に論じている。
　これほどまでに悪魔との戦いを強調する『アントニオスの生涯』における救済論は、どのような固有性を持っているのか。L・ブイエはキリスト教史における神秘思想を概観する著作を書き、その中で『アントニオスの生涯』に表現されている神秘思想を紹介しているが、その中で次のように述べている。

　　これらすべてのことがその内容は明らかに聖書的・福音的であるが、やはり単なる神話のように見えるというのであれば、その外見の下に隠された深い心理的現実と、その現実が与える意味とに注目すればよい。ここで

述べられている修徳修行者たちは、福音書記者たちに倣い、もちろんキリスト自身に倣って次のことを認めていた。すなわち孤独のみが人間の抱いているあらゆる暗い力を発見させ、したがってそれに立ち向かわせるということである。独りでいることができない人は、人間の心の底には自分で解くことも触れることもできないと感じる葛藤があることを認めることのできない（暗に認めようと欲しない）人である。孤独は恐ろしい試練である、なぜならそれは、われわれの表面的な安全のメッキを消し飛ばしてしまうからである。それはわれわれすべてが自分の内に抱いている未知の深淵を暴いてみせる。しかも、今考察した伝承からすれば、この深淵には悪魔が出没することをも暴いてみせる。つまり孤独によってわれわれが見出すのは、われわれ自身にも知られていない魂の深みのみではなく、そこに潜んでいる暗い支配力、それをはっきり意識しない限りわれわれがついにその奴隷としてとどまる暗い支配力である。事実この意識は、信仰の光によって照らされなければ、われわれを押し潰すであろう。ただキリストのみがこの「邪悪の秘義」を支障なくわれわれに開いてみせることができる。なぜならキリストだけが、かつてわれわれのために、今われわれの内において、それに立ち向かって勝利することができるからである[289]。

　ブイエは悪魔との戦いを積極的に論じる本書が現代人にどのような意味を持つかを問いながら、人間がその心の奥深くに抱えている問題を追及した時に、人間にはどうすることもできない未知の深遠があるのではないかと問う。そしてまさに『アントニオスの生涯』がその深淵に働きかける悪魔の存在を語っていることを指摘する。つまり人間の心の深いところには、その心に内在してはいるが自覚できていない魂の深みがあるだけではなく、人間の力では太刀打ちできず、人間を隷属させる暗い支配力があるのであり、まさにその暗い支配力を『アントニオスの生涯』は悪魔として描いているのだと述べている。このブイエの指摘は、そのまま『アントニオスの生涯』が集中して悪魔との戦いを論じていることに込められている神学的な意義を示している。アントニオスが戦ったのは、自分の中に内在しており、それだけに自分の力で克服すべき弱さなどというものでは決してない。自分を押さえつける闇の力に支配されている

からこそ、いかなる意味においても自分の力で克服できない人間の現実を、悪魔との戦いを描きながら表現し、しかもキリストこそがただ独りその悪魔との戦いに立ち向かって勝利することができることを力強く語っている。このような仕方で描く人間の救済における神とキリストの主権性が、本書の救済論において際立っている。

『ロゴスの受肉』においても人間の救済に対する神の主権性が強調されている。しかしそこでは、神の律法に背いた人間を神がお裁きになることが神の真実性のゆえに貫かれなければならず、他方で神が創造なさった人間が滅んでしまうなら神の善性が損なわれてしまうというディレンマを前にして、一方で神の裁きが貫かれ、他方で人間が滅びを免れる道として神がロゴスを受肉させた、と論じられていた。したがって人間の救済の動機が何よりも神の真実性と善性が貫かれることにあることに、救済を導く神の主権性を見た[290]。これに対して『アントニオスの生涯』では、人間が自分で自分を救うことのできない現実を、悪魔を描くことで明確化して、しかもその悪魔に決定的な勝利を収めておられる神の主権性の中で人間に与えられている救いの確かさを言い表しているのである。

5-2　神の主権性に支えられた罪と戦う生活

5-2-1　罪と向きあわせる神の主権性

このように人間の救いは、悪魔との戦いにおける主権者であられる神によって支えられている。そしてこのことが『アントニオスの生涯』の中で、真実に罪と向きあおうとするアントニオスの姿勢と深く関わっていると思われる。

例えば前述した霊の識別に関して、本書では悪霊はそれと識別できるわかりやすい姿で活動するだけではなく、教会の中で信徒の姿をして働きかけることがある、と述べている。

> 彼らは狡猾で、自分の形を何にでも変える用意がある。少なくとも彼らはしばしば、姿を現さずに歌を以て詩編を唱えるふりをして、聖書からの章句を想起させる。わたしたちが暗唱をしている時、すぐにこだまのよう

に彼らが自らしばしば、まさに暗唱されたこれらのことを言う、ということもしばしばある。また彼らはしばしば、眠っているわたしたちを祈りのために起こす。そして、わたしたちに眠ることをほとんど許さないようにするべく、彼らは絶えずこうする。彼らが、自らを修道者の姿にして、この似た姿によって欺くべく、そしてさらに、自分たちが欺いた場合にその欺いた者たちを彼らの欲するところへ引っ張っていくために、あたかも敬虔な者のように語るふりをする、ということもある[291]。

　このように神を信じていると思われる者の中にも悪霊の働きがあるとの指摘は、教会の姿を鋭く問うものであると言える。この言葉は、アタナシオスが論争していたアレイオス派を指すものと解釈することができると考えられてしまいそうだが、この箇所のコンテクストではアレイオス派を示す言葉は全く見られない。むしろここでは、アントニオスが自分や仲間の修道士たちの中においても悪霊の働きを担ってしまう罪の現実があることを正直に認めている姿を、アタナシオスが描いて見せていると理解するのが自然であろう。そしてそのように徹底して自らの罪と向きあうことができるのは、人間の救いが自分の力によらず、徹底して神の主権性に支えられるとの信頼に支えられているからではないかと考えられる。

5-2-2　罪と戦う生活の実践を促すアントニオス

　本書においてアントニオスはこのように自分たちの罪と率直に向かいあうからこそ、罪を犯さない歩みをどのように具体的に行なえばよいかという極めて実践的なアドバイスを修道士たちに積極的に行なったのである。

　　気弱にならないでいるために、「わたしは日々死んでいる」（コリントの信徒への手紙Ⅰ第15章31節）という使徒の言葉を学ぶのは良いことだ。というのも、わたしたちも日々死ぬ者として生きるならば、罪を犯さないだろうから。このようなことが言われるのは、わたしたちが、日々起きてから、自分が夜まで生き残ってはいないのだと思うためであり、また、寝ようとする時、自分がもう二度と起きないのだと思うためなのだ——もと

第4章 『アントニオスの生涯』におけるアタナシオスの救済論

もとわたしたちの生自体、不確かなものであり、日々摂理から測り与えられているのだから。このような状態にあって日々このように生きて、わたしたちは罪を犯さず、何に対する欲望をも持たず、誰にも怒りをぶつけず、地上でたくわえない（マタイによる福音書第6章19節を参照）。かえって、死ぬことを日々待ち設ける者のように、わたしたちは貧しく、すべての人にすべてのものを与えるだろう[292]。

死ぬ者として生きる、つまりその日の自分の命が神の御手の中にあると信じる。そのことが自分を欲望から守り、罪を犯さない歩みに導くのだ、とのアドバイスをアントニオスは修道士たちに語りかけている。さらに別の箇所では、次のように語りかけている。

さらに、罪を犯さないことの保証のために、次のことが遵守されるべきだ。すなわち各人は、行ないと魂の動きとを、お互いに報告するかのように記録して書き記そう。そしてあなたがたは勇気を出しなさい。なぜなら、そもそも知られるのが恥ずかしければ、わたしたちは罪を犯すことをやめ、そもそも何か悪いことを思うのをやめるだろうから。というのも、罪を犯しておいて誰が、見られたいと思うだろうか。または誰が、罪を犯したあと人々の注意を免れるべく、むしろ嘘をつかないだろうか。そこで、わたしたちがお互いに監視していれば不品行をしないだろうのと同様に、わたしたちはもし、お互いに報告するかのように諸々の思念を書くなら、知られるのを恥じて、自らを諸々の汚れた思念から大いに守ることになろう。そこで、当の記録がわたしたちにとって仲間の錬成者たちの目の代わりとなるように。書くことを、あたかも見られることであるかのごとくに、恥じることによって、そもそもわたしたちが卑しいことを思わないようになるためだ[293]。

自らの罪を他者に報告するかのように、自らの罪を点検する。そうすることによって自らの罪と向きあい、罪を犯さない歩みをするようにとアントニオスは促している。

225

このように罪との戦いにおける極めて実践的な勧告をアントニオスは語るのは、それだけ人間が罪を犯してしまう弱さを抱えているという現実認識があるからだと言える。しかもアントニオスはその人間の弱さを、人間の心に内在するものと単に考えていたのではなく、自分の力では触れることもできないほどに巨大な力で支配する悪魔によると考えていた。だからこそその悪魔の力の前では、どのような人間であっても、たとえ教会の信徒たちであっても罪を犯し得ると理解していた。しかしアントニオスにとってそのような現実認識は、悪魔との戦いを悲観させるものとはならなかった。なぜならまさにその悪魔に完全な仕方で勝利しておられるキリストが、悪魔と戦う力を自分に与えてくださると信じていたからである。だからこそ厳しく罪の現実を見つめ、罪を克服する道を具体的に考え続けていたのである。そして何より、悪魔と戦い罪を犯さないで歩んでいく力を、主権者であられる神が与えてくださると確信していたのである。

　そのようなアントニオスであったので、悪魔との戦いに際して、決して傲慢になることはなかった。本書が描くアントニオスは、悪魔との戦いに勝利した英雄としての自らの姿に酔いしれることはなく、自分自身を誇ることは決してなかった。

　　　しかし、悪霊が倒れたとはいえ、アントニオスは以後、自分自身を顧みずなおざりにしたわけではない[294]。

　　　そこでアントニオスは、ある点で勝利したのちに他の点で悪霊が彼を衰弱させることのないよう、より一層肉体を制し、隷属させた（コリントの信徒への手紙Ⅰ第9章27節を参照）。さらに、彼はもっと厳しいやり方に自分自身を慣れさせようと決心した[296]。

　悪魔と罪との戦いに勝利したアントニオスは、ますます修行に励みながら、悪魔との戦いに備え続けた。それはアントニオスが、自分の力で悪魔との戦いに勝つことができるのではなく、自分で手に負えない悪魔の力に対して、それをさらに圧倒する神の主権性のみに信頼して生きていたことを表しているので

ある。

5-3　オリゲネスの論じる霊性修行との違い

　アタナシオスの霊性論を研究しているングは、オリゲネスの『民数記第27章の説教』[296]における霊性論と『アントニオスの生涯』における霊性論とを比較し、その共通点と相違点を論じている。両書の共通点は、共に霊性の修練を旅として捉えているし、霊性が進歩していくものと理解しているし、類似の聖書の言葉を引用している。また両書は共に悪魔との継続的な戦いを論じているし、絶えざる祈りと、有徳な生活と、キリストとの一致と、聖書を観想することが、悪魔の攻撃と戦う武器になるとしている[297]。

　しかし両書には重大な相違点がある。オリゲネスにおける霊性を修練する旅は、明確な段階を持っている。これに対してアントニオスの旅は切れ目なく続くものとして捉えられている。これは両書の神学的、宇宙論的なコンテクストの違いに由来している。つまりオリゲネスは中期プラトン主義の理解に基づいて、霊的な存在がヒエラルキーの構造を持つものと考えている。このヒエラルキーは、価値と質の異なった様々なレベルの霊的な存在によって成り立っている。したがってより高いレベルへと上昇することを目指す霊的な前進のためには、様々な段階を持つことは自然なことである。これに対して、アタナシオスは創造者と被造物とを明確に区別しているので、彼にとって両者の間の中間的な存在はないし、また神へと上昇する段階の存在を強調することはない[298]。

　ングは、このような霊性論の理解が真実に史的なアントニオスのものであるかはわからないが、そこにアタナシオスの神学の反映があることは確かなことである、としている[299]。そのように本書において史的アントニオスの実像よりも、アタナシオス神学の反映に注目する姿勢は、すでに指摘した関川の理解と同様である[300]。そしてングは、アタナシオスが『アントニオスの生涯』を通して成し遂げたことは、オリゲネスに代表される伝統的なアレクサンドレイアの神学と宇宙論のコンテクストを、ニカイア正統主義の信仰、すなわちキリストの完全な神性に究極的な関心を置く信仰に適合する新しいコンテクストに変換して霊性論を論じたことである、と結論づける[301]。

　ングが霊性論という言葉で捉えているものと、筆者が救済論という言葉で捉

えているものの内容は重なりあっている。すなわち人間の霊性の成長の基礎には神の主権性に基づく救済の働きがある、という理解が『アントニオスの生涯』において展開されていることを、本章では論じてきたのである。そしてまさにそのような『アントニオスの生涯』の救済論も、オリゲネスに見られる中期プラトン主義的な霊肉二元論にではなく、神と被造物（人間、悪魔、悪霊）との間の二区分にこそ基礎を置いて展開されてきた。『アントニオスの生涯』における人間の救済における神の主権性の強調は、神と被造物との明確な存在論的区別を重んじるアタナシオスの神学の反映に他ならないのである。

結　論　アタナシオス神学における神論と
　　　　　救済論の関係

第1節　本論の要約

1-1　アタナシオスの神論の特質――神の善性の理解を巡って

　本研究では、アタナシオス神学における神論と救済論の関係を考察してきた。本研究の第1部ではアタナシオスの神論を取り上げ、特に彼における神の善性の理解の特質を論じた。そこで最初に、アタナシオス神学との比較検討を念頭に置きながら、中期プラトン主義とオリゲネスにおける神の善性の理解を取り上げた。

　中期プラトン主義における神の善性の理解はプラトンにおける善のイデアの理解に由来するものであり、プラトンのイデア論においては善のイデアこそ諸イデアを基礎づける存在にして、至高者なる神に他ならなかった。同時にプラトンは『ティマイオス』の中で創造者なる神デーミウールゴスを描いたが、その至高者としての性格づけが曖昧であったために、中期プラトン主義者たちにとって善のイデアとデーミウールゴスとの関係をどのように理解するかが大きな課題となった。デーミウールゴスを神の創造の働きを担う位相として捕えながらストア派の影響下でロゴス論を展開した者たちもいたが、アルキノオスやヌメニオスは『ティマイオス』を字義通りに解釈しながらデーミウールゴスを至高者なる神より劣る第二の神と理解した。アルキノオスはアリストテレスの「不動の動者」である第一の神こそ善のイデアであるとし、それに対して第二の神の善性を分有による善であると理解した。ヌメニオスは静止を生来的な運動とする第一の神を「善それ自体」と呼び、デーミウールゴスを単に「善」と呼ぶことによって、アルキノオスと同様に第一の神の超越性を強調した。しかもヌメニオスにとって第一の神の超越性の強調は、この至高者と悪の原因である質料との距離を確保しようとする意図が働いていた。したがってアルキノオ

結　論　アタナシオス神学における神論と救済論の関係

スとヌメニオスは神の善性の概念を用いて、一方では善のイデアである第一の神がこの世界の善の源泉でありながら、他方で善のイデアはこの世界と直接的な関わりを持つことは決してなく、あくまでも媒介者である第二の神を通して関わる、との理解を言い表したのである。

　以上のような中期プラトン主義の思想の影響を、オリゲネスの神学の中に認めることができる。オリゲネスは被造物の永遠性を主張しながら、その永遠性をプラトンのイデア論によって理解している。またオリゲネスの思想体系は中期プラトン主義者たちと同様に、至高の神と被造物との間に媒介者を位置づける構造となっている。しかし神の善性の理解に注目する時、オリゲネスと中期プラトン主義者たちとの相違点が明らかになる。すなわち第一の神の被造物に対する超越性を強く主張するアルキノオスやヌメニオスには思いも及ばないほどに、オリゲネスは神が被造物と深く関わってくださるお方であると理解し、この世界を愛してくださる神のお姿にこそ神の善性が現されていると主張してやまない。つまりヌメニオスは「善それ自体」と「善」という言葉を使い分けることによって第一の神と第二の神の相違を言い表したが、オリゲネスはそれらの言葉を用いて御父と御子との一体性を強調した。御父は御子を通して、御子と一体となって被造物と深い関わりをお持ちになる。オリゲネスにとっては神の善性と被造物の善性との間の相違こそ決定的なものであった。したがってオリゲネスは神の善性の概念を用いて、御父が御子と一体となって被造物に対して直接的に働きかけられる姿（神の経綸）を言い表したのである。

　さらにオリゲネスは、神の経綸がどのような罪と悪の現実の中にある被造物にも及んでいると理解した。だからこそ彼は創造者にして義なる神に悪の原因を求めたマルキオンの思想を批判しながら、この世界の罪や悪の現実さえも神の摂理的、教育的な義の表現に他ならないと主張したのである。したがってマルキオンが神の善性と神の義とを対立するものと理解したのに対して、オリゲネスは両者を調和するものと理解したのである。

　けれどもオリゲネスの神学は、その後大きな課題を残すことになる。オリゲネスは善なる神の経綸の永遠性と普遍性を主張するために、被造物の永遠性の教理や万物の復興の教理を主張した。後の教会はオリゲネスのそれらの教理を「異端」と判断し、彼が正統派神学とは異なった主張をしたのだと理解した。

結　論　アタナシオス神学における神論と救済論の関係

確かに被造物の永遠性や万物の復興という教理には、人間の救済の課題によって神の存在と行為が規定されてしまい、被造物に対する神の自由と主体性が確保できなくなってしまう危険が内包されている。

　次に中期プラトン主義とオリゲネスにおける神の善性の理解の考察に続けて、アタナシオスの『異教徒駁論』、『ロゴスの受肉』、『アレイオス派駁論』第３巻第59〜67章における神の善性の理解を考察した。その際、アタナシオスの著書のコンテクストを絶えず念頭に置きながら、そこから浮かび上がるアタナシオスの思考内容を論じた。

　第一に『異教徒駁論』についてであるが、本書はその冒頭においてその議論の基本的な道筋を提示している。まず神の自己啓示を受け入れない者の無知と偽りが論駁され、これは本書の前半の第２〜29章で取り扱われている。続いて神の自己啓示の光がどれほど自明なものとして輝いているかが論じられ、これは本書の後半の第30章以下で取り扱われている。
　アタナシオスは『異教徒駁論』第２章で、人間が善なる神により、その神のかたちにかたどって創造されたことから語り始めている。これにより人間には神との類似性が与えられているのであり、それを保持する限り人間は神を観想し、神との交わりに生きることができたのだ、とさらに議論を進めている。この箇所で重要なのは、神が善なるお方であるからこそ神を観想する力が人間に与えられているのだ、と述べられている点である。神がその善性に基づいて人間を創造なさったことが、人間が神を観想し得ることの前提となっているのである。
　さらにアタナシオスは『異教徒駁論』第８章で、悪を作り出す人間の偽りが偶像を作り出してしまったという問題を取り上げている。魂は善なる神のかたちにかたどられていることを忘れてしまい、魂は神を観想する本来のあり方を見失い、善から顔を背けて悪を追い求めながら、肉体の感覚に反応するものだけに囚われてしまう。その結果目に見えるもの以外には存在しないと考えるようになり、目に見えるものに神を求めて偶像を作り出してしまう。これに続けてアタナシオスは『異教徒駁論』第11章後半〜第29章で、偶像の神々の姿が

結　論　アタナシオス神学における神論と救済論の関係

どれほど罪悪と矛盾とを抱えているかを明らかにしていく。そして『異教徒駁論』第29章の最後で、もはや人間の偽りを論駁する目的を達成したのだから、自ずと輝き出す真理の光に目を向け、神を観想しようと勧めている。こうして『異教徒駁論』第30章から、神の自己啓示の光がどれほど自明なものとして輝いているかを論じていく。

そこでアタナシオスはまず『異教徒駁論』第30〜34章で、神の自己啓示そのものではなくて、まず神の啓示を受け取る人間の能力について論じ始めている。続けてアタナシオスは神の啓示を受け取る人間の能力として、人間の魂が知性を持ち、その魂が不死であるがゆえに永遠の事柄を考え、目に見えない神を観想することができるのだとし、にもかかわらず目に見えない神を知るためには目に見える像が必要なのだと偶像礼拝を正当化する人々を論駁する。このように人間が神を知ることのできる存在として造られたことを、アタナシオスはすでに『異教徒駁論』第2章で神の善性と結びつけて言及していた。神は善なるお方であるがゆえに、神を観想することができる存在として人間を創造され、人間にご自分を啓示しておられる。したがって善なる神が自らを人間に啓示しておられるとの理解が、この箇所の議論の底流にある。

ところが魂は本来神を観想する力を与えられているにもかかわらず、神を知りそこねてしまっている。この人間の状況に対して『異教徒駁論』第35章の冒頭で、善であられ、人間を愛しておられる神であるからこそ、観想によって神を知ることのできない人間を放置なさらないで、さらに被造物を通してご自分を啓示なさるのだ、とアタナシオスは論じる。それに続けて、この宇宙がある一つの意志によって秩序づけられており、それは宇宙の唯一の創造者にして支配者であられるお方のご意志であることを論証する。そして『異教徒駁論』第40章では、宇宙を支配しておられるこのお方が、ロゴスを通して働かれる神に他ならない、としている。このロゴスは、その善性に基づいて宇宙に秩序を与えておられる神のロゴスである。また神はその善性のゆえに、独力では自らを保つことができない被造物を生かし、支えながら、何とかして被造物にご自分を啓示しようとなさるのである。

さらにアタナシオスは、『異教徒駁論』第45章までに論じてきた被造物を通して神を啓示なさるロゴスの働きとは異なる、ロゴスによる啓示の働きの別の

結　論　アタナシオス神学における神論と救済論の関係

側面に光を当てている。すなわち聖書の言葉を通して神を啓示なさるロゴスの働きを取り上げているのである。そしてアタナシオスは最終章の『異教徒駁論』第47章で、神がご自分を隠すことをなさらずロゴスを通して自己啓示をしておられると述べて、ご自分を啓示なさる神の善性がここに至るまで貫かれていることを示している。だから聖書の言葉によるロゴスの働きも、神がその善性に基づいてご自分を人間に啓示しようとなさるみわざに他ならない。

　したがって善なる神は、人間に対して神を観想する力を与えておられるが（『異教徒駁論』第30～34章）、それにもかかわらず神を知りそこねている人間を放置なさらないで、被造物を通して働くロゴスによって（『異教徒駁論』第35～44章）、さらには聖書を通して働くロゴスによって（『異教徒駁論』第45～46章）、ご自分を啓示しておられるのである。

　第二に『ロゴスの受肉』についてであるが、アタナシオスは本書の序論である第1章で、受肉されたロゴスについて語ることで、ロゴスの受肉の出来事がロゴスご自身の善性、またロゴスの父の善性に相応しいことを証明する、という本書の目的を明示している。そこでなぜ人間が死への腐敗に服するようになったかを『ロゴスの受肉』第2～5章で問題にしている。すなわち神は善なるお方であられるので、人間をご自分のかたちにかたどって創造なさることによって、人間が神を観想して生きることができるようにされた。ところが人間は楽園で神から与えられた法に背き、神を観想することを捨てたために、神の裁きを受けて死への腐敗に向かう責任を負うことになってしまった。

　これに対して、善なる神がご自分の品位に関わることとして人間を死への腐敗から解放なさるということが、『ロゴスの受肉』第6～10章で論じられている。すなわち人間が法に則して神の裁きを受けないとすれば神の真実性が損なわれるし、人間が神の裁きによって死への腐敗に投げ出されてしまうならばそれは神の善性に相応しくない。そこで神の真実性と神の善性の両者を満たすためにロゴスが受肉されたのであり、このお方の十字架の死の内にすべての人が死ぬことによって人々を腐敗に定める法が破棄され、ロゴスの復活の恵みによって人間は不滅の生へと引き戻された。

　さらに『ロゴスの受肉』第11章から、ロゴスの受肉が神を観想する生に人

結　論　アタナシオス神学における神論と救済論の関係

間を導くことが論じられている。『ロゴスの受肉』第14〜19章で、受肉されたロゴスがこの地上を歩まれたことにより、ロゴスがその肉体の行為を通して人間を観想に導いてくださるのだと語り、その姿を「善良な教師」が自ら弟子たちの立場にまで下って教えている姿になぞらえている。続いて『ロゴスの受肉』第20〜26章において、受肉したロゴスの十字架の死に対する様々な想定される反論に答えていきながら、十字架の死がどれほど神の善性に相応しいものであるかを論証している。すなわち十字架に死なれたロゴスが復活させられたことによって、十字架の死と復活が死に対する勝利の記念碑となったのであり、だからこそこのみわざは神の善性に相応しいのである。さらに『ロゴスの受肉』第27〜32章のところでは、復活されたキリストが確かに死を滅ぼされ、今生きて働いておられる証拠となる事例をいくつも示していく。

そして『ロゴスの受肉』第33〜55章の箇所で、ユダヤ人とギリシア人に対する論駁が述べられていく。ロゴスの受肉が神の善性に相応しいことを論証することで彼らを論駁し、神を観想する生に導こうとしているのである。まず『ロゴスの受肉』第33〜40章の箇所で、ユダヤ人に対する論駁が展開されている。さらに『ロゴスの受肉』第41章以下においてギリシア人に対する論駁が展開されている。『ロゴスの受肉』第41〜45章の箇所では、ロゴスの受肉はギリシア人たちが考えるような不条理な出来事ではなく、むしろ神の善性に相応しいことを、さまざまな点から論証している。『ロゴスの受肉』第46〜53章の箇所では、今生きて働いておられるキリストのみわざを次々と例示する。そのような事実を数え上げながら、まさにそこにこそ今生きておられるキリストのみわざがあるのだと語りかけ、神を観想する生へと招いている。そしてアタナシオスはギリシア人に対する反駁をまとめながら、ロゴスの受肉の目的は人間を神化させることにあると述べ、人間が神化される具体的な内実を二つ挙げている。第一に人間が見えない神の認識を得ること（神を観想する生に導かれること）と、第二に人間が不滅を受け継ぐこと（死への腐敗から解放されること）である。本書全体の議論はこの二つのことを軸にして展開されてきたのであり、ここにこそロゴスの受肉が神の善性に相応しい理由があることを語り続けてきたのである。

第三にアタナシオスが神の善性の概念について集中的に論じているのは、『アレイオス派駁論』第3巻第59〜67章である。神が自らの意志的決断に基づいてある行動をなさると考える場合、困難な神学的問題が生じる。すなわち意志的決断には偶有性と時間性が内包されているために、それらを永遠者なる神に帰することは相応しくない。しかし逆に神が意志的決断によらずに行動をなさると考えるならば、神が自らの意志と無関係に、必然性に支配されて行動なさったということになってしまう。そのように考えることも神に相応しくない。メイエリングは、神の意志に関して議論する際に生じるこのような神学的問題を解決することこそ、アタナシオスが『アレイオス派駁論』第3巻第59〜67章を執筆した目的であると理解する。すなわちこの箇所においてアタナシオスは、中期プラトン主義の存在論的概念に依拠しながら、神の意志と神の存在とを同一化することによって、神の意志の永遠性を論証している。そうすることによってアタナシオスは、神の意志を論じる際のディレンマを乗り越えようとしているのだ、とメイエリングは主張する。

　しかしこの箇所におけるアタナシオスの議論の目的は、神の意志に関する神学的難問に答えを出すことにではなく、御子を被造物と見なすアレイオス派の理解を論駁して、御子の被造物に対する主権性を論証することにある。神は被造物を「意志に基づいて」創造したが、御子を「本性に基づいて」生み出した、とアタナシオスは主張している。そうすることによって彼は、御父と御子の関係（神の父性）と、神と被造物の関係（神の経綸）とを明確に区別した。ところがメイエリングのように、神の意志の永遠性を一般化した仕方で強調することに、この箇所でのアタナシオスの議論の目的があると理解してしまうならば、アタナシオスが御父と御子の関係と、神と被造物の関係との区別を強調している点が曖昧になってしまう。アタナシオスは神の意志の普遍的な性格を論証したいのではなく、神との関わりにおける御子と被造物との違いを強調したいのである。だからこそアタナシオスはこの箇所で、メイエリングが解釈するような神の意志と存在との同一化ではなく、神の意志と御子との同一化を主張している。神の「本性に基づいて」生み出された御子は、神と共に主権性を持ち、神の意志そのものとして被造物を創造した。そのようにしてアタナシオスは、御子の被造物に対する主権性を強調しているのである。

結　論　アタナシオス神学における神論と救済論の関係

　このようにアタナシオスのこの箇所における議論の意図を正しく汲み取るならば、ここで論じられている神の善性の概念の特質も明らかになる。アタナシオスは神の善性の概念を神の父性と結びつけて議論を展開する。すなわち神の父性が神の「本性に基づいて」いると主張するための例証として、彼は神の善性の概念を用いる。そうすることによって、「神の意志に基づいて」いる神と被造物の関係と、御父と御子の関係との相違を際立たせ、被造物に対する御子の主権性を強調しているのである。

　またアタナシオスは御父と御子の愛の交わりを強調しつつ、そこにこそ神の善性の内実があると主張した。この御父と御子の間の愛は、永遠に生成的な愛であり、これが神の経綸を基礎づけている、とアタナシオスは理解している。そして彼が被造物に対する御子の主権性を強調するのは、神の父性と神の経綸とを明確に区別して、後者が前者によって基礎づけられていることを明確にするためである。したがって御父と御子の永遠に生成的な愛が神の被造物に対する愛のわざを生み出し、神の父性が神の経綸を力強く支えていることにこそ、神の善性が顕されているのである。

1-2　アタナシオスの救済論の特質

　本研究の第 2 部ではアタナシオスの救済論を取り上げ、『異教徒駁論』、『ロゴスの受肉』、『アレイオス派駁論』、『アントニオスの生涯』においてどのような救済論が展開されているかを考察した。ここでも、アタナシオスのそれぞれの著書のコンテクストをできる限り丁寧に取り上げ、これに即して読み取ることのできるアタナシオスの神学を明確化することを心掛けた。

　第一に、アタナシオスは『異教徒駁論』第30～34章で人間の魂に神を観想する能力があることを、理性を持つ魂の働き（『異教徒駁論』第30～32章）、魂の不死性（『異教徒駁論』第33章）、魂の自己浄化による観想（『異教徒駁論』第34章）を取り上げながら主張している。そのようにしてアタナシオスは、人間の魂に自らの力で神との合一を成し遂げる能力が内在していることを論証したいのではなく、そのような魂を神が人間に与えていてくださる事実にこそ、神の自己啓示の確かさがあることを論証したいのである。

結　論　アタナシオス神学における神論と救済論の関係

　まず理性を持つ魂の働きの特質であるが、それは人間をして「自分自身の外側にあるもの」を観想させ、「自分自身の上にあるもの」を熟考させることにある。すなわち不死の事柄は死滅する肉体の外側にあるものであり、そのような不死の事柄へと人間を向かわせることができるものこそ魂なのである。このように論じながらアタナシオスが強調するのは、人間を神へと向かわせる魂の働きである。神は人間をご自分の像にかたどって創造なさることによって、人間は永遠なるものを知ることができる存在とされた。この永遠なるものを知るという魂の理性的な力は、それによって人間が神を喜び、神と交わって生きるために与えられたものである。したがってこの箇所でアタナシオスが何よりも言いたいのは、人間の外側に、上におられる神へと人間自身を向けることにこそ、理性を持つ魂の役割があるということである。

　次にアタナシオスは、不死の事柄へと人間を向かわせる魂そのものが不死である、と論じている。その際にアタナシオスは魂の不死性を、理性を持つ魂が人間を神へと向わせることと関連づけて議論している。肉体が魂を動かしているのではなく、魂が肉体を統御しつつ動かしているのだから、肉体が死んでもそのことによって魂は死ぬことはないのだ、とするアタナシオスの人間理解は、一見中期プラトン主義者が主張する人間の魂の永遠性の理解と同一であるかのように思われる。しかし中期プラトン主義者は、魂が不可視的、非時間的世界にその存在の根拠を持つからこそ不死なのである、というふうに、魂の先在性と不死性を結びつけて理解していた。これに対してアタナシオスは、魂の不死性が神の賜物として与えられていることを強調する。これは重要な相違があり、アタナシオスにおいて人間の存在は神の恵み、神の賜物抜きには考えられない。したがってアタナシオスは、魂が不死であるがゆえに、魂自体が独自の神的な性質を持つことを論証しようとしているのではない。人間の不死性は神の恵みに溢れる創造のみわざに基礎づけられており、しかもそのように神から不死性を与えられた魂の働きによって、人間がどんなに確かに神へと向かい、神を観想することができるか、ということを論証したいのである。

　またアタナシオスは、人間の魂が神の像にかたどって創造されているのは、魂が御父のロゴスを観想することができるためである、と述べ、だからこそ人間の魂は神から離れた結果身にまとった欲望の汚れを自ら拭い取り、神を観想

結　論　アタナシオス神学における神論と救済論の関係

する生に立ち帰ることができるのだ、と主張している。その際に、『異教徒駁論』第34章とプロティノスの『エネアデス』との類似性が指摘される。両者共に肉欲によって魂の本来の姿が汚されており、だからこそ魂は自己を浄化する必要があると論じるが、両者には決定的な違いがある。『異教徒駁論』では、人間の欲望の汚れによって魂の持つ神を映す鏡が隠れてしまったので、その汚れを取り除くことによって再び魂はロゴスを、さらには御父を映し出すことができるとする。しかし『エネアデス』の場合は、汚れによって隠されたのは何よりも魂自身の美しさに他ならない。魂の浄化によって魂そのものがロゴスとなり、その魂本来の神的な美が現れてくる。『異教徒駁論』が比喩として用いている鏡の特質は、その鏡が映し出す働きをするということである。すなわち、鏡そのものの美しさが重要なのではなく、その鏡が映す神が輝きを放つことこそが重要なのである。したがって、『エネアデス』が泥の比喩を用いることによって、魂そのものの美しさに向かうように促すのとは対照的に、『異教徒駁論』は鏡の比喩を用いることによって、魂が自分自身に向かうことをやめて神に向かうことが促されているのである。

　このように理性を持ち（『異教徒駁論』第30～32章）、不死である（『異教徒駁論』第33章）魂が人間に対して与えられているのは、何よりも人間が神に向かうために他ならない。同様に人間が魂を自己浄化するのも（『異教徒駁論』第34章）、鏡のようにロゴスと御父を映し出すために他ならず、やはりここでも魂が神に向かうように創造されているのだということを言い表そうとしている。

　ではなぜアタナシオスはこのように人間の魂が神に向かい、神を観想することができるように創造されていることを強調するのであろうか。それは人間の魂に神から与えられているそのような特質を認めようとしない者たちを批判し、正すために他ならない。人間には目に見えない神を知る力など与えられていないのだから、目に見える偶像を礼拝してもかまわないではないか、と彼らは自らの偶像礼拝を正当化する。これに対してアタナシオスは、神の自己啓示の確かさを論証して、彼らの自己正当化を反駁したいのである。したがって理性を持ち、不死であり、自己浄化して鏡のようにロゴスを映し出すことのできる魂が人間に与えられていることを主張する『異教徒駁論』は、一見単なる人

結　論　アタナシオス神学における神論と救済論の関係

間論を展開しているようでありながら、神を観想し得る魂を認めない人々を批判しつつ、神がこのような魂を人間に造り与えてくださることによってどれほど確かにご自分を啓示しておられるかを言い表そうとしているのである。自らの偶像礼拝を正当化する人々の主張が、人間に神を知り得る魂を造り与えてくださった神のみわざを支配すべきではない。むしろ彼らも神を知る真理の道を知っているはずであり、にもかかわらずこの真理の道に逆らっている罪は、決して言い逃れできない重大なものなのである。したがって『異教徒駁論』第30〜34章における人間論は、創造の賜物を自ら捨てている人間の罪の重大さ、深刻さを強調することによって、ロゴスの受肉による救済が不可欠であることを明確にする、という役割を果たしているのである。

　第二にアタナシオスは『ロゴスの受肉』第7章において、人間が悔い改めによってでは救われない二つの理由を掲げている。すなわち第一に、人間が悔い改めによって救われるならば、神の真実性が損なわれてしまう。第二に、堕落によって剥奪された神の像にかたどられた恵みを回復させるのに、悔い改めでは不十分である。ラウスは第二の理由のみを取り上げ、『異教徒駁論』と『ロゴスの受肉』との間には救済論上の相違があると結論づける。
　これに対してメイエリングは二つの理由を共に取り上げたが、マルキオン派批判の意図を想定しながら論じる。そのために彼は第一の理由を取り上げる際に、神の真実性を神の首尾一貫性と解釈する。つまり神があらかじめ悔い改めによって救われる可能性を予告していなかったのに、堕落以後に悔い改めによる救いの可能性を認めたとすれば、神が首尾一貫していないことになることをアタナシオスは問題視したのだ、と解釈する。また第二の理由については、悔い改めが人間のもろさを表すものであるために、そのような悔い改めでは滅びを乗り越えられないとアタナシオスは考えている、と解釈する。しかしアタナシオスはマルキオン派批判だけでなく、より包括的な論敵を意図しながら議論しているのであり、メイエリングの解釈には問題がある。
　むしろアタナシオスは神の真実性という言葉によって、あらゆるものを支配しておられる主権者なる神の姿を言い表そうとしている。したがって悔い改めによってでは救われない第一の理由は、神における首尾一貫性が崩れてしまう

結　論　アタナシオス神学における神論と救済論の関係

ことを問題にしているのではない。律法に背いた人間に対して神の裁きが真実に貫かれないとするならば、神の主権が侵されてしまうから問題なのである。悔い改めによる人間の側の働きかけによって、神の主権に基づく裁きの真実性が曲げられてはならないのである。

また第二の理由においてアタナシオスは、悔い改めが内包するもろさを問題にしているのではなく、深刻な滅びの現実が悔い改めでは解決できないほどに人間を捉えてしまっているのだ、と言っている。したがって第二の理由が述べている深刻な滅びの現実、すなわち死への腐敗に捉えられ、神の像にかたどられた恵みが剥奪されてしまった人間の姿は、第一の理由が述べている神の主権に基づく裁きが真実に貫徹された結果に他ならない。神の裁きの真実性のゆえに、滅びに捉えられた人間の現実は、悔い改めでは解決できないほどに深刻なものとなっているのである。

そして『ロゴスの受肉』のこのような議論は、堕落した魂にさえ神を観想する力があるとする『異教徒駁論』の議論と決して矛盾するものではない。だから『異教徒駁論』においては人間の自己救済能力が認められているのに対して、『ロゴスの受肉』は滅びが決定論的に人間を捉えてしまっていると理解するラウスの主張には問題がある。そもそも『ロゴスの受肉』は『異教徒駁論』が人間の観想の力を肯定的に述べる議論を前提としながら書き進められている。アタナシオスは人間の滅びが主権者なる神の裁きによるものであるとするが、同時に人間が自ら神を観想することをやめた当然の結果であるとも述べている。つまり滅びを引き起こした人間の罪責を視野に入れているのである。さらにアタナシオスは現在の生の問題として人間の滅びを捉えている。すなわち過去の堕罪の出来事が現在の人間を決定論的に滅びに定めているのではなく、まさに今この時存在そのものである神を観想しようとしないために、人間は無が本性である自らの姿に心奪われ、死への絶望に支配されて生きている。そのような人間の姿に、アタナシオスは人間の滅びの現実を見ているのである。

したがってアタナシオスは人間の滅びを決定論的に理解していたのではなく、現実の人間が今神を捨ててしまっているために、死への絶望に支配されている姿こそが、人間の滅びに他ならないと考えているのである。しかし同時に、そのような人間の滅びが神の真実性に基づく裁きによるのだ、とアタナシ

結　論　アタナシオス神学における神論と救済論の関係

オスは述べている。それはアタナシオスが、神を観想する生を自ら捨てた結果として滅びに捉えられ、死への絶望に押さえ込まれてしまっている人間をも、神が主権者として支配しておられるのだと考えているのである。したがってアタナシオスは人間の滅びを説きながら、現在死への絶望に支配されて生きなければならないことがどれほど悲惨な現実であるかを読者に伝えようとしているだけではなく、その滅びの現実さえも支配しておられる主権者なる神の前に読者を立たせ、その神を畏れる心を読者に呼び起こそうとしているのである。そしてこの主権者なる神こそがロゴスを受肉させてくださり、人間に対して救いの道を切り開いてくださった。アタナシオスはどんなに悲惨な滅びの現実の中にある者にも、神が自分のすべてを支配しておられる主権者であられることに目を向けさせようとしているのである。そのような主権者なる神を仰ぐことができるならば、その人はロゴスの十字架と復活による救いのみわざが自分にも成し遂げられているのだと確信し、死への絶望から解き放たれ、復活に希望を置いて生きるようになる。アタナシオスは『ロゴスの受肉』を読む者が、そのように神を信じて生きる現在の生を回復することを期待しているのである。

　第三にアタナシオスは『アレイオス派駁論』の中で、アレイオス派の聖書解釈を批判しながらその箇所に関する自らの理解を提示することによって、キリストの神性を論証し、さらにこのお方の受肉を通して遂行された救済のみわざの意義を説き明かしている。本研究では特にフィリピの信徒への手紙第2章5～11節、詩編第44篇7～8節、箴言第8章22～25節を講解している箇所と、聖書の解釈原理である「聖書の意図」を講解している箇所を取り上げて、そこに言い表されているアタナシオスの救済論の特質を考察した。

　アタナシオスは、フィリピの信徒への手紙第2章5～11節の「キリスト賛歌」が述べるキリストの降下と高挙が、わたしたち人間の罪を贖い、死を廃棄して甦らせてくださるための出来事に他ならない、と主張している。そればかりではなく、この出来事によってわたしたちは神の宮とされ、わたしたちの中で御父が礼拝されるようになる、とアタナシオスは述べる。したがって、キリストによる救いのみわざは御父の栄光が顕れるための出来事であり、人間の救済が神の神らしさを顕すのである。

結　論　アタナシオス神学における神論と救済論の関係

　次に詩編第45篇7〜8節について、アレイオス派はこの箇所が御子の本性の変化を語っていると主張したが、この解釈をアタナシオスは批判している。御子は永遠に変わることなく神であり王であられたので、その意味では香油を注がれる必要はなかった。それにもかかわらずこのお方は、わたしたち人間の肉体を取って人となり、その肉体に聖霊の香油が注がれるという経験をなさることによって、わたしたちの肉体をきよめてくださったのだ、とアタナシオスは主張している。この出来事によって、死滅すべきわたしたちは死に打ち勝つ者とされたのである。同時にキリストは人間の肉体をお取りになり、十字架に死なれることによって、人間の罪に対する神の裁きを自らお受けになり、罪を罪として処断された。すなわち不義である人間に対して神は義をお求めになったのであり、キリストはこの神の求めを満たしてくださるために、十字架においてわたしたちが受けるべき不義に対する裁きをお受けくださったのである。したがってここで論じられているのは、ハルナックが主張するような人間の救済という目的によって決定づけられたキリスト論ではなく、その救いの内実を神がお定めになり、その実現を神が主導しておられるのである。

　また箴言第8章22〜25節は、キリストの本性が神によって創造されたと述べているのではない。この箇所は御子の神性ではなく人性について述べているのだ、とアタナシオスは主張している。ここでアタナシオスは、御子の人性については聖書がその理由を述べるのに対して、神性については何らの理由も述べない、という聖書固有の表現方法の違いを示す。そして聖書が御子の神性については何らの理由も述べないのは、そうすることによって御子が、救済の利益を受ける人間に従属するようなお方ではないことを示すためなのだ、と論じている。したがって御子による救済の出来事は、その根本において御子の主権性によって支配され、導かれている。このようにまことの神であられるお方の受肉によって人間にもたらされた救いとは、死からの救いであると共に、罪を背負われた主が十字架で断罪されることによってわたしたちが罪から解き放たれるという出来事である。さらに御子の受肉によって神の本性と人間の本性が一つに結びあわされ、わたしたち人間が神の本性に与る道が与えられたのであり、このような救いをアタナシオスは神化という言葉で表現している。

　さらにアタナシオスは本書の中で、自らの聖書解釈の原理である「聖書の意

結　論　アタナシオス神学における神論と救済論の関係

図」を自覚的に提示している。その内容は、第一にキリストが神であられることであり、第二にこのお方が人間となって肉体を取られたことである。この「聖書の意図」が言い表す受肉の出来事を通して、ロゴス・キリストは人間の弱さ、罪、死と深く関わる情念をご自分のものとなさり、そうすることによってこれを滅ぼし、わたしたちを情念から贖い、解き放ってくださった。同時にロゴスの神性のゆえに、情念はこのお方に触れて傷つけることはできなかった。この箇所でもアタナシオスは神化という言葉を用いて、ロゴスの受肉による情念からの救済の出来事を言い表しており、人間は神化されることによって、ただ神だけを畏れ、神を礼拝する者とされるとしている。したがって「聖書の意図」に込められている救済の内容は、確かに『アレイオス派駁論』の他の箇所で展開された聖書講解の議論と重なりあい、響きあっているのである。

　以上のように『アレイオス派駁論』において、アタナシオスの神論と救済論が緊張関係を伴いながら深く結びついている。つまり神論が絶えず主導的な役割を果たしながら、救済論が論じられているのである。

　第四に『アントニオスの生涯』において、アタナシオスはアントニオスという一人の人間の生涯を描きながら、悪魔との戦いこそが人間が生きる上での最も重要な課題であることを明示し、本書においてまさにその悪魔との戦いに勝利する秘訣を述べている。その秘訣とは、悪魔を恐れるべきではないこと、また悪魔への恐れに打ち勝たせる神の臨在のリアリティ、神とキリストが悪魔・悪霊に対して完全に勝利しておられるというリアリティを重んじて生きること、さらに神ただお独りをこそ恐れて生きることである。したがってただ独り恐れるべき神の霊の働きと、恐れてはならない悪魔・悪霊の働きを正しく識別することが極めて重要である。神はご自分を恐れる者をいつまでもその恐れの中に留め続けることはなさらず、その恐れを取り除いてくださり、さらにはその人の心に喜びを与えてくださる。これとは逆に、悪霊は人の心から喜びを取り去り、恐れによってその心を支配しようとするのである。このような事態をよくわきまえておくことこそ、霊を正しく識別する決め手である。他方で本書は、そのように霊を識別する力も神から与えられる恵みの賜物に他ならないことを強調している。

結　論　アタナシオス神学における神論と救済論の関係

　このように悪魔との戦いにおいて最も重要なことは、ただ独り恐れるべき神が人間の味方となっていてくださることである。したがって当然問われるべきは、神がその人とどのような関係にあるかということであり、神との関係を損なう自らの罪をどのように克服するかということなのである。そこで注目すべきは『アントニオスの生涯』で繰り返し用いられている「十字架のしるし」という言葉である。この言葉に含蓄されている意味を明らかにするために、十字架の贖罪の意味を集中的に論じている『ロゴスの受肉』の中で、この言葉がどのような意味で用いられているかを明らかにする必要がある。『ロゴスの受肉』では、キリストの十字架の死によって人間の罪責が取り除かれ、神に受け入れていただき、しかも死への腐敗から不滅の生へと導き入れられるという理解が展開されている。このような理解は、『ロゴスの受肉』だけではなく『アントニオスの生涯』において「十字架のしるし」という言葉が用いている場合にも、当然著者であるアタナシオスの念頭にあった。すなわちアントニオスが悪魔との戦いにおいて十字架のしるしを行なう時に、キリストの十字架の死によって自分の罪責が取り除かれ、圧倒的な力で悪魔を打ち負かしておられる神が自分を受け入れ、味方となっていてくださることを心に刻んでいたのである。

　そのような『アントニオスの生涯』の救済論の特質を明確にする上で、『ロゴスの受肉』との違いとして注目すべきことは、『アントニオスの生涯』において神の救いを必要としている人間の現実を悪魔との戦いの歩みとして捉え、そのことに集中して論じていることである。これほどまでに悪魔との戦いを強調する『アントニオスの生涯』における救済論は、どのような固有性を持っているのか。アントニオスが戦ったのは、自分の中に内在しており、それだけに自分の力で克服すべき弱さなどというものでは決してない。そうではなく闇の力に支配されているからこそ、人間はいかなる意味においてもそのような状況を自分の力で克服できない。『アントニオスの生涯』では悪魔との戦いを描きながらそのような人間の現実を表現し、しかもキリストこそがただ独りその悪魔との戦いに立ち向かって勝利することができることを力強く語っている。このような仕方で描く人間の救済における神とキリストの主権性が、本書の救済論において際立っているのである。そして本書においては人間の救いが自分の

結　論　アタナシオス神学における神論と救済論の関係

力によらず、徹底して神の主権性に支えられるとの信頼に支えられているので、同時に徹底して人間の罪の現実と向きあう姿勢が見られるのである。

第2節　神論が救済論を基礎づける
　　　　アタナシオス神学の構造

　では以上のような考察から、アタナシオスの神論と救済論の関係についてどのような特質が浮かび上がってくるのであろうか。
　アタナシオスは『異教徒駁論』、『ロゴスの受肉』において、神が被造物へと働きかける姿、すなわち神の経綸と結びつけて、神の善性の概念を用いていた。つまり『異教徒駁論』では人間にご自分を啓示しておられる善なる神の姿が、『ロゴスの受肉』では人間を死への腐敗から神を観想する生へと導いておられる善なる神の姿が語られていた。そして『アレイオス派駁論』第3巻第59〜67章においても、『異教徒駁論』、『ロゴスの受肉』と同様に神の経綸と結びつけて神の善性の概念を用いていたが、同時にこの両書には見られない新しい理解が述べられていた。すなわち神の経綸は、御父と御子の間の永遠に生成的な愛の交わりによって基礎づけられている。そのように神の本性に基づく父性（神論）が、神の意志に基づく経綸（救済論）を力強く支えているからこそ、それだけいっそう確かな仕方で神の経綸はこの世界に及んでいる。この神の父性と神の経綸との関係にこそ、神の善性が顕されているのである。
　このようにアタナシオスが『アレイオス派駁論』第3巻第59〜67章において言い表した神の善性に関する表現そのものが、『異教徒駁論』、『ロゴスの受肉』に見られるわけではない。したがってここに見られる神の善性に関する表現は、『アレイオス派駁論』第3巻第59〜67章に固有のものであると考えられる。けれども『異教徒駁論』、『ロゴスの受肉』の救済論的な論述に焦点を当てて考察するなら、この両書もまた『アレイオス派駁論』第3巻第59〜67章と同じように神論と救済論との関係を捉えていることがわかる。特に『ロゴスの受肉』第7章には、『アレイオス派駁論』第3巻第59〜67章と類似の神学的構造が見られるのである。
　ラウスは死への腐敗から解放されるために悔い改めでは不十分であると述べ

結　論　アタナシオス神学における神論と救済論の関係

る『ロゴスの受肉』第7章を論拠として、『異教徒駁論』と異なり『ロゴスの受肉』では人間の神を知る観想の力が否定されており、両書の間で異なった救済理解、人間理解が展開されていると主張した。確かにアタナシオスは『ロゴスの受肉』第7章で死への腐敗から解放されるために悔い改めでは不十分であると述べ、その理由として人間が創造の時に与えられた恵みを剥奪されてしまったことを挙げていた。

　けれどもここで注意すべきは、神の真実性を傷つけてしまうからこそ悔い改めでは不十分である、と言われていることである。神の真実性とは、神が悔い改めによる救いを予告しておられなかったので、堕落以後にも悔い改めによる救いを認めないことによって保持される神の首尾一貫性のことではない。神は何ものにも支配されることなく、ご自分のお定めになった律法に背いた人間の罪に対して、当然のこととして裁きを下す主権を持っておられる。そのような人間への裁きに関する神の主権性こそ、神の真実性に他ならない。しかもその裁きが、まさに主権者であられる神の裁きであるからこそ、その結果として生じた人間の滅びの現実に対して、悔い改めを含めた人間の側の働きかけでは決して解決できないのである。

　しかし悪魔の策略による人間の罪が人間自身の滅びを招くことによって、その人間を創造された神のみわざが無に帰することは、神の善性にふさわしくない。したがって神の真実性が貫かれると同時に、神の善性もまた貫かれなければならないのである。この問題を解決するためにこそ、神はロゴスを受肉させられたのである。受肉されたロゴスの十字架の死の内にすべての人が死ぬことによって人々を腐敗に定める法が破棄され、ロゴスの復活の恵みによって人間は不滅の生へと引き戻された。このロゴスの十字架と復活こそが神の善性に相応しいものであり、ご自分の品位に関わることとして創造のみわざが無になってしまわないように人間を回復してくださったのだ、とアタナシオスは述べている。したがってアタナシオスは神の善性という言葉においても、神が神であることを貫いておられる姿を、つまり神の主権性を表現している。ここに見られるのは、ハルナックが主張するような救済論に基礎づけられたキリスト論ではない。人間を救うことが目的とされつつも、そのことによって神の神らしさが貫かれることが目指されているのである。

結　論　アタナシオス神学における神論と救済論の関係

　したがって『ロゴスの受肉』第7章では人間の観想の力の変化が問われているのではなく、人間に対する神の法の真実性に基づく裁きと、そこでなお創造のみわざを無にすることなく人間を死への腐敗から解放してくださる神の善性が問われているのである。しかも善なる神が人間を死への腐敗に放置なさらずに、ロゴスの受肉によってそこから解き放たれる道を与えてくださったのであるから、神の善性が『ロゴスの受肉』における人間理解を決定づけていると言うことができる。そして神の善性が人間理解を決定づけているのは『異教徒駁論』においても同様である。

　このようにアタナシオスは『ロゴスの受肉』第7章において、人間の救済という神の経綸の問題から出発して、神の本性に属する受肉の問題を考えているのではない。あくまでも神論が救済論を基礎づけていると理解しているのであり、神の善性はこのような神論と救済論との関係を捉える概念なのである。したがって『ロゴスの受肉』と『アレイオス派駁論』第3巻第59～67章は、神の善性を言い表す表現の仕方においては違いがあるが、その理解の内実においては一貫しているのである。

　このようなアタナシオス神学における神論と救済論との関係は、『アレイオス派駁論』第3巻第59～67章における神の善性の概念においてだけ見られるわけではない。『アレイオス派駁論』全体において展開されているアタナシオスの聖書講解においても、神論が救済論を基礎づけるという構造が見られることはすでに論じてきた。

　中期プラトン主義者は神の善性の概念を、この世界に対する神の超越性を強調する仕方で用いた。これに対してオリゲネスは神の善性の概念を用いて、御父が御子と一体となって直接的にこの世界に働きかけられる姿を言い表した。このようにオリゲネスは神の経綸にこそ神の善性が顕されているとしたが、アタナシオスもこの理解を継承した。しかしオリゲネスにおいては神論と救済論との関係を明確に区別することは困難な課題であり、むしろその神学において両者は一体化されていた。被造物の永遠性や万物の復興というオリゲネスの教理には、そのような神論と救済論の一体化がよく現れている。これでは人間の救済の課題によって神の存在と行為が規定されてしまい、被造物に対する神の自由と主体性が確保できなくなってしまう危険がある。これに対してアタナシ

結　論　アタナシオス神学における神論と救済論の関係

オスは、神論と救済論を区別する。したがって神の創造と救済のみわざは、神論と結びつけられて必然化されることはなく、救済論は絶えず神論によって基礎づけられるのである。

　この両者の違いはどこから生まれてくるのであろうか。オリゲネス神学の問題は、彼が中期プラトン主義者から受け継いでいるその二元論的な思考構造にある。一方でオリゲネス自身は御子の永遠の生誕の理解を展開し、御父に対する御子の従属説の理解を乗り越えて、神論と救済論との区別をしようとしていた。しかし他方でオリゲネスは存在の基本的な区分を非時間的不可視的世界と時間的可視的世界との間に置き、被造物は非時間的な先在の世界においてロゴスの中にその存在が与えられているとし、子なるロゴスが永遠の存在であるだけでなく被造物も永遠性を持つと考えた。その結果、御子の永遠の生誕と世界の創造とが事実上論理的につながってしまい、御父と御子の関係の永遠性だけでなく、神と被造物の関係の永遠性までも主張することになってしまった。このような二元論を前提とするからこそ、オリゲネスにとって神論が救済論に対して主体性を持つと言い貫くことが難しくなってしまったのである。これに対してアタナシオスは中期プラトン主義的な二元論を捨てて、神と被造物の明確な区別をその神学の土台に据えた。だからこそ救済論を力強く語るコンテクストにおいても、神論が絶えず救済論を基礎づけ、そのようにして神の被造物に対する主権性を一貫して主張し得た。そしてアタナシオスはそのような神の姿を、神の善性という言葉を用いて言い表したのである。

　このようなアタナシオス神学の構造は『アントニオスの生涯』にも反映されていたのであり、『ロゴスの受肉』第7章と同様に人間の救済に対する神の主権性が強調されていた。すなわち人間が自分で自分を救うことのできない現実を、悪魔を描くことで明確化し、しかもその悪魔に決定的な勝利を収めておられる神の主権性の中で人間に与えられている救いの確かさを言い表していたのである。このような『アントニオス生涯』の救済論は、オリゲネスに見られる中期プラトン主義的な霊肉二元論にではなく、神と被造物（人間、悪魔、悪霊）との間の二区分にこそ基礎を置いて展開されていたのであり、本書に見られる人間の救済における神の主権性の強調もまた、神と被造物との明確な存在論的区別を重んじるアタナシオスの神学の反映に他ならなかったのである。

注

序 論

1) 近年のアタナシオス研究の概要については、J. Quasten, *Patrology*, vol. 3, Westminster and Maryland, 1983, pp.20-79; C. Kannengiesser, "The Athanasius Decade 1974-1984: A Bibliographical Report," *Theological Studies* 46, 1985, pp.524-541; C. Butterweck, *Athanasius von Alexandrien Bibliographie*, Opladen, 1995; J. Leemans, "Thirteen Years of Athanasius Research (1985-1998): A Survey and Bibliography," *Sacris Erudiri* 39, 2000, pp.105-217.

2) アタナシオスの人物像に関して、19世紀までの研究者たちは概ね伝統的な理解を受け入れてきた。すなわちアタナシオスは、一方で修道院制度の確立に貢献した敬虔な聖徒として受け止められ、他方でアレイオス派との論争においてローマ皇帝の圧迫に屈することなく正統的な信仰を擁護した英雄として理解されてきたのである（例えばJ. A. Moehler, *Athanase le Grand et L'Église de son Temps en lutte avec L'Arianisme*, tome 1, Paris, 1840, p.109; J. M. Neale, *A History of the Holy Eastern Church*, New York, 1847, p.200; J. H. Newman, *Apologia Pro Vita Sua: Being a History of His Religious Opinions*, London, 1882, p.26; F. W. Farrar, *Lives of the Fathers: Sketches of Church History in Biography*, vol. 1, New York, 1889, pp.445-571）。ところが20世紀になり、1904〜1911年にE・シュヴァルツはいくつかのアタナシオスに関する研究論文を発表し、従来のアタナシオス像に疑義を唱え、真理に対する関心を持たずに論争を行なう権力に飢えた教会政治家としてアタナシオスを描いた（Schwartz, *Gesammelte Schriften*, Bd. 3, *Zur Geschichte des Athanasius*, Berlin, 1959, S.1, 72）。その後シュヴァルツに追随する研究者たちが起こり、同様にアタナシオスの人物像を否定的に捉えた（E. Caspar, *Geschichte des Papsttums von den Anfängen bis zur Höhe der Weltherrschaft*, Bd. 1, Tübingen, 1930, S.182; K. M. Setton, *Christian Attitude towards the Emperor in the Fourth Century, especially as shown in Addresses to the Emperor*, New York, 1941, p.78; W. Schneemelcher, "Athanasius von Alexandria als Theologe und als Kilchenpolitiker," *Zeit für die neutestamentliche Wissenschaft und die Kunde der älteren Kirche* 43, 1950-51, S.242-256）。このように一方で伝統的なアタナシオス像に対して疑いの目が向けられるようになったが、他方で20世紀前半の多くの研究者たちは依然としてアタナシオスの敬虔な人柄を擁護し続けた（例えばE. Lauchert, *Leben des heiligen Athanasius des Grossen*, Köln, 1911, S.25-134; H. Ranken, *Saint Athanasius*, Edinburgh, 1911; G. Bardy, *Saint Athanase*, Paris, 1925, pp.22-50, 202-207; G. Florovsky, *The Eastern Fathers of the Fourth Century*, Paris, 1931）。これらの研究者たちにとって、アタナシオスは神から力をいただいて真理のために戦った聖徒に他ならなかったのである。最近の研究者の中にも、伝統的なアタナシオス像を批判する人々がいる。T・D・バーンズは自らの史料批判を土台にして教会政治家としてのアタナシオスの姿を強調して、アタナシオスの神学そのものはカイサレイアのエウセビオスの神学の受け売りに過ぎず、『異教徒駁論』や『ロゴスの受肉』は単にアタナシオスの主教就職のために準備された論文に過ぎないとしている（Barnes, *Athanasius and Constantius: Theology and Politics in the Constantinian Empire*, Cambridge, 1993, p.12）。このようにアタナシオスの政治的関心を強調しながらその神学的な意義を軽視する傾向に対して、カンネンギーサーはアタナシオスが置かれていた政治的、社会的状況の重要性を認めながらも、そのような中で書

注

かれたアタナシオスの著作の神学的な意義を評価した。アレイオスがオリゲネスのような思弁的な神学に関心を持っていたのとは異なり、アタナシオスは知的エリートの代表者ではなく、アレクサンドレイアの教会の一般会衆の代表者であった。この人々はキリストにおける救済に希望を置いていたのであり、アタナシオスの神学はそのようなキリストの救済の重要性を擁護するものであった。したがってアタナシオスの神学は思弁的ではなく、教会的であり、牧会的なものであった、としている（Kannengiesser, "The Athanasian Understanding of Scripture," *The Early Church in Its Context, Essays in Honor of Everett Ferguson*, A. J. Malherbe, F. W. Norris and J. W. Thompson[ed.], Leiden, 1998, pp.227-228; idem, *Athanase D'Alexandrie. Sur l'incarnation du Verbe* [*Sources Chrétiennes* 199], Paris, 2000, p.149）。またD・W・H・アーノルドはバーンズと同様に実証的な史料批判に基づきながら、バーンズの主張するようにアタナシオスが暴力的な手段を使って主教の座に就いたという仮説は実証できない、と結論づけている（Arnold, *The Early Episcopal Career of Athanasius of Alexandria*, Notre Dam and London, 1991）。

3）　Harnack, *Lehrbuch der Dogmengeschichte*, Bd. 1, Freiburg, 1888, S.583.

4）　Harnack, *Lehrbuch der Dogmengeschichte*, Bd. 2, Freiburg, 1888, S.205-206. この箇所でハルナックは、アタナシオスのキリスト論がいかなる従属説的な考えにも影響を受けてはおらず、キリストは神の本性からのお方でなければならず、もしそうでなければキリストは人間を神との交わりに至らせることはできない、と述べている。またアタナシオスはこの基本的な理解を繰り返し主張しており、他のすべてのことは副次的なことである、としている。

5）　ハルナック『キリスト教の本質』（深井智朗訳）春秋社、2014年、pp.248-249（*Das Wesen des Christentums. Sechzehn Vorlesungen vor Studierenden aller Facultäten im Wintersemester 1899/1900 an der Universität Berlin gehalten von Adolf [v.] Harnack*, Leipzig, 1908）.

6）　*Ibid.*, pp.249-250.

7）　*Ibid.*, p.251. またアタナシオスをはじめとするギリシア教父の神学とギリシア哲学との違いを、ハルナックは次のように強調している。「そしてこの形式はギリシア哲学と結びついていたからではなく、対立していたからこそ徹底され得たのである。ギリシア哲学は、不死への希望を生き生きと感じてはいたのだが、それを『歴史』や思弁と似たような方法で実現しようとはしなかったし、そのように考えてもみなかった。ギリシア哲学にとっては、歴史的人格とその出現を宇宙への介入と考え、この人格にただ一度だけ与えられ、永遠に流転する宇宙の変化に責任を負わせることは、まったくの神話であり、迷信であるような印象を与えたのである」（*ibid.*, p.250）。このようにアタナシオス神学とギリシア哲学との違いを主張するハルナックの理解に対して、むしろアタナシオスが当時の哲学から多大な影響を受けていたことを論証しようと研究が近年登場してきた。例えばE・P・メイエリング（Meijering, *Orthodoxy and Platonism in Athanasius: Synthesis or Antithesis*, Leiden, 1974）やJ・R・ライマン（Lyman, *Christology and Cosmology: Models of Divine Activity in Origen, Eusebius, and Athanasius*, New York, 1993は、アタナシオスが中期プラトン主義の影響を強く受けていたと主張した。他方A・ラウス（Louth, "The Concept of the Soul in Athanasius' *Contra Gentes—De Incarnatione*," *Studia Patristica* 13, 1975, pp.227-231; idem, 『キリスト教神秘思想の源流──プラトンからディオニシオスまで』（水落健治訳）教文館、1988年、p.138〔Louth, *The Origins of*

Christian Mystical Tradition, Oxford, 1981］）は『異教徒駁論』に見られるアタナシオスにおけるギリシア哲学の影響を、中期プラトン主義ではなく新プラトン主義によると理解している。そのようなアタナシオスとギリシア哲学との関係をオリゲネスとの比較において論じ、オリゲネスに見られるプラトン主義的な霊肉二元論を踏み越えたところにアタナシオスの神学の独自性を認める研究者がいる。G・フロロフスキー（Florovsky, "The Concept of Creation in Saint Athanasius," *Studia Patristica* 6 , 1962, pp.36-57）は、オリゲネスには不可視的世界と可視的世界との区別を強調する霊肉二元論の影響が見られるが、アタナシオスにはオリゲネスのような霊肉二元論は見られないとした。さらにオリゲネスとは違って、アタナシオスは神と被造物との間に基本的な区分を置いて神学したことにより、オリゲネスに見られる被造物を永遠化する理解を乗り越えていると主張した。このフロロフスキーの理解は、T・F・トランス（Torrance, "Athanasius: A Study in the Foundation of Classical Theology," *Theology in Reconciliation*, London, 1975, pp.215-266）、R・ウィリアムズ（Williams, *Arius: Heresy and Tradition*, London, 1987）、A・ピーターセン（Pettersen, *Athanasius and the Human Body*, Bristol, 1990; Idem, *Athanasius*, London, 1995）、B・ステューダー（Studer, *Trinity and Incarnation: The Faith of the Early Church*, translated by M. Westerhoff, edited by Louth, Edinburgh, 1993）によって引き継がれている。ただしオリゲネス神学全体においてプラトン主義的な概念の影響が決定的なものと理解する立場に対しては、オリゲネス研究の領域において疑問が投げかけられるようになり、20世紀後半になってオリゲネスの神学がギリシア哲学よりも聖書の思想に決定づけられているとの主張が有力になっている（H. de Lubac, *Exégèse Médiévale: Les quatre sens de l'Ecriture*, Paris, 1951, 1961, 1964; H. Crouzel, *Origène*, Paris, 1985）。このようなオリゲネス研究の動向は、アタナシオス研究者にも影響を与えており、K・アナトリオスはオリゲネスに見られるプラトン主義的二元論を論拠にして、オリゲネスとアタナシオスとの相違点だけを強調するのは正当ではないとする。むしろ両者には重要な共通点があり、内在的三位一体論と経綸的三位一体論との関係をオリゲネスとアタナシオスがどのように理解していたかを検討しながら、両者の連続性を主張した（Anatolios, "Theology and Economy in Origen and Athanasius," *Origeniana Septima*, 1999, pp.165-171）。同様にオリゲネスとアタナシオスの神学の連続性に注目した研究には、P・ウィディコムのものがある（Widdicombe, *The Fatherhood of God from Origen to Athanasius*, Oxford, 1994）。

8) デニーはギリシア教父の神学の思弁的な特質を、次のように紹介している。「リッチル学派に属する学者たちは——例えば、ハルナックは、彼の著書『教理史』において——ギリシア教会の『キリスト論』と『救済論』の思弁的な特質を強調している。つまり、ギリシア教会の『キリスト論』は、『ロゴス・キリスト論』であり、永遠の〈ロゴス〉が、人間性を受け取り、〈処女マリア〉の胎内においてキリストと一致し、そうすることによって、人類の贖いを達成する、という見解によって、根本的に決定されているのである。まさにキリストの人格において、人間性（人類）は実際に贖われ、神的存在として一つにされるのである。この概念の論理に従えば、我々は、『受肉』こそが——イエスの生涯と死を貫いて現された、人間における神的存在の現臨全体を含むものとしての、ある倫理的な意味においてではなく、ある肉体的、あるいは秘蹟的な意味において——すべてだったと、また、人類救済の働きは、〈言〉（ロゴス）が肉体を身に纏ったときに、成し遂げられたのであると、語る資格が与えられることになる」（デニー『キリ

注

スト教の和解論』〔松浦義夫訳〕一麦出版社，2008年，p.50〔Denney, *The Christian Doctrine of Reconciliation*, New York, 1918〕）。こうしてデニーは、このようなギリシア教父の思弁的な気質の例証としてアタナシオスの著書『ロゴスの受肉』を取り上げて、その神学がロゴス哲学に決定づけられている思弁的思想であり、聖書による和解論・贖罪論とは隔たったものであると批判している（*Ibid.*, pp.51-61）。その中でデニーもまたハルナックと同様に、アタナシオスの神学において倫理は必然的な位置を持たない、と断じている。「彼にとって、『受肉』は次のことを意味するのである。すなわち、永遠の『言』が、『処女』の胎において肉体を身に纏い、そうすることによって、『言』は、人性と神性とを一致させた、そして、原理的には、『贖罪』、あるいは人類の神との『和解』は、達成されたのである、ということである。……その破れ目（被造物と創造者との間の破れ目）の修復は、奇蹟的懐胎において、人性が神性と一致させられたときに完成された、『受肉』によって──〈言〉の側における動機がいかなるものであれ、道徳的と言うよりも、むしろ形而上学的としか呼びようがない『受肉』によって──なされた、ということである」（*ibid.*, p.54）。「〈言〉の受肉は、動機においては、倫理的であるかもしれないが、目的と結果においては、特に倫理的であるというわけではない。アタナシウスは、確かに、より後の段階においては、道徳的世界におけるキリスト教の勝利に満ちた歴史を、キリストの力を例証し、キリストが〈神の子〉として〈受肉した言〉であることを証明するものとして、指摘している。すなわち、キリストに従う者たちにおける、偶像礼拝の打倒、平和の支配、禁欲の発生、死に対する軽蔑（死をものともしないこと）、これらすべては、キリストが、教会が宣言するような存在であることを、証明するのである。しかし、この倫理的動機は、『受肉』に対して、最初からこれらの事柄の内部的関連性を与えるわけではない」（*ibid.*, p.55）。

9) Schneemelcher, 1950-51, S.248.
10) Pelikan, *The Light of the World: A Basic Image in Early Christian Thought*, New York, 1962, p.77; idem『キリスト教の伝統──教理発展の歴史1，公同的伝統の出現（100～600年）』（鈴木浩訳）教文館，2006年，pp.282-283（*The Christian Tradition: A History of the Development of Doctrine 1, The Emergence of the Catholic Tradition[100–600]*, Chicago, 1971）.
11) パネンベルク『キリスト論要綱』（麻生信吾、池永倫明訳）新教出版社，1982年，pp.29-43（Pannenberg, *Grundzuge der Christologie*, Gütersloh, 1964）.
12) ワイルズ『キリスト教教理の形成』（三小田敏雄訳）日本基督教団出版局，1983年，pp.113, 116-117（Wiles, *The Making of Christian Doctrine: A Study in the Principles of Early Doctrinal Development*, London, 1967）.
13) Ritschl, *Athanasius: Versuch einer Interpretation*, Zürich, 1964, S.24-25.
14) 関川『アタナシオス神学の研究』教文館，2006年，pp.223-244, 276-295.
15) バイシュラーク『キリスト教教義史（下）』（掛川富康訳）教文館，1997年，pp.112-113（Beyschlag, *Grundriß der Dogmengeschichte*, Bd. 1, Gott und Welt, Darmstadt, 1987）.
16) Müller, *Lexicon Athanasianum*, Berlin, 1952, S. 2 - 3.
17) ミュラーの辞典では、アタナシオスの著作としてミーニュギリシア教父全集第25、26巻に収められているすべてを取り上げて、その使用箇所を示している。しかしここでは、P. Gemeinhardt, *Athanasius Handbuch*, Tübingen, 2011, S.465-474のアタナシオスの著作の一覧表において、アタナシオスの真性の著作ではなく偽書とされているものは除外した。

注

18) R・ラフォンテーヌは『アレイオス派駁論』全3巻を内容に従って6つのセクションに分けて、第3巻59〜67章をその最後のセクションとしている（A. Rousseau et Lafontaine, *Athanase D'Alexandrie. Les Trois Discours contre les Ariens*, Bruxelles, 2004, pp.513-516）。
19) Kannengiesser, 1985, p.535.
20) Leemans, 2000, pp.172-173.
21) Blaising, *Athanasius of Alexandria: Studies in the Theological Contents and Structure of the "Contra Arianos," with Special Reference to Method*, unpublished dissertation, Univ. of Aberdeen, 1987.
22) Pettersen, 1990.

第1部

1) Dillon, *The Middle Platonists: A Study of Platonism 80 B.C. to A.D.220*, London, 1977.
2) P・ネメシェギ「オリゲネスにおけるプラトン主義」『キリスト教的プラトン主義』（上智大学中世思想研究所中世研究2）創文社，1985年，pp.10-11; Widdicombe, 1994, pp.26-27.
3) ネメシェギ, pp.16-17.
4) K・リーゼンフーバー『西洋古代・中世哲学史』平凡社，2000年，p.84.
5) *Ibid.*, pp.85-86.
6) *Ibid.*, p.88.
7) 『ティマイオス』29（J. Burnet, *Platonis Opera*, vol. 4, Oxford, 1962, 29. d. 7 -e 3 ; Λέγωμεν δὴ δι' ἥντινα αἰτίαν γένεσιν καὶ τὸ πᾶν τόδε ὁ συνιστὰς συνέστησεν. ἀγαθὸς ἦν, ἀγαθῷ δὲ οὐδεὶς περὶ οὐδενὸς οὐδέποτε ἐγγίγνεται φθόνος· τούτου δ' ἐκτὸς ὢν πάντα ὅτι μάλιστα ἐβουλήθη γενέσθαι παραπλήσια ἑαυτῷ. ταύτην δὴ γενέσεως καὶ κόσμου μάλιστ' ἄν τις ἀρχὴν κυριωτάτην παρ' ἀνδρῶν φρονίμων ἀποδεχόμενος ὀρθότατα ἀποδέχοιτ' ἄν）. 引用は種山恭子訳（『プラトン全集12 ティマイオス・クリティアス』岩波書店，1975年）を使った。ただし Burnet を参照して一部変更した。
8) 『ティマイオス』28（Burnet, 28. a. 6 -b. 2 ; ὅτου μὲν οὖν ἂν ὁ δημιουργὸς πρὸς τὸ κατὰ ταὐτὰ ἔχον βλέπων ἀεί, τοιούτῳ τινὶ προσχρώμενος παραδείγματι, τὴν ἰδέαν καὶ δύναμιν αὐτοῦ ἀπεργάζηται, καλὸν ἐξ ἀνάγκης οὕτως ἀποτελεῖσθαι πᾶν· οὗ δ' ἂν εἰς γεγονός, γεννητῷ παραδείγματι προσχρώμενος, οὐ καλόν）.
9) Dillon, "Logos and Trinity: Patterns of Platonist Influence on Early Christianity," *The Philosophy in Christianity*, G. Vesey(ed.), Cambridge, 1989, p. 2 .
10) 『ティマイオス』52-53.
11) 『ティマイオス』53（Burnet, 53. b. 5 - 7 ; τὸ δὲ ᾗ δυνατὸν ὡς κάλλιστα ἄριστά τε ἐξ οὐχ οὕτως ἐχόντων τὸν θεὸν αὐτὰ συνιστάναι, παρὰ πάντα ἡμῖν ὡς ἀεὶ τοῦτο λεγόμενον ὑπαρχέτω）.
12) Dillon, 1989, p. 2 .
13) 土屋睦廣「プラトンにおける悪と物体の問題――『ティマイオス』の宇宙生成論をめぐって」『倫理学年報』40，1991年，p.30.
14) Dillon, 1977, p. 7 .
15) Dillon, 1989, pp. 2 - 3 .

注

16) *Ibid.*, p.5.
17) プラトンの哲学に傾倒し、またアリストテレスをはじめとするペリパトス派の学説やストア派の思想にも通じた中期プラトン主義者。アルキノオスについては、『プラトン哲学講義』以外にも何も知られていない。本書は2世紀のものと推定されている（中畑正志編『アルビノス他　プラトン哲学入門』京都大学学術出版会、2008年、pp.368-369）。
18) ピュタゴラスを信奉しながらも、プラトン主義的思考に立つ中期プラトン主義者。現存するのはその著作の断片のみ。アレクサンドレイアのクレメンスがヌメニオスについて言及していることから、2世紀に活動したと推定されている（津田謙治「創造論と神性の多重構造――マルキオンとヌメニオスの解釈」『ムネーモシュネー』9, 2005年, p.58）。
19) 『プラトン哲学講義』第10章164. 18-27（J. Whittaker, *Alcinoos. Enseigement des Doctrines de Platon*, Paris, 1990, p.22; Ἐπεὶ δὲ ψυχῆς νοῦς ἀμείνων, νοῦ δὲ τοῦ ἐν δυνάμει ὁ κατ' ἐνέργειαν πάντα νοῶν καὶ ἅμα καὶ ἀεί, τούτου δὲ καλλίων ὁ αἴτιος τούτου καὶ ὅπερ ἂν ἔτι ἀνωτέρω τούτων ὑφέστηκεν, οὗτος ἂν εἴη ὁ πρῶτος θεός, αἴτιος ὑπάρχων τοῦ ἀεὶ ἐνεργεῖν τῷ νῷ τοῦ σύμπαντος οὐρανοῦ. Ἐνεργεῖ δὲ ἀκίνητος αὐτὸς ὢν εἰς τοῦτον, ὡς καὶ ὁ ἥλιος εἰς τὴν ὅρασιν, ὅταν αὐτῷ προσβλέπῃ, καὶ ὡς τὸ ὀρεκτὸν κινεῖ τὴν ὄρεξιν ἀκίνητον ὑπάρχον· οὕτω γε δὴ καὶ οὗτος ὁ νοῦς κινήσει τὸν νοῦν τοῦ σύμπαντος οὐρανοῦ). 引用は久保徹訳（中畑編『アルビノス他　プラトン哲学入門』）を使った。ただし Whittaker と Dillon, *Alcinous: The Handbook of Platonism*, Oxford, 1993 を参照して一部変更した。
20) Dillon, 1993, p.103.
21) 『プラトン哲学講義』第10章165. 7-9（Whittaker, p.23-24; οὐ γὰρ θέμις τοῦτο εἰπεῖν· οὔτε ἀγαθόν· κατὰ μετοχὴν γάρ τινος ἔσται οὕτως καὶ μάλιστα ἀγαθότητος）.
22) Dillon, 1993, p.108.
23) *Infra*,「1-4 ヌメニオスにおける『善それ自体』である神」.
24) 『プラトン哲学講義』第10章164. 36-165. 4（Whittaker, p.23; Καὶ ἀγαθὸν μέν ἐστι, διότι πάντα εἰς δύναμιν εὐεργετεῖ, παντὸς ἀγαθοῦ αἴτιος ὤν……πατὴρ δέ ἐστι τῷ αἴτιος εἶναι πάντων καὶ κοσμεῖν τὸν οὐράνιον νοῦν καὶ τὴν ψυχὴν τοῦ κόσμου πρὸς ἑαυτὸν καὶ πρὸς τὰς ἑαυτοῦ νοήσεις· κατὰ γὰρ τὴν αὐτοῦ βούλησιν ἐμπέπληκε πάντα ἑαυτοῦ, τὴν ψυχὴν τοῦ κόσμου ἐπεγείρας καὶ εἰς αὐτὸν ἐπιστρέψας, τοῦ νοῦ αὐτῆς αἴτιος ὑπάρχων· ὃς κοσμηθεὶς ὑπὸ τοῦ πατρὸς διακοσμεῖ σύμπασαν φύσιν ἐν τῷδε τῷ κόσμῳ).
25) 『ティマイオス』28（Burnet, 28. c. 3-4; τὸν……ποιητὴν καὶ πατέρα τοῦδε τοῦ παντός）.
26) Dillon, 1993, p.105.
27) *Ibid.*, p.106.
28) Dillon, 1989, p.5.
29) 『プラトン哲学講義』第28章181. 43-45（Whittaker, p.57; θεῷ δηλονότι τῷ ἐπουρανίῳ, μὴ τῷ μὰ Δία ὑπερουρανίῳ, ὃς οὐκ ἀρετὴν ἔχει, ἀμείνων δ' ἐστὶ ταύτης).
30) Dillon, 1993, p.xxiii.
31) *Ibid.*
32) 土屋「ヌメニオスにおける神」『西洋古典研究会論集』12, 2003年, p.19.
33) 『断片』21（E. des Places, *Numénius. Fragments*, Paris, 1973, p.60; Νουμήνιος μὲν γὰρ τρεῖς ἀνυμνήσας θεοὺς πατέρα μὲν καλεῖ τὸν πρῶτον, ποιητὴν δὲ τὸν δεύτερον, ποίημα δὲ τὸν τρίτον· ὁ γὰρ κόσμος κατ' αὐτὸν ὁ τρίτος ἐστι θεός· ὥστε ὁ κατ' αὐτὸν δημιουργὸς διττός, ὅ

τε πρῶτος θεὸς καὶ ὁ δεύτερος, τὸ δὲ δημιουργούμενον ὁ τρίτος). 引用は土屋の論文中の訳（土屋，2003年）を使った。ただし Places を参照して一部変更した。

34) Dillon, 1977, p.367; 土屋，2003年，p.20.
35) 『断片』11（Places, p.53; Τὸν μέλλοντα δὲ συνήσειν θεοῦ πέρι πρώτου καὶ δευτέρου χρὴ πρότερον διελέσθαι ἕκαστα ἐν τάξει καὶ ἐν εὐθημοσύνῃ τινί……θεὸν δὲ προσκαλεσάμενοι ἑαυτοῦ γνώμονα γενόμενον τῷ λόγῳ δεῖξαι θησαυρὸν φροντίδων, ἀρχώμεθα οὕτως· εὐκτέον μὲν ἤδη, διελέσθαι δὲ δεῖ. Ὁ θεὸς ὁ μὲν πρῶτος ἐν ἑαυτοῦ ὤν ἐστιν ἁπλοῦς, διὰ τὸ ἑαυτῷ συγγιγνόμενος διόλου μή ποτε εἶναι διαίρετος· ὁ θεὸς μέντοι ὁ δεύτερος καὶ τρίτος ἐστὶν εἷς· συμφερόμενος δὲ τῇ ὕλῃ δυάδι οὔσῃ ἑνοῖ μὲν αὐτήν, σχίζεται δὲ ὑπ' αὐτῆς).
36) 土屋，2003年，p.20.
37) 『断片』12（Places, p.54; τὸν μὲν πρῶτον θεὸν ἀργὸν εἶναι ἔργων συμπάντων καὶ βασιλέα, τὸν δημιουργικὸν δὲ θεὸν ἡγεμονεῖν δι' οὐρανοῦ ἰόντα).
38) 『断片』15（Places, p.56; Δηλονότι ὁ μὲν πρῶτος θεὸς ἔσται ἑστώς, ὁ δὲ δεύτερος ἔμπαλίν ἐστι κινούμενος· ὁ μὲν οὖν πρῶτος περὶ τὰ νοητά, ὁ δὲ δεύτερος περὶ τὰ νοητὰ καὶ αἰσθητά. Μὴ θαυμάσῃς δ' εἰ τοῦτ' ἔφην· πολὺ γὰρ ἔτι θαυμαστότερον ἀκούσῃ. Ἀντὶ γὰρ τῆς προσούσης τῷ δευτέρῳ κινήσεως τὴν προσοῦσαν τῷ πρώτῳ στάσιν φημὶ εἶναι κίνησιν σύμφυτον).
39) Dillon, 1977, pp.368-369; 土屋，2003年，p.23.
40) 『断片』16（Places, p.57; Εἰ δ' ἔστι μὲν νοητὸν ἡ οὐσία καὶ ἡ ἰδέα, ταύτης δ' ὡμολογήθη πρεσβύτερον καὶ αἴτιον εἶναι ὁ νοῦς, αὐτὸς οὗτος μόνος εὕρηται ὤν τὸ ἀγαθόν. Καὶ γὰρ εἰ ὁ μὲν δημιουργὸς θεός ἐστι γενέσεως, ἀρκεῖ τὸ ἀγαθὸν οὐσίας εἶναι ἀρχή. Ἀνάλογον δὲ τούτῳ μὲν ὁ δημιουργὸς θεός, ὤν αὐτοῦ μιμητής, τῇ δὲ οὐσίᾳ ἡ γένεσις, ἢ εἰκὼν αὐτῆς ἐστι καὶ μίμημα. Εἴπερ δὲ ὁ δημιουργὸς ὁ τῆς γενέσεώς ἐστιν ἀγαθός, ἦ που ἔσται καὶ ὁ τῆς οὐσίας δημιουργὸς αὐτοάγαθον, σύμφυτον τῇ οὐσίᾳ……ὁ μὲν πρῶτος θεὸς αὐτοάγαθον· ὁ δὲ τούτου μιμητὴς δημιουργὸς ἀγαθός).
41) 『断片』19（Places, p.59; Εἰ γὰρ ἀγαθός ἐστιν ὁ δεύτερος οὐ παρ' ἑαυτοῦ, παρὰ δὲ τοῦ πρώτου, πῶς οἷόν τε ὑφ' οὗ μετουσίας ἐστιν οὗτος ἀγαθός, μὴ ἀγαθὸν εἶναι, ἄλλως τε κᾶν τύχῃ αὐτοῦ ὡς ἀγαθοῦ μεταλαχὼν ὁ δεύτερος; οὕτω τοι ὁ Πλάτων ἐκ συλλογισμοῦ τῷ ὀξὺ βλέποντι ἀπέδωκε τὸ ἀγαθὸν ὅτι ἐστὶν ἕν).
42) 『断片』20（Places, p.60; Ταῦτα δ' οὕτως ἔχοντα ἔθηκεν ὁ Πλάτων ἄλλῃ καί ἄλλῃ χωρίσας· ἰδίᾳ μὲν γὰρ τὸν κυκλικὸν ἐπὶ τοῦ δημιουργοῦ ἐγράψατο ἐν Τιμαίῳ εἰπών· ≪Ἀγαθὸς ἦν≫· ἐν δὲ τῇ Πολιτείᾳ τὸ ἀγαθὸν εἶπεν ≪ἀγαθοῦ ἰδέαν≫, ὡς δὴ τοῦ δημιουργοῦ ἰδέαν οὖσαν τὸ ἀγαθόν, ὅστις πέφανται ἡμῖν ἀγαθὸς μετουσίᾳ τοῦ πρώτου τε καὶ μόνου……οὕτως καὶ εἰκότως ὁ δημιουργὸς εἴπερ ἐστὶ μετουσίᾳ τοῦ πρώτου ἀγαθοῦ ἀγαθός, ἀγαθοῦ, ἰδέα ἄν εἴη ὁ πρῶτος νοῦς, ὤν αὐτοάγαθον).
43) Dillon, 1989, p.7.
44) Dillon, 1977, p.369; 津田「マルキオンにおける質料と悪——ストア主義、グノーシス、中期プラトン主義の質料観を手がかりに」『ムネーモシュネー』7，2004年，p.54; idem, 2005年，p.61. ただしディロンと津田は両者とも、デーミウールゴスに悪の原理を見るというグノーシス的な理解にまでヌメニオスは至っていないとする。
45) 『断片』11（Places, p.53;……ἐπιθυμητικὸν ἦθος ἐχούσης καὶ ῥεούσης. Τῷ οὖν μὴ εἶναι πρὸς τῷ νοητῷ [ἦν γὰρ ἂν πρὸς ἑαυτῷ] διὰ τὸ τὴν ὕλην βλέπειν, ταύτης ἐπιμελούμενος ἀπερίοπτος ἑαυτοῦ γίγνεται. Καὶ ἅπτεται τοῦ αἰσθητοῦ καὶ περιέπει ἀνάγει τε ἔτι εἰς τὸ ἴδιον ἦθος

注

ἐπορεξάμενος τῆς ὕλης).
46) Dillon, 1977, p.365.
47) 『断片』52（Places, p.96; Igitur Pythagoras quoque, inquit Numenius, fluidam et sine qualitate silvam esse censet nec tamen, ut Stoici, naturae mediae interque bonorum malorumque viciniam, quod genus illi appellant indifferens, sed plane noxiam……Silvam igitur informem et carentem qualitate tam Stoici quam Pythagoras consentiunt, sed Pythagoras malignam quoque, Stoici nec bonam nec malam……Sed Pythagoras assistere veritati miris licet et contra opinionem hominum operantibus asseverationibus non veretur; qui ait existente providentia mala quoque necessario substitisse, propterea quod silva sit et eadem sit malitia praedita. Quod si mundus ex silva, certe factus est de existente olim natura maligna). 引用は津田の論文中の訳（津田, 2004年）を使った。ただし Places を参照して一部変更した。
48) 『諸原理について』第1巻第2章10節（H. Crouzel et M. Simonetti, Origène. Traité des Principes, tome 1 [Sources Chrétiennes 252], Paris, 1978, p.132; Quemadmodum pater non potest esse quis, si filius non sit, neque dominus esse quis potest sine possessione uel seruo: ita ne omnipotens quidem deus dici potest, si non sint in quos exerceat potentatum; et ideo ut omnipotens ostendatur deus, omnia subsistere necesse est). 引用は小高毅訳（『オリゲネス 諸原理について』創文社, 1978年）を使った。ただし Crouzel et Simonetti を参照して一部変更した。「万物を支配する者」は、『諸原理について』のラテン語訳者のルフィヌスは omnipotens としているが、原文は παντοκράτωρ である（小高, 1978年, p.372）。
49) Florovsky, 1962, p.39.
50) 『ヨハネによる福音書注解』第1巻第29章204節（C. Blanc, Origène. Commentaire sur Saint Jean, tome 1 [Sources Chrétiennes 120], Paris, 1966, p.204; Ἀλλὰ διὰ τούτων πάντων οὐ σαφῶς ἡ εὐγένεια παρίσταται τοῦ υἱοῦ, ὅτε δὲ τὸ Υἱός μου εἶ σύ, ἐγὼ σήμερον γεγέννηκά σε λέγεται πρὸς αὐτὸν ὑπὸ τοῦ θεοῦ, ᾧ ἀεί ἐστι τὸ σήμερον, οὐκ ἔνι γὰρ ἑσπέρα θεοῦ, ἐγὼ δὲ ἡγοῦμαι, ὅτι οὐδὲ πρωΐα, ἀλλὰ ὁ συμπαρεκτείνων τῇ ἀγενήτῳ καὶ ἀϊδίῳ αὐτοῦ ζωῇ, ἵν᾽ οὕτως εἴπω, χρόνος ἡμέρα ἐστὶν αὐτῷ σήμερον, ἐν ᾗ γεγέννηται ὁ υἱός, ἀρχῆς γενέσεως αὐτοῦ οὕτως οὐχ εὑρισκομένης ὡς οὐδὲ τῆς ἡμέρας). 引用は小高訳（『オリゲネス ヨハネによる福音注解』創文社, 1984年）を使った。ただし Blanc を参照して一部変更した。
51) ネメシェギ「オリゲネスの神学における、御父と御子の関係」『カトリック研究』35, 1979年, pp.81-82.
52) バイシュラーク, 1997年, pp.56-57.
53) 『諸原理について』第1巻第2章2節（Crouzel et Simonetti, p.114; In hac ipsa ergo sapientia subsistencia quia omnis uirtus ac deformatio futurae inerat creaturae, uel eorum quae principaliter exsistunt uel eorum quae accidunt consequenter, uirtute praescientiae praeformata atque disposita: pro his ipsis, quae in ipsa sapientia uelut descriptae ac praefiguratae fuerant, creaturis se ipsam per Salomonem dicit creatam esse sapientia initium uiarum dei, continens scilicet in semet ipsa uniuersae creaturae uel initia uel rationes uel species). 小高はこの箇所の「解説の注」において、オリゲネスは箴言第8章22節の知恵の創造に関する言葉を、御父から永遠に生まれているロゴスの内に被造物の知的像があらかじめ表されているという意味に解釈する、と言っている（小高, 1978年, p.371）。

注

54) バイシュラーク, p.57.
55) 『ケルソス駁論』第6巻71節（M. Borret, *Origène. Contre Celse*, tome 3 [*Sources Chrétiennes* 147], Paris, 1969, p.358; καὶ πάντα μὲν περιέχει τὰ προνοούμενα ἡ πρόνοια καὶ περιείληφεν αὐτά……ὡς δύναμις θεία καὶ περιειληφυῖα τὰ περιεχόμενα). 引用はネメシェギの論文中の訳（ネメシェギ, 1985年）を使った。ただし Borret を参照して一部変更した。
56) ネメシェギ, 1985年, p.14.
57) 『ヨハネによる福音注解』第2巻第13章96節（Blanc, p.268; Καθ᾽ ἡμᾶς δὲ τοὺς εὐχομένους εἶναι ἀπὸ τῆς ἐκκλησίας ὁ ἀγαθὸς θεὸς ταῦτά φησιν, ὃν δοξάζων ὁ σωτὴρ λέγει· ≪ Οὐδεὶς ἀγαθὸς εἰ μὴ εἷς ὁ θεός, ὁ πατήρ ≫. Οὐκοῦν ≪ ὁ ἀγαθὸς ≫ τῷ ≪ ὄντι ≫ ὁ αὐτός ἐστιν).
58) 『ヨハネによる福音注解』第1巻第32章231節（Blanc, pp.172-174; Τολμητέον γὰρ εἰπεῖν πλείονα καὶ θειοτέραν καὶ ἀληθῶς κατ᾽ εἰκόνα τοῦ πατρὸς τὴν ἀγαθότητα φαίνεσθαι τοῦ Χριστοῦ, ὅτε ἑαυτὸν ἐταπείνωσε γενόμενος ὑπήκοος μέχρι θανάτου, θανάτου δὲ σταυροῦ, ἢ εἰ ἁρπαγμὸν ἡγήσατο τὸ εἶναι ἴσα θεῷ, καὶ μὴ βουληθεὶς ἐπὶ τῇ τοῦ κόσμου σωτηρίᾳ γενέσθαι δοῦλος).
59) 土井健司はオリゲネスの著書『ケルソス駁論』第4巻14～19節を取り上げ、プラトン主義者とオリゲネスの神の善性の理解の違いについて同様の指摘をしている（土井『愛と意志と生成の神——オリゲネスにおける「生成の論理」と「存在の論理」』（教文館, 2005年, pp.76-83）。
60) 『エゼキエル書の説教』説教13第2章（M. Borret, *Origène. Homélies sur Ezéchiel* [*Sources Chrétiennes* 352], Paris, 1989, p.410; Quam bonus Deus, qui etiam eos qui se negauerunt, deflet! Et hoc venit ex amoris affectu. Nemo quippe plangit quem odit……Plangitur et Nabuchodonosor). 引用はネメシェギの論文中の訳（ネメシェギ, 1985年）を使った。ただし Borret を参照して一部変更した。
61) Dillon, 1989, p.7.
62) 『諸原理について』第1巻第2章13節（Crouzel et Simonetti, pp.140-142; Principalis namque bonitas sine dubio pater est; ex qua filius natus, qui per omnia imago est patris, procul dubio etiam bonitatis eius conuenienter imago dicetur. Non enim alia aliqua secunda bonitas existit in filio praeter eam, quae est in patre. Vnde et recte ipse saluator in euangelio dicit quoniam nemo bonus nisi unus deus pater, quo scilicet per hoc intellegatur filius non esse alterius bonitatis, sed illius solius, quae in patre est; cuius recte imago appellatur, quia neque aliunde est nisi ex ipsa principali bonitate, ne altera bonitas quam ea quae in patre est uideatur in filio, neque aliqua dissimilitudo aut distantia bonitatis in filio est. Propter quod non debet uelut blasphemiae aliquod genus putari in eo quod dictum est quia nemo bonus nisi unus deus pater, ut propterea putetur uel Christus uel spiritus sanctus negari quod bonus sit; sed, ut superius diximus, principalis bonitas in deo patre sentienda est, ex quo uel filius natus⁻ uel spiritus sanctus procedens sine dubio bonitatis eius naturam in se refert, quae est in eo fonte, de quo uel natus est filius uel procedit spiritus sanctus. Iam uero si qua alia bona in scripturis dicuntur, uel angelus uel homo uel seruus uel thesaurus uel cor bonum uel arbor bona, haec omnia abusiue dicuntur, accidentem, non substantialem in se continentia bonitatem).
63) 土屋, 2003年, p.26.

注

64) *Supra*,「1-4 ヌメニオスにおける『善それ自体』である神」.
65) 『全異端反駁』第10章19節 (M. Marcovich, *Hippolytus. Refutatio Omnium Haeresium*, Berlin, 1986, S.398-399; Μαρκίων δὲ ὁ Ποντικὸς καὶ Κέρδων ὁ τούτου διδάσκαλος καὶ αὐτοὶ ὁρίζουσιν εἶναι τρεῖς τὰς τοῦ παντὸς ἀρχάς· ἀγαθόν, δίκαιον, ὕλην. τινὲς δὲ τούτων μαθηταὶ καὶ τετάρτην προστιθέασι, λέγοντες ἀγαθόν, δίκαιον, πονηρόν, ὕλην. οἱ δὲ πάντες τὸν μὲν ἀγαθὸν οὐδὲν ὅλως πεποιηκέναι, τὸν δὲ δίκαιον ὃν οἱ μὲν καὶ τὸν πονηρόν, οἱ δὲ μόνον δίκαιον ὀνομάζουσι πεποιηκέναι δὲ τὰ πάντα φάσκουσιν ἐκ τῆς ὑποκειμένης ὕλης. πεποιηκέναι δὲ οὐ καλῶς, ἀλλ' ἀλόγως· ἀνάγκη γὰρ τὰ γενόμενα ὅμοια εἶναι τῷ πεποιηκότι).引用は津田の論文中の訳(津田,2005年)を使った。ただし Marcovich を参照した。
66) 『異端反駁』第3巻第25章3節 (A. Rousseau et L. Doutreleau, *Irénée de Lyon. Contre les hérésies*, livre 3 [*Sources Chrétiennes* 211], Paris, 1974, pp.404-406; Marcion igitur ipse diuidens Deum in duo, alterum quidem bonum et alterum iudicialem dicens, ex utrisque interimit Deum. Hic enim qui iudicialis, si non et bonus sit, non est Deus, quia Deus non est cui bonitas desit; et ille rursus qui bonus, si non et iudicialis, idem quod hic patietur ut auferatur ei ne sit Deus. Quemadmodum autem et sapientem dicunt Patrem omnium si non et iudiciale ei adsignant? Si enim sapiens, et probator est; probatori autem subest iudiciale, iudiciale autem adsequitur iustitia ut iuste probet; iustitia prouocat iudicium; iudicium autem cum fit cum iustitia transmittet ad sapientiam.).引用は小高訳(『原典古代キリスト教思想史1 初期キリスト教思想家』教文館,1999年)を使った。ただし Rousseau et Doutreleau と『キリスト教教父著作集第3巻1 エイレナイオス3 異端反駁III』(小林稔訳)教文館,1999年を参照して一部変更した。
67) 『マルキオン駁論』第1巻第2章2節 (R. Braun, *Tertullien. Contre Marcion*, tome 1 [*Sources Chrétiennes* 365], Paris, 1990, p.108; Languens enim quod et nunc multi, et maxime haeretici circa mali quaestionem, unde malum, et obtusis sensibus ipsa enormitate curiositatis inueniens Creatorem pronuntiantem: Ego sum, qui condo mala, quanto ipsum praesumpserat mali auctorem et ex aliis argumentis, quae ita persuadent peruerso cuique, tanto in Creatorem interpretatus malam arborem malos fructus condentem, scilicet mala, alium deum praesumpsit esse debere in partem bonae arboris bonos fructus).引用は津田の論文中の訳(津田,2004年)を使った。ただし Braun を参照して一部変更した。
68) Widdicombe, p.26; E. Osborn, "Origen and Justification: The Good is One(Matt. 19. 17 et par.)" *Australian Biblical Review* 24, pp.21-22.
69) 『諸原理について』第2巻第5章1節 (Crouzel et Simonetti, p.290; Verum quoniam mouet etiam illud quosdam, quod principes istius haeresis diuisionem quandam fecisse sibi uidentur, qua dixerint aliud esse iustum, aliud bonum, et hac diuisione etiam in diuinitate usi sunt, adfirmantes bonum quidem deum esse patrem domini nostri Iesu Christi, et non iustum, iustum uero legis et prophetarum deum, nec tamen bonum).
70) E. Mühlenberg, "Vérité et Bonté de Dieu: Une interprétation de *De Incarnatione*, chapitre IV, en perspective historique," *Politique et Théologie chez Athanase D'Alexandrie*, C. Kannengiesser (éd.), Paris, 1973, p.222.
71) 『ヨハネによる福音注解』第1巻第17章103節 (Blanc, p.114; τὸ ἐξ οὗ οἷον τὸ ἐξ ὑποκειμένης ὕλης, ἀρχὴ παρὰ τοῖς ἀγένητον αὐτὴν ἐπισταμένοις, ἀλλ' οὐ παρ' ἡμῖν τοῖς πειθομένοις, ὅτι ἐξ οὐκ ὄντων τὰ ὄντα ἐποίησεν ὁ θεός, ὡς ἡ μήτηρ τῶν ἑπτὰ μαρτύρων ἐν

Μακκαβαϊκοῖς καὶ ὁ τῆς μετανοίας ἄγγελος ἐν τῷ Ποιμένι ἐδίδαξε).
72) 『諸原理について』第 2 巻第 9 章 2 節.
73) Mühlenberg, p.222.
74) 『諸原理について』第 2 巻第 9 章 2 節.
75) Mühlenberg, p.223.
76) 『諸原理について』第 1 巻第 6 章 2 節 (Crouzel et Simonetti, p.200; Hi uero qui de statu primae beatitudinis moti quidem sunt, non tamen inremediabiliter moti, illis quos supra descripsimus sanctis beatisque ordinibus dispensandi subiecti sunt ac regendi; quorum adiutorio usi et institutionibus ac disciplinis salutaribus reformati, redire ac restitui ad statum suae beatitudinis possint. Ex quibus aestimo, prout ego sentire possum, hunc ordinem humani generis institutum, qui utique in futuro saeculo uel in superuenientibus saeculis, cum caelum nouum et terra noua secundum Esaiam erit, restituetur in illam unitatem, quam promittit dominus Iesus dicens ad deum patrem de discipulis suis).
77) Mühlenberg, p.224.
78) *Ibid.*, p.226.
79) J・メイエンドルフ『東方キリスト教思想におけるキリスト』(小高訳) 教文館, 1995 年, pp.89-98 (Meyendorff, *Le Christ dans la théologie byzantine*, Paris, 1969).
80) Anatolios, 1999, p.171.
81) 『ロゴスの受肉』の冒頭の次のような表現から、『異教徒駁論』が『ロゴスの受肉』に先立って書かれたことがわかる。「先に、多くの問題の中から、簡略ではあるが十分に、偶像礼拝に関する異教徒の誤謬ならびに彼らの迷信について、初めにどのようにしてそれが発見されるに至ったのか、人間は悪から偶像を礼拝することを自分たちのために案出したことについて論じた」(『ロゴスの受肉』第 1 章 1 節〔Kannengiesser, *Athanase D'Alexandrie. Sur l'incarnation du Verbe* [Sources Chrétiennes 199], Paris, 2000, p.258; Αὐτάρκως ἐν τοῖς πρὸ τούτοις ἐκ πολλῶν ὀλίγα διαλαβόντες, περὶ τῆς τῶν ἐθνῶν περὶ τὰ εἴδωλα πλάνης καὶ τῆς τούτων δεισιδαιμονίας, πῶς ἐξ ἀρχῆς τούτων γέγονεν ἡ εὕρεσις, ὅτι ἐκ κακίας οἱ ἄνθρωποι ἑαυτοῖς τὴν πρὸς τὰ εἴδωλα θρησκείαν ἐπενόησαν〕. 引用は小高訳〔上智大学中世思想研究所編『中世思想原典集成 2 盛期ギリシア教父』平凡社, 1992 年〕を使った。ただし R. W. Thomson, *Athanasius. Contra Gentes and De Incarnatione* [Oxford Early Christian Text], Oxford, 1971 と Meijering, *Athanasius, De Incarnatione Verbi: Einleitung, Ubersetzung, Kommentar*, Amsterdam, 1989 と Kannengiesser, 2000 を参照して一部変更した)。
82) ラウス, 1988 年, p.138.
83) *Ibid.*, pp.138-139.
84) Louth, 1975, p.227.
85) *Ibid.*, p.231.
86) Pettersen, 1990, p.19.
87) *Ibid.*, p.15.
88) *Ibid.*, p.19.
89) 『異教徒駁論』第 1 章 1 (Thomson, p.2; Ἡ μὲν περὶ τῆς θεοσεβείας καὶ τῆς τῶν ὅλων ἀληθείας γνῶσις. なお翻訳に際して Thomson の他に、P. Th. Camelot, *Athanase D'Alexandrie. Contre les païens et Sur l'incarnation du Verbe* [Sources Chrétiennes 18], Paris,

注

1946と Meijering, *Athanasius, Contra Gentes: Introduction Translation, and Commentary* [*Philosophia patrum* 7], Leiden, 1984と U. Heil, *Athanasius von Alexandia, Gegen die Heiden, Über die Menschwerdung des Wortes Gottes, Über die Beschlüsse der Synode von Nizäa*, Leipzig, 2008を参照した).

90) 『異教徒駁論』第1章15-16 (Thomson, p. 2 ; τὴν κατὰ τὸν Σωτῆρα Χριστὸν πίστιν).
91) 『異教徒駁論』第1章3 - 5 (Thomson, p. 2).
92) 『異教徒駁論』第1章21-23 (Thomson, p. 2 ; ὅτι, τὸν σταυρὸν διαβάλλοντες, οὐχ ὁρῶσι τὴν τούτου δύναμιν πᾶσαν τὴν οἰκουμένην πεπληρωκυῖαν, καὶ ὅτι δι' αὐτοῦ τὰ τῆς θεογνωσίας ἔργα πᾶσι πεφανέρωται).
93) 『異教徒駁論』第1章27-34 (Thomson, p. 4 ; εἰ γὰρ τοῦ σταυροῦ γενομένου, πᾶσα μὲν εἰδωλολατρεία καθῃρέθη, πᾶσα δὲ δαιμόνων φαντασία τῷ σημείῳ τούτῳ ἀπελαύνεται, καὶ μόνος ὁ Χριστὸς προσκυνεῖται, καὶ δι' αὐτοῦ γινώσκεται ὁ Πατήρ……πῶς εἰκότως γὰρ ἄν τις εἴποι πρὸς αὐτοὺς ἔτι ἀνθρώπινον ἔστιν ἐπινοεῖν τὸ πρᾶγμα, καὶ οὐ μᾶλλον ὁμολογεῖν Θεοῦ Λόγον καὶ Σωτῆρα εἶναι τοῦ παντὸς τὸν ἐπὶ τοῦ σταυροῦ ἀναβάντα;).
94) 『異教徒駁論』第1章34-37 (Thomson, p. 4).
95) 『異教徒駁論』第1章42-44 (Thomson, p. 4 ; Λέγομεν οὖν ὡς ἐφικτὸν ἡμῖν, πρότερον διελέγξαντες τὴν τῶν ἀπίστων ἀμαθίαν· ἵνα, τῶν ψευδῶν διελεγχθέντων, λοιπὴ ἡ ἀλήθεια δι' ἑαυτῆς ἐπιλάμψῃ).
96) 『異教徒駁論』第2章1 - 5 (Thomson, pp. 4 , 6 ; Ἐξ ἀρχῆς μὲν οὐκ ἦν κακία· οὐδὲ γὰρ οὐδὲ νῦν ἐν τοῖς ἁγίοις ἐστίν, οὐδ' ὅλως κατ' αὐτοὺς ὑπάρχει αὕτη· ἄνθρωποι δὲ ταύτην ὕστερον ἐπινοεῖν ἤρξαντο, καὶ καθ' ἑαυτῶν ἀνατυποῦσθαι· ὅθεν δὴ καὶ τὴν τῶν εἰδώλων ἐπίνοιαν ἑαυτοῖς ἀνεπλάσαντο, τὰ οὐκ ὄντα ὡς ὄντα λογιζόμενοι).
97) 『異教徒駁論』第2章5 - 9 (Thomson, p. 6 ; ὁ μὲν γὰρ τοῦ παντὸς δημιουργὸς καὶ παμβασιλεὺς Θεός, ὁ ὑπερέκεινα πάσης οὐσίας καὶ ἀνθρωπίνης ἐπινοίας ὑπάρχων, ἅτε δὴ ἀγαθὸς καὶ ὑπέρκαλος ὤν, διὰ τοῦ ἰδίου Λόγου τοῦ Σωτῆρος ἡμῶν Ἰησοῦ Χριστοῦ τὸ ἀνθρώπινον γένος κατ' ἰδίαν εἰκόνα πεποίηκε).
98) 『異教徒駁論』第2章9 -15 (Thomson, p. 6).
99) 『異教徒駁論』第3章1 -13 (Thomson, p. 8 ; Οὕτω μὲν οὖν ὁ Δημιουργός, ὥσπερ εἴρηται, τὸ τῶν ἀνθρώπων γένος κατεσκεύασε, καὶ μένειν ἠθέλησεν· οἱ δὲ ἄνθρωποι, κατολιγωρήσαντες τῶν κρειττόνων, καὶ ὀκνήσαντες περὶ τὴν τούτων κατάληψιν, τὰ ἐγγυτέρω μᾶλλον ἑαυτῶν ἐζήτησαν, ἐγγύτερα δὲ τούτοις ἦν τὸ σῶμα, καὶ αἱ τούτου αἰσθήσεις……ταῖς μὲν τοῦ σώματος ἡδοναῖς συνέκλεισαν ἑαυτῶν τὴν ψυχήν, τεταραγμένην καὶ πεφυρμένην πάσαις ἐπιθυμίαις· τέλεον δὲ ἐπελάθοντο τῆς ἐξ ἀρχῆς αὐτῶν παρὰ Θεοῦ δυνάμεως).
100) 『異教徒駁論』第4章10-11 (Thomson, p.10; τὰ μὴ ὄντα λογιζομένη, τὸ ἑαυτῆς δυνατὸν μεταποιεῖ).
101) 『異教徒駁論』第4章12 (Thomson, p.10; ἐπεὶ καὶ αὐτεξούσιος γέγονε).
102) 『異教徒駁論』第4章12-13 (Thomson, p.10; δύναται γὰρ ὥσπερ πρὸς τὰ καλὰ νεύειν, οὕτω καὶ τὰ καλὰ ἀποστρέφεσθαι).
103) 『異教徒駁論』第4章21-25 (Thomson, p.12).
104) 『異教徒駁論』第6章1 -17 (Thomson, pp.14, 16).
105) 『異教徒駁論』第7章13-16 (Thomson, p.18; ἀνάγκη τὴν ἀλήθειαν διαλάμπειν τῆς ἐκκλησιαστικῆς γνώσεως· ὅτι τὸ κακὸν οὐ παρὰ Θεοῦ οὐδὲ ἐν Θεῷ οὔτε ἐξ ἀρχῆς γέγονεν, οὔτε

οὐσία τίς ἐστιν αὐτοῦ).
106)『異教徒駁論』第 7 章31-32（Thomson, p.18; κακίας δὴ οὖν εὕρεσις καὶ ἐπίνοια τοῖς ἀνθρώποις ἐξ ἀρχῆς οὕτω γέγονε καὶ πέπλασται).
107)『異教徒駁論』第 8 章 7 - 8 （Thomson, p.20; ἐπιλαθομένη ἑαυτὴν εἶναι κατ' εἰκόνα τοῦ ἀγαθοῦ Θεοῦ).
108)『異教徒駁論』第 8 章10-12（Thomson, p.20; ἐπικρύψασα γὰρ ταῖς ἐπιπλοκαῖς τῶν σωματικῶν ἐπιθυμιῶν τὸ ὡς ἐν αὐτῇ κάτοπτρον, δι' οὗ μόνον ὁρᾶν ἠδύνατο τὴν εἰκόνα τοῦ Πατρός). 鏡としての魂に関する議論は『異教徒駁論』第34章でも取り上げられている。
109)『異教徒駁論』第 8 章 5 - 6 （Thomson, p.20).
110)『異教徒駁論』第 8 章14-21（Thomson, p.20; ὅθεν δὴ πάσης σαρκικῆς ἐπιθυμίας γέμουσα, καὶ ἐν ταῖς τούτων δόξαις ταραττομένη, λοιπόν, ὃν ἐπελάθετο τῇ διανοίᾳ Θεόν……προηγεῖται τοίνυν αἰτία τῆς εἰδωλολατρείας ἡ κακία. μαθόντες γὰρ οἱ ἄνθρωποι τὴν οὐκ οὖσαν κακίαν ἑαυτοῖς ἐπινοεῖν, οὕτω καὶ τοὺς οὐκ ὄντας θεοὺς ἑαυτοῖς ἀνεπλάσαντο).
111)『異教徒駁論』第11章26-27（Thomson, p.32).
112)『異教徒駁論』第11章 1 - 第12章41（Thomson, pp.32, 34, 36), 第25章 1 - 第26章26（Thomson, pp.66, 68, 71).
113)『異教徒駁論』第13章 1 -34（Thomson, pp.36, 38).
114)『異教徒駁論』第29章41-48（Thomson, pp.80, 82; Ὅτε τοίνυν ταῦθ' οὕτως ἐλέγχεται καὶ δέδεικται ἡ παρὰ τοῖς Ἕλλησιν εἰδωλολατρεία πάσης ἀθεότητος οὖσα μεστή, καὶ οὐκ ἐπ' ὠφελείᾳ, ἀλλ' ἐπ' ἀπωλείᾳ τῷ βίῳ τῶν ἀνθρώπων εἰσαχθεῖσα· φέρε λοιπόν, ὡς ἐξ ἀρχῆς ὁ λόγος ἐπηγγείλατο, τῆς πλάνης διελεγχθείσης, τὴν τῆς ἀληθείας ὁδὸν ὁδεύσωμεν, καὶ θεωρήσωμεν τὸν ἡγεμόνα καὶ δημιουργὸν τοῦ παντὸς τὸν τοῦ Πατρὸς Λόγον, ἵνα δι' αὐτοῦ καὶ τὸν τούτου Πατέρα Θεὸν κατανοήσωμεν, καὶ γνῶσιν Ἕλληνες ὅσον τῆς ἀληθείας ἑαυτοὺς ἀπεσχοίνισαν).
115)『異教徒駁論』第30章 2 （Thomson, p.82; ἡ δὲ τῆς ἀληθείας ὁδὸς πρὸς τὸν ὄντως ὄντα Θεὸν ἕξει τὸν σκοπόν).
116)『異教徒駁論』第30章18-19（Thomson, p.82; τὴν ἑκάστου ψυχὴν εἶναι, καὶ τὸν ἐν αὐτῇ νοῦν).
117)『異教徒駁論』第31章 1 -23（Thomson, p.84).
118)『異教徒駁論』第31章40（Thomson, p.86; τὰ ἔξωθεν ἑαυτοῦ θεωρεῖ).
119)『異教徒駁論』第32章 2 -11（Thomson, pp.86, 88).
120)『異教徒駁論』第33章 1 - 3 （Thomson, p.88; Ὅτι δὲ καὶ ἀθάνατος γέγονεν ἡ ψυχή, καὶ τοῦτο ἀναγκαῖον εἰδέναι ἐν τῇ ἐκκλησιαστικῇ διδασκαλίᾳ πρὸς ἔλεγχον τῆς τῶν εἰδώλων ἀναιρέσεως).
121)『異教徒駁論』第30章12-15（Thomson, p.82; καὶ μὴ προφασιζέσθωσαν Ἕλληνες οἱ τοῖς εἰδώλοις θρησκεύοντες· μηδὲ ἄλλος τις ἁπλῶς ἑαυτὸν ἀπατάτω, ὡς τὴν τοιαύτην ὁδὸν οὐκ ἔχων, καὶ διὰ τοῦτο τῆς ἀθεότητος ἑαυτοῦ πρόφασιν εὑρίσκων).
122)『異教徒駁論』第30章25-27（Thomson, p.84; ἐπεὶ μάλιστά τινες ἀπὸ τῶν αἱρέσεων ἀρνοῦνται καὶ τοῦτο, οἰόμενοι μηδὲν πλέον εἶναι τὸν ἄνθρωπον, ἢ τὸ φαινόμενον εἶδος τοῦ σώματος).
123) *Supra*, n.120.
124)『異教徒駁論』第34章19-26（Thomson, p.94; κατ' εἰκόνα γὰρ Θεοῦ πεποίηται καὶ καθ'

261

注

ὁμοίωσιν γέγονεν……ὅθεν καὶ ὅτε πάντα τὸν ἐπιχυθέντα ῥύπον τῆς ἁμαρτίας ἀφ᾽ ἑαυτῆς ἀποτίθεται, καὶ μόνον τὸ κατ᾽ εἰκόνα καθαρὸν φυλάττει, εἰκότως, διαλαμπρυνθέντος τούτου, ὡς ἐν κατόπτρῳ θεωρεῖ τὴν εἰκόνα τοῦ Πατρὸς τὸν Λόγον, καὶ ἐν αὐτῷ τὸν Πατέρα, οὗ καὶ ἔστιν εἰκὼν ὁ Σωτήρ, λογίζεται).

125)『異教徒駁論』第33章32-33 (Thomson, p.92; οὐ παύσεται τοῦ ζῆν διὰ τὸν οὕτως αὐτὴν ποιήσαντα Θεὸν διὰ τοῦ ἑαυτοῦ Λόγου, τοῦ Κυρίου ἡμῶν Ἰησοῦ Χριστοῦ).

126) すでに第8章で魂が自らの内に鏡を持っているのだと述べていた。ラウスはここで、魂が鏡のように神の像を映し出すことができる、と述べられている部分を次のように理解する。すなわち、ここで鏡である魂が自らを清くするならば、魂に神の像であるロゴスが映し出され、そのことによって神を観想することができるのであるから、そのような魂による自己浄化が人間の救済にとって決定的である (Louth, 1975, p.228)。けれどもここでは、そのような救済における魂の自己浄化の役割が強調されているのではない、と筆者は考える。

127) *Supra*, n.97.

128)『異教徒駁論』第34章27-31 (Thomson, p.94; "Η εἰ μὴ αὐτάρκης ἐστὶν ἡ παρὰ τῆς ψυχῆς διδασκαλία διὰ τὰ ἐπιθολοῦντα ταύτης ἔξωθεν τὸν νοῦν, καὶ μὴ ὁρᾶν αὐτὴν τὸ κρεῖττον· ἀλλ᾽ ἔστι πάλιν καὶ ἀπὸ τῶν φαινομένων τὴν περὶ τοῦ Θεοῦ γνῶσιν καταλαβεῖν, τῆς κτίσεως ὥσπερ γράμμασι διὰ τῆς τάξεως καὶ ἁρμονίας τὸν ἑαυτῆς δεσπότην καὶ ποιητὴν σημαινούσης καὶ βοώσης).

129)『異教徒駁論』第35章1-8 (Thomson, p.94; Ἀγαθὸς γὰρ ὢν καὶ φιλάνθρωπος ὁ Θεός, καὶ κηδόμενος τῶν ὑπ᾽ αὐτοῦ γενομένων ψυχῶν……διὰ τοῦτο ἔμελλε τὸ ἀνθρώπινον γένος ἀτυχεῖν τῆς περὶ αὐτοῦ γνώσεως, τῷ τὰ μὲν ἐξ οὐκ ὄντων εἶναι, τὸν δὲ ἀγένητον· τούτου ἕνεκεν τὴν κτίσιν οὕτω διεκόσμησε τῷ ἑαυτοῦ Λόγῳ ὁ Θεός, ἵν᾽, ἐπειδὴ τὴν φύσιν ἐστὶν ἀόρατος, κἂν ἐκ τῶν ἔργων γινώσκεσθαι δυνηθῇ τοῖς ἀνθρώποις).

130) Louth, 1975, pp.229-230.

131)『異教徒駁論』第40章8-16 (Thomson, p.110; ἀνάγκη πᾶσα τούτων ἀναιρουμένων, λοιπὸν παρ᾽ ἡμῖν εἶναι τὴν εὐσεβῆ θρησκείαν, καὶ τὸν παρ᾽ ἡμῶν προσκυνούμενον, καὶ κηρυττόμενον τοῦτον μόνον εἶναι Θεὸν ἀληθῆ, τὸν καὶ τῆς κτίσεως Κύριον καὶ πάσης ὑποστάσεως δημιουργόν. τίς δὴ οὖν ἐστιν οὗτος, ἀλλ᾽ ἢ ὁ πανάγιος καὶ ὑπερέκεινα πάσης γενητῆς οὐσίας, ὁ τοῦ Χριστοῦ Πατήρ, ὅστις, καθάπερ ἄριστος κυβερνήτης, τῇ ἰδίᾳ σοφίᾳ καὶ τῷ ἰδίῳ Λόγῳ τῷ Κυρίῳ ἡμῶν καὶ Σωτῆρι Χριστῷ, τὰ πανταχοῦ διακυβερνᾷ σωτηρίως καὶ διακοσμεῖ, καὶ ποιεῖ ὡς ἂν αὐτῷ καλῶς ἔχειν δοκῇ;).

132)『異教徒駁論』第40章23-24 (Thomson, p.110).

133)『異教徒駁論』第40章28-34 (Thomson, pp.110, 112; τὸν τοῦ ἀγαθοῦ καὶ Θεοῦ τῶν ὅλων ζῶντα καὶ ἐνεργῆ Θεὸν αὐτολόγον λέγω, ὃς ἄλλος μέν ἐστι τῶν γενητῶν καὶ πάσης τῆς κτίσεως, ἴδιος δὲ καὶ μόνος τοῦ ἀγαθοῦ Πατρὸς ὑπάρχει Λόγος, ὃς τόδε τὸ πᾶν διεκόσμησε καὶ φωτίζει τῇ ἑαυτοῦ προνοίᾳ. ἀγαθοῦ γὰρ πατρὸς ἀγαθὸς Λόγος ὑπάρχων, αὐτὸς τὴν τῶν πάντων διεκόσμησε διάταξιν, τὰ μὲν ἐναντία τοῖς ἐναντίοις συνάπτων, ἐκ τούτων δὲ μίαν διακοσμῶν ἁρμονίαν).

134)『異教徒駁論』第41章10-16 (Thomson, pp.112, 114; τῶν μὲν γὰρ γενητῶν ἐστιν ἡ φύσις, ἅτε δὴ ἐξ οὐκ ὄντων ὑποστᾶσα, ῥευστή τις καὶ ἀσθενὴς καὶ θνητὴ καθ᾽ ἑαυτὴν συγκρινομένη τυγχάνει· ὁ δὲ τῶν ὅλων Θεὸς ἀγαθὸς καὶ ὑπέρκαλος τὴν φύσιν ἐστί. διὸ καὶ φιλάνθρωπός

ἐστιν. ἀγαθῷ γὰρ περὶ οὐδενὸς ἂν γένοιτο φθόνος· ὅθεν οὐδὲ τὸ εἶναί τινι φθονεῖ, ἀλλὰ πάντας εἶναι βούλεται, ἵνα καὶ φιλανθρωπεύεσθαι δύνηται).
135) メイエリングは『異教徒駁論』の翻訳と注解を試みながら、全体のアウトラインを第 1 部は「悪の起源――人間の罪」（第 2 ～ 7 章）、第 2 部は「偶像礼拝の反駁」（第 8 ～29章）、第 3 部は「人間は魂と理性を持つ」（第30～34章）、第四部は「創造者と被造物」（第35～46章）という構成で理解している。そして第 4 部に関しては、さらに二つに章立てをしており、第 1 章は「宇宙の調和を通しての神の啓示」（第35～45章前半）、第 2 章は「宇宙の調和を通しての神の啓示についての聖書による証明」（第45章後半～第46章）としている（Meijering, pp. 7 - 8 ）。
136)『異教徒駁論』第45章17-35（Thomson, p.124）.
137)『異教徒駁論』第46章 1 - 3 （Thomson, p.126）.
138)『異教徒駁論』第46章 4 - 8 （Thomson, p.126）.
139)『異教徒駁論』第46章 8 -61（Thomson, pp.126, 128）.
140)『異教徒駁論』第45章17-18（Thomson, p.124; Ἄνωθεν τοίνυν περὶ τῆς τῶν εἰδώλων ἀναιρέσεως προησφαλίζετο τὸν Ἰουδαίων λαὸν ὁ θεῖος Λόγος λέγων).
141)『異教徒駁論』第45章20-21（Thomson, p.124; τὴν δὲ αἰτίαν τῆς τούτων καθαιρέσεως, ἑτέρως σημαίνει λέγων).
142)『異教徒駁論』第45章26-29（Thomson, p.124; οὐ σεσιώπηκε δὲ τὴν περὶ τῆς κτίσεως διδασκαλίαν· ἀλλὰ καὶ μάλα εἰδὼς αὐτῶν τὸ κάλλος……προασφαλίζεται τοὺς ἀνθρώπους λέγων).
143)『異教徒駁論』第45章36-38（Thomson, p.124; ὁ γὰρ Ἰουδαίων πάλαι λαὸς κατὰ πλεῖον εἶχε τὴν διδασκαλίαν, ὅτι μὴ μόνον ἐκ τῶν τῆς κτίσεως ἔργων, ἀλλὰ καὶ ἐκ τῶν θείων γραφῶν εἶχον τὴν περὶ Θεοῦ γνῶσιν).
144)『異教徒駁論』第47章 4 - 6 （Thomson, p.130; αὐτοαγιασμὸς καὶ αὐτοζωὴ καὶ θύρα καὶ ποιμὴν καὶ ὁδός, καὶ βασιλεὺς καὶ ἡγεμὼν καὶ ἐπὶ πᾶσι σωτήρ, καὶ ζωοποιὸς καὶ φῶς, καὶ πρόνοια τῶν πάντων).
145)『異教徒駁論』第47章 6 -10（Thomson, p.130; τοιοῦτον ἄρα ἀγαθὸν καὶ δημιουργὸν Υἱὸν ἔχων ἐξ ἑαυτοῦ ὁ Πατήρ, οὐκ ἀφανῆ αὐτὸν τοῖς γενητοῖς ἀπέκρυψεν· ἀλλὰ καὶ ὁσημέραι τοῦτον ἀποκαλύπτει τοῖς πᾶσι διὰ τῆς τῶν πάντων δι' αὐτοῦ συστάσεως καὶ ζωῆς).
146)『異教徒駁論』第47章32-39（Thomson, p.132; εἰς ὃν σὺ τὴν πίστιν ἔχων καὶ τὸ θεοσεβές, ὦ φιλόχριστε, χαῖρε καὶ εὔελπις γίνου, ὅτι τῆς εἰς αὐτὸν πίστεως καὶ εὐσεβείας ἀθανασία καὶ βασιλεία οὐρανῶν ἐστιν ὁ καρπός, μόνον ἐὰν κατὰ τοὺς αὐτοῦ νόμους ἡ ψυχὴ κεκοσμημένη γένηται. ὥσπερ γὰρ τοῖς κατ' αὐτὸν πολιτευομένοις ἐστὶ τὸ ἔπαθλον ζωὴ αἰώνιος, οὕτω τοῖς τὴν ἐναντίαν καὶ μὴ τὴν τῆς ἀρετῆς ἀτραπὸν ὁδεύουσιν αἰσχύνη μεγάλη καὶ κίνδυνος ἀσύγγνωστος ἐν ἡμέρᾳ κρίσεως, ὅτι καίτοι γνόντες τὴν τῆς ἀληθείας ὁδόν, ἐναντία ὧν ἔγνωσαν ἔπραξαν).
147) したがって、第34章までと第35章以降との結びつきをプロティノス的な構造であるとするラウスの理解は（supra, n.130）、本書の構造を正しく読み取っていないと思われる。アタナシオスは観想とは異なる神を知る道を、第35章以下の被造物を通してのロゴスの働きに見出していただけではなく、第45章後半以下の聖書の言葉を通してのロゴスの働きにも見出していたのである。
148) Supra, 第 2 章「はじめに」.

注

149)『ロゴスの受肉』第 1 章 1 - 2 節（Kannengiesser, 2000, p.260; φέρε κατὰ ἀκολουθίαν, μακάριε καὶ ἀληθῶς φιλόχριστε, τῇ περὶ τῆς εὐσεβείας πίστει, καὶ τὰ περὶ τῆς ἐνανθρωπήσεως τοῦ Λόγου διηγησώμεθα, καὶ περὶ τῆς θείας αὐτοῦ πρὸς ἡμᾶς ἐπιφανείας δηλώσωμεν· ἣν Ἰουδαῖοι μὲν διαβάλλουσιν, Ἕλληνες δὲ χλευάζουσιν, ἡμεῖς δὲ προσκυνοῦμεν· ἵν᾽ ἔτι μᾶλλον ἐκ τῆς δοκούσης εὐτελείας τοῦ Λόγου μείζονα καὶ πλείονα τὴν εἰς αὐτὸν εὐσέβειαν ἔχῃς. Ὅσῳ γὰρ παρὰ τοῖς ἀπίστοις χλευάζεται, τοσούτῳ μείζονα τὴν περὶ τῆς θεότητος αὐτοῦ μαρτυρίαν παρέχει· ὅτι τε ἃ μὴ καταλαμβάνουσιν ἄνθρωποι ὡς ἀδύνατα, ταῦτα αὐτὸς ἐπιδείκνυται δυνατά· καὶ ἃ ὡς ἀπρεπῆ χλευάζουσιν ἄνθρωποι, ταῦτα αὐτὸς τῇ ἑαυτοῦ ἀγαθότητι εὐπρεπῆ κατασκευάζει).

150)『ロゴスの受肉』第 1 章 3 節（Kannengiesser, 2000, pp.260-262; μὴ νομίσῃς ὅτι φύσεως ἀκολουθίᾳ σῶμα πεφόρεκεν ὁ Σωτήρ· ἀλλ᾽ ὅτι ἀσώματος ὢν τῇ φύσει, καὶ Λόγος ὑπάρχων, ὅμως κατὰ φιλανθρωπίαν καὶ ἀγαθότητα τοῦ ἑαυτοῦ Πατρός, διὰ τὴν ἡμῶν σωτηρίαν, ἐν ἀνθρωπίνῳ σώματι ἡμῖν πεφανέρωται).

151)『ロゴスの受肉』第 3 章 3 節（Kannengiesser, 2000, pp.270-272; Ὁ Θεὸς γὰρ ἀγαθός ἐστι, μᾶλλον δὲ πηγὴ τῆς ἀγαθότητος ὑπάρχει· ἀγαθῷ δὲ περὶ οὐδενὸς ἂν γένοιτο φθόνος· ὅθεν οὐδενὶ τοῦ εἶναι φθονήσας, ἐξ οὐκ ὄντων τὰ πάντα πεποίηκε διὰ τοῦ ἰδίου Λόγου τοῦ Κυρίου ἡμῶν Ἰησοῦ Χριστοῦ· ἐν οἷς πρὸ πάντων τῶν ἐπὶ γῆς τὸ ἀνθρώπων γένος ἐλεήσας, καὶ θεωρήσας ὡς οὐχ ἱκανὸν εἴη κατὰ τὸν τῆς ἰδίας γενέσεως λόγον διαμένειν ἀεί, πλέον τι χαριζόμενος αὐτοῖς, οὐχ ἁπλῶς, ὥσπερ πάντα τὰ ἐπὶ γῆς ἄλογα ζῷα, ἔκτισε τοὺς ἀνθρώπους, ἀλλὰ κατὰ τὴν ἑαυτοῦ εἰκόνα ἐποίησεν αὐτούς, μεταδοὺς αὐτοῖς καὶ τῆς τοῦ ἰδίου Λόγου δυνάμεως, ἵνα ὥσπερ σκιάς τινας ἔχοντες τοῦ Λόγου καὶ γενόμενοι λογικοὶ διαμένειν ἐν μακαριότητι δυνηθῶσι, ζῶντες τὸν ἀληθινὸν καὶ ὄντως τῶν ἁγίων ἐν παραδείσῳ βίον).

152)『ロゴスの受肉』第 3 章 4 節（Kannengiesser, 2000, pp.272-274; Εἰδὼς δὲ πάλιν τὴν ἀνθρώπων εἰς ἀμφότερα νεύειν δυναμένην προαίρεσιν, προλαβὼν ἠσφαλίσατο νόμῳ καὶ τόπῳ τὴν δοθεῖσαν αὐτοῖς χάριν. Εἰς τὸν ἑαυτοῦ γὰρ παράδεισον αὐτοὺς εἰσαγαγών, ἔδωκεν αὐτοῖς νόμον).

153)『ロゴスの受肉』第 4 章 4 節（Kannengiesser, 2000, p.276; ἄνθρωποι δὲ κατολιγωρήσαντες καὶ ἀποστραφέντες τὴν πρὸς τὸν Θεὸν κατανόησιν, λογισάμενοι δὲ καὶ ἐπινοήσαντες ἑαυτοῖς τὴν κακίαν, ὥσπερ ἐν τοῖς πρώτοις ἐλέχθη).

154)『ロゴスの受肉』第 5 章 1 節（Kannengiesser, 2000, p.278; Οἱ δὲ ἄνθρωποι, ἀποστραφέντες τὰ αἰώνια, καὶ συμβουλίᾳ τοῦ διαβόλου εἰς τὰ τῆς φθορᾶς ἐπιστραφέντες, ἑαυτοῖς αἴτιοι τῆς ἐν τῷ θανάτῳ φθορᾶς γεγόνασιν).

155) この点については「第 2 節　神の善性に基づく人間理解」で詳しく論じる。

156)『ロゴスの受肉』第13章 1 - 4 節（Kannengiesser, 2000, p.310; τί τὸν Θεὸν ἔδει ποιεῖν; σιωπῆσαι τὸ τηλικοῦτον, καὶ ἀφεῖναι τοὺς ἀνθρώπους ὑπὸ δαιμόνων πλανᾶσθαι, καὶ μὴ γινώσκειν αὐτοὺς τὸν Θεόν; Καὶ τίς ἡ χρεία τοῦ καὶ ἐξ ἀρχῆς κατ᾽ εἰκόνα Θεοῦ γενέσθαι τὸν ἄνθρωπον; ἔδει γὰρ αὐτὸν ἁπλῶς ὡς ἄλογον γενέσθαι, ἢ γενόμενον λογικὸν τὴν τῶν ἀλόγων ζωὴν μὴ βιοῦν. Τίς δὲ ὅλως ἦν χρεία ἐννοίας αὐτὸν λαβεῖν περὶ Θεοῦ ἐξ ἀρχῆς; Εἰ γὰρ οὐδὲ νῦν ἄξιός ἐστι λαβεῖν, ἔδει μηδὲ κατὰ τὴν ἀρχὴν αὐτῷ δοθῆναι. Τί δὲ καὶ ὄφελος τῷ πεποιηκότι Θεῷ, ἢ ποία δόξα αὐτῷ ἂν εἴη, εἰ οἱ ὑπ᾽ αὐτοῦ γενόμενοι ἄνθρωποι μὴ προσκυνοῦσιν αὐτῷ, ἀλλ᾽ ἑτέρους εἶναι τοὺς πεποιηκότας αὐτοὺς νομίζουσιν; Εὑρίσκεται γὰρ ὁ Θεὸς ἑτέροις καὶ οὐχ ἑαυτῷ τούτους δημιουργήσας).

157) ちなみにこの第13章冒頭の箇所と類似の問いかけは、死への腐敗からロゴスの受肉によって人間を解放する神の善性を論じている第6章においても見られるのである。「他方、人々の怠慢によるにせよ、悪霊どもの欺瞞によるにせよ、人々に対して振るわれた神の技巧が消滅せしめられることは、大いに不当なことであった。では、理性的な被造物が腐敗し、それほど偉大なる神のみわざが消滅するに及んで、善なるお方であられる神はいったい何をなさるべきであったのか。腐敗がそれらの被造物に対して力を振るうままにし、死に君臨させるべきであったろうか。初めにそれらのものが成った目的は何だったのか。成ったものらはなおざりにされ、滅ぼされるものであったとすれば、お造りになるべきではなかった。お造りになっておきながら、ご自分のみわざが滅びるのを見過ごしになさるのであれば、その無頓着のゆえに、神の善性よりも無力のほうがさらけ出されることになる。それよりは、初めに人間をお造りにならないほうがよかったであろう」(『ロゴスの受肉』第6章6-8節〔Kannengiesser, 2000, p.284; "Αλλως τε καὶ τῶν ἀπρεπεστάτων ἦν τὴν τοῦ Θεοῦ τέχνην ἐν τοῖς ἀνθρώποις ἀφανίζεσθαι ἢ διὰ τὴν αὐτῶν ἀμέλειαν, ἢ διὰ τὴν τῶν δαιμόνων ἀπάτην. Φθειρομένων τοίνυν τῶν λογικῶν καὶ παραπολλυμένων τῶν τοιούτων ἔργων, τί τὸν Θεὸν ἔδει ποιεῖν ἀγαθὸν ὄντα; ἀφεῖναι τὴν φθορὰν κατ' αὐτῶν ἰσχύειν, καὶ τὸν θάνατον αὐτῶν κρατεῖν; καὶ τίς ἡ χρεία τοῦ καὶ ἐξ ἀρχῆς αὐτὰ γενέσθαι; ἔδει γὰρ μὴ γενέσθαι, ἢ γενόμενα παραμεληθῆναι καὶ ἀπολέσθαι. Ἀσθένεια γὰρ μᾶλλον καὶ οὐκ ἀγαθότης ἐκ τῆς ἀμελείας γινώσκεται τοῦ Θεοῦ, εἰ ποιήσας παρορᾷ φθαρῆναι τὸ ἑαυτοῦ ἔργον, ἤπερ εἰ μὴ πεποιήκει κατὰ τὴν ἀρχὴν τὸν ἄνθρωπον〕)。このように第6章では神の善性という言葉を用いており、人間が滅びるのを神が見過ごしてしまわれるならばそれは神の善性に相応しくないとの主張を、いくつもの問いを重ねながら言い表している。したがって第13章で第6章と類似の問いを重ねながら、神がご自分を観想しない人間をそのまま放置しておかれるべきではない、と主張する時、そのことが神の善性に相応しくないのだという考えがその根底にあると思われる。

158)『ロゴスの受肉』第15章1節.

159)『ロゴスの受肉』第17章4節.

160)『ロゴスの受肉』第17章5節.

161) 類似の議論は『ロゴスの受肉』第43章にも見られる。

162) 神の善性に相応しいという表現は使われていないが、それに類似する表現が出てくる。「このような反論はあまりにも人間的な考えではあるまいか、改めて熟考してみるがよい。救い主によってなされたことは、多くの理由で、まことに神的なことであり、その神性に相応しいものだったのである」(『ロゴスの受肉』第21章4節〔Kannengiesser, 2000, p.342; Θέα δὴ πάλιν εἰ μὴ ἡ τοιαύτη ἀντίθεσίς ἐστιν ἀνθρωπίνη· τὸ δὲ ὑπὸ τοῦ Σωτῆρος γενόμενον, θεῖον ἀληθῶς καὶ ἄξιον τῆς αὐτοῦ θεότητος διὰ πολλά〕)。「生命であられた神のロゴスにとって、ご自分からご自分の肉体に死を科されることは相応しいことではなかったように、同じく、他の人々から科された死を避けられるのも相応しいことではなかったのである。むしろ、死を打破なさるために死を追い求められる必要があったのである。それゆえ、肉体をご自分から脱ぎ捨てることをなさらないのも、陰謀を企てるユダヤ人から逃れることをなさらないのも相応しいことだったのである」(『ロゴスの受肉』第22章1節〔Kannengiesser, 2000, pp.344-346; ὡς γὰρ οὐκ ἔπρεπε τῷ τοῦ Θεοῦ Λόγῳ, ζωῇ ὄντι, τῷ σώματι ἑαυτοῦ θάνατον παρ' ἑαυτοῦ διδόναι· οὕτως οὐχ ἥρμοζεν οὐδὲ τὸν παρ' ἑτέρου διδόμενον φεύγειν· ἀλλὰ καὶ μᾶλλον διώκειν αὐτὸν εἰς ἀναίρεσιν, ὅθεν εἰκότως οὔτε

注

ἑαυτῷ ἀπέθετο τὸ σῶμα, οὔτε πάλιν ἐπιβουλεύοντας τοὺς Ἰουδαίους ἔφυγε〕)。「このため、主がこのような死を耐え忍ばれ、両手を差し伸ばされるのは相応しいことだった」(『ロゴスの受肉』第25章3節〔Kannengiesser, 2000, p.356; Διὸ καὶ τοῦτο ἔπρεπεν ὑπομεῖναι τὸν Κύριον, καὶ τὰς χεῖρας ἐκτεῖναι〕)。「したがって、十字架の上で遂げられたわたしたちのための死は、相応しく適宜なものであった。また、その理由はあらゆる点できわめて妥当なものであった」(『ロゴスの受肉』第26章1節〔Kannengiesser, 2000, p.358; Πρέπων οὖν ἄρα καὶ ἁρμόζων ὁ ἐν τῷ σταυρῷ γέγονε θάνατος ὑπὲρ ἡμῶν· καὶ ἡ αἰτία τούτου εὔλογος ἐφάνη κατὰ πάντα〕)。

163)「主にとって一番の関心事は、まさになそうとしておられた肉体の復活であった。実に、それは、すべての者に復活を立証し、このお方によって腐敗が退けられ、以後肉体は不滅のものとなったことをすべての人に信じさせる、死に対する勝利の記念碑だったのである」(『ロゴスの受肉』第22章4節〔Kannengiesser, 2000, p.346; Ἔμελε τῷ Κυρίῳ μάλιστα περὶ ἧς ἔμελλε ποιεῖν ἀναστάσεως τοῦ σώματος· τοῦτο γὰρ ἦν κατὰ τοῦ θανάτου τρόπαιον ταύτην ἐπιδείξασθαι πᾶσι, καὶ πάντας πιστώσασθαι τὴν παρ' αὐτοῦ γενομένην τῆς φθορᾶς ἀπάλειψιν, καὶ λοιπὸν τὴν τῶν σωμάτων ἀφθαρσίαν〕)。「同様に、すべてのものの生命であられる主、われらの救い主、キリストは、他の死を恐れていると思われぬために、ご自分からはご自分の肉体のために死を画策されず、むしろ他の人々、それも敵意を持つ者らが画策した、彼らにとって恐ろしく恥ずべきいとわしい十字架上の死を受け入れ、耐え忍ばれたのである。それは、その死を滅ぼされることで、ご自分が生命であられること、死の力が完全に根絶されたことを信じさせるためであった。こうして驚くべく不思議なことが生じた。彼らが科そうと考えた恥ずべき死が、死そのものに対する勝利の記念碑となったのである」(『ロゴスの受肉』第24章3-4節〔Kannengiesser, 2000, pp.352-354; οὕτως καὶ ἡ τῶν πάντων Ζωὴ ὁ Κύριος καὶ Σωτὴρ ἡμῶν ὁ Χριστὸς οὐχ ἑαυτῷ θάνατον ἐπενόει τῷ σώματι, ἵνα μὴ ὡς ἕτερον δειλιῶν φανῇ· ἀλλὰ τὸν παρ' ἑτέρων, καὶ μάλιστα τὸν παρὰ τῶν ἐχθρῶν ὃν ἐνόμιζον εἶναι δεινὸν ἐκεῖνοι καὶ ἄτιμον καὶ φευκτόν, τοῦτον αὐτὸς ἐν σταυρῷ δεχόμενος ἠνείχετο· ἵνα καὶ τούτου καταλυθέντος, αὐτὸς μὲν ὢν ἡ Ζωὴ πιστευθῇ, τοῦ δὲ θανάτου τὸ κράτος τέλεον καταργηθῇ. Γέγονε γοῦν τι θαυμαστὸν καὶ παράδοξον· ὃν γὰρ ἐνόμιζον ἄτιμον ἐπιφέρειν θάνατον, οὗτος ἦν τρόπαιον κατ' αὐτοῦ τοῦ θανάτου〕)。さらに『ロゴスの受肉』第26章1節、第29章1、3節、第30章1、2節、第32章6節。

164)『ロゴスの受肉』第27章1、3節。

165)『ロゴスの受肉』第31章2節。

166)「その肉体は死ぬべきものとして死なれたのであるが、その中にあった生命のゆえによみがえりになったのである。そして、そのみわざは復活を証しするしるしなのである。もし、見えないから、主が活させられたことが信じられないのであれば、彼ら不信仰者は自然における神のみわざをも否定せねばならなくなる。実に、上述のように、見えないものではあるが、そのみわざによって知覚されるということは、神に固有のことである。確かに、みわざがなければ、見えない神を信じないのも当然のことである。しかしながら、みわざが叫び、明らかに指し示しているのに、なにゆえにこれほど明らかな復活の生命を故意に信じないのか。その知性の目が見えなくなっているにせよ、外的な感覚によってキリストの否定し得ない力と神性とを見ることができるはずである」(『ロゴスの受肉』第31章4節-第32章2節〔Kannengiesser, 2000, p.378; Ὅθεν ἀπέθανε μὲν ὡς θνητόν· ἀνέζησε δὲ διὰ τὴν ἐν αὐτῷ ζωήν, καὶ τῆς ἀναστάσεως ἐστὶ γνώρισμα τὰ ἔργα. Εἰ δ' ὅτι μὴ ὁρᾶται, ἀπιστεῖται καὶ ἐγηγέρθαι, ὥρα καὶ τὸ κατὰ φύσιν ἀρνεῖσθαι τοὺς ἀπιστοῦντας. Θεοῦ γὰρ ἴδιον μὴ ὁρᾶσθαι μέν, ἐκ δὲ τῶν ἔργων γινώσκεσθαι, καθάπερ καὶ ἐπάνω λέλεκται. Εἰ μὲν οὖν τὰ ἔργα μή ἐστι, καλῶς τῷ μὴ φαινομένῳ ἀπιστοῦσιν· εἰ δὲ τὰ ἔργα βοᾷ καὶ δείκνυσιν ἐναργῶς, διὰ τί ἑκόντες ἀρνοῦνται τὴν τῆς ἀναστάσεως οὕτως φανερῶς ζωήν; Εἰ γὰρ καὶ τὴν διάνοιαν ἐπηρώθησαν, ἀλλὰ κἂν ταῖς ἔξωθεν αἰσθήσεσιν ὁρᾶν ἐστὶ τὴν ἀναντίρρητον τοῦ Χριστοῦ δύναμιν καὶ θεότητα])。

167)「いったい、わたしたちの主張することのなかで、不条理で嘲弄に値するものとは何か。ほかでもなく、ロゴスが肉体の内に顕されたとわたしたちが主張していることではあるまいか。しかしながら、彼らが真理の友でありさえすれば、そのようなことが起きたのは不条理なことではないと、彼らもわたしたちに同意するはずである」(『ロゴスの受肉』第41章2節〔Kannengiesser, 2000, p.412; Τί γὰρ ἄτοπον, ἢ τί χλεύης παρ' ἡμῖν ἄξιον; Ἢ πάντως ὅτι τὸν Λόγον ἐν σώματι πεφανερῶσθαι λέγομεν; Ἀλλὰ τοῦτο καὶ αὐτοὶ συνομολογήσουσι μὴ ἀτόπως γεγενῆσθαι, ἐάνπερ τῆς ἀληθείας γένωνται φίλοι])。さらに『ロゴスの受肉』第41章5-7節、第42章1、3、6節、第43章6節。

168)「それゆえ、このような状況を見過ごしにするのは神の善性に相応しいことではなかったので、また人々は万物の内に神が支配し君臨しておられることを知覚し得なかったので、宇宙全体の一肢体である人間の肉体をご自分の道具としてとられ、その肉体の内に来られたのである」(『ロゴスの受肉』第43章4節〔Kannengiesser, 2000, pp.420-422; Ὅθεν εἰκότως, ἐπειδὴ παριδεῖν τὸ τηλικοῦτον οὐκ ἄξιον ἦν τῆς τοῦ Θεοῦ ἀγαθότητος, ἀλλὰ καὶ ἐν τῷ ὅλῳ αὐτὸν διέποντα καὶ ἡγεμονεύοντα οὐκ ἠδυνήθησαν αὐτὸν γνῶναι οἱ ἄνθρωποι, μέρος τοῦ ὅλου λαμβάνει ἑαυτῷ ὄργανον τὸ ἀνθρώπινον σῶμα, καὶ ἐπιβαίνει τούτῳ])。「それなのになぜ、人間が横道に逸れてしまったので、ロゴスが、ご自分の指揮と善性によって、その嵐から救い出すために人類の許に滞在され、一個の人間として顕れてくださったというわたしたちの言葉は信じられないことであると言うのであろうか」(『ロゴスの受肉』第43章7節〔Kannengiesser, 2000, p.424; τί ἄπιστον λέγεται παρ' ἡμῖν, εἰ πλανωμένης τῆς ἀνθρωπότητος ἐκάθισεν ὁ Λόγος ἐπὶ ταύτην, καὶ ἄνθρωπος ἐπεφάνη, ἵνα χειμαζομένην αὐτὴν περισώσῃ διὰ τῆς κυβερνήσεως αὐτοῦ καὶ ἀγαθότητος;])。

169)『ロゴスの受肉』第41章5-7節.
170)『ロゴスの受肉』第46章4-5節.
171)『ロゴスの受肉』第47章1節.
172)『ロゴスの受肉』第47章4節、第48章5-6節.
173)『ロゴスの受肉』第47章5節、第50章2-3節.
174)『ロゴスの受肉』第50章4節.
175)『ロゴスの受肉』第51章1節.
176)『ロゴスの受肉』第51章2節-第52章5節.
177)『ロゴスの受肉』第54章1-2節.
178)『ロゴスの受肉』第54章3節 (Kannengiesser, 2000, p.458; Αὐτὸς γὰρ ἐνηνθρώπησεν, ἵνα ἡμεῖς θεοποιηθῶμεν· καὶ αὐτὸς ἐφανέρωσεν ἑαυτὸν διὰ σώματος, ἵνα ἡμεῖς τοῦ ἀοράτου Πατρὸς ἔννοιαν λάβωμεν· καὶ αὐτὸς ὑπέμεινε τὴν παρ' ἀνθρώπων ὕβριν, ἵνα ἡμεῖς ἀφθαρσίαν κληρονομήσωμεν).
179)『ロゴスの受肉』第54章4-5節.

注

180)『ロゴスの受肉』第55章2節.
181) Louth, 1975, p.228.
182)『ロゴスの受肉』第7章3‐4節（Kannengiesser, 2000, pp.286-288; Ἀλλ' ἡ μετάνοια οὔτε τὸ εὔλογον τὸ πρὸς τὸν Θεὸν ἐφύλαττεν· ἔμενε γὰρ πάλιν οὐκ ἀληθής, μὴ κρατουμένων ἐν τῷ θανάτῳ τῶν ἀνθρώπων· οὔτε δὲ ἡ μετάνοια ἀπὸ τῶν κατὰ φύσιν ἀνακαλεῖται, ἀλλὰ μόνον παύει τῶν ἁμαρτημάτων. Εἰ μὲν οὖν μόνον ἦν πλημμέλημα καὶ μὴ φθορᾶς ἐπακολούθησις, καλῶς ἂν ἦν ἡ μετάνοια. Εἰ δὲ ἅπαξ προλαβούσης τῆς παραβάσεως, εἰς τὴν κατὰ φύσιν φθορὰν ἐκρατοῦντο οἱ ἄνθρωποι, καὶ τὴν τοῦ κατ' εἰκόνα χάριν ἀφαιρεθέντες ἦσαν, τί ἄλλο ἔδει γενέσθαι;).
183)「実に、神は人間をご自分の楽園に連れて行かれ、彼らに法を与えられた。すなわち、彼ら（人間）が恵みを保守し、善い者であり続けるなら、楽園における悲しみも苦しみも煩いもない生命を持ち続け、さらに天における不死の生命が約束されたのである。ところが、違反をなし、変節して卑劣な者となるなら、本性に即して、死に至る腐敗を甘受し、もはや楽園の内に生きることはできず、以後、その楽園の外で死ぬべき者として、死と腐敗の内にとどまることを、彼らは知ることになるのである」（『ロゴスの受肉』第3章4節〔Kannengiesser, 2000, p.274; Εἰς τὸν ἑαυτοῦ γὰρ παράδεισον αὐτοὺς εἰσαγαγών, ἔδωκεν αὐτοῖς νόμον· ἵνα εἰ μὲν φυλάξαιεν τὴν χάριν καὶ μένοιεν καλοί, ἔχωσι τὴν ἐν παραδείσῳ ἄλυπον καὶ ἀνώδυνον καὶ ἀμέριμνον ζωήν, πρὸς τῷ καὶ τῆς ἐν οὐρανοῖς ἀφθαρσίας αὐτοὺς τὴν ἐπαγγελίαν ἔχειν· εἰ δὲ παραβαῖεν καὶ στραφέντες γένοιντο φαῦλοι, γινώσκοιεν ἑαυτοὺς τὴν ἐν θανάτῳ κατὰ φύσιν φθορὰν ὑπομένειν, καὶ μηκέτι μὲν ἐν παραδείσῳ ζῆν, ἔξω δὲ τούτου λοιπὸν ἀποθνήσκοντας μένειν ἐν τῷ θανάτῳ καὶ ἐν τῇ φθορᾷ〕）。
184)「不条理であるのは、掟を破るなら人間は死によって滅びると定められたのに、違反の後にも死なずにいたなら、神の言葉は空しくされ、神が語られたことは偽りだったことになるからである」（『ロゴスの受肉』第6章3節〔Kannengiesser, 2000, pp.282-284; Ἄτοπον μὲν γὰρ ἦν εἰπόντα τὸν Θεὸν ψεύσασθαι, ὥστε νομοθετήσαντος αὐτοῦ θανάτῳ ἀποθνήσκειν τὸν ἄνθρωπον, εἰ παραβαίη τὴν ἐντολήν, μετὰ τὴν παράβασιν μὴ ἀποθνήσκειν, ἀλλὰ λύεσθαι τὸν τούτου λόγον. Οὐκ ἀληθὴς γὰρ ἦν ὁ Θεός, εἰ εἰπόντος αὐτοῦ ἀποθνήσκειν ἡμᾶς, μὴ ἀπέθνησκεν ὁ ἄνθρωπος〕）。「しかしこのような事態に至らねばならなかったのではあるが、その反面で、死に関する法制の点で、神が真実なお方であられることを明らかにすることも神にとって相応しいことであるという事態に直面する。というのは、わたしたちの益のため、わたしたちの存続のために、真理の父であられる神が偽りの者と見なされるのは不条理なことだからであった」（『ロゴスの受肉』第7章1節〔Kannengiesser, 2000, p.286; Ἀλλ' ὥσπερ ἔδει τοῦτο γενέσθαι, οὕτως καὶ ἐκ τῶν ἐναντίων πάλιν ἀντίκειται τὸ πρὸς τὸν Θεὸν εὔλογον, ὥστε ἀληθῆ φανῆναι τὸν Θεὸν ἐν τῇ περὶ τοῦ θανάτου νομοθεσίᾳ· ἄτοπον γὰρ ἦν διὰ τὴν ἡμῶν ὠφέλειαν καὶ διαμονὴν ψεύστην φανῆναι τὸν τῆς ἀληθείας πατέρα Θεόν〕）。
185)「神によって成ったものが、悪魔が人間に対して企てた欺瞞によって滅ぼされてしまうのは、神の善性に適うことではなかった」（『ロゴスの受肉』第6章5節〔Kannengiesser, 2000, p.284; Οὐκ ἄξιον γὰρ ἦν τῆς ἀγαθότητος τοῦ Θεοῦ τὰ ὑπ' αὐτοῦ γενόμενα διαφθείρεσθαι, διὰ τὴν παρὰ τοῦ διαβόλου γενομένην τοῖς ἀνθρώποις ἀπάτην〕）。「それゆえ、人々が腐敗に引きずられるままにさせるわけにはいかなかったのである。そう

することは、神の善性に似つかわしくなく、相応しくなかったからである」(『ロゴスの受肉』第6章10節〔Kannengiesser, 2000, p.284; Οὐκοῦν ἔδει τοὺς ἀνθρώπους μὴ ἀφιέναι φέρεσθαι τῇ φθορᾷ, διὰ τὸ ἀπρεπὲς καὶ ἀνάξιον εἶναι τοῦτο τῆς τοῦ Θεοῦ ἀγαθότητος〕)。
186) Mühlenberg, pp.215-230.
187)『ロゴスの受肉』第8章4節 (Kannengiesser, 2000, pp.292-294; Καὶ οὕτως ἀπὸ τῶν ἡμετέρων τὸ ὅμοιον λαβών, διὰ τὸ πάντας ὑπευθύνους εἶναι τῇ τοῦ θανάτου φθορᾷ, ἀντὶ πάντων αὐτὸ θανάτῳ παραδιδούς, προσῆγε τῷ Πατρί, καὶ τοῦτο φιλανθρώπως ποιῶν, ἵνα ὡς μὲν πάντων ἀποθανόντων ἐν αὐτῷ λυθῇ ὁ κατὰ τῆς φθορᾶς τῶν ἀνθρώπων νόμος [ἅτε δὴ πληρωθείσης τῆς ἐξουσίας ἐν τῷ κυριακῷ σώματι, καὶ μηκέτι χώραν ἔχοντος κατὰ τῶν ὁμοίων ἀνθρώπων]· ὡς δὲ εἰς φθορὰν ἀναστρέψαντας τοὺς ἀνθρώπους πάλιν εἰς τὴν ἀφθαρσίαν ἐπιστρέψῃ, καὶ ζωοποιήσῃ τούτους ἀπὸ τοῦ θανάτου, τῇ τοῦ σώματος ἰδιοποιήσει, καὶ τῇ τῆς ἀναστάσεως χάριτι, τὸν θάνατον ἀπ᾽ αὐτῶν ὡς καλάμην ἀπὸ πυρὸς ἐξαφανίζων).
188)『ロゴスの受肉』第10章1節 (Kannengiesser, 2000, p.298; Πρέπον δὲ καὶ μάλιστα τῇ ἀγαθότητι τοῦ Θεοῦ ἀληθῶς τὸ μέγα τοῦτο ἔργον. Εἰ γὰρ βασιλεὺς κατασκευάσας οἰκίαν ἢ πόλιν, καὶ ταύτην ἐξ ἀμελείας τῶν ἐνοικούντων πολεμουμένην ὑπὸ λῃστῶν τὸ σύνολον οὐ παρορᾷ, ἀλλ᾽ ὡς ἴδιον ἔργον ἐκδικεῖ καὶ περισῴζει, οὐκ εἰς τὴν τῶν ἐνοικούντων ἀμέλειαν ἀφορῶν, ἀλλ᾽ εἰς τὸ ἑαυτοῦ πρέπον· πολλῷ πλέον ὁ τοῦ παναγάθου Θεὸς Λόγος Πατρὸς εἰς φθορὰν κατερχόμενον τὸ δι᾽ αὐτοῦ γενόμενον τῶν ἀνθρώπων γένος οὐ παρεῖδεν· ἀλλὰ τὸν μὲν συμβηκότα θάνατον ἀπήλειψε διὰ τῆς προσφορᾶς τοῦ ἰδίου σώματος, τὴν δὲ ἀμέλειαν αὐτῶν διωρθώσατο τῇ ἑαυτοῦ διδασκαλίᾳ, πάντα τὰ τῶν ἀνθρώπων διὰ τῆς ἑαυτοῦ δυνάμεως κατορθώσας).
189) Harnack, Bd. 1, 1888, S.583; idem, Bd. 2, 1888, S.205; idem, 2014年, pp.248-252.
190) D. Ritschl, 1964, S.24; 関川泰寛, 2006年, pp.224, 234.
191) *Supra*, 第2章「3-1 神を観想する力を与えられている魂(『異教徒駁論』第30〜34章)」.
192) ラウス, 1988年, p.138.
193)『ロゴスの受肉』第1章2節 (Kannengiesser, 2000, p.260; τὴν μὲν τῶν εἰδώλων φαντασίαν τῇ νομιζομένῃ ἑαυτοῦ εὐτελείᾳ διὰ τοῦ σταυροῦ καταστρέφων, τοὺς δὲ χλευάζοντας καὶ ἀπιστοῦντας μεταπείθων ἀφανῶς ὥστε τὴν θειότητα αὐτοῦ καὶ δύναμιν ἐπιγινώσκειν).
194)『ロゴスの受肉』第1章1節.
195)「さて、主の復活に関するこの証明で十分でないのなら、目の前でなされていることによって語られていることを信じるがよい。……このことを知りたい者は、見ていることから判断し、真理を告白するがよい」(『ロゴスの受肉』第30章2-3節〔Kannengiesser, 2000, p.372; εἰ δέ τῳ μὴ αὐτάρκης ἡ ἀπόδειξις αὕτη περὶ τῆς ἀναστάσεως αὐτοῦ, κἂν ἐκ τῶν ἐν ὄψει γενομένων πιστούσθω τὸ λεγόμενον……ὁράτω δὴ ὁ βουλόμενος καὶ γενέσθω δικαστὴς ἐκ τῶν ὁρωμένων τὴν ἀλήθειαν ὁμολογῶν〕)。「しかし、モーセに律法を与え、アブラハムに約束し、そのロゴスをユダヤ人が辱めた神を異邦人が崇めているのであれば、聖書によって預言された主が、全地を照らし、全地に肉体をもってご自分を顕されたことを、なぜ彼らは認めないのか。否むしろ、なぜ進んで認めようとしないのか」(『ロゴスの受肉』第40章5節〔Kannengiesser, 2000, p.408; Εἰ δὲ τὸν Μωϋσῆ δεδωκότα τὸν νόμον καὶ τῷ Ἀβραὰμ ἐπαγγειλάμενον Θεόν, καὶ οὗ τὸν λόγον ἠτίμασαν Ἰουδαῖοι, τοῦτον τὰ ἔθνη σέβουσι, διὰ τί μὴ γινώσκουσι, μᾶλλον δὲ διὰ τί ἑκόντες παρορῶσιν, ὅτι ὁ προφητευόμενος ὑπὸ τῶν γραφῶν Κύριος ἐπέλαμψε τῇ οἰκουμένῃ καὶ ἐπεφάνη σωματικῶς αὐτῇ〕)。「しかし、それらの

注

ことが人間のわざではなく神のみわざであると思われるなら、また実際にそうであるなら、なぜ不信仰者らは、それらのことを行なわれた主を認めずに、不敬虔であり続けるのか」(『ロゴスの受肉』第53章3節〔Kannengiesser, 2000, p.456; Εἰ δὲ μὴ ἀνθρώπων ἀλλὰ Θεοῦ ἔργα ταῦτα φαίνεται καί εἰσι, διὰ τί τοσοῦτον ἀσεβοῦσιν οἱ ἄπιστοι, μὴ ἐπιγινώσκοντες τὸν ταῦτα ἐργασάμενον Δεσπότην;〕)。「さて、本性によって見えざるお方であり、いかにしても見ることのできないお方であられる神を見たいと思うなら、その人はみわざによって神を理解し知らねばならないように、知性によってキリストを見ることのできない者は、肉体を通してなされたみわざによってキリストを会得し、それが人間のわざか神のみわざか吟味するがよい。そして、もしそれが人間のわざであるならキリストを嘲笑するがよい。しかし、もし人間のわざではなく神のみわざであると認められるなら、嘲笑すべきでないことを嘲笑せず、むしろこのような単純素朴な事実を通して神的なことがわたしたちに顕されたこと、死を通して不死がすべてのものに及んだこと、ロゴスの受肉を通して万物に対する摂理とその実践者であり形成者であられる神のロゴスそのお方が知られたことに讃嘆するがよい」(『ロゴスの受肉』第54章1-2節〔Kannengiesser, 2000, pp.456-458; Ὥσπερ οὖν εἴ τις ἀόρατον ὄντα τῇ φύσει τὸν Θεὸν καὶ μηδόλως ὁρώμενον εἰ θέλοι ὁρᾶν, ἐκ τῶν ἔργων αὐτὸν καταλαμβάνει καὶ γινώσκει, οὕτως ὁ μὴ ὁρῶν τῇ διανοίᾳ τὸν Χριστόν, κἂν ἐκ τῶν ἔργων τοῦ σώματος καταμανθανέτω τοῦτον, καὶ δοκιμαζέτω εἰ ἀνθρώπινά ἐστιν ἢ Θεοῦ. Καὶ ἐὰν μὲν ἀνθρώπινα ᾖ, χλευαζέτω· εἰ δὲ μὴ ἀνθρώπινά ἐστιν ἀλλὰ Θεοῦ γινώσκεται, μὴ γελάτω τὰ ἀχλεύαστα, ἀλλὰ μᾶλλον θαυμαζέτω, ὅτι διὰ τοιούτου πράγματος εὐτελοῦς τὰ θεῖα ἡμῖν πεφανέρωται, καὶ διὰ τοῦ θανάτου ἡ ἀθανασία εἰς πάντας ἔφθασε, καὶ διὰ τῆς ἐνανθρωπήσεως τοῦ Λόγου ἡ τῶν πάντων ἐγνώσθη πρόνοια, καὶ ὁ ταύτης χορηγὸς καὶ Δημιουργὸς αὐτὸς ὁ τοῦ Θεοῦ Λόγος〕)。「以上で述べられたことの後、ここでは述べられなかった事柄の根源として、次のことをあなたは理解し、また大いに讃嘆せねばなるまい。……一言で言うなら、いかに救いの教えが至るところに進展しており、逆にあらゆる偶像礼拝とキリストへの信仰に逆らうすべてのものが日々、衰え、力を失い、衰退していっているかを観想するがよい。そのようなことを観想して、万物の上におられる救い主、力ある神なるロゴスを礼拝するがよい」(『ロゴスの受肉』第55章1-2節〔Kannengiesser, 2000, p.460; Τοῦτο οὖν μετὰ τὰ προειρημένα καταμαθεῖν σε ἄξιόν ἐστιν καὶ ὡς ἀρχὴν τῶν μὴ λεχθέντων θέσθαι……Καὶ συλλήβδην εἰπεῖν, θεώρει πῶς ἡ μὲν τοῦ Σωτῆρος διδασκαλία πανταχοῦ αὔξει· πᾶσα δὲ εἰδωλολατρία καὶ πάντα τὰ ἐναντιούμενα τῇ Χριστοῦ πίστει καθ᾽ ἡμέραν ἐλαττοῦται καὶ ἐξασθενεῖ καὶ πίπτει. Οὕτω δὲ θεωρῶν προσκύνει μὲν τὸν ἐπὶ πάντων Σωτῆρα καὶ δυνατὸν Θεὸν Λόγον〕)。

196) 『ロゴスの受肉』第28章5節 (Kannengiesser, 2000, p.368; Ἀλλ᾽ ὥσπερ ὁ τὸ ἀμίαντον λαβὼν γινώσκει τὸ ἄψαυστον ἐστι τοῦ πυρός, πρὸς αὐτό, καὶ ὁ τὸν τύραννον δεδεμένον θέλων ὁρᾶν, εἰς τὴν τοῦ νικήσαντος ἀρχὴν παρέρχεται· οὕτως καὶ ὁ ἀπιστῶν περὶ τῆς τοῦ θανάτου νίκης λαμβανέτω τὴν πίστιν τοῦ Χριστοῦ, καὶ εἰς τὴν τούτου διδασκαλίαν παρερχέσθω· καὶ ὄψεται τοῦ θανάτου τὴν ἀσθένειαν, καὶ τὴν κατ᾽ αὐτοῦ νίκην).

197) 『異教徒駁論』第29章41-48 (Thomson, pp.80,82; Ὅτε τοίνυν ταῦθ᾽ οὕτως ἐλέγχεται καὶ δέδεικται ἡ παρὰ τοῖς Ἕλλησιν εἰδωλολατρεία πάσης ἀθεότητος οὖσα μεστή, καὶ οὐκ ἐπ᾽ ὠφελείᾳ, ἀλλ᾽ ἐπ᾽ ἀπωλείᾳ τῷ βίῳ τῶν ἀνθρώπων εἰσαχθεῖσα· φέρε λοιπόν, ὡς ἐξ ἀρχῆς ὁ λόγος ἐπηγγείλατο, τῆς πλάνης διελεγχθείσης, τὴν τῆς ἀληθείας ὁδὸν ὁδεύσωμεν, καὶ θεωρήσωμεν τὸν ἡγεμόνα καὶ δημιουργὸν τοῦ παντός, τὸν τοῦ Πατρὸς Λόγον, ἵνα δι᾽ αὐτοῦ καὶ

τὸν τούτου Πατέρα Θεὸν κατανοήσωμεν, καὶ γνῶσιν Ἕλληνες ὅσον τῆς ἀληθείας ἑαυτοὺς ἀπεσχοίνισαν).

198)『ロゴスの受肉』第11章以下が『異教徒駁論』の神の善性に基づく自己啓示の議論を踏まえ、それをロゴスの受肉のパースペクティブにおいてさらに展開していることはすでに確認した (supra,「1 - 3 神を観想する生に導く神の善性〔『ロゴスの受肉』第11〜55章〕」)。このことを考慮すれば、両書が神を観想する生に人間を促し、人間の応答を求めているという点で一致するのは自然のことである。

199)『ロゴスの受肉』第13章 7 節 (Kannengiesser, 2000, p.312; Τί οὖν ἔδει ποιεῖν τὸν Θεόν; Ἢ τί ἔδει γενέσθαι, ἀλλ' ἢ τὸ κατ' εἰκόνα πάλιν ἀνανεῶσαι, ἵνα δι' αὐτοῦ πάλιν αὐτὸν γνῶναι δυνηθῶσιν οἱ ἄνθρωποι; Τοῦτο δὲ πῶς ἂν ἐγεγόνει, εἰ μὴ αὐτῆς τῆς τοῦ Θεοῦ εἰκόνος παραγενομένης τοῦ Σωτῆρος ἡμῶν Ἰησοῦ Χριστοῦ; Δι' ἀνθρώπων μὲν γὰρ οὐκ ἦν δυνατόν, ἐπεὶ καὶ αὐτοὶ κατ' εἰκόνα γεγόνασιν· ἀλλ' οὐδὲ δι' ἀγγέλων· οὐδὲ γὰρ οὐδὲ αὐτοί εἰσιν εἰκόνες. Ὅθεν ὁ τοῦ Θεοῦ Λόγος δι' ἑαυτοῦ παρεγένετο, ἵνα ὡς Εἰκὼν ὢν τοῦ Πατρὸς τὸν κατ' εἰκόνα ἄνθρωπον ἀνακτίσαι δυνηθῇ).

200)『ロゴスの受肉』第13章 8 - 9 節 (Kannengiesser, 2000, pp.312-314; Ἄλλως δὲ πάλιν οὐκ ἂν ἐγεγόνει, εἰ μὴ ὁ θάνατος ἦν καὶ ἡ φθορὰ ἐξαφανισθεῖσα. Ὅθεν εἰκότως ἔλαβε σῶμα θνητόν, ἵνα καὶ ὁ θάνατος ἐν αὐτῷ λοιπὸν ἐξαφανισθῆναι δυνηθῇ, καὶ οἱ κατ' εἰκόνα πάλιν ἀνακαινισθῶσιν ἄνθρωποι. Οὐκοῦν ἑτέρου πρὸς ταύτην τὴν χρείαν οὐκ ἦν, εἰ μὴ τῆς Εἰκόνος τοῦ Πατρός).

201)『ロゴスの受肉』第10章 1 節 (Kannengiesser, 2000, p.298; ἀλλὰ τὸν μὲν συμβεβηκότα θάνατον ἀπήλειψε διὰ τῆς προσφορᾶς τοῦ ἰδίου σώματος, τὴν δὲ ἀμέλειαν αὐτῶν διωρθώσατο τῇ ἑαυτοῦ διδασκαλίᾳ, πάντα τὰ τῶν ἀνθρώπων διὰ τῆς ἑαυτοῦ δυνάμεως κατορθώσας).

202)『ロゴスの受肉』第 3 章 5 節 (Kannengiesser, 2000, p.274; Τὸ δὲ θανάτῳ ἀποθανεῖσθε, τί ἂν ἄλλο εἴη ἢ τὸ μὴ μόνον ἀποθνήσκειν, ἀλλὰ καὶ ἐν τῇ τοῦ θανάτου φθορᾷ διαμένειν;).

203)『ロゴスの受肉』第 4 章 4 節.

204) Mühlenberg, p.217.

205)『ロゴスの受肉』第 9 章 2 節 (Kannengiesser, 2000, p.296; καὶ ὡς συνὼν δὲ διὰ τοῦ ὁμοίου τοῖς πᾶσιν ὁ ἄφθαρτος τοῦ Θεοῦ Υἱὸς εἰκότως τοὺς πάντας ἐνέδυσεν ἀφθαρσίαν ἐν τῇ περὶ τῆς ἀναστάσεως ἐπαγγελίᾳ).

206)『ロゴスの受肉』第10章 5 節 (Kannengiesser, 2000, p.300; Τῇ γὰρ τοῦ ἰδίου σώματος θυσίᾳ καὶ τέλος ἐπέθηκε τῷ καθ' ἡμᾶς νόμῳ, καὶ ἀρχὴν ζωῆς ἡμῖν ἐκαίνισεν, ἐλπίδα τῆς ἀναστάσεως δεδωκώς).

207)『ロゴスの受肉』第44章 8 節 (Kannengiesser, 2000, pp.428-430; καὶ οὕτως οὐκ ἔτι τὸν θάνατον οὐδὲ τὴν φθορὰν φοβεῖται, ἔχον ἔνδυμα τὴν ζωήν, καὶ ἐν αὐτῷ ἀφανιζομένης τῆς φθορᾶς).

208) Supra,「第 3 節 神の善性に基づく自己啓示(『異教徒駁論』第30〜47章)」.
209) Supra,「第 3 節 神の善性に基づく自己啓示(『異教徒駁論』第30〜47章)」.
210) Supra,「第 3 章 アタナシオスの『ロゴスの受肉』における神の善性」.
211) Supra,「第 1 章 中期プラトン主義とオリゲネスにおける神の善性の理解」.
212) 例えば Rousseau et Lafontaine, 2004では、『アレイオス派駁論』全 3 巻を内容に従って 6 つのセクションに分けているが、第 3 巻59〜67章は「御子は決断と意志に由来する存在ではない」と題されてその最後のセクションとなっている (ibid., pp.513-516)。

注

213) Meijering, 1974, pp.69, 80.
214) *Ibid.*, p.70.
215)『アレイオス派駁論』第3巻第59章1節（K. Metzler und K.Savvidis, *Orationes III Contra Arianos* [M. Tetz (Hrsg.), *Athanasius Werke*, Bd. 1, Teil 1. Lfg. 3], Berlin und New York, 2000, S.371; βουλήσει καὶ θελήσει γεγενῆσθαι τὸν υἱὸν ὑπὸ τοῦ πατρός. なお翻訳に際してA. Robertson, *Select Writings and Letters of Athanasius, Bishop of Alexandria* [*NPNF* 4], Grand Rapids, 1975とRousseau et Lafontaineを参照した).
216)『アレイオス派駁論』第3巻第59章2節（Metzler, 2000, S.372; ἦν ποτε ὅτε οὐκ ἦν).
217) Meijering, 1974, p.71.
218)『アレイオス派駁論』第3巻第62章1節（Metzler, 2000, S.375; εἰ μὴ βουλήσει γέγονεν, οὐκοῦν ἀνάγκῃ καὶ μὴ θέλων ἔσχεν ὁ θεὸς υἱόν).
219)『アレイオス派駁論』第3巻第62章2節（Metzler, 2000, S.375; ὑπέρκειται καὶ προηγεῖται τοῦ βούλεσθαι τὸ κατὰ φύσιν).
220) Meijering, 1974, p.72.
221) *Ibid.*, pp.73-74.
222) *Ibid.*, p.74.
223)『アレイオス派駁論』第3巻第62章4節（Metzler, 2000, S.375; τὸ γὰρ βουλεύεσθαι καὶ προαιρεῖσθαι εἰς ἑκάτερα τὴν ῥοπὴν ἔχει, καὶ λογικῆς φύσεώς ἐστι τοῦτο πάθος).
224) Meijering, 1974, p.75.
225) メイエリングは『プラトン哲学講義』の著者をアルビノスとして論じているが、筆者はアルキノオスであると考えている（*supra*, 第1章「1-3 アルキノオスにおける不動の動者である神の善性」)。本書の著者は古来アルキノオスの著作と伝えられてきた。しかしアルキノオスという哲学者については、この書物の著者として以外には何も知られておらず、他の文献において言及されることもほとんどないことなどから、この著者名自体に対する疑いが生じ、アルキノオスがアルビノスと誤記されたとの仮説は19世紀後半にJ・フロイデンタールが主張し（Freudenthal, *Der Platoniker Albinos und der falsche Alkinoos*, Berlin, 1879)、その後この見解が定着してしまった。ところが近年になって、ヴィテカーなどによって（Whittaker）フロイデンタールの主張の論拠に対する批判的な検証が試みられ、誤記の可能性の検討、著述スタイルや思想内容の比較などの観点から有力な反論が相次いで提出されるに及んで、現在では再びアルキノオスを著者とする見方がほぼ主流となっている（中畑, p.368）。
226) Meijering, 1974, pp.75-76.
227) *Ibid.*, 1974, p.78.
228) *Ibid.*, p.79.
229)『アレイオス派駁論』第3巻第63章1-2節（Metzler, 2000, S.376; ὁ πατὴρ αὐτὸς βουλευσάμενος πρότερον, εἶτα θελήσας, οὕτως ὑπάρχει ἢ καὶ πρὸ τοῦ βουλεύσηται;……τί οὖν ἦν πρὸ τοῦ βουλεύσηται ἢ τί πλέον ἔσχεν, ὡς ὑμεῖς λέγετε, μετὰ τὸ βουλεύσασθαι;).
230) Meijering, 1974, p.79.
231)『アレイオス派駁論』第3巻第63章4節（Metzler, 2000, S.376; βουλὴ ζῶσα τοῦ πατρὸς).
232) Meijering, 1974, p.81.
233) *Ibid.*, p.80.
234)『アレイオス派駁論』第3巻第66章1節.

235) Meijering, 1974, p.83.
236) *Ibid.*, pp.80-81.
237)『アレイオス派駁論』第 3 巻第59章 2 節（Metzler, 2000, S.372; ταὐτὸν γὰρ σημαίνει ὁ λέγων βουλήσει γέγονεν ὁ υἱὸς καὶ ὁ λέγων ἦν ποτε ὅτε οὐκ ἦν καὶ ἐξ οὐκ ὄντων γέγονε καὶ κτίσμα ἐστίν).
238)『アレイオス派駁論』第 3 巻第59章 4 節.
239)『アレイオス派駁論』第 3 巻第60章 1 節（Metzler, 2000, S.372; Πανταχοῦ τὸ εἶναι τοῦ λόγου πάντες καὶ οὐδαμοῦ ἐκ βουλήσεως αὐτὸν οὐδὲ ὅλως πεποιῆσθαι λέγουσιν. αὐτοὶ δὲ ποῦ ἄρα βούλησιν ἢ θέλησιν προηγουμένην εὗρον τοῦ λόγου τοῦ θεοῦ, εἰ μὴ ἄρα τὰς γραφὰς ἀφέντες ὑποκρίνονται καὶ τὴν Οὐαλεντίνου κακόνοιαν;).
240)『アレイオス派駁論』第 3 巻第60章 3 節.
241) *Ibid.*
242)『アレイオス派駁論』第 3 巻第60章 2 節（Metzler, 2000, S.372; Πτολεμαῖος γὰρ ὁ Οὐαλεντίνου ἔφη δύο ζυγοὺς ἔχειν τὸν ἀγένητον, ἔννοιαν καὶ θέλησιν· καὶ πρῶτον ἐνενόησεν, εἶτα ἠθέλησε, καὶ ἅπερ ἐνενόει, οὐκ ἠδύνατο προβάλλειν, εἰ μὴ ὅτε καὶ ἡ τοῦ θελήματος δύναμις ἐπεγένετο. ἔνθεν οἱ Ἀρειανοὶ μαθόντες θέλημα καὶ βούλησιν προηγεῖσθαι θέλουσι τοῦ λόγου).
243)『アレイオス派駁論』第 3 巻第61章 3 節（Metzler, 2000, S.374; τὸν δὲ ἴδιον λόγον ἐξ αὐτοῦ φύσει γεννῶν).
244)『アレイオス派駁論』第 3 巻第62章 2 節（Metzler, 2000, S.375; ὑπέρκειται καὶ προηγεῖται τοῦ βούλεσθαι τὸ κατὰ φύσιν).
245) *Supra*, 第 4 章「第 1 節 メイエリングの理解——神の意志と神の存在の同一化による神の意志の永遠性の論証」.
246)『アレイオス派駁論』第 3 巻第62章 3 節（Metzler, 2000, S.375; ἔδει αὐτοὺς ἀκούοντας οὐ βουλήσει λογίζεσθαι τὸ κατὰ φύσιν. οἱ δὲ ἐπιλαθόμενοι, ὅτι περὶ υἱοῦ θεοῦ ἀκούουσι, τολμῶσιν ἀνθρωπίνας ἀντιθέσεις λέγειν ἐπὶ θεοῦ, ἀνάγκη καὶ παρὰ γνώμην, ἵνα τὸ εἶναι υἱὸν ἀληθινὸν ἀρνήσωνται τοῦ θεοῦ).
247) *Supra*, 第 1 章「第 1 節 中期プラトン主義における神の善性の理解」.
248) Gregg and Groh, *Early Arianism: A View of Salvation*, Philadelphia, 1981.
249) Hanson, *The Search for the Christian Doctrine of God*, Edinburgh, 1988.
250) 関川 , p.498.
251)『アレイオス派駁論』第 3 巻第64章 5 - 6 節（Metzler, 2000, S.377-378; ἢ πῶς οὐ βλάσφημον λέγειν βούλησιν πρὸ τοῦ λόγου εἶναι ἐν τῷ πατρί; εἰ γὰρ προηγεῖται βούλησις ἐν τῷ πατρί, οὐκ ἀληθεύει λέγων ὁ υἱὸς ἐγὼ ἐν τῷ πατρί· ἢ εἰ καὶ αὐτὸς ἐν τῷ πατρί ἐστιν, ἀλλὰ δεύτερος λογισθήσεται······εἰ οὕτως ἐστί, πῶς ὁ μὲν κύριος, τὰ δὲ δοῦλα τυγχάνει; πάντως δὲ κύριος οὗτος, ὅτι τῇ τοῦ πατρὸς κυριότητι ἥνωται· καὶ πάντως ἡ κτίσις δούλη, ἐπεὶ ἐκτὸς τῆς τοῦ πατρὸς ἑνότητός ἐστι καὶ οὐκ οὖσά ποτε γέγονε).
252)『アレイオス派駁論』第 3 巻第63章 4 節（Metzler, 2000, S.376; ἴδιος ὢν λόγος τοῦ πατρὸς οὐκ ἐᾷ πρὸ ἑαυτοῦ λογίσασθαί τινα βούλησιν αὐτὸς ὢν βουλὴ ζῶσα τοῦ πατρός).
253)『アレイオス派駁論』第 3 巻第63章 5 節 - 第64章 1 節，第64章 5 節.
254)『アレイオス派駁論』第 3 巻第65章 1 節.
255)『アレイオス派駁論』第 3 巻第65章 2 節.

注

256)『アレイオス派駁論』第3巻第65章3節（Metzler, 2000, S.378; αὐτὸς ἡ φρόνησις καὶ ἡ ζῶ- σα βουλή）.
257)『アレイオス派駁論』第3巻第62章3節（Metzler, 2000, S.375; υἱὸν ἀληθινὸν……τοῦ θεοῦ）
258)『アレイオス派駁論』第3巻第62章4 - 6節（Metzler, 2000, S.375-376; τὸ ἀγαθὸν εἶναι καὶ οἰκτίρμονα τὸν θεὸν ἐκ βουλήσεως πρόσεστιν αὐτῷ ἢ οὐ βουλήσει; εἰ μὲν οὖν ἐκ βουλήσεως, σκοπεῖν δεῖ, ὅτι ἤρξατο μὲν εἶναι ἀγαθὸς καὶ τὸ μὴ εἶναι δὲ ἀγαθὸν ἐνδεχόμενόν ἐστι. τὸ γὰρ βουλεύεσθαι καὶ προαιρεῖσθαι εἰς ἑκάτερα τὴν ῥοπὴν ἔχει, καὶ λογικῆς φύσεώς ἐστι τοῦτο πάθος. εἰ δὲ διὰ τὸ ἐκ τούτων ἄτοπον οὐκ ἐκ βουλήσεως οἰκτίρμων καὶ ἀγαθός ἐστιν, ἀκουέτωσαν ἅπερ εἰρήκασιν αὐτοί· οὐκοῦν ἀνάγκη καὶ μὴ θέλων ἐστὶν ἀγαθός καὶ τίς ὁ τὴν ἀνάγκην ἐπιβαλὼν αὐτῷ; εἰ δὲ ἄλογόν ἐστι λέγειν ἐπὶ θεοῦ ἀνάγκην καὶ διὰ τοῦτο φύσει ἀγαθός ἐστιν, εἴη ἂν πολλῷ μᾶλλον καὶ ἀληθέστερον τοῦ υἱοῦ φύσει καὶ οὐκ ἐκ βουλήσεως πατήρ）.
259)『アレイオス派駁論』第3巻第63章4節（Metzler, 2000, S.376; ἴδιος ὢν λόγος τοῦ πατρὸς οὐκ ἐᾷ πρὸ ἑαυτοῦ λογίσασθαί τινα βούλησιν αὐτὸς ὢν βουλὴ ζῶσα τοῦ πατρὸς）.
260)『アレイオス派駁論』第3巻第62章6節（Metzler, 2000, S.376; διὰ τοῦτο φύσει ἀγαθός ἐστιν）.
261)『アレイオス派駁論』第3巻第62章5節（Metzler, 2000, S. 376; ἀνάγκη καὶ μὴ θέλων ἐστὶν ἀγαθός）.
262) Meijering, 1974, p.78; *supra*,「1 - 2 自由意志が内包する偶有性と時間性」.
263) Widdicombe, 1994, p.183.
264)『アレイオス派駁論』第1巻第29章1節.
265)『アレイオス派駁論』第3巻第62章6節（Metzler, 2000, S.376; εἴη ἂν πολλῷ μᾶλλον καὶ ἀληθέστερον τοῦ υἱοῦ φύσει καὶ οὐκ ἐκ βουλήσεως πατήρ）.
266)『ニカイア会議の宣言について』第1章5節（H. G. Opitz, *Apologia de Fuga Sua, Epistola de Decretis Nicaenae Synodi, Epistola de Sententia Dionysii, Epistola de Synodis* [M. Tetz (Hrsg.), *Athanasius Werke*, Bd. 2, Teil 1], Berlin und Leipzig, 1935, S. 1; δέον τὸ ἔμπαλιν αὐτοὺς λέγειν· διατί σὺ θεὸς ὢν ἄνθρωπος γέγονας; τὰ γὰρ ἔργα θεὸν αὐτὸν ἐδείκνυεν, ἵνα τὴν μὲν ἀγαθότητα τοῦ πατρὸς προσκυνήσωσι, τὴν δὲ δι᾽ ἡμᾶς αὐτοῦ οἰκονομίαν θαυμάσωσι. なお翻訳に際して Robertson を参照した）.
267)『ニカイア会議の宣言について』第11章3節（Opitz, S. 9 -10; πάλιν τε οἱ μὲν ἄνθρωποι οὐ δυνάμενοι καθ᾽ ἑαυτοὺς εἶναι ἐν τόπῳ τυγχάνοντές εἰσι περιεχόμενοι καὶ συνεστῶτες ἐν τῷ τοῦ θεοῦ λόγῳ, ὁ δὲ θεὸς ὢν ἐστι καθ᾽ ἑαυτὸν περιέχων τὰ πάντα καὶ ὑπ᾽ οὐδενὸς περιεχόμενος, καὶ ἐν πᾶσι μέν ἐστι κατὰ τὴν ἑαυτοῦ ἀγαθότητα καὶ δύναμιν, ἔξω δὲ τῶν πάντων πάλιν ἐστὶ κατὰ τὴν ἰδίαν φύσιν）.
268)『アレイオス派駁論』第3巻第64章1節（Metzler, 2000, S.377; ἐκτός ἐστιν οὗτος τῶν βουλήσει γεγονότων καὶ μᾶλλον αὐτός ἐστιν ἡ ζῶσα βουλὴ τοῦ πατρός）.
269)『アレイオス派駁論』第3巻第64章6節（Metzler, 2000, S.378; πάντως δὲ κύριος οὗτος, ὅτι τῇ τοῦ πατρὸς κυριότητι ἥνωται· καὶ πάντως ἡ κτίσις δούλη, ἐπεὶ ἐκτὸς τῆς τοῦ πατρὸς ἑνότητός ἐστι καὶ οὐκ οὖσά ποτε γέγονε）.
270)『アレイオス派駁論』第3巻第66章1 - 2節（Metzler, 2000, S.379; Ἆρ᾽ οὖν ἐπεὶ φύσει καὶ μὴ ἐκ βουλήσεώς ἐστιν ὁ υἱός, ἤδη καὶ ἀθελητός ἐστι τῷ πατρὶ καὶ μὴ βουλομένου τοῦ πατρὸς

ἐστιν ὁ υἱός; οὐ μὲν οὖν, ἀλλὰ καὶ θελόμενός ἐστιν ὁ υἱὸς παρὰ τοῦ πατρὸς καί, ὡς αὐτός φησιν, ὁ πατὴρ φιλεῖ τὸν υἱὸν καὶ πάντα δείκνυσιν αὐτῷ. ὡς γὰρ τὸ εἶναι ἀγαθὸς οὐκ ἐκ βουλήσεως μὲν ἤρξατο οὐ μὴν ἀβουλήτως καὶ ἀθελήτως ἐστὶν ἀγαθός· ὃ γάρ ἐστι, τοῦτο καὶ θελητόν ἐστιν αὐτῷ, οὕτω καὶ τὸ εἶναι τὸν υἱόν, εἰ καὶ μὴ ἐκ βουλήσεως ἤρξατο, ἀλλ᾽ οὐκ ἀθέλητον οὐδὲ παρὰ γνώμην ἐστὶν αὐτῷ).

271) 『アレイオス派駁論』第3巻第66章3節 (Metzler, 2000, S.379; γὰρ ὁ υἱὸς τῇ θελήσει ᾗ θέλεται παρὰ τοῦ πατρός, ταύτῃ καὶ αὐτὸς ἀγαπᾷ καὶ θέλει καὶ τιμᾷ τὸν πατέρα).

272) 『アレイオス派駁論』第3巻第66章5-6節 (Metzler, 2000, S.380; ἐπὶ υἱοῦ δὲ λέγειν ἐδύνατο καὶ μὴ εἶναι δυσσεβές ἐστι, καὶ φθάνον εἰς τὴν τοῦ πατρὸς οὐσίαν τὸ τόλμημα, εἴγε τὸ ἴδιον αὐτῆς ἐδύνατο μὴ εἶναι. ὅμοιον γὰρ ὡς εἰ ἐλέγετο, ἐδύνατο καὶ μὴ εἶναι ἀγαθὸς ὁ πατήρ. ἀλλ᾽ ὥσπερ ἀγαθὸς ἀεὶ καὶ τῇ φύσει, οὕτως καὶ ἀεὶ καὶ τῇ φύσει γεννητικὸς ὁ πατήρ. τὸ δὲ λέγειν ὁ πατὴρ θέλει τὸν υἱὸν καὶ ὁ λόγος θέλει τὸν πατέρα οὐ βούλησιν προηγουμένην δείκνυσιν, ἀλλὰ φύσεως γνησιότητα καὶ οὐσίας ἰδιότητα καὶ ὁμοίωσιν γνωρίζει).

273) この他にも『アレイオス派駁論』の中で、神の父性と善性とを結びつけて論じている箇所がある。「実際に、善にして主の御父であられる神は、わたしたちを憐れみ、すべての者によって知られることを望んでおられるので、ご自分の御子に人間の肉体をまとわせられ……」(『アレイオス派駁論』第2巻第14章3節〔Metzler, 1998, S.190; λοιπὸν γὰρ ἀγαθὸς ὢν ὁ θεὸς καὶ πατὴρ ὢν τοῦ κυρίου ἐλεήσας καὶ θέλων πᾶσι γνωσθῆναι ποιεῖ τὸν ἑαυτοῦ υἱὸν ἐνδύσασθαι σῶμα ἀνθρώπινον……〕。なお翻訳に際してRobertsonとRousseau et Lafontaineを参照した)。

274) Widdicombe, p.186. ウィディコムはこの表現をウィリアムズの著作の中から引用している (Williams, 1987, p.241)。

275) Widdicombe, pp.186-187.

276) *Ibid.* またアナトリオスも同様のことを主張している (Anatolios, 1999, p.171)。

277) 『アレイオス派駁論』第2巻第2章1節.

278) *Ibid.*

279) 『アレイオス派駁論』第2巻第2章2節 (Metzler, 1998, S.178; εἰ δὲ μὴ καρπογόνος ἐστὶν αὕτη ἡ θεία οὐσία, ἀλλ᾽ ἔρημος κατ᾽ αὐτούς, ὡς φῶς μὴ φωτίζον καὶ πηγὴ ξηρά, πῶς δημιουργικὴν ἐνέργειαν ἔχειν αὐτὸν λέγοντες οὐκ αἰσχύνονται;).

280) Widdicombe, p.187.

281) 『アレイオス派駁論』第2巻第2章3節 (Metzler, 1998, S.178; εἰ δὲ τὰ ἐκτὸς καὶ οὐκ ὄντα πρότερον, βουλόμενος δὲ αὐτὰ εἶναι δημιουργεῖ καὶ γίνεται τούτων ποιητής, πολλῷ πρότερον εἴη ἂν πατὴρ γεννήματος ἐκ τῆς ἰδίας οὐσίας).

282) Widdicombe, p.187; Anatolios, p.171.

283) アナトリオスは、オリゲネスもアタナシオスと同様に、御父と御子の関係が神と被造物の関係を基礎づけていることを強調した、と理解している (*ibid.* pp.166-168)。ただしオリゲネスは、神の経綸の対象である被造物の永遠性を主張することによって神の経綸の確かさを強調しようとしたが、この点がアタナシオスと異なっている (*ibid.* pp.169-170)。すなわちアタナシオスは神の経綸の対象によってではなく、御父と御子の関係によって神と被造物の関係を基礎づけることを通して、神の経綸の働きの永遠性を主張したのである (*ibid.* p.171)。

284) Kannengiesser, *Athanase d'Alexandrie évêque et écrivain. Une lecture des traités Contre les*

注

  Ariens, Paris, 1983.
285) Kannengiesser, "Athansius' So-called Third Oration against the Arians," *Studia Patristica* 26, Louvain, 1993, pp.375-389.
286) Kannengiesser, "Die Sonderstellung der dritten Arianerrede des Athanasius," *Zeitschrift für Kirchengeschichte* 106, 1995, S.18-55.
287) Leemans, 2000, pp.138-144.
288) Ernest, *The Bible in Athanasius of Alexandia*, Boston and Leiden, 2004, pp.105-113,429-430.
289) Stead, Review on Kannengiesser's *Athanase d'Alexandrie évêque et écrivain*, *Journal of Theological Studies* 36, 1985, pp.220-229.
290) Blaising, 1987.
291) Meijering, "Zur Echtheit der dritten Rede des Athanasius gegen die Arianer (*Contra Arianos* III, 59-67)," *Vigiliae Christianae* 48, 1994, pp.135-156; idem, "Zur Echtheit der dritten Rede des Athanasius gegen die Arianer (*Contra Arianos* III, 1)," *Vigiliae Christianae* 50, 1996, pp.364-387; idem, *Athanasius: Die dritten Rede des Athanasius gegen die Arianer. Teil I: Kapitel 1 -25: Einleitung, Übersetzung und Kommentar.*, Amsterdam, 1996; idem, *Athanasius: Die dritten Rede des Athanasius gegen die Arianer. Teil II: Kapitel 26-58: Übersetzung und Kommentar*, Amsterdam, 1997; idem, *Athanasius: Die dritten Rede des Athanasius gegen die Arianer. Teil III: Kapitel 59-67: Übersetzung, Kommentar, theologiegeschichitlicher Ausblick*, Amsterdam, 1998.
292) Stead, 1985.
293) Schmitz, "Schimpfwörter in Athanasius' Rede gegen die Arianer," *Roma Renascens. Beiträge zur Spätantike und Rezeptionsgeschichte*, Frankfurt, 1988, S.308-321.
294) Wolinski, "L'emploi de 'trias' dans les 'Traité contre les Ariens' d'Athanase de Alexandrie" *Studia Patristica* 21, Louvain,1989, pp.448-455.
295) Ernest, "Athanasius of Alexandria: The Scope of Scripture in Polemical and Pastoral Context," *Vigiliae Christianae* 47, 1993, pp.341-362.
296) Metzler, *Welchen Bibeltext benutzte Athanasius im Exil? Zur Herkunft der Bibelzitate in der Arianerreden im Vergleich zur ep. ad epp. Aeg. (Abhandlungen der Nordrhein-Westfälischen Akademie der Wissenschaften* 96), Opladen, 1997.
297) Abramowski, "Biblische Lesarten und athanasianische Chronologie," *Zeitschrift für Kirchengeschichte* 109, 1998, S.237-241.
298) Metzler, 1997.
299) Ernest, 2004, p.430. アーネストは、2003年に行なわれた Oxford conference でのカンネンギーサーの講演における言葉として、このことを伝えている。

第2部
1) 『ロゴスの受肉』第1章1節.
2) Louth, 1975, pp.227-231; idem, 1981, pp.138-139.
3) 例えばメイエリングは両書の内容が深く関連していることを理由に、ラウスの主張を批判する (Meijering, 1989, S.54-55, 375-376)。またピーターセンは『異教徒駁論』が創造と啓示の教理を、これに対して『ロゴスの受肉』が受肉と贖罪の教理を主題としている点を指摘し、そのような両書のコンテクストの違いはあっても、人間理解においては本

質的な相違はない、とする（Pettersen, 1990, pp. 9 -20）。さらにアナトリオスは、両書の間に相違を見る者は無意識の内に受肉の前後の事柄がそれぞれの書物に論じられていると考えているが、アタナシオスは『異教徒駁論』において人間の魂を論じる時にもキリストの受肉とは無関係の魂を考えてはいない、とする（Anatolios, *Athanasius: The Coherence of His Thought,* London and New York, 1998, pp.66-67）。

4) 『異教徒駁論』第 1 章 1 （Thomson, p. 2 ; Ἡ μὲν περὶ τῆς θεοσεβείας καὶ τῆς τῶν ὅλων ἀληθείας γνῶσις).
5) 『異教徒駁論』第 1 章15-16（Thomson, p. 2 ; τὴν κατὰ τὸν Σωτῆρα Χριστὸν πίστιν).
6) 『異教徒駁論』第 1 章 3 - 5 （Thomson, p. 2).
7) 「彼らは十字架を中傷しながら、十字架の力が世界に満ちていること、また十字架を通して神の知識の効果がすべてのものに啓示されていることを知らない」（『異教徒駁論』第 1 章21-23〔Thomson, p. 2 ; ὅτι, τὸν σταυρὸν διαβάλλοντες, οὐχ ὁρῶσι τὴν τούτου δύναμιν πᾶσαν τὴν οἰκουμένην πεπληρωκυῖαν, καὶ ὅτι δι' αὐτοῦ τὰ τῆς θεογνωσίας ἔργα πᾶσι πεφανέρωται]).
8) 「十字架がひとたび確立されて、すべての偶像が打ち倒され、このしるしによってあらゆる悪魔の働きが打ち負かされ、キリストのみが礼拝せられ、キリストを通して御父が知られる……のなら、どうしてわたしたちは、なおこのことが人間の言葉によって考えられるなどと、理性にかなった仕方で言うことができようか。むしろわたしたちは十字架にのぼられたお方が、神のロゴス、宇宙の救い主であられると告白すべきではないだろうか」（『異教徒駁論』第 1 章27-34〔Thomson, p. 4 ; εἰ γὰρ τοῦ σταυροῦ γενομένου, πᾶσα μὲν εἰδωλολατρεία καθῃρέθη, πᾶσα δὲ δαιμόνων φαντασία τῷ σημείῳ τούτῳ ἀπελαύνεται, καὶ μόνος ὁ Χριστὸς προσκυνεῖται, καὶ δι' αὐτοῦ γινώσκεται ὁ Πατήρ……πῶς εἰκότως γὰρ ἄν τις εἴποι πρὸς αὐτούς ἔτι ἀνθρώπινόν ἐστιν ἐπινοεῖν τὸ πρᾶγμα, καὶ οὐ μᾶλλον ὁμολογεῖν Θεοῦ Λόγον καὶ Σωτῆρα εἶναι τοῦ παντὸς τὸν ἐπὶ τοῦ σταυροῦ ἀναβάντα;]).
9) 『異教徒駁論』第 1 章34-37（Thomson, p. 4).
10) 『異教徒駁論』第 1 章42-44（Thomson, p. 4 ; Λέγομεν οὖν ὡς ἐφικτὸν ἡμῖν, πρότερον διελέγξαντες τὴν τῶν ἀπίστων ἀμαθίαν· ἵνα, τῶν ψευδῶν διελεγχθέντων, λοιπὸν ἡ ἀλήθεια δι' ἑαυτῆς ἐπιλάμψῃ).
11) *Supra*, 第 1 部「第 2 章『異教徒駁論』における神の善性に基づく自己啓示」.
12) *Ibid*.
13) *Supra*, 第 1 部「第 3 章 アタナシオスの『ロゴスの受肉』における神の善性」.
14) 『異教徒駁論』第30章 2 -12（Thomson, p.82; ἡ δὲ τῆς ἀληθείας ὁδὸς πρὸς τὸν ὄντως ὄντα Θεὸν ἕξει τὸν σκοπόν. πρὸς δὲ τὴν ταύτης γνῶσιν καὶ ἀπλανῆ κατάληψιν οὐκ ἄλλων ἐστὶν ἡμῖν χρεία, ἀλλ' ἡμῶν αὐτῶν· οὐδ', ὥσπερ ἐστὶν αὐτὸς ὁ Θεὸς ὑπεράνω πάντων, οὕτω καὶ ἡ πρὸς τοῦτον ὁδὸς πόρρωθεν ἢ ἔξωθεν ἡμῶν ἐστιν· ἀλλ' ἐν ἡμῖν ἐστι, καὶ ἀφ' ἡμῶν εὑρεῖν τὴν ἀρχὴν δυνατόν, καθὼς καὶ Μωϋσῆς ἐδίδασκε λέγων· Τὸ ῥῆμα τῆς πίστεως ἐντὸς τῆς καρδίας σοῦ ἐστιν. ὅπερ καὶ ὁ Σωτὴρ σημαίνων καὶ βεβαιῶν ἔλεγεν· Ἡ βασιλεία τοῦ Θεοῦ ἐντὸς ὑμῶν ἐστιν. ἔνδον γὰρ ἐν ἑαυτοῖς ἔχοντες τὴν πίστιν καὶ τὴν βασιλείαν τοῦ Θεοῦ, δυνάμεθα ταχέως θεωρῆσαι καὶ νοῆσαι τὸν τοῦ παντὸς βασιλέα, τοῦ Πατρὸς σωτήριον Λόγον).
15) 『異教徒駁論』第30章18-25（Thomson, p.82; καὶ εἴ τις ἂν ἔροιτο, τίς ἂν εἴη αὕτη· φημὶ δὴ τὴν ἑκάστου ψυχὴν εἶναι, καὶ τὸν ἐν αὐτῇ νοῦν……ὅτι μὲν οὖν ψυχὴν ἕκαστος ἀνθρώπων ἔχει καὶ ταύτην λογικήν, καὶ τοῦτο ἀναγκαῖόν ἐστι δεῖξαι δι' ὀλίγων διὰ τοὺς ἀκεραίους).

注

16) 『異教徒駁論』第31章5-11 (Thomson, p.84; ἐκ τοῦ μόνον τὸν ἄνθρωπον τὰ ἔξωθεν ἑαυτοῦ λογίζεσθαι, καὶ ἐνθυμεῖσθαι τὰ μὴ παρόντα, καὶ πάλιν ἐπιλογίζεσθαι καὶ κρίσει τὸ κρεῖττον τῶν λογισμῶν αἱρεῖσθαι· τὰ μὲν γὰρ ἄλογα μόνα τὰ παρόντα βλέπει, καὶ πρὸς μόνα τὰ ἐν ὀφθαλμοῖς ὁρμᾷ, κἂν μετὰ ταῦτα τὴν βλάβην ἔχῃ. ὁ δὲ ἄνθρωπος οὐ πρὸς τὰ βλεπόμενα ὁρμᾷ, ἀλλὰ τῷ λογισμῷ τὰ διὰ τῶν ὀφθαλμῶν ὁρώμενα κρίνει· πολλάκις γοῦν ὁρμήσας κεκράτηται τῷ λογισμῷ).

17) 『異教徒駁論』第31章14-23 (Thomson, p.84; διὰ τοῦτο γοῦν ὡς ἄλλος ὤν, αὐτῶν τῶν αἰσθήσεων γίνεται κριτής· καὶ ὧν ἐκεῖναι ἀντιλαμβάνονται, ταῦτα οὗτος διακρίνει, καὶ ἀναμιμνήσκει, καὶ δείκνυσιν αὐταῖς τὸ κρεῖττον. ὀφθαλμοῦ μὲν γάρ ἐστι μόνον τὸ ὁρᾶν, καὶ ὤτων τὸ ἀκούειν, καὶ στόματος γεύεσθαι, καὶ ῥινὸς ὀδμῶν ἀντιλαμβάνεσθαι, καὶ χειρῶν τὸ ἅπτεσθαι· ἀλλ' ἃ δεῖ ὁρᾶν καὶ ἀκούειν, καὶ ὧν ἅπτεσθαι δεῖ καὶ γεύεσθαι καὶ ὀδμᾶσθαι, οὐκέτι τῶν αἰσθήσεών ἐστιν, ἀλλὰ τῆς ψυχῆς καὶ τοῦ ταύτης νοῦ διακρῖναι. ἀμέλει καὶ ξίφους λαβέσθαι δύναται ἡ χείρ, καὶ δηλητηρίου γεύσασθαι τὸ στόμα· ἀλλ' οὐκ οἶδεν, ὅτι βλάπτει ταῦτα, εἰ μὴ ὁ νοῦς διακρίνῃ).

18) 『異教徒駁論』第31章24-34 (Thomson, pp.84-86).

19) 『異教徒駁論』第31章37-44 (Thomson, p.86; πολλάκις γοῦν κειμένου τοῦ σώματος ἐπὶ γῆς, τὰ ἐν οὐρανοῖς φαντάζεται καὶ θεωρεῖ ὁ ἄνθρωπος· καὶ πολλάκις τοῦ σώματος ἠρεμοῦντος καὶ ἡσυχάζοντος καὶ καθεύδοντος, κινεῖται ἔνδον ὁ ἄνθρωπος, καὶ τὰ ἔξωθεν ἑαυτοῦ θεωρεῖ, χώρας ἀποδημῶν καὶ περιπατῶν, καὶ ἀπαντῶν τοῖς γνωρίμοις, καὶ πολλάκις διὰ τούτων τὰς μεθ' ἡμέραν πράξεις ἑαυτοῦ μαντευόμενος καὶ προγινώσκων. τοῦτο δὲ τί ἂν εἴη ἕτερον ἢ ψυχὴ λογική, ἐν ᾗ λογίζεται καὶ νοεῖ τὰ ὑπὲρ ἑαυτὸν ὁ ἄνθρωπος;).

20) 『異教徒駁論』第32章2-11 (Thomson, pp.86-88; πῶς, τοῦ σώματος θνητοῦ κατὰ φύσιν ὄντος, λογίζεται ἄνθρωπος τὰ περὶ ἀθανασίας, καὶ πολλάκις ἑαυτῷ τὸν θάνατον ὑπὲρ ἀρετῆς προκαλεῖται; ἢ πῶς, προσκαίρου τοῦ σώματος ὄντος, τὰ αἰώνια φαντάζεται ἄνθρωπος, ὥστε τῶν μὲν ἐμποδὼν καταφρονεῖν, εἰς ἐκεῖνα δὲ τὸν πόθον ἔχειν; τὸ μὲν οὖν σῶμα οὐκ ἂν ἑαυτῷ περὶ ἑαυτοῦ τοιαῦτα λογίσηται, καὶ οὐκ ἂν τὰ ἔξωθεν ἑαυτοῦ λογίζοιτο· θνητὸν γὰρ καὶ πρόσκαιρόν ἐστιν· ἀνάγκη δὲ ἕτερον εἶναι τὸ τὰ ἐναντία καὶ παρὰ τὴν φύσιν τοῦ σώματος λογιζόμενον. τί οὖν ἂν εἴη τοῦτο πάλιν, ἢ ψυχὴ λογικὴ καὶ ἀθάνατος;).

21) 『異教徒駁論』第2章5-15 (Thomson, p.6; ὁ μὲν γὰρ τοῦ παντὸς δημιουργὸς καὶ παμβασιλεὺς Θεός, ὁ ὑπερέκεινα πάσης οὐσίας καὶ ἀνθρωπίνης ἐπινοίας ὑπάρχων, ἅτε δὴ ἀγαθὸς καὶ ὑπέρκαλος ὤν, διὰ τοῦ ἰδίου Λόγου τοῦ Σωτῆρος ἡμῶν Ἰησοῦ Χριστοῦ τὸ ἀνθρώπινον γένος κατ' ἰδίαν εἰκόνα πεποίηκε· καὶ τῶν ὄντων αὐτὸν θεωρητὴν καὶ ἐπιστήμονα διὰ τῆς πρὸς αὐτὸν ὁμοιώσεως κατεσκεύασε, δοὺς αὐτῷ καὶ τῆς ἰδίας ἀϊδιότητος ἔννοιαν καὶ γνῶσιν, ἵνα, τὴν ταυτότητα σώζων, μήτε τῆς περὶ Θεοῦ φαντασίας ποτὲ ἀποστῇ, μήτε τῆς τῶν ἁγίων συζήσεως ἀποπηδήσῃ, ἀλλ', ἔχων τὴν τοῦ δεδωκότος χάριν, ἔχων καὶ τὴν ἰδίαν ἐκ τοῦ πατρικοῦ Λόγου δύναμιν, ἀγάλληται καὶ συνομιλῇ τῷ Θείῳ, ζῶν τὸν ἀπήμονα καὶ μακάριον ὄντως ἀθάνατον βίον).

22) 人間が神の像にかたどられて創造されたからこそ理性を持つ存在となった、ということは『ロゴスの受肉』第3章3節で明確に述べられている。

23) 『ロゴスの受肉』第11章3節 (Kannengiesser, 2000, p.304; Ὅθεν, ἵνα μὴ τοῦτο γένηται, ἀγαθὸς ὢν τῆς ἰδίας εἰκόνος αὐτοῖς τοῦ Κυρίου ἡμῶν Ἰησοῦ Χριστοῦ μεταδίδωσι, καὶ ποιεῖ τούτους κατὰ τὴν ἑαυτοῦ εἰκόνα καὶ καθ' ὁμοίωσιν· ἵνα διὰ τῆς τοιαύτης χάριτος τὴν εἰκόνα

注

νοοῦντες, λέγω δὴ τὸν τοῦ Πατρὸς Λόγον, δυνηθῶσιν ἔννοιαν δι' αὐτοῦ τοῦ Πατρὸς λαβεῖν, καὶ γινώσκοντες τὸν ποιητὴν ζῶσι τὸν εὐδαίμονα καὶ μακάριον ὄντως βίον).

24) 関川『アタナシオス神学の研究』教文館, 2006年, pp.276-295, 442-473.
25) 『異教徒駁論』第33章1-7（Thomson, p.88-90;˝Οτι δὲ καὶ ἀθάνατος γέγονεν ἡ ψυχή, καὶ τοῦτο ἀναγκαῖον εἰδέναι ἐν τῇ ἐκκλησιαστικῇ διδασκαλίᾳ πρὸς ἔλεγχον τῆς τῶν εἰδώλων ἀναιρέσεως. γένοιτο δ' ἂν οὖν ἡ περὶ τούτων γνῶσις ἐγγυτέρω μᾶλλον ἐκ τῆς περὶ τοῦ σώματος γνώσεως, καὶ ἐκ τοῦ πρὸς τὸ σῶμα διαλλάττειν αὐτήν. εἰ γὰρ ἄλλην αὐτὴν ὁ λόγος ἀπέδειξε παρὰ τὸ σῶμα, ἔστι δὲ τὸ σῶμα φύσει θνητόν· ἀνάγκη τὴν ψυχὴν ἀθάνατον εἶναι, τῷ μὴ εἶναι κατὰ τὸ σῶμα).
26) 『異教徒駁論』第33章12-16（Thomson, p.90; εἰ μὲν οὖν καὶ αὕτη ὑπὸ τοῦ σώματος ἐκινεῖτο, ἀκόλουθον ἦν, ἀναχωροῦντος τοῦ κινοῦντος, ἀποθνήσκειν αὐτήν· εἰ δὲ ἡ ψυχὴ κινεῖ καὶ τὸ σῶμα, ἀνάγκη μᾶλλον αὐτὴν ἑαυτὴν κινεῖν. ἑαυτῇ δὲ κινουμένῃ, ἐξ ἀνάγκης καὶ μετὰ τὸν τοῦ σώματος θάνατον ζῇ).
27) 『異教徒駁論』第33章16-18（Thomson, p.90; ἡ γὰρ κίνησις τῆς ψυχῆς οὐδὲν ἕτερόν ἐστιν ἢ ἡ ζωὴ αὐτῆς· ὥσπερ ἀμέλει καὶ τὸ σῶμα τότε ζῆν λέγομεν ὅτε κινεῖται, καὶ τότε θάνατον αὐτοῦ εἶναι ὅτε τῆς κινήσεως παύεται).
28) Meijering, 1984, pp.108-109.
29) 『異教徒駁論』第33章28-33（Thomson, pp.90-92; πῶς οὐχὶ μᾶλλον καὶ πολλῷ πλέον, ἀπολυθεῖσα τοῦ σώματος ὅτε ὁ συνδήσας αὐτὴν βούλεται Θεός, φανερωτέραν ἕξει τὴν τῆς ἀθανασίας γνῶσιν; εἰ γὰρ καὶ συνδεθεῖσα σώματι τὴν ἐκτὸς τοῦ σώματος ζωὴν ἔζη, πολλῷ πλέον καὶ μετὰ θάνατον τοῦ σώματος ζήσεται, καὶ οὐ παύσεται τοῦ ζῆν διὰ τὸν οὕτως αὐτὴν ποιήσαντα Θεὸν διὰ τοῦ ἑαυτοῦ Λόγου, τοῦ Κυρίου ἡμῶν Ἰησοῦ Χριστοῦ).
30) Meijering, 1984, pp.110-111.
31) 『異教徒駁論』第34章11-26（Thomson, pp.92-94; ἢ διὰ τί, ὥσπερ ἀπέστησαν ἀπὸ τοῦ Θεοῦ, οὕτως οὐ καταφεύγουσι πάλιν πρὸς αὐτόν; δύνανται γάρ, ὥσπερ ἀπεστράφησαν τῇ διανοίᾳ τὸν Θεὸν καὶ τὰ οὐκ ὄντα ἀνεπλάσαντο εἰς θεούς, οὕτως ἀναβῆναι τῷ νῷ τῆς ψυχῆς, καὶ πάλιν ἐπιστρέψαι πρὸς τὸν Θεόν. ἐπιστρέψαι δὲ δύνανται, ἐὰν ὃν ἐνεδύσαντο ῥύπον πάσης ἐπιθυμίας ἀπόθωνται, καὶ τοσοῦτον ἀπονίψωνται, ἕως ἂν ἀπόθωνται πᾶν τὸ συμβεβηκὸς ἀλλότριον τῇ ψυχῇ, καὶ μόνην αὐτὴν ὥσπερ γέγονεν ἀποδείξωσιν, ἵν' οὕτως ἐν αὐτῇ θεωρῆσαι τὸν τοῦ Πατρὸς Λόγον, καθ' ὃν καὶ γεγόνασιν ἐξ ἀρχῆς, δυνηθῶσι. κατ' εἰκόνα γὰρ Θεοῦ πεποίηται καὶ καθ' ὁμοίωσιν γέγονεν……ὅθεν καὶ ὅτε πάντα τὰ ἐπιχυθέντα ῥύπον τῆς ἁμαρτίας ἀφ' ἑαυτῆς ἀποτίθεται, καὶ μόνον τὸ κατ' εἰκόνα καθαρὸν φυλάττει, εἰκότως, διαλαμπρυνθέντος τούτου, ὡς ἐν κατόπτρῳ θεωρεῖ τὴν εἰκόνα τοῦ Πατρὸς τὸν Λόγον, καὶ ἐν αὐτῷ τὸν Πατέρα, οὗ καὶ ἔστιν εἰκὼν ὁ Σωτήρ, λογίζεται).
32) *Supra*, 第2部第1章「はじめに」.
33) Hamilton, "Athanasius and the Simile of the Mirror," *Vigiliae Christianae* 34, 1980, pp.14-18.
34) 『異教徒駁論』第8章10-14（Thomson, p.20; ἐπικρύψασα γὰρ ταῖς ἐπιπλοκαῖς τῶν σωματικῶν ἐπιθυμιῶν τὸ ὡς ἐν αὐτῇ κάτοπτρον, δι' οὗ μόνου ὁρᾶν ἠδύνατο τὴν εἰκόνα τοῦ Πατρός, οὐκέτι μὲν ὁρᾷ ἃ δεῖ ψυχὴν νοεῖν· παντὶ δὲ περιφέρεται, καὶ μόνα ἐκεῖνα ὁρᾷ τὰ τῇ αἰσθήσει προσπίπτοντα).
35) 『エネアデス』第1巻第6章5節（A. H. Armstrong, *Plotinus, Porphry on Plotinus, Ennead I*, London, 1966, pp.246-248;˝Εστω δὴ ψυχὴ αἰσχρά, ἀκόλαστός τε καὶ ἄδικος, πλείστων μὲν

注

ἐπιθυμιῶν γέμουσα, πλείστης δὲ ταραχῆς ἐν φόβοις διὰ δειλίαν, ἐν φθόνοις διὰ μικροπρέπειαν……πολλῷ τῷ θανάτῳ κεκραμένην, οὐκέτι μὲν ὁρῶσαν ἃ δεῖ ψυχὴν ὁρᾶν, οὐκέτι δὲ ἐωμένην ἐν αὑτῇ μένειν τῷ ἕλκεσθαι ἀεὶ πρὸς τὸ ἔξω καὶ τὸ κάτω καὶ τὸ σκοτεινόν; Ἀκάθαρτος δή, οἶμαι, οὖσα καὶ φερομένη πανταχοῦ ὁλκαῖς πρὸς τὰ τῇ αἰσθήσει προσπίπτοντα……οἷον εἴ τις δὺς εἰς πηλὸν ἢ βόρβορον τὸ μὲν ὅπερ εἶχε κάλλος μηκέτι προφαίνοι, τοῦτο δὲ ὁρῷτο, ὃ παρὰ τοῦ πηλοῦ ἢ βορβόρου ἀπεμάξατο· ᾧ δὴ τὸ αἰσχρὸν προσθήκῃ τοῦ ἀλλοτρίου προσῆλθε καὶ ἔργον αὐτῷ, εἴπερ ἔσται πάλιν καλός, ἀπονιψαμένῳ καὶ καθηραμένῳ ὅπερ ἦν εἶναι). 引用は水地宗明・田之頭安彦訳（『プロティノス全集第1巻』中央公論社, 1986年) を使った。ただし Armstrong を参照して一部変更した。

36) Hamilton, p.17.
37) 「わたしたちは皆、顔の覆いを除かれて、鏡のように主の栄光を映し出しながら、栄光から栄光へと、主と同じ姿に造りかえられていきます。これは主の霊の働きによることです」（コリントの信徒への手紙II第3章18節、新共同訳）。
38) Hamilton, p.17.
39) *Ibid.*, pp.17-18.
40) 『エネアデス』第1巻第6章5節（Armstrong, p.248; Αἰσχρὰν δὴ ψυχὴν λέγοντες μίξει καὶ κράσει καὶ νεύσει τῇ πρὸς τὸ σῶμα καὶ ὕλην ὀρθῶς ἂν λέγοιμεν. Καὶ ἔστι τοῦτο αἶσχος ψυχῇ μὴ καθαρᾷ μηδὲ εἰλικρινεῖ εἶναι ὥσπερ χρυσῷ, ἀναπεπλῆσθαι δὲ τοῦ γεώδους, ὃ εἴ τις ἀφέλοι, καταλέλειπται χρυσὸς καὶ ἔστι καλός, μονούμενος μὲν τῶν ἄλλων, αὐτῷ δὲ συνὼν μόνῳ. Τὸν αὐτὸν δὴ τρόπον καὶ ψυχή, μονωθεῖσα μὲν ἐπιθυμιῶν, ἃς διὰ τὸ σῶμα ἔχει, ᾧ ἄγαν προσωμίλει, ἀπαλλαγεῖσα δὲ τῶν ἄλλων παθῶν καὶ καθαρθεῖσα ἃ ἔχει σωματωθεῖσα, μείνασα μόνη τὸ αἰσχρὸν τὸ παρὰ τῆς ἑτέρας φύσεως ἅπαν ἀπεθήκατο).
41) 『エネアデス』第1巻第6章6節（Armstrong, p.250; Γίνεται οὖν ἡ ψυχὴ καθαρθεῖσα εἶδος καὶ λόγος καὶ πάντη ἀσώματος καὶ νοερὰ καὶ ὅλη τοῦ θείου, ὅθεν ἡ πηγὴ τοῦ καλοῦ καὶ τὰ συγγενῆ πάντα τοιαῦτα. Ψυχὴ οὖν ἀναχθεῖσα πρὸς νοῦν ἐπὶ τὸ μᾶλλόν ἐστι καλόν).
42) 『異教徒駁論』第3章2-13（Thomson, p.8; οἱ δὲ ἄνθρωποι, κατολιγωρήσαντες τῶν κρειττόνων, καὶ ὀκνήσαντες περὶ τὴν τούτων κατάληψιν, τὰ ἐγγυτέρω μᾶλλον ἑαυτῶν ἐζήτησαν, ἐγγύτερα δὲ τούτοις ἦν τὸ σῶμα, καὶ αἱ τούτου αἰσθήσεις. ὅθεν τῶν μὲν νοητῶν ἀπέστησαν ἑαυτῶν τὸν νοῦν, ἑαυτοὺς δὲ κατανοεῖν ἤρξαντο. ἑαυτοὺς δὲ κατανοοῦντες, καὶ τοῦ τε σώματος καὶ τῶν ἄλλων αἰσθητῶν ἀντιλαμβανόμενοι, καὶ ὡς ἐν ἰδίοις ἀπατώμενοι, εἰς ἑαυτῶν ἐπιθυμίαν ἔπεσαν, τὰ ἴδια προτιμήσαντες τῆς πρὸς τὰ θεῖα θεωρίας· ἐνδιατρίψαντες δὲ τούτοις, καὶ τῶν ἐγγυτέρω μὴ ἀποστῆναι θέλοντες, ταῖς μὲν τοῦ σώματος ἡδοναῖς συνέκλεισαν ἑαυτῶν τὴν ψυχήν, τεταραγμένην καὶ πεφυρμένην πάσαις ἐπιθυμίαις· τέλεον δὲ ἐπελάθοντο τῆς ἐξ ἀρχῆς αὐτῶν παρὰ Θεοῦ δυνάμεως).
43) 『異教徒駁論』第30章12-18（Thomson, p.82; καὶ μὴ προφασιζέσθωσαν Ἕλληνες οἱ τοῖς εἰδώλοις θρησκεύοντες· μηδὲ ἄλλος τις ἁπλῶς ἑαυτὸν ἀπατάτω, ὡς τὴν τοιαύτην ὁδὸν οὐκ ἔχων, καὶ διὰ τοῦτο τῆς ἀθεότητος ἑαυτοῦ πρόφασιν εὑρίσκων. πάντες γὰρ εἰς αὐτὴν ἐπιβεβήκαμεν καὶ ἔχομεν, εἰ καὶ μὴ πάντες αὐτὴν ὁδεύειν, ἀλλὰ παροδεύειν ἐκβαίνοντες θέλουσι διὰ τὰς ἔξωθεν αὐτοὺς ἑλκούσας ἡδονὰς τοῦ βίου).
44) 『異教徒駁論』第30章25-29（Thomson, pp.82-84; ἐπεὶ μάλιστά τινες ἀπὸ τῶν αἱρέσεων ἀρνοῦνται καὶ τοῦτο, οἰόμενοι μηδὲν πλέον εἶναι τὸν ἄνθρωπον, ἢ τὸ φαινόμενον εἶδος τοῦ σώματος. ἵνα ταύτης δειχθείσης, φανερώτερον δι᾽ ἑαυτῶν τὸν κατὰ τῶν εἰδώλων ἔλεγχον ἔχειν

δυνηθῶσι).
45) 『異教徒駁論』第34章1 - 6（Thomson, p.92; Λέγομεν οὖν, καθάπερ εἴρηται πρότερον, ὥσπερ τὸν Θεὸν ἠρνήσαντο καὶ ἄψυχα θρησκεύουσιν, οὕτω καὶ ψυχὴν οὐκ ἔχειν λογικὴν νομίζοντες, αὐτόθεν ἔχουσι τῆς παραφροσύνης τὴν ἐπιτιμίαν ἐν ἀλόγοις καταριθμούμενοι· καὶ διὰ τοῦτο ὡς ἄψυχοι ἐν ἀψύχοις ἔχοντες τὴν δεισιδαιμονίαν, ἐλέους καὶ χειραγωγίας εἰσὶν ἄξιοι).
46) 『異教徒駁論』第34章6 -11（Thomson, p.92; εἰ δὲ ψυχὴν ἀξιοῦσιν ἔχειν, καὶ ἐπὶ τῷ λογικῷ μέγα φρονοῦσιν, εἰκότως τοῦτο ποιοῦντες· διὰ τί ὡς μὴ ἔχοντες ψυχὴν παρὰ λόγον τολμῶσι, καὶ οὐχ ἃ δεῖ φρονεῖν φρονοῦσιν, ἀλλὰ κρείττονας ἑαυτοὺς καὶ τοῦ Θείου ποιοῦσι; ψυχὴν γὰρ ἀθάνατον ἔχοντες καὶ μὴ βλεπομένην αὐτοῖς, τὸν Θεὸν ἐν τοῖς βλεπομένοις καὶ θνητοῖς ἀπεικάζουσιν).
47) 『異教徒駁論』第47章32-39（Thomson, p.132; εἰς ὃν σὺ τὴν πίστιν ἔχων καὶ τὸ θεοσεβές, ὦ φιλόχριστε, χαῖρε καὶ εὔελπις γίνου, ὅτι τῆς εἰς αὐτὸν πίστεως καὶ εὐσεβείας ἀθανασία καὶ βασιλεία οὐρανῶν ἐστιν ὁ καρπός, μόνον ἐὰν κατὰ τοὺς αὐτοῦ νόμους ἡ ψυχὴ κεκοσμημένη γένηται. ὥσπερ γὰρ τοῖς κατ᾽ αὐτὸν πολιτευομένοις ἐστὶ τὸ ἔπαθλον ζωὴ αἰώνιος, οὕτω τοῖς τὴν ἐναντίαν καὶ μὴ τὴν τῆς ἀρετῆς ἀτραπὸν ὁδεύουσιν αἰσχύνη μεγάλη καὶ κίνδυνος ἀσύγγνωστος ἐν ἡμέρᾳ κρίσεως, ὅτι καίτοι γνόντες τὴν τῆς ἀληθείας ὁδόν, ἐναντία ὧν ἔγνωσαν ἔπραξαν).
48) *Infra*, 第2章「第3節 神の主権を顕す神の善性と神の真実性, 第4節 なぜ悔い改めによってでは救われないのか」.
49) Louth, 1975; idem, 1981.
50) Louth, 1975, p.228.
51) Meijering, 1989, S.54-55, 375-376.
52) Pettersen, 1990, pp. 9 -20.
53) 『ロゴスの受肉』第7章3節（Kannengiesser, 2000, p.286; Ἀλλ᾽ ἡ μετάνοια οὔτε τὸ εὔλογον τὸ πρὸς τὸν Θεὸν ἐφύλαττεν· ἔμενε γὰρ πάλιν οὐκ ἀληθής, μὴ κρατουμένων ἐν τῷ θανάτῳ τῶν ἀνθρώπων).
54) 『ロゴスの受肉』第7章3 〜 4節（Kannengiesser, 2000, pp.286-288; οὔτε δὲ ἡ μετάνοια ἀπὸ τῶν κατὰ φύσιν ἀνακαλεῖται, ἀλλὰ μόνον παύει τῶν ἁμαρτημάτων. Εἰ μὲν οὖν μόνον ἦν πλημμέλημα καὶ μὴ φθορᾶς ἐπακολούθησις, καλῶς ἂν ἦν ἡ μετάνοια. Εἰ δὲ ἅπαξ προλαβούσης τῆς παραβάσεως, εἰς τὴν κατὰ φύσιν φθορὰν ἐκρατοῦντο οἱ ἄνθρωποι, καὶ τὴν τοῦ κατ᾽ εἰκόνα χάριν ἀφαιρεθέντες ἦσαν, τί ἄλλο ἔδει γενέσθαι;).
55) Louth, 1975, p.228.
56) Meijering, 1989, S.375.
57) 『ロゴスの受肉』第2章5 〜 6節（Kannengiesser, 2000, pp.266-268; Οἱ δὲ ἀπὸ τῶν αἱρέσεων ἄλλον ἑαυτοῖς ἀναπλάττονται δημιουργὸν τῶν πάντων παρὰ τὸν Πατέρα τοῦ Κυρίου ἡμῶν Ἰησοῦ Χριστοῦ, τυφλώττοντες μέγα καὶ περὶ ἃ φθέγγονται. Τοῦ γὰρ Κυρίου λέγοντος πρὸς τοὺς Ἰουδαίους· Οὐκ ἀνέγνωτε ὅτι ἀπ᾽ ἀρχῆς ὁ κτίσας ἄρσεν καὶ θῆλυ ἐποίησεν αὐτούς; καὶ εἶπεν· ἕνεκεν τούτου καταλείψει ἄνθρωπος τὸν πατέρα καὶ τὴν μητέρα αὐτοῦ καὶ προσκολληθήσεται τῇ γυναικὶ αὐτοῦ· καὶ ἔσονται οἱ δύο εἰς σάρκα μίαν· εἶτα σημαίνων τὸν κτίσαντά φησιν· Ὃ οὖν ὁ Θεὸς συνέζευξεν, ἄνθρωπος μὴ χωριζέτω, πῶς οὗτοι ξένην τοῦ Πατρὸς τὴν κτίσιν εἰσάγουσιν; εἰ δὲ κατὰ τὸν Ἰωάννην πάντα περιλαβόντα καὶ λέγοντα πάντα δι᾽ αὐτοῦ ἐγένετο, καὶ χωρὶς αὐτοῦ ἐγένετο οὐδὲ ἕν, πῶς ἂν ἄλλος εἴη ὁ δημιουργός, παρὰ τὸν

注

Πατέρα τοῦ Χριστοῦ;).
58) Kannengiesser, 2000, p.267, n. 2 .
59) Meijering, 1989, S.72-73.
60) 『異教徒駁論』第 6 章12-17（Thomson, pp.14,16; Οἱ δὲ ἀπὸ τῶν αἱρέσεων, ἐκπεσόντες τῆς ἐκκλησιαστικῆς διδασκαλίας, καὶ περὶ τὴν πίστιν ναυαγήσαντες, καὶ οὗτοι μὲν ὑπόστασιν τοῦ κακοῦ παραφρονοῦσιν εἶναι· ἀναπλάττονται δὲ ἑαυτοῖς παρὰ τὸν ἀληθινὸν τοῦ Χριστοῦ Πατέρα θεὸν ἕτερον, καὶ τοῦτον ἀγέννητον τοῦ κακοῦ ποιητὴν καὶ τῆς κακίας ἀρχηγόν, τὸν καὶ τῆς κτίσεως δημιουργόν).
61) 『ロゴスの受肉』第 6 章 3 節（Kannengiesser, 2000, pp.282-284; "Ατοπον μὲν γὰρ ἦν εἰπόντα τὸν Θεὸν ψεύσασθαι, ὥστε νομοθετήσαντος αὐτοῦ θανάτῳ ἀποθνήσκειν τὸν ἄνθρωπον, εἰ παραβαίη τὴν ἐντολήν, μετὰ τὴν παράβασιν μὴ ἀποθνήσκειν, ἀλλὰ λύεσθαι τὸν τούτου λόγον. Οὐκ ἀληθὴς γὰρ ἦν ὁ Θεός, εἰ εἰπόντος αὐτοῦ ἀποθνήσκειν ἡμᾶς, μὴ ἀπέθνησκεν ὁ ἄνθρωπος).
62) Meijering, 1989, S.72-74.
63) 『ロゴスの受肉』第 7 章 1 節（Kannengiesser, 2000, p.286; 'Αλλ' ὥσπερ ἔδει τοῦτο γενέσθαι, οὕτως καὶ ἐκ τῶν ἐναντίων πάλιν ἀντίκειται τὸ πρὸς τὸν Θεὸν εὔλογον, ὥστε ἀληθῆ φανῆναι τὸν Θεὸν ἐν τῇ περὶ τοῦ θανάτου νομοθεσίᾳ).
64) Meijering, 1989, S.69.
65) Ibid., S.83.
66) Ibid., S.74-75.
67) 『ティマイオス』29は次のように述べている。「創造者はすぐれた善きものであった。ところが、およそ善きものには、何事についても、どんな場合にも、物惜しみする嫉妬心は少しも起こらないものである。そこで、このような嫉妬心とは無縁だったので、創造者は、すべてのものができるだけ、創造者自身によく似たものになることを望んだのであった」（『ティマイオス』29〔Burnet, 29.e. 1 - 3 ; ἀγαθὸς ἦν, ἀγαθῷ δὲ οὐδεὶς περὶ οὐδενὸς οὐδέποτε ἐγγίγνεται φθόνος· τούτου δ' ἐκτὸς ὢν πάντα ὅτι μάλιστα ἐβουλήθη γενέσθαι παραπλήσια ἑαυτῷ〕.
68) 『ロゴスの受肉』第 3 章 3 節（Kannengiesser, 2000, p.270; 'Ο Θεὸς γὰρ ἀγαθός ἐστι, μᾶλλον δὲ πηγὴ τῆς ἀγαθότητος ὑπάρχει· ἀγαθῷ δὲ περὶ οὐδενὸς ἂν γένοιτο φθόνος· ὅθεν οὐδενὶ τοῦ εἶναι φθονήσας, ἐξ οὐκ ὄντων τὰ πάντα πεποίηκε διὰ τοῦ ἰδίου Λόγου τοῦ Κυρίου ἡμῶν Ἰησοῦ Χριστοῦ).
69) Meijering, 1989, S.50.
70) Ibid., S.51.
71) Ibid., S.76-78.
72) 『ロゴスの受肉』第 6 章 8 節（Kannengiesser, 2000, p.284; Ἀσθένεια γὰρ μᾶλλον καὶ οὐκ ἀγαθότης ἐκ τῆς ἀμελείας γινώσκεται τοῦ Θεοῦ, εἰ ποιήσας παρορᾷ φθαρῆναι τὸ ἑαυτοῦ ἔργον, ἤπερ εἰ μὴ πεποιήκει κατὰ τὴν ἀρχὴν τὸν ἄνθρωπον).
73) Meijering, 1989, S.76.
74) Ibid., S.76-77.
75) Ibid., S.83.
76) 『ロゴスの受肉』第 1 章 1 - 2 節（Kannengiesser, 2000, p.260; φέρε κατὰ ἀκολουθίαν, μακάριε καὶ ἀληθῶς φιλόχριστε, τῇ περὶ τῆς εὐσεβείας πίστει, καὶ τὰ περὶ τῆς ἐνανθρωπήσεως

τοῦ Λόγου διηγησώμεθα, καὶ περὶ τῆς θείας αὐτοῦ πρὸς ἡμᾶς ἐπιφανείας δηλώσωμεν· ἣν Ἰουδαῖοι μὲν διαβάλλουσιν, Ἕλληνες δὲ χλευάζουσιν, ἡμεῖς δὲ προσκυνοῦμεν· ἵν' ἔτι μᾶλλον ἐκ τῆς δοκούσης εὐτελείας τοῦ Λόγου μείζονα καὶ πλείονα τὴν εἰς αὐτὸν εὐσέβειαν ἔχῃς. Ὅσῳ γὰρ παρὰ τοῖς ἀπίστοις χλευάζεται, τοσούτῳ μείζονα τὴν περὶ τῆς θεότητος αὐτοῦ μαρτυρίαν παρέχει· ὅτι τε ἃ μὴ καταλαμβάνουσιν ἄνθρωποι ὡς ἀδύνατα, ταῦτα αὐτὸς ἐπιδείκνυται δυνατά· καὶ ἃ ὡς ἀπρεπῆ χλευάζουσιν ἄνθρωποι, ταῦτα αὐτὸς τῇ ἑαυτοῦ ἀγαθότητι εὐπρεπῆ κατασκευάζει).

77) 『ロゴスの受肉』第1章4節.
78) 『ロゴスの受肉』第2章1-2節.
79) 『ロゴスの受肉』第2章3-4節.
80) 『ロゴスの受肉』第2章5-6節.
81) 例えばカンネンギーサーによる『ロゴスの受肉』の校訂本の脚注では、「マルキオン」の項目に第2章5節以下の箇所が指示されているだけである（Kannengiesser, 2000, p.479）。
82) *Supra*,「2-1-3 創造論における神の善性から救済論における神の善性へ」.
83) 『ロゴスの受肉』第3章3節.
84) Widdicombe, 1994, pp.149-150.
85) 『ロゴスの受肉』第2章4節.
86) 『ロゴスの受肉』第2章2節.
87) 『ロゴスの受肉』第3章1節（Kannengiesser, 2000, p.268; Οὔτε γὰρ αὐτομάτως, διὰ τὸ μὴ ἀπρονόητα εἶναι, οὔτε ἐκ προϋποκειμένης ὕλης, διὰ τὸ μὴ ἀσθενῆ εἶναι τὸν Θεόν· ἀλλ' ἐξ οὐκ ὄντων καὶ μηδαμῇ μηδαμῶς ὑπάρχοντα τὰ ὅλα εἰς τὸ εἶναι πεποιηκέναι τὸν Θεὸν διὰ τοῦ Λόγου οἶδεν).
88) Meijering, 1989, S.51.
89) *Supra*, 第1部第1章「第1節　中期プラトン主義における神の善性の理解」.
90) *Supra*,「2-1-3 創造論における神の善性から救済論における神の善性へ」.
91) 『ロゴスの受肉』第6章6節（Kannengiesser, 2000, p.284;"Αλλως τε καὶ τῶν ἀπρεπεστάτων ἦν τὴν τοῦ Θεοῦ τέχνην ἐν τοῖς ἀνθρώποις ἀφανίζεσθαι ἢ διὰ τὴν αὐτῶν ἀμέλειαν, ἢ διὰ τὴν τῶν δαιμόνων ἀπάτην).
92) 『ロゴスの受肉』第10章1節（Kannengiesser, 2000, p.298; Πρέπον δὲ καὶ μάλιστα τῇ ἀγαθότητι τοῦ Θεοῦ ἀληθῶς τὸ μέγα τοῦτο ἔργον. Εἰ γὰρ βασιλεὺς κατασκευάσας οἰκίαν ἢ πόλιν, καὶ ταύτην ἐξ ἀμελείας τῶν ἐνοικούντων πολεμουμένην ὑπὸ λῃστῶν τὸ σύνολον οὐ παρορᾷ, ἀλλ' ὡς ἴδιον ἔργον ἐκδικεῖ καὶ περισῴζει, οὐκ εἰς τὴν τῶν ἐνοικούντων ἀμέλειαν ἀφορῶν, ἀλλ' εἰς τὸ ἑαυτοῦ πρέπον· πολλῷ πλέον ὁ τοῦ παναγάθου Θεὸς Λόγος Πατρὸς εἰς φθορὰν κατερχόμενον τὸ δι' αὐτοῦ γενόμενον τῶν ἀνθρώπων γένος οὐ παρεῖδεν).
93) 『ロゴスの受肉』第7章1節（Kannengiesser, 2000, p.286; ἄτοπον γὰρ ἦν διὰ τὴν ἡμῶν ὠφέλειαν καὶ διαμονὴν ψεύστην φανῆναι τὸν τῆς ἀληθείας πατέρα Θεόν).
94) Mühlenberg, 1973, p.218.
95) *Supra*,「2-1-4 人間のもろさのしるしである悔い改め」.
96) 『ロゴスの受肉』第7章3-4節.
97) Louth, 1975, p.228.
98) *Ibid*., p.227. ただしこれまで述べてきたようにラウスは悔い改めによってでは救われな

注

い第二の理由だけを取り上げて、このように論じている。

99) 『異教徒駁論』第34章11-26 (Thomson, pp.92, 94; ἢ διὰ τί, ὥσπερ ἀπέστησαν ἀπὸ τοῦ Θεοῦ, οὕτως οὐ καταφεύγουσι πάλιν πρὸς αὐτόν; δύνανται γάρ, ὥσπερ ἀπεστράφησαν τῇ διανοίᾳ τὸν Θεὸν καὶ τὰ οὐκ ὄντα ἀνεπλάσαντο εἰς θεούς, οὕτως ἀναβῆναι τῷ νῷ τῆς ψυχῆς, καὶ πάλιν ἐπιστρέψαι πρὸς τὸν Θεόν. ἐπιστρέψαι δὲ δύνανται, ἐὰν ὃν ἐνεδύσαντο ῥύπον πάσης ἐπιθυμίας ἀπόθωνται, καὶ τοσοῦτον ἀπονίψωνται, ἕως ἂν ἀπόθωνται πᾶν τὸ συμβεβηκὸς ἀλλότριον τῇ ψυχῇ, καὶ μόνην αὐτὴν ὥσπερ γέγονεν ἀποδείξωσιν, ἵν' οὕτως ἐν αὐτῇ θεωρῆσαι τὸν τοῦ Πατρὸς Λόγον, καθ' ὃν καὶ γεγόνασιν ἐξ ἀρχῆς, δυνηθῶσι……ὅθεν καὶ ὅτε πάντα τὸν ἐπιχυθέντα ῥύπον τῆς ἁμαρτίας ἀφ' ἑαυτῆς ἀποτίθεται, καὶ μόνον τὸ κατ' εἰκόνα καθαρὸν φυλάττει, εἰκότως, διαλαμπρυνθέντος τούτου, ὡς ἐν κατόπτρῳ θεωρεῖ τὴν εἰκόνα τοῦ Πατρὸς τὸν Λόγον, καὶ ἐν αὐτῷ τὸν Πατέρα, οὗ καὶ ἔστιν εἰκὼν ὁ Σωτήρ, λογίζεται).

100) 『ロゴスの受肉』第12章 1 節 (Kannengiesser, 2000, p.306; Αὐτάρκης μὲν γὰρ ἦν ἡ κατ' εἰκόνα χάρις γνωρίζειν τὸν Θεὸν Λόγον, καὶ δι' αὐτοῦ τὸν Πατέρα).

101) 『ロゴスの受肉』第12章 1 - 5 節.

102) 『異教徒駁論』第 2 章 5 -11 (Thomson, p. 6; ὁ μὲν γὰρ τοῦ παντὸς δημιουργὸς καὶ παμβασιλεὺς Θεός, ὁ ὑπερέκεινα πάσης οὐσίας καὶ ἀνθρωπίνης ἐπινοίας ὑπάρχων, ἅτε δὴ ἀγαθὸς καὶ ὑπέρκαλος ὤν, διὰ τοῦ ἰδίου Λόγου τοῦ Σωτῆρος ἡμῶν Ἰησοῦ Χριστοῦ τὸ ἀνθρώπινον γένος κατ' ἰδίαν εἰκόνα πεποίηκε· καὶ τῶν ὄντων αὐτὸν θεωρητὴν καὶ ἐπιστήμονα διὰ τῆς πρὸς αὐτὸν ὁμοιώσεως κατεσκεύασε, δοὺς αὐτῷ καὶ τῆς ἰδίας ἀϊδιότητος ἔννοιαν καὶ γνῶσιν).

103) 「だから偶像を礼拝するギリシア人たちに言い訳をさせてはならない。また自分はそのような道を知らなかったし、だからこそ自分は自分の不敬虔についての言い訳を見出した、などと自らを欺くようなことを誰にもさせてはならない」(『異教徒駁論』第30章12-15〔Thomson, p.82; καὶ μὴ προφασιζέσθωσαν Ἕλληνες οἱ τοῖς εἰδώλοις θρησκεύοντες· μηδὲ ἄλλος τις ἁπλῶς ἑαυτὸν ἀπατάτω, ὡς τὴν τοιαύτην ὁδὸν οὐκ ἔχων, καὶ διὰ τοῦτο τῆς ἀθεότητος ἑαυτοῦ πρόφασιν εὑρίσκων〕)。さらに「そこですべての人間には魂があり、その魂が理性を持つことを、素朴な信徒たちのために手短に示す必要がある。というのは特に異端者のある者たちが、人間は肉体の目に見える姿かたち以上のものではないと考えて、人間が魂を持っていることを否定するからである」(『異教徒駁論』第30章23-27〔Thomson, p.84; ὅτι μὲν οὖν ψυχὴν ἕκαστος ἀνθρώπων ἔχει καὶ ταύτην λογικήν, καὶ τοῦτο ἀναγκαῖόν ἐστι δεῖξαι δι' ὀλίγων διὰ τοὺς ἀκεραίους, ἐπεὶ μάλιστά τινες ἀπὸ τῶν αἱρέσεων ἀρνοῦνται καὶ τοῦτο, οἰόμενοι μηδὲν πλέον εἶναι τὸν ἄνθρωπον, ἢ τὸ φαινόμενον εἶδος τοῦ σώματος〕)。このようにギリシア人たちと同様に人間には神を観想することができないのだと主張する異端者たちの存在がアタナシオスの念頭にはあった。

104) 『ロゴスの受肉』第 4 章 4 - 6 節 (Kannengiesser, 2000, pp.276-278; ἄνθρωποι δὲ κατολιγωρήσαντες καὶ ἀποστραφέντες τὴν πρὸς τὸν Θεὸν κατανόησιν, λογισάμενοι δὲ καὶ ἐπινοήσαντες ἑαυτοῖς τὴν κακίαν, ὥσπερ ἐν τοῖς πρώτοις ἐλέχθη, ἔσχον τὴν προαπειληθεῖσαν τοῦ θανάτου κατάκρισιν, καὶ λοιπὸν οὐκ ἔτι ὡς γεγόνασι διέμενον· ἀλλ' ὡς ἐλογίζοντο διεφθείροντο· καὶ ὁ θάνατος αὐτῶν ἐκράτει βασιλεύων. Ἡ γὰρ παράβασις τῆς ἐντολῆς εἰς τὸ κατὰ φύσιν αὐτοὺς ἐπέστρεφεν, ἵνα, ὥσπερ οὐκ ὄντες γεγόνασιν, οὕτως καὶ τὴν εἰς τὸ μὴ εἶναι φθορὰν ὑπομείνωσι τῷ χρόνῳ εἰκότως. Εἰ γὰρ φύσιν ἔχοντες τὸ μὴ εἶναί ποτε, τῇ τοῦ Λόγου παρουσίᾳ καὶ φιλανθρωπίᾳ εἰς τὸ εἶναι ἐκλήθησαν, ἀκόλουθον ἦν κενωθέντας τοὺς

ἀνθρώπους τῆς περὶ Θεοῦ ἐννοίας καὶ εἰς τὰ οὐκ ὄντα ἀποστραφέντας, οὐκ ὄντα γάρ ἐστι τὰ κακά, ὄντα δὲ τὰ καλά, ἐπειδήπερ ἀπὸ τοῦ ὄντος Θεοῦ γεγόνασι, κενωθῆναι καὶ τοῦ εἶναι ἀεί. Τοῦτο δέ ἐστι τὸ διαλυθέντας μένειν ἐν τῷ θανάτῳ καὶ τῇ φθορᾷ. Ἔστι μὲν γὰρ κατὰ φύσιν ἄνθρωπος θνητός, ἅτε δὴ ἐξ οὐκ ὄντων γεγονώς. Διὰ δὲ τὴν πρὸς τὸν ὄντα ὁμοιότητα, ἣν εἰ ἐφύλαττε διὰ τῆς πρὸς αὐτὸν κατανοήσεως, ἤμβλυνεν ἂν τὴν κατὰ φύσιν φθοράν, καὶ ἔμεινεν ἄφθαρτος).

105)『ロゴスの受肉』第 3 章 5 節 (Kannengiesser, 2000, p.274; Τὸ δὲ θανάτῳ ἀποθανεῖσθε, τί ἂν ἄλλο εἴη ἢ τὸ μὴ μόνον ἀποθνήσκειν, ἀλλὰ καὶ ἐν τῇ τοῦ θανάτου φθορᾷ διαμένειν;).

106)『ロゴスの受肉』第 5 章 2 - 3 節 (Kannengiesser, 2000, p.280; τούτου δὲ γενομένου οἱ μὲν ἄνθρωποι ἀπέθνησκον, ἡ δὲ φθορὰ λοιπὸν κατ' αὐτῶν ἤκμαζε, καὶ πλεῖον τοῦ κατὰ φύσιν ἰσχύουσα καθ' ὅλου τοῦ γένους, ὅσῳ καὶ τὴν ἀπειλὴν τοῦ θείου διὰ τὴν παράβασιν τῆς ἐντολῆς κατ' αὐτῶν προειλήφει. Καὶ γὰρ καὶ ἐν τοῖς πλημμελήμασιν οἱ ἄνθρωποι οὐκ ἄχρις ὅρων ὡρισμένων εἰστήκεισαν, ἀλλὰ κατ' ὀλίγον ἐπεκτεινόμενοι λοιπὸν καὶ εἰς ἄμετρον ἐληλύθασιν, ἐξ ἀρχῆς μὲν εὑρεταὶ τῆς κακίας γενόμενοι, καὶ καθ' ἑαυτῶν τὸν θάνατον προκαλεσάμενοι καὶ τὴν φθοράν· ὕστερον δὲ εἰς ἀδικίαν ἐκτραπέντες καὶ παρανομίαν πᾶσαν ὑπερβαλόντες, καὶ μὴ ἑνὶ κακῷ ἱστάμενοι, ἀλλὰ πάντα καινὰ καινοῖς ἐπινοοῦντες, ἀκόρεστοι περὶ τὸ ἁμαρτάνειν γεγόνασι).

107)『ロゴスの受肉』第 5 章 4 - 5 節.
108) Mühlenberg, 1973, p.217.
109)『ロゴスの受肉』第 9 章 2 節 (Kannengiesser, 2000, p.296; καὶ ὡς συνὼν δὲ διὰ τοῦ ὁμοίου τοῖς πᾶσιν ὁ ἄφθαρτος τοῦ Θεοῦ Υἱὸς εἰκότως τοὺς πάντας ἐνέδυσεν ἀφθαρσίαν ἐν τῇ περὶ τῆς ἀναστάσεως ἐπαγγελίᾳ).
110)『ロゴスの受肉』第10章 5 節 (Kannengiesser, 2000, p.300; Τῇ γὰρ τοῦ ἰδίου σώματος θυσίᾳ καὶ τέλος ἐπέθηκε τῷ καθ' ἡμᾶς νόμῳ, καὶ ἀρχὴν ζωῆς ἡμῖν ἐκαίνισεν, ἐλπίδα τῆς ἀναστάσεως δεδωκώς).
111) 人間の罪責については、『ロゴスの受肉』第 5 章 1 節、 第 8 章 2, 4 節.
112) Torrance, 1975, pp.215-266.
113) *Supra*, 「第 2 章 なぜ人間は悔い改めによってでは救われないのか——『ロゴスの受肉』第 7 章の解釈を巡って」.
114) Torrance, "The Heumeneutics of Athanasius," *Divine Meaning. Studies in Patristic Hermeneutics*, Edinburgh, 1995, p.230.
115) Kannengiesser, *Handbook of Patristic Exegesis: The Bible in Ancient Christianity*, vol. 2, Leiden, 2004, p.709.
116) Weinandy, *Athanasius: A Theological Introduction*, Hampshire and Burlington, 2007, p.66.
117) Ernest, 2004, p.40.
118) Blaising, 1987. ブレイジングによる『アレイオス派駁論』全 3 巻に関する注解書では、本書の内容構成を次のように明確に提示してくれている。
  1. アレイオスの異端についての序論と経緯 (『アレイオス派駁論』第 1 巻第 1 ～10章)
    1.1. 序論 (『アレイオス派駁論』第 1 巻第 1 章)
    1.2. 経緯 (『アレイオス派駁論』第 1 巻第 2 ～10章)
      1.2.1. 余談 (『アレイオス派駁論』第 1 巻第 2 ～ 3 章)
      1.2.2. アレイオスの持論 (『アレイオス派駁論』第 1 巻第 4 ～ 7 章)

注

  1.2.3. 人を欺く聖書の使用（『アレイオス派駁論』第1巻第8〜10章）
 2. アレイオス派の間違った意見に対する正統派の第一の立証（『アレイオス派駁論』第1巻第11〜36章）
  2.1. アレイオスの中心命題（『アレイオス派駁論』第1巻第11〜22章前半）
   2.1.1. アレイオスの命題における聖書に関する誤り（『アレイオス派駁論』第1巻第11〜13章）
   2.1.2. 正統派に対する不当な反論（『アレイオス派駁論』第1巻第14〜16章）
   2.1.3. 欠陥のある三位一体論（『アレイオス派駁論』第1巻第17〜18章）
   2.1.4. 聖書的イメージからの議論（『アレイオス派駁論』第1巻第19〜20章）
   2.1.5. 神の属性からの議論（『アレイオス派駁論』第1巻第21〜22章前半）
  2.2. 市場での質問（『アレイオス派駁論』第1巻第22章後半〜第36章）
 3. アレイオス派の誤った意見に対する正統派の第二の立証（『アレイオス派駁論』第2巻第18章後半〜第43章、第3巻第59〜67章）
  3.1. 箴言第8章22節についての講解に関する予備的な論評（『アレイオス派駁論』第2巻第18章後半〜第43章）
   3.1.1. アレイオスの詭弁（『アレイオス派駁論』第2巻第19〜24章前半）
   3.1.2. 創造された媒介者という理解についての反駁（『アレイオス派駁論』第2巻第24章後半〜第30章）
   3.1.3. 創造された子という理解についての反駁（『アレイオス派駁論』第2巻第31〜36章）
   3.1.4. 二つの知恵という概念についての反駁（『アレイオス派駁論』第2巻第37〜43章）
  3.2. 補遺——御子の立場が意志に基づくという理解について（第3巻第59〜67章）
 4. アレイオス派が典拠とする主要な聖書テキストの講解についての修正（『アレイオス派駁論』第1巻第37章〜第2巻第18章前半、第2巻第44〜82章）
  4.1. 御子の変化する本性を教えていると考えられた聖書テキスト——フィリピの信徒への手紙第2章9〜10節、詩編第44篇7〜8節（『アレイオス派駁論』第1巻第37〜52章）
   4.1.1. アレイオスの聖書解釈についての冒頭の批判（『アレイオス派駁論』第1巻第37〜39章）
   4.1.2. フィリピの信徒への手紙第2章5〜11節の講解（『アレイオス派駁論』第1巻第40〜45章）
   4.1.3. 詩編第44篇7〜8節の講解（『アレイオス派駁論』第1巻第46〜52章）
  4.2. 御子の創造された本性を教えていると考えられた聖書テキスト——ヘブライ人への手紙第1章4節、第3章1節、使徒言行録第2章36節、箴言第8章22節（『アレイオス派駁論』第1巻第53章〜第2巻第18章前半、第2巻第44〜82章）
   4.2.1. 御子についての γίνομαι の預言——ヘブライ人への手紙第1章4節（『アレイオス派駁論』第1巻第53〜64章）
   4.2.2. 御子ついての ποιέω の預言——ヘブライ人への手紙第3章1節、使徒言行録第2章36節（『アレイオス派駁論』第2巻第1〜18章前半）
    4.2.2.1. ποίημα である御子という理解についての冒頭の批判（『アレイオス派駁論』第2巻第2〜6章前半）

        4.2.2.2. 使徒言行録第 2 章36節の講解（『アレイオス派駁論』第 2 巻第11章後半
              ～第18章前半）
     4.3.3. 御子の κτίζω の預言——箴言第 8 章22節（『アレイオス派駁論』第 2 巻第44
           ～82節）
        4.3.3.1.ἔκτισέ με の意味（『アレイオス派駁論』第 2 巻第44～46章）
        4.3.3.2.ἀρχὴν ὁδῶν αὐτοῦ の意味（『アレイオス派駁論』第 2 巻第47～49章）
        4.3.3.3.εἰς ἔργα αὐτοῦ の意味（『アレイオス派駁論』第 2 巻第50～56章）
        4.3.3.4. 箴言第 8 章25節の神学的な意義（『アレイオス派駁論』第 2 巻第57～61
              章前半）
        4.3.3.5. 長子についての意見に関する余談（『アレイオス派駁論』第 2 巻第61章
              後半～第64章）
        4.3.3.6.ἀρχὴν ὁδῶν の経綸上な意味（『アレイオス派駁論』第 2 巻第65～72章）
        4.3.3.7. 箴言第 8 章23節の意義（『アレイオス派駁論』第 2 巻第73～77章前半）
        4.3.3.8. 箴言第 8 章22節の代替的解釈（『アレイオス派駁論』第 2 巻第77章後半
              ～第82章）
5 . 福音書テキストに関するアレイオスの講解についての修正（『アレイオス派駁論』第
   3 巻第 1 ～58章）
   5.1. 御父と御子との一体性に関するヨハネ文書のテキスト（『アレイオス派駁論』第
       3 巻第 1 ～25章）
     5.1.1. ヨハネによる福音書第14章10節に関する解釈学的な問い（『アレイオス派駁
           論』第 3 第 1 章）
     5.1.2. ヨハネによる福音書第14章10節についてのアステリオスの解釈（『アレイオ
           ス派駁論』第 3 巻第 2 ～ 6 章）
     5.1.3. ヨハネによる福音書第10章30節に関する解釈学的な問い（『アレイオス派駁
           論』第 3 第 7 ～ 9 章）
     5.1.4. ヨハネによる福音書第10章30節についてのアレイオスの解釈（『アレイオス
           派駁論』第 3 巻第10～16章）
     5.1.5. ヨハネによる福音書第17章11節、20～23節についてのアレイオスの解釈学
           的・神学的使用法（『アレイオス派駁論』第 3 巻第17～25章）
   5.2. 御子の恥辱に関する福音書テキスト（『アレイオス派駁論』第 3 巻第26～58章）
     5.2.1. 福音書の物語における σκοπός についての理解に関する小論（『アレイオス派
           駁論』第 3 巻第30～35章前半）
     5.2.2. キリストが御父からすべてものを受けることの意味（『アレイオス派駁論』
           第 3 巻第35章後半～第41章）
     5.2.3. キリストの無知と教育による成長の意義（『アレイオス派駁論』第 3 巻第42
           ～53章）
     5.2.4. キリストの恐れについての解釈（『アレイオス派駁論』第 3 巻第54～58章）
119）『アレイオス派駁論』第 1 巻第37～39章.
120）『アレイオス派駁論』第 1 巻第40章 1 - 2 節（Metzler und K.Savvidis, *Orationes I et II Contra Arianos* [M. Tetz (Hrsg.), *Athanasius Werke*, Bd. 1 , Teil 1 . Lfg. 2], Berlin und New York, 1998, S.149; Τέως μὲν οὖν ταῖς περὶ τοῦ υἱοῦ ἐννοίαις χρώμενοι οὕτως πρὸς τὰς ἀλόγους αὐτῶν ἐπινοίας, ὡς δέδωκεν αὐτὸς ὁ κύριος, ἀπηντήσαμεν· καλὸν δὲ καὶ τὰ θεῖα λόγια

注

παραθέσθαι λοιπόν, ἵν' ἔτι καὶ πλεῖον τοῦ μὲν υἱοῦ τὸ ἄτρεπτον ἀποδειχθῇ καὶ ἡ ἀναλλοίωτος αὐτοῦ πατρικὴ φύσις, τούτων δὲ ἡ κακοφροσύνη. γράφων τοίνυν Φιλιππησίοις ὁ ἀπόστολός φησι.
なお翻訳に際して A. Robertson, *Select Writings and Letters of Athanasius, Bishop of Alexandria* [*NPNF* 4], Grand Rapids, 1975と A. Rousseau et R. Lafontaine, *Athanase D'Alexandrie. Les Trois Discours contre les Ariens*, Bruxelles, 2004を参照した).

121) Blaising, 1987, p.263.
122) 『アレイオス派駁論』第1巻第40章4節（Metzler, 1998, S.150; μισθὸς τῆς ἀρετῆς).
123) Blaising, 1987, p.263.
124) 『アレイオス派駁論』第1巻第40章3節（Metzler, 1998, S.150; τί τούτου λευκότερον καὶ ἀποδεικτικώτερον γένοιτο ἄν; οὐ γὰρ ἐξ ἐλαττόνων βελτίων γέγονεν, ἀλλὰ μᾶλλον θεὸς ὑπάρχων τὴν τοῦ δούλου μορφὴν ἔλαβε καὶ ἐν τῷ λαβεῖν οὐκ ἐβελτιώθη, ἀλλ' ἐταπείνωσεν ἑαυτόν).
125) 『アレイオス派駁論』第1巻第41章1節（Metzler, 1998, S.150; πῶς οὖν ἐλάμβανεν ὃ εἶχεν ἀεί καὶ πρὶν λαβεῖν νῦν αὐτό; ἢ πῶς ὑψοῦτο ὁ καὶ πρὶν ὑψωθῆναι ὕψιστος ὤν; ἢ πῶς ἔλαβε τὸ προσκυνεῖσθαι ὁ καὶ πρὶν τοῦτο νῦν λαβεῖν, ἀεὶ προσκυνούμενος;).
126) 『アレイオス派駁論』第1巻第41章2節（Metzler, 1998, S.150; οὐκ ἔστιν αἴνιγμα, ἀλλὰ μυστήριον θεῖον).
127) Blaising, 1987, p.263.
128) 『アレイオス派駁論』第1巻第41章2節.
129) 『アレイオス派駁論』第1巻第41章2-3節（Metzler, 1998, S.150-151; τὸ λεγόμενον νῦν ὑπερύψωσεν οὐ τὴν οὐσίαν τοῦ λόγου σημαίνει ὑψουμένην· ἦν γὰρ ἀεὶ καὶ ἔστιν ἴσα θεῷ, ἀλλὰ τῆς ἀνθρωπότητός ἐστιν ἡ ὕψωσις. οὐ πρὶν γοῦν εἴρηται ταῦτα, εἰ μὴ ὅτε γέγονε σὰρξ ὁ λόγος· ἵνα γένηται φανερὸν ὅτι τὸ ἐταπείνωσε καὶ τὸ ὑπερύψωσεν ἐπὶ τοῦ ἀνθρωπίνου λέγεται· οὗ γάρ ἐστι τὸ ταπεινόν, τούτου καὶ τὸ ὑψωθῆναι ἂν εἴη· καὶ εἰ διὰ τὴν πρόσληψιν τῆς σαρκὸς τὸ ἐταπείνωσε γέγραπται, δῆλόν ἐστιν ὅτι καὶ τὸ ὑπερύψωσε δι' αὐτήν ἐστι).
130) 『アレイオス派駁論』第1巻第41章3-4節（Metzler, 1998, S.151; τούτου γὰρ ἦν ἐνδεὴς ὁ ἄνθρωπος διὰ τὸ ταπεινὸν τῆς σαρκὸς καὶ τοῦ θανάτου. ἐπεὶ οὖν εἰκὼν ὢν τοῦ πατρὸς καὶ ἀθάνατος ὢν ὁ λόγος ἔλαβε τὴν τοῦ δούλου μορφὴν καὶ ὑπέμεινε δι' ἡμᾶς ὡς ἄνθρωπος ἐν τῇ ἑαυτοῦ σαρκὶ τὸν θάνατον, ἵν' οὕτως ἑαυτὸν ὑπὲρ ἡμῶν διὰ τοῦ θανάτου προσενέγκῃ τῷ πατρί, διὰ τοῦτο καὶ ὡς ἄνθρωπος δι' ἡμᾶς καὶ ὑπὲρ ἡμῶν λέγεται ὑπερυψοῦσθαι, ἵν' ὥσπερ τῷ θανάτῳ αὐτοῦ πάντες ἡμεῖς ἀπεθάνομεν ἐν Χριστῷ, οὕτως ἐν αὐτῷ τῷ Χριστῷ πάλιν ἡμεῖς ὑπερυψωθῶμεν ἔκ τε τῶν νεκρῶν ἐγειρόμενοι καὶ εἰς οὐρανοὺς ἀνερχόμενοι, ἔνθα πρόδρομος ὑπὲρ ἡμῶν εἰσῆλθεν 'Ιησοῦς οὐκ εἰς ἀντίτυπα τῶν ἀληθινῶν, ἀλλ' εἰς αὐτὸν τὸν οὐρανόν, νῦν ἐμφανισθῆναι τῷ προσώπῳ τοῦ θεοῦ ὑπὲρ ἡμῶν. εἰ δὲ νῦν ὑπὲρ ἡμῶν εἰς αὐτὸν τὸν οὐρανὸν εἰσῆλθε Χριστὸς καίτοι καὶ πρὸ τούτου καὶ ἀεὶ κύριος ὢν καὶ δημιουργὸς τῶν οὐρανῶν, ὑπὲρ ἡμῶν ἄρα καὶ τὸ ὑπερυψωθῆναι νῦν γέγραπται).
131) 『アレイオス派駁論』第1巻第41章5節（Metzler, 1998, S.151; αὐτὸς ἐν ἑαυτῷ ἁγιάσῃ πάντας ἡμᾶς).
132) 『アレイオス派駁論』第1巻第41章7節（Metzler, 1998, S.152; ἡμεῖς ἐσμεν οἱ τῇ δικαιοσύνῃ ὑψούμενοι, ἥτις ἐστὶν αὐτός).
133) 『アレイオス派駁論』第1巻第43章4-5節（Metzler, 1998, S.153; γνώρισμα δέ ἐστι καὶ

τοῦτο τῆς εἰς ἡμᾶς παρ' αὐτοῦ γενομένης ἀγαθότητος, ὅτι ἡμεῖς μὲν ὑψώθημεν διὰ τὸ ἐν ἡμῖν εἶναι τὸν ὕψιστον κύριον καὶ δι' ἡμᾶς ἡ χάρις δίδοται διὰ τὸ γενέσθαι δι' ἡμᾶς ἄνθρωπον τὸν χορηγοῦντα τὴν χάριν κύριον· αὐτὸς δὲ ὁ σωτὴρ ἐταπείνωσεν ἑαυτὸν ἐν τῷ λαβεῖν τὸ ταπεινὸν ἡμῶν σῶμα· δούλου τε μορφὴν ἔλαβεν ἐνδυσάμενος τὴν δουλωθεῖσαν σάρκα τῇ ἁμαρτίᾳ. καὶ αὐτὸς μὲν οὐδὲν παρ' ἡμῶν εἰς βελτίωσιν ἔσχηκεν· ἀνενδεὴς γάρ ἐστι καὶ πλήρης ὁ τοῦ θεοῦ λόγος· ἡμεῖς δὲ παρ' αὐτοῦ μᾶλλον ἐβελτιώθημεν).

134)『アレイオス派駁論』第 1 巻第43章 7 節（Metzler, 1998, S.153; εἰ γὰρ μὴ ἄνθρωπος ὁ κύριος ἐγεγόνει, οὐκ ἂν ἡμεῖς ἀπὸ τῶν ἁμαρτιῶν λυτρωθέντες ἐκ νεκρῶν ἀνέστημεν, ἀλλ' ἐμένομεν ὑπὸ γῆν νεκροί).

135)『アレイオス派駁論』第 1 巻第45章 3 節（Metzler, 1998, S.155; εἰ δὲ ὁ λόγος γέγονε σάρξ, ἀνάγκη ὡς περὶ ἀνθρώπου λέγεσθαι αὐτοῦ τήν τε ἀνάστασιν καὶ τὴν ὕψωσιν, ἵν' ὡς ὁ μὲν θάνατος λεγόμενος αὐτοῦ λύτρον ᾖ τῆς τῶν ἀνθρώπων ἁμαρτίας καὶ κατάργησις τοῦ θανάτου, ἡ δὲ ἀνάστασις καὶ ἡ ὕψωσις βεβαία δι' αὐτὸν εἰς ἡμᾶς διαμείνῃ).

136)『アレイオス派駁論』第 1 巻第42章 1 - 2 節（Metzler, 1998, S.152; γὰρ καὶ τὸ ἐχαρίσατο αὐτῷ οὐ δι' αὐτὸν τὸν λόγον γέγραπται· ἦν γὰρ πάλιν καὶ πρὶν γένηται ἄνθρωπος προσκυνούμενος, ὥσπερ εἴπομεν, ὑπό τε τῶν ἀγγέλων καὶ πάσης τῆς κτίσεως κατὰ τὴν πατρικὴν ἰδιότητα, ἀλλὰ δι' ἡμᾶς καὶ ὑπὲρ ἡμῶν τοῦτο πάλιν περὶ αὐτοῦ εἴρηται. ὥσπερ γὰρ ὡς ἄνθρωπος ὁ Χριστὸς ἀπέθανε καὶ ὑπερυψώθη, οὕτως ὡς ἄνθρωπος λέγεται λαμβάνειν, ὅπερ εἶχεν ἀεὶ ὡς θεός, ἵνα εἰς ἡμᾶς φθάσῃ καὶ ἡ τοιαύτη δοθεῖσα χάρις. οὐ γὰρ ἠλαττώθη ὁ λόγος σῶμα λαβών, ἵνα καὶ χάριν ζητήσῃ λαβεῖν, ἀλλὰ μᾶλλον καὶ ἐθεοποίησεν ὅπερ ἐνεδύσατο καὶ πλέον ἐχαρίσατο τῷ γένει τῶν ἀνθρώπων τοῦτο).

137)『アレイオス派駁論』第 1 巻第42章 3 - 5 節（Metzler, 1998, S.152; ὥσπερ γὰρ ἀεὶ προσεκυνεῖτο λόγος ὢν καὶ ἐν μορφῇ θεοῦ ὑπάρχων, οὕτως ὁ αὐτὸς ὢν καὶ ἄνθρωπος γενόμενος κληθείς τε Ἰησοῦς οὐδὲν ἧττον ἔχει πᾶσαν ὑπὸ πόδα τὴν κτίσιν καὶ ἐν τῷ ὀνόματι τούτῳ τὰ γόνατα κάμπτουσαν αὐτῷ καὶ ἐξομολογουμένην ὅτι καὶ τὸ γενέσθαι σάρκα τὸν λόγον καὶ θάνατον ὑπομεῖναι σαρκὶ οὐκ ἐπ' ἀδοξίᾳ τῆς θεότητος τοῦτο γέγονεν, ἀλλ' εἰς δόξαν θεοῦ πατρός. δόξα δὲ πατρός ἐστι τὸν γενόμενον καὶ ἀπολόμενον εὑρεθῆναι καὶ νεκρωθέντα ζωοποιηθῆναι καὶ ναὸν γενέσθαι θεοῦ. καὶ γὰρ καὶ τῶν ἐν οὐρανοῖς δυνάμεων ἀγγέλων τε καὶ ἀρχαγγέλων ἀεὶ μὲν προσκυνούντων αὐτόν, προσκυνούντων δὲ καὶ νῦν ἐν τῷ ὀνόματι Ἰησοῦ τὸν κύριον ἡμῶν ἐστιν αὕτη ἡ χάρις καὶ ὑπερύψωσις, ὅτι τε καὶ ἄνθρωπος γενόμενος προσκυνεῖται ὁ τοῦ θεοῦ υἱὸς καὶ οὐ ξενισθήσονται αἱ οὐράνιαι δυνάμεις βλέπουσαι τοὺς συσσώμους ἐκείνου πάντας ἡμᾶς εἰσαγομένους εἰς τὰς χώρας αὐτῶν. ἄλλως δὲ οὐκ ἂν ἐγεγόνει τοῦτο, εἰ μὴ ὁ ἐν μορφῇ θεοῦ ὑπάρχων εἰλήφει δούλου μορφὴν καὶ ταπεινώσας ἣν ἑαυτὸν μέχρι θανάτου συγχωρήσας φθάσαι τὸ σῶμα).

138)『アレイオス派駁論』第 1 巻第43章 1 - 3 節（Metzler, 1998, S.152-153; Ἰδοὺ γοῦν τὸ νομιζόμενον παρὰ ἀνθρώποις μωρὸν τοῦ θεοῦ διὰ τὸν σταυρὸν γέγονε πάντων ἐντιμότερον. ἡ μὲν γὰρ ἀνάστασις ἡμῖν ἐν αὐτῷ ἀπόκειται· οὐκέτι δὲ μόνος ὁ Ἰσραήλ, ἀλλὰ καὶ πάντα τὰ ἔθνη λοιπόν, ὡς προείρηκεν ὁ προφήτης, τὰ μὲν εἴδωλα ἑαυτῶν καταλιμπάνουσι, τὸν δὲ ἀληθινὸν θεὸν τὸν τοῦ Χριστοῦ πατέρα ἐπιγινώσκουσι· καὶ ἡ τῶν δαιμόνων φαντασία κατήργηται, μόνος δὲ ὁ ὄντως θεὸς ἐν τῷ ὀνόματι τοῦ κυρίου ἡμῶν Ἰησοῦ Χριστοῦ προσκυνεῖται. τὸ δὲ καὶ ἐν σώματι γενόμενον τὸν κύριον καὶ κληθέντα Ἰησοῦν προσκυνεῖσθαι, πιστεύεσθαί τε αὐτὸν υἱὸν θεοῦ καὶ δι' αὐτοῦ ἐπιγινώσκεσθαι τὸν πατέρα, δῆλον ἂν εἴη, καθάπερ εἴρηται,

289

注

ὅτι οὐχ ὁ λόγος, ᾗ λόγος ἐστίν, ἔλαβε τὴν τοιαύτην χάριν, ἀλλ' ἡμεῖς. διὰ γὰρ τὴν πρὸς τὸ σῶμα αὐτοῦ συγγένειαν ναὸς θεοῦ γεγόναμεν καὶ ἡμεῖς καὶ υἱοὶ θεοῦ λοιπὸν πεποιήμεθα, ὥστε καὶ ἐν ἡμῖν ἤδη προσκυνεῖσθαι τὸν κύριον καὶ τοὺς ὁρῶντας ἀπαγγέλλειν, ὡς ὁ ἀπόστολος εἴρηκεν, ὅτι ὄντως ὁ θεὸς ἐν τούτοις ἐστί).

139) *Supra*, n.118.
140) *Ibid.* ブレイジングは詩編第45篇を、70人訳聖書の数え方にあわせて第44篇としている。
141) 『アレイオス派駁論』第1巻第46章.
142) 『アレイオス派駁論』第1巻第46章6-7節（Metzler, 1998, S.156; ὁ δὲ ἑαυτὸν ἁγιάζων κύριός ἐστι τοῦ ἁγιάζειν. πῶς οὖν τοῦτο γίνεται; πῶς δὲ τοῦτο λέγει ἢ ὅτι ἐγὼ λόγος ὢν τοῦ πατρὸς αὐτὸς ἐμαυτῷ ἀνθρώπῳ γενομένῳ δίδωμι τὸ πνεῦμα· καὶ ἐμαυτὸν ἄνθρωπον γενόμενον ἐν τούτῳ ἁγιάζω, ἵνα λοιπὸν ἐν ἐμοὶ ἀληθείᾳ ὄντι ὁ δὲ λόγος ὁ σὸς ἀλήθειά ἐστιν οἱ πάντες ἁγιασθῶσιν).
143) 『アレイオス派駁論』第1巻第47章.
144) 『アレイオス派駁論』第1巻第48章2節（Metzler, 1998, S.158; ἆρ' οὐ θεωρεῖτε ὅτι καὶ τοῦτο δι' ἡμᾶς καὶ ὑπὲρ ἡμῶν γέγονε καὶ γέγραπται, ἵνα ἄνθρωπος γενόμενος ὁ κύριος θνητοὺς ὄντας καὶ προσκαίρους ἡμᾶς ἀθανάτους κατασκευάσῃ καὶ εἰς τὴν αἰώνιον βασιλείαν τῶν οὐρανῶν εἰσαγάγῃ;).
145) 『アレイオス派駁論』第1巻第49章2節（Metzler, 1998, S.159; μᾶλλον ἐπειδὴ θεὸς εἶ καὶ βασιλεύς, διὰ τοῦτο καὶ ἐχρίσθης· ἐπεὶ οὐδὲ ἄλλου ἦν συνάψαι τὸν ἄνθρωπον τῷ πνεύματι τῷ ἁγίῳ ἢ σοῦ τῆς εἰκόνος τοῦ πατρός, καθ' ἣν καὶ ἐξ ἀρχῆς γεγόναμεν· σοῦ γάρ ἐστι καὶ τὸ πνεῦμα).
146) 『アレイオス派駁論』第1巻第49章3-4節（Metzler, 1998, S.159; τῶν μὲν γὰρ γενητῶν ἡ φύσις οὐκ ἦν ἀξιόπιστος εἰς τοῦτο ἀγγέλων μὲν παραβάντων, ἀνθρώπων δὲ παρακουσάντων. διὰ τοῦτο θεοῦ χρεία ἦν· θεὸς δέ ἐστιν ὁ λόγος· ἵνα τοὺς ὑπὸ κατάραν γενομένους αὐτὸς ἐλευθερώσῃ. εἰ μὲν οὖν ἐξ οὐκ ὄντων ἦν, οὐδ' ἂν αὐτὸς ἦν ὁ Χριστὸς εἷς τῶν πάντων καὶ μέτοχος τυγχάνων καὶ αὐτός· ἐπειδὴ δὲ θεός ἐστι θεοῦ υἱὸς ὢν βασιλεύς τε ἀΐδιός ἐστιν ἀπαύγασμα καὶ χαρακτὴρ τοῦ πατρὸς ὑπάρχων, διὰ τοῦτο εἰκότως αὐτός ἐστιν ὁ προσδοκώμενος Χριστός, ὃν ὁ πατὴρ ἀπαγγέλλει τοῖς ἀνθρώποις ἀποκαλύπτων τοῖς ἁγίοις αὐτοῦ προφήταις, ἵνα ὥσπερ δι' αὐτοῦ γεγόναμεν, οὕτως καὶ ἐν αὐτῷ τῶν πάντων λύτρωσις ἀπὸ τῶν ἁμαρτιῶν γένηται καὶ τὰ πάντα παρ' αὐτοῦ βασιλεύηται).
147) Harnack, *Lehrbuch der Dogmengeschichte*, Bd. 1, 1888, S.583; idem, Bd. 2, 1888, S.205; idem, 2014年, pp.248-252.
148) 『アレイオス派駁論』第1巻第51章5節（Metzler, 1998, S.161-162; οὐκοῦν εἰκότως ὁ κύριος ὁ ἀεὶ καὶ φύσει ἄτρεπτος ἀγαπῶν δικαιοσύνην καὶ μισῶν ἀδικίαν χρίεται καὶ αὐτὸς ἀποστέλλεται, ἵνα ὁ αὐτός τε ὢν καὶ αὐτὸς διαμένων, τὴν τρεπτὴν σάρκα λαβὼν τὴν μὲν ἁμαρτίαν ἐν αὐτῇ κατακρίνῃ, ἐλευθέραν δὲ αὐτὴν κατασκευάσῃ εἰς τὸ δύνασθαι λοιπὸν τὸ δικαίωμα τοῦ νόμου πληροῦν ἐν αὐτῇ, ὥστε καὶ λέγειν δύνασθαι· ἡμεῖς οὐκ ἐσμὲν ἐν σαρκὶ ἀλλ' ἐν πνεύματι, εἴπερ πνεῦμα θεοῦ οἰκεῖ ἐν ἡμῖν).
149) *Infra*, n.167.
150) *Supra*, n.118.
151) *Ibid.*
152) 『アレイオス派駁論』第2巻第45章1節.

153)『アレイオス派駁論』第 2 巻第53章 4 節（Metzler, 1998, S.230; καὶ τοῦτο ἔθος ἐστὶ τῇ θείᾳ γραφῇ· ὅταν μὲν γὰρ σημαίνῃ τὴν κατὰ σάρκα γένεσιν τοῦ λόγου, τίθησι καὶ τὴν αἰτίαν, δι' ἣν γέγονεν ἄνθρωπος· ὅταν δὲ περὶ τῆς θεότητος αὐτοῦ αὐτός τε λέγῃ καὶ οἱ τούτου θεράποντες ἐπαγγέλλωσι, πάντα ἁπλῇ τῇ λέξει ἀπολελυμένῃ τε διανοίᾳ καὶ οὐδὲν μετὰ συμπεπλεγμένης αἰτίας λέγεται).
154) *Ibid.*
155)『アレイオス派駁論』第 2 巻第53章 5 節.
156)『アレイオス派駁論』第 2 巻第54章 1 節（Metzler, 1998, S.230; οὐ τιθεὶς ἐφ' ἑκάστου τὴν αἰτίαν οὐδὲ τὸ διὰ τί, ἵνα μὴ δεύτερος ἐκείνων εἶναι φαίνηται, ὧν χάριν καὶ γέγονεν. ἀνάγκη γὰρ προηγεῖσθαι τὴν αἰτίαν τούτου, ἧς ἄνευ οὐκ ἂν οὐδ' αὐτὸς ἐγεγόνει).
157) ちなみに別の箇所でもアタナシオスは、人間の救済に対する御子の主権性について述べている。「たとえその作品が造られなかったとしても、神のロゴスはそれでもなお存在しておられ、『ロゴスは神であった』（ヨハネによる福音書第 1 章 1 節）。しかしもし人間の必要が原因とならなかったならば、ロゴスが人とされるということは起こらなかった」(『アレイオス派駁論』第 2 巻第56章 5 節〔Metzler, 1998, S.233; εἰ μὴ τὰ ἔργα ἔκτιστο, ἀλλ' ἦν ὁ λόγος τοῦ θεοῦ, καὶ θεὸς ἦν ὁ λόγος· τὸ δὲ γενέσθαι αὐτὸν ἄνθρωπον οὐκ ἂν ἐγένετο, εἰ μὴ τῶν ἀνθρώπων ἡ χρεία γέγονεν αἰτία〕). 神が創造のみわざをなさることなく、被造物が存在しなかったとしても、ロゴスは存在しておられたのである。そしてそのロゴスが人とされたのは、ただひたすらわたしたち人間のためなのである。
158)『アレイオス派駁論』第 2 巻第54章 2 節（Metzler, 1998, S.230; Παῦλος γοῦν ἀφωρισμένος ἀπόστολος εἰς εὐαγγέλιον, ὃ προεπηγγείλατο ὁ κύριος διὰ τῶν προφητῶν εἶχε πρὸ ἑαυτοῦ τὸ εὐαγγέλιον, οὗ καὶ γέγονε διάκονος, καὶ Ἰωάννης δὲ προχειρισθεὶς εἰς τὸ προοδεῦσαι τοῦ κυρίου πρὸ ἑαυτοῦ εἶχε τὸν κύριον· ὁ δὲ κύριος οὐκ ἔχων πρὸ ἑαυτοῦ αἰτίαν τοῦ εἶναι λόγος ἢ μόνον ὅτι τοῦ πατρός ἐστι γέννημα καὶ σοφία μονογενής, ὅταν ἄνθρωπος γένηται, τότε καὶ τὴν αἰτίαν τίθησι, δι' ἣν μέλλει σάρκα φορεῖν. προηγεῖται γὰρ τοῦ γενέσθαι αὐτὸν ἄνθρωπον ἡ τῶν ἀνθρώπων χρεία, ἧς ἄνευ οὐκ ἂν ἐνεδύσατο σάρκα).
159)『アレイオス派駁論』第 2 巻第54章 4 節.
160)『アレイオス派駁論』第 2 巻第55章 4 節（Metzler, 1998, S.231-232; οὐ δι' ἑαυτὸν ἄρα, ἀλλὰ διὰ τὴν ἡμετέραν σωτηρίαν καὶ διὰ τὸ καταργηθῆναι τὸν θάνατον καὶ διὰ τὸ κατακριθῆναι τὴν ἁμαρτίαν καὶ διὰ τὸ ἀναβλέψαι τοὺς τυφλοὺς καὶ ἀναστῆναι πάντας ἐκ νεκρῶν ἐλήλυθεν).
161)『アレイオス派駁論』第 2 巻第68章 1 節（Metzler, 1998, S.245; ἠδύνατο, φασί, καὶ κτίσματος ὄντος τοῦ σωτῆρος μόνον εἰπεῖν ὁ θεὸς καὶ λῦσαι τὴν κατάραν……ἠδύνατο καὶ μηδ' ὅλως ἐπιδημήσαντος αὐτοῦ μόνον εἰπεῖν ὁ θεὸς καὶ λῦσαι τὴν κατάραν).
162) *Ibid.*
163)『アレイオス派駁論』第 2 巻第68章 2 節（Metzler, 1998, S.245; ἀλλὰ σκοπεῖν δεῖ τὸ τοῖς ἀνθρώποις λυσιτελοῦν καὶ μὴ ἐν πᾶσι τὸ δυνατὸν τοῦ θεοῦ λογίζεσθαι).
164)『アレイオス派駁論』第 2 巻第68章 3 節（Metzler, 1998, S.245; ὃ γὰρ ποιεῖ, τοῦτο καὶ συμφέρει τοῖς ἀνθρώποις, καὶ ἄλλως οὐκ ἔπρεπε γενέσθαι· καὶ ὅπερ δὲ συμφέρει καὶ πρέπει, τούτου καὶ πρόνοιαν ποιεῖται).
165)『アレイオス派駁論』第 2 巻第68章 4 - 5 節（Metzler, 1998, S.245-246; ὧν τοίνυν τοιοῦτος εἰ καὶ παραπέπεισθο ὑπὸ τοῦ ὄφεως, ἐγίνετο πάλιν χρεία προστάξαι τὸν θεὸν καὶ λῦσαι τὴν

注

κατάραν· καὶ οὕτως εἰς ἄπειρον ἐγίνετο ἡ χρεία, καὶ οὐδὲν ἧττον οἱ ἄνθρωποι ἔμενον ὑπεύθυνοι δουλεύοντες τῇ ἁμαρτίᾳ· ἀεὶ δὲ ἁμαρτάνοντες ἀεὶ ἐδέοντο τοῦ συγχωροῦντος καὶ οὐδέποτε ἠλευθεροῦντο σάρκες ὄντες καθ᾽ ἑαυτοὺς καὶ ἀεὶ ἡττώμενοι τῷ νόμῳ διὰ τὴν ἀσθένειαν τῆς σαρκός).

166)『アレイオス派駁論』第 2 巻第69章 2 節（Metzler, 1998, S.246; ἵνα οὖν μὴ τοῦτο γένηται, πέμπει τὸν ἑαυτοῦ υἱόν, καὶ γίνεται υἱὸς ἀνθρώπου τὴν κτιστὴν σάρκα λαβών, ἵν᾽, ἐπειδὴ πάντες εἰσὶν ὑπεύθυνοι τῷ θανάτῳ, ἄλλος ὢν τῶν πάντων αὐτὸς ὑπὲρ πάντων τὸ ἴδιον σῶμα τῷ θανάτῳ προσενέγκῃ καὶ λοιπὸν ὡς πάντων δι᾽ αὐτοῦ ἀποθανόντων ὁ μὲν λόγος τῆς ἀποφάσεως πληρωθῇ· πάντες γὰρ ἀπέθανον ἐν Χριστῷ, πάντες δὲ δι᾽ αὐτοῦ γένωνται λοιπὸν ἐλεύθεροι μὲν ἀπὸ τῆς ἁμαρτίας καὶ τῆς δι᾽ αὐτὴν κατάρας, ἀληθῶς δὲ διαμένωσιν εἰσαεὶ ἀναστάντες ἐκ νεκρῶν καὶ ἀθανασίαν καὶ ἀφθαρσίαν ἐνδυσάμενοι).

167)『アレイオス派駁論』第 2 巻第70章 1 - 2 節（Metzler, 1998, S.247; Τοῦτο δὲ οὐκ ἂν ἐγεγόνει, εἰ κτίσμα ἦν ὁ λόγος……ὅθεν ἡ ἀλήθεια δείκνυσι μὴ εἶναι τῶν γενητῶν τὸν λόγον, ἀλλὰ μᾶλλον τούτων αὐτὸν δημιουργόν· οὕτω γὰρ καὶ προσελάβετο τὸ γενητὸν καὶ ἀνθρώπινον σῶμα, ἵνα τοῦτο ὡς δημιουργὸς ἀνακαινίσας ἐν ἑαυτῷ θεοποιήσῃ καὶ οὕτως εἰς βασιλείαν οὐρανῶν εἰσαγάγῃ πάντας ἡμᾶς καθ᾽ ὁμοιότητα ἐκείνου. οὐκ ἂν δὲ πάλιν ἐθεοποιήθη κτίσματι συναφθεὶς ὁ ἄνθρωπος, εἰ μὴ θεὸς ἦν ἀληθινὸς ὁ υἱός· καὶ οὐκ ἂν παρέστη τῷ πατρὶ ὁ ἄνθρωπος, εἰ μὴ φύσει καὶ ἀληθινὸν ἦν αὐτοῦ λόγος ὁ ἐνδυσάμενος τὸ σῶμα. καὶ ὥσπερ οὐκ ἂν ἠλευθερώθημεν ἀπὸ τῆς ἁμαρτίας καὶ τῆς κατάρας, εἰ μὴ φύσει σὰρξ ἦν ἀνθρωπίνη, ἣν ἐνεδύσατο ὁ λόγος· οὐδὲν γὰρ κοινὸν ἦν ἡμῖν πρὸς τὸ ἀλλότριον· οὕτως οὐκ ἂν ἐθεοποιήθη ὁ ἄνθρωπος, εἰ μὴ φύσει ἐκ τοῦ πατρὸς καὶ ἀληθινὸς καὶ ἴδιος ἦν αὐτοῦ ὁ λόγος ὁ γενόμενος σάρξ. διὰ τοῦτο γὰρ τοιαύτη γέγονεν ἡ συναφή, ἵνα τῷ κατὰ φύσιν τῆς θεότητος συνάψῃ τὸν φύσει ἄνθρωπον καὶ βεβαία γένηται ἡ σωτηρία καὶ ἡ θεοποίησις αὐτοῦ).

168) *Supra*,「1 - 2 聖書講解に基づいた『アレイオス派駁論』の神学」.
169) *Supra*, 序論「2 - 2 コンテクストに基づく読解」.
170)『アレイオス派駁論』第 3 巻第26章 1 節.
171)『アレイオス派駁論』第 3 巻第26章 1 - 2 節.
172)『アレイオス派駁論』第 3 巻第26章 2 - 3 節.
173)『アレイオス派駁論』第 3 巻第26章 3 節.
174) *Supra*, n.118.
175)『アレイオス派駁論』第 3 巻第28章 6 節（Metzler, 2000, S.339-340; ὅπως μὲν οὖν ἠλέγχθησαν κακῶς νοοῦντες ἃ ἐπροφασίζοντο ῥητά, δυνατόν πως ἐκ τῶν ἔμπροσθεν δι᾽ ὀλίγων εἰρημένων καταμαθεῖν· ὅτι δὲ καὶ ἐν οἷς πάλιν προφασίζονται ἐκ τῶν εὐαγγελίων δείκνυνται σαθρὰν ἔχοντες τὴν διάνοιαν, ῥᾴδιον συνιδεῖν, ἐὰν μάλιστα καὶ νῦν τὸν σκοπὸν τῆς καθ᾽ ἡμᾶς τοὺς Χριστιανοὺς πίστεως λάβωμεν καὶ τούτῳ ὥσπερ κανόνι χρησάμενοι προσέχωμεν, ὡς εἶπεν ὁ ἀπόστολος, τῇ ἀναγνώσει τῆς θεοπνεύστου γραφῆς. οἱ γὰρ χριστομάχοι τοῦτον ἀγνοήσαντες ἐπλανήθησαν ἀπὸ τῆς ὁδοῦ τῆς ἀληθείας καὶ προσέκοψαν τῷ λίθῳ τοῦ προσκόμματος φρονοῦντες παρ᾽ ὃ δεῖ φρονεῖν).
176) アレクサンドレイアにおいてはアタナシオス以前から、σκοπός という言葉を用いて聖書全体の統一性を理解する伝統があった。関川はアタナシオスが、アレクサンドレイアのクレメンス、オリゲネスにおける σκοπός の理解を継承しつつ、それを刷新させていることを、次のように論じている。「アタナシオスの聖書釈義には、アレキサンドリア神

学の前提となっている、不可視的世界（κόσμος νοητός）と可視的世界（κόσμος αἰσθητός）の二分法の徹底した拒絶が存在する。この拒絶は、聖書釈義そのものの探求的姿勢を欠落させるのではなく、かえって釈義の頌栄性を深めることで、真の意味での探究を可能にする。さらに、聖書のスコポスの統一性と規範性は、単に理論的な確信ではなく、きわめて実践的なものとされる」（関川, p.349）。

177）『アレイオス派駁論』第 3 巻第29章 1 節（Metzler, 2000, S.340; Σκοπὸς τοίνυν οὗτος καὶ χαρακτὴρ τῆς γραφῆς, ὡς πολλάκις εἴπομεν, διπλῆν εἶναι τὴν περὶ τοῦ σωτῆρος ἀπαγγελίαν ἐν αὐτῇ, ὅτι τε ἀεὶ θεὸς ἦν καὶ ἔστιν ὁ υἱὸς λόγος ὢν καὶ ἀπαύγασμα καὶ σοφία τοῦ πατρὸς καὶ ὅτι ὕστερον δι᾽ ἡμᾶς σάρκα λαβὼν ἐκ παρθένου τῆς θεοτόκου Μαρίας ἄνθρωπος γέγονε）.

178）『アレイオス派駁論』第 3 巻第29章 3 節.

179）『アレイオス派駁論』第 3 巻第29章 4 節.

180）『アレイオス派駁論』第 3 巻第30章 1 - 2 節（Metzler, 2000, S.341; ἄνθρωπος δὲ γέγονε καὶ οὐκ εἰς ἄνθρωπον ἦλθε. καὶ τοῦτο γὰρ ἀναγκαῖον εἰδέναι）.

181）『アレイオス派駁論』第 3 巻第31章 2 節.

182）『アレイオス派駁論』第 3 巻第31章 3 - 4 節（Metzler, 2000, S.342; τὰς δὲ ἀσθενείας ἡμῶν βαστάζει καὶ τὰς ἁμαρτίας ἡμῶν αὐτὸς φέρει, ἵνα δειχθῇ ὅτι τε ἄνθρωπος δι᾽ ἡμᾶς γέγονε καὶ σῶμα τὸ ἐν αὐτῷ φέρον αὐτὰς αὐτοῦ ἴδιόν ἐστι. καὶ αὐτὸς μὲν οὐδὲν ἐβλάπτετο ἀναφέρων τὰς ἁμαρτίας ἡμῶν ἐπὶ τὸ ξύλον τῷ σώματι αὐτοῦ, ὡς εἶπεν ὁ Πέτρος. ἡμεῖς δὲ οἱ ἄνθρωποι, ἀπὸ μὲν τῶν ἰδίων παθῶν ἐλυτρούμεθα, τῆς δὲ τοῦ λόγου δικαιοσύνης ἐπληρούμεθα）.

183）『アレイオス派駁論』第 3 巻第32章 2 節（Metzler, 2000, S.343; ἔπρεπε δὲ τὸν κύριον ἐνδιδυσκόμενον ἀνθρωπίνην σάρκα, ταύτην μετὰ τῶν ἰδίων παθῶν αὐτῆς ὅλην ἐνδύσασθαι, ἵνα ὥσπερ ἴδιον αὐτοῦ λέγομεν εἶναι τὸ σῶμα, οὕτως καὶ τὰ τοῦ σώματος πάθη ἴδια μόνου αὐτοῦ λέγηται, εἰ καὶ μὴ ἥπτετο κατὰ τὴν θεότητα αὐτοῦ）.

184）『アレイオス派駁論』第 3 巻第33章 3 節（Metzler, 2000, S.344; νῦν δὲ τοῦ λόγου γενομένου ἀνθρώπου καὶ ἰδιοποιουμένου τὰ τῆς σαρκὸς οὐκέτι ταῦτα τοῦ σώματος ἅπτεται διὰ τὸν ἐν αὐτῷ γενόμενον λόγον, ἀλλ᾽ ὑπ᾽ αὐτοῦ μὲν ἀνήλωται, λοιπὸν δὲ οἱ ἄνθρωποι οὐκέτι κατὰ τὰ ἴδια πάθη μένουσιν ἁμαρτωλοὶ καὶ νεκροί, ἀλλὰ κατὰ τὴν τοῦ λόγου δύναμιν ἀναστάντες ἀθάνατοι καὶ ἄφθαρτοι ἀεὶ διαμένουσιν）.

185）『アレイオス派駁論』第 3 巻第33章 5 節（Metzler, 2000, S.344-345; οὐκοῦν οὕτως καὶ τὰ ἄλλα πάθη τοῦ σώματος οὐκ ἀπεικότως εἰς ἑαυτὸν μετέθηκεν, ἵνα μηκέτι ὡς ἄνθρωποι, ἀλλ᾽ ὡς ἴδιοι τοῦ λόγου τῆς αἰωνίου ζωῆς μετάσχωμεν. οὐκέτι γὰρ κατὰ τὴν προτέραν γένεσιν ἐν τῷ Ἀδὰμ ἀποθνήσκομεν, ἀλλὰ λοιπὸν τῆς γενέσεως ἡμῶν καὶ πάσης τῆς σαρκικῆς ἀσθενείας μετατεθέντων εἰς τὸν λόγον ἐγειρόμεθα ἀπὸ γῆς λυθείσης τῆς δι᾽ ἁμαρτίαν κατάρας διὰ τὸν ἐν ἡμῖν ὑπὲρ ἡμῶν γενόμενον κατάραν. καὶ εἰκότως γε· ὥσπερ γὰρ ἐκ γῆς ὄντες πάντες ἐν τῷ Ἀδὰμ ἀποθνήσκομεν, οὕτως ἄνωθεν ἐξ ὕδατος καὶ πνεύματος ἀναγεννηθέντες ἐν τῷ Χριστῷ πάντες ζωοποιούμεθα, οὐκέτι ὡς γήινης, ἀλλὰ λοιπὸν λογωθείσης τῆς σαρκὸς διὰ τὸν τοῦ θεοῦ λόγον, ὃς δι᾽ ἡμᾶς ἐγένετο σάρξ）.

186）『アレイオス派駁論』第 3 巻第34章 6 節（Metzler, 2000, S.346; ὡς γὰρ ὁ κύριος ἐνδυσάμενος τὸ σῶμα γέγονεν ἄνθρωπος, οὕτως ἡμεῖς οἱ ἄνθρωποι παρὰ τοῦ λόγου τε θεοποιούμεθα προσληφθέντες διὰ τῆς σαρκὸς αὐτοῦ καὶ λοιπὸν ζωὴν αἰώνιον κληρονομοῦμεν）.

187）『アレイオス派駁論』第 3 巻第32章 4 節（Metzler, 2000, S.343; διὰ τοῦτο τοίνυν ἀκολούθως καὶ πρεπόντως οὐκ ἄλλου, ἀλλὰ τοῦ κυρίου λέγεται τὰ τοιαῦτα πάθη, ἵνα καὶ ἡ χάρις παρ᾽

注

αὐτοῦ ᾖ καὶ μὴ ἄλλου λάτραι γινώμεθα, ἀλλὰ ἀληθῶς θεοσεβεῖς).
188) *Supra*,「2-3 神の宮とされること」.
189) *Supra*,「4-3 人間に真実の利益をもたらす救済としての神化」.
190) *Supra*,「2-2-2 罪と死からの救い, 3-3 キリストの神性と人間の救済との関係, 4-2 人間の救済に対する御子の主権性, 4-3 人間に真実の利益をもたらす救済としての神化」.
191) Quasten, 1983, p.39; 関川, pp.114, 412.
192) Ng, *The Spirituality of Athanasius: A Key for Proper Understanding of this Important Church Father*, Bern, 2001, pp.200-207.
193) 関川, pp.412-441.
194) Ng, pp.200-201.
195) J. P. Migne, *Evagrius, S. Ahanasii episcopi Alexandrini praefatio* (Patrologiae Cursus Completus, Series Graeca 26), Paris, 1857, col.837.
196) E. C. Richardson, *Hieronymus, De viris inlustribus* (Texte und Untersuchungen zur Geschichte der altchristlichen Literatur 14.1) Leipzig, 1896, S.44-45,53.
197) J. Mossay, *Grégoire de Nazianze.Discours 20-23* (Sources Chrétiennes 270), Paris, 1980, p.118.
198) A. N. Athanassakis, *The Life of Pachomius: Vita Prima Graeca, Texts and Translations*, Missoula, 1975, pp.4,140.
199) Migne, *Rufinus, Historia Ecclesiastica* (Patrologiae Cursus Completus, Serie Latina 21), Paris, 1849, col.478.
200) *Ibid.*, *Palladius, Historia Lausiaca* (Patrologiae Cursus Completus, Series Graeca 34), Paris, 1860, col.1024, 1026.
201) *Ibid.*, *Socrates, Historia Ecclesiastica* (Patrologiae Cursus Completus, Series Graeca 67), Paris, 1864, col.136.
202) Ng, p.201.
203) Weingarten, "Der Ursprung des Mönchtums im nachconstantinischen Zeitalter," *Zeitschrift für Kirchengeschichte* 1, 1877, S.545-574.
204) Gwatkin, *Studies of Arianism*, Second Edition, Cambridge, 1900, pp.102-107.
205) Mayer, "Über Echtheit und Glaubwürdigkeit der dem heiligen Athanasius d. Grossen zugeschriebenen *Vita Antonii,*" *Der Katholik* 55, 1886, S.495-516, 619-636; 56, 1886, S.72-86, 173-193.
206) Heussi, *Der Ursprung des Mönchtums*, Tübingen, 1936, S.78-86.
207) Dörries, "Die *Vita Antonii* als Geschichtaquelle," *Nachrichten der Akademie der Wissenschaften in Göttingen 14*, 1949, S.357-410.
208) Meyer, *St.Athanasius: The Life of Antony* (Ancient Christian Writers 10), Westminster, 1950, p. 3 ; idem, "Antony of Egypt, St." *New Catholic Encyclopedia*, vol. 1, New York, 1967, pp.594-595.
209) Müller, 1952.
210) Gregg, *Athnasius: The Life of Antony and the Letter to Marcellinus*, New York, 1980, pp. 1 -26.
211) Quasten, 1983.
212) Schulthess, *Probe einer syrischen Version der Vita St. Antonii*, Diss., Leipzig,1894, S.14-25.
213) Draguet, *La vie primitive de S. Antoine conservée en syriaque*, 2 vols. (Corpus Scriptorum

Christianorum Orientalium 417-418), Louvain, 1980.
214) *Ibid.*, pp.100-112.
215) Tez, "Athanasius und die *Vita Antonii*: Literarische und theologische Relationen," *Zeitschrift für die neutestamentliche Wissenschaft und die Kunde der älteren Kirche* 73, 1982, S. 1 -30.
216) Barnes, "Angel of Light or Mystic Initiate? The Problem of the *Life of Antony*," *Journal of Theological Studies* 37, 1986, pp.353-368.
217) Louth, "St. Athanasius and Greek *Life of Antony*," *Journal of Theological Studies* 39, 1988, p.505.
218) Brown, *The Body and Society: Men, Women, and Sexual Renunciation in Early Christianity*, New York, 1988, p.213.
219) Abramowski, "Vertritt die syrische Fassung die ursprüngliche Gestalt der *Vita Antoni?*" *Mélanges Antoine Guillaumont: Contributions à l'étude des christianismes orientaux* (Cahiers d'Orientalisme 20), Genéva, 1988, S.47-56.
220) Lorenz, "Die Griechische *Vita Antonii* des Athanasius und ihre syrische Fassung," *Zeitschrift für Kirchengeschichte* 100, 1989, S.77-84.
221) Rubenson, *The Letters of St. Antony: Origenist Theology, Monastic Tradition and Making of a Saint* (Bibliotheca Historico-Ecclesiastica Lundensis 24), Lund, 1990, pp.132-141,187.
222) Brakke, "Greek and Syriac Versions of the *Life of Antony*," *Le Muséon* 107, 1994, pp.29-53.
223) *Ibid*, p.53.
224) Arnold, 1991, p.69.
225) Pettersen, 1995.
226) Bartelink, *Athanase D'Alexandrie.Vie D'Antoine* (*Sources Chrétiennes* 400), Paris, 2004, pp.27-35.
227) Norris, "Antony," *Encyclopedia of the Early Christianity*, vol. 1 , New York and London, 1997, pp.29-53.
228) Kannengiesser, "Athanasius," *Encyclopedia of the Early Christianity*, vol. 1 , New York and London, 1997, pp.137-140.
229) 関川 , pp.415-419.
230) *Ibid.*, pp.426-427.
231) *Ibid.*, pp.427-434.
232) 『アントニオスの生涯』プロローグ3節（Bartelink, p.126; Κἀμοὶ γὰρ μέγα κέρδος ὠφελείας ἐστὶ καὶ τὸ μόνον ᾿Αντωνίου μνημονεύειν. Οἶδα δέ, ὅτι καὶ ὑμεῖς ἀκούσαντες, μετὰ τοῦ θαυμάσαι τὸν ἄνθρωπον, θελήσετε καὶ ζηλῶσαι τὴν ἐκείνου πρόθεσιν. Ἔστι γὰρ μοναχοῖς ἱκανὸς χαρακτὴρ πρὸς ἄσκησιν ὁ ᾿Αντωνίου βίος. 引用は戸田聡訳［『砂漠に引きこもった人々——キリスト教聖人伝選集』，教文館，2016年］を使った。ただし Bartelink を参照して一部変更した）.
233) 『アントニオスの生涯』第94章1節.
234) 『アントニオスの生涯』第94章2節（Bartelink, p.376; Ἐὰν δὲ χρεία γένηται, καὶ τοῖς ἐθνικοῖς ἀνάγνωτε）.
235) 『アントニオスの生涯』第93章4節（Bartelink, p.374; Οὐ γὰρ ἐκ συγγραμμάτων οὐδὲ ἐκ τῆς ἔξωθεν σοφίας οὐδὲ διά τινα τέχνην, διὰ δὲ μόνην θεοσέβειαν ὁ ᾿Αντώνιος ἐγνωρίσθη. Τοῦτο δὲ θεοῦ δῶρον οὐκ ἄν τις ἀρνήσαιτο）.

注

236) *Supra*, 第1部「第3章 アタナシオスの『ロゴスの受肉』における神の善性」, 第2部「第2章 なぜ人間は悔い改めによってでは救われないのか──『ロゴスの受肉』第7章の解釈を巡って」.

237)『ロゴスの受肉』第15章5節, 第19章2節, 第20章6節, 第25章5-6節, 第27章3節, 第30章5-7節, 第31章2-3節, 第32章4-6節, 第45章3節, 第46章3節, 第47章2節, 第48章3-9節, 第50章4節, 第52章3節-第53章1節, 第55章1, 5節.

238)『アントニオスの生涯』第51章2節 (Bartelink, pp.272-274; Ἐκεῖ τοίνυν ἀναστρεφόμενος, ὅσας ὑπέμεινε πάλας, κατὰ τὸ γεγραμμένον, οὐ πρὸς αἷμα καὶ σάρκα, ἀλλὰ πρὸς τοὺς ἀντικειμένους δαίμονας, ἐκ τῶν εἰσερχομένων πρὸς αὐτὸν ἔγνωμεν).

239)『アントニオスの生涯』第91章3節 (Bartelink, p.368; Οἴδατε τοὺς ἐπιβουλεύοντας δαίμονας, οἴδατε πῶς ἄγριοι μὲν εἰσίν, ἀσθενεῖς δὲ τῇ δυνάμει. Μὴ οὖν φοβηθῆτε αὐτούς, ἀλλὰ μᾶλλον τὸν Χριστὸν ἀεὶ ἀναπνέετε καὶ τούτῳ πιστεύετε).

240)『アントニオスの生涯』第94章2節 (Bartelink, p.376; Ἐὰν δὲ χρεία γένηται, καὶ τοῖς ἐθνικοῖς ἀνάγνωτε, ἵνα κἂν οὕτως ἐπιγνῶσιν, ὅτι ὁ Κύριος ἡμῶν Ἰησοῦς Χριστὸς οὐ μόνον ἐστὶ θεὸς καὶ τοῦ θεοῦ Υἱός, ἀλλ᾽ ὅτι καὶ οἱ τούτῳ γνησίως λατρεύοντες καὶ πιστεύοντες εὐσεβῶς εἰς αὐτόν, τοὺς δαίμονας, οὓς αὐτοὶ οἱ Ἕλληνες νομίζουσιν εἶναι θεούς, τούτους οἱ χριστιανοὶ ἐλέγχουσιν, οὐ μόνον μὴ εἶναι θεούς, ἀλλὰ καὶ πατοῦσι καὶ διώκουσιν, ὡς πλάνους καὶ φθορέας τῶν ἀνθρώπων τυγχάνοντας, ἐν Χριστῷ Ἰησοῦ τῷ Κυρίῳ ἡμῶν).

241)『アントニオスの生涯』第21章2-3節 (Bartelink, p.192; Οὕτω δὲ πολιτευόμενοι νήφωμεν ἀσφαλῶς καί, ὡς γέγραπται, πάσῃ φυλακῇ τηρήσωμεν ἑαυτῶν τὴν καρδίαν. Ἐχθροὺς γὰρ ἔχομεν δεινοὺς καὶ πανούργους, τοὺς πονηροὺς δαίμονας. Καὶ πρὸς τούτους ἐστὶν ἡμῖν ἡ πάλη, ὡς εἶπεν ὁ ἀπόστολος, οὐ πρὸς αἷμα καὶ σάρκα, ἀλλὰ πρὸς τὰς ἀρχάς, πρὸς τὰς ἐξουσίας, πρὸς τοὺς κοσμοκράτορας τοῦ σκότους τοῦ αἰῶνος τούτου, πρὸς τὰ πνευματικὰ τῆς πονηρίας, ἐν τοῖς ἐπουρανίοις).

242)『アントニオスの生涯』第6章4節 (Bartelink, p.148; Πολὺ τοίνυν εὐκαταφρόνητος τυγχάνεις· καὶ γὰρ μέλας εἶ τὸν νοῦν καὶ ὡς παῖς ἀσθενὴς ὑπάρχεις· οὐδεμία μοι λοιπόν ἐστι φροντὶς περὶ σοῦ· Κύριος γὰρ ἐμοὶ βοηθός, κἀγὼ ἐπόψομαι τοὺς ἐχθρούς μου).

243)『アントニオスの生涯』第9章5-8節.

244)『アントニオスの生涯』第9章9-10節 (Bartelink, p.162; Εἰ δύναμίς τις ἦν ἐν ὑμῖν, ἤρκει καὶ μόνον ἐξ ὑμῶν ἐλθεῖν ἕνα. Ἐπειδὴ δὲ ἐξενεύρωσεν ὑμᾶς ὁ Κύριος, διὰ τοῦτο κἂν τῷ πλήθει πειράζετέ πως ἐκφοβεῖν. Γνώρισμα δὲ τῆς ἀσθενείας ὑμῶν τὸ τὰς ἀλόγων ὑμᾶς μιμεῖσθαι μορφάς. Θαρρῶν γοῦν πάλιν ἔλεγεν· Εἰ δύνασθε καὶ ἐξουσίαν ἐλάβετε κατ᾽ ἐμοῦ, μὴ μέλλετε, ἀλλ᾽ ἐπίβητε· εἰ δὲ μὴ δύνασθε, τί μάτην ταράσσεσθε; Σφραγὶς γὰρ ἡμῖν καὶ τεῖχος εἰς ἀσφάλειαν ἡ εἰς τὸν Κύριον ἡμῶν πίστις).

245)『アントニオスの生涯』第13章4節 (Bartelink, p.170; Ὁ δὲ μᾶλλον τούτων ἤκουεν ἢ ἐφρόντιζεν ἐκείνων. Καὶ προσελθὼν ἐγγὺς τῆς θύρας, παρεκάλει τοὺς ἀνθρώπους ἀναχωρεῖν καὶ μὴ φοβεῖσθαι· οὕτω γὰρ ἔλεγε τοὺς δαίμονας φαντασίας ποιεῖν κατὰ τῶν δειλιώντων).

246)『アントニオスの生涯』第23章2-4節 (Bartelink, p.198; Οὐ δεῖ δὲ ἡμᾶς φοβεῖσθαι τὰς ὑποβολὰς αὐτῶν· εὐχαῖς γὰρ καὶ νηστείαις καὶ τῇ εἰς τὸν Κύριον πίστει πίπτουσιν εὐθὺς ἐκεῖνοι. Ἀλλὰ καὶ πεσόντες οὐ παύονται, αὖθις δὲ πάλιν προσέρχονται πανούργως καὶ δολίως. Ἐπειδὰν γὰρ ἐκ φανεροῦ καὶ ῥυπαρῶς δι᾽ ἡδονῆς μὴ δυνηθῶσιν ἀπατῆσαι τὴν καρδίαν, ἄλλως πάλιν ἐπιβαίνουσιν. Καὶ λοιπὸν φαντασίας ἀναπλάττοντες ἐκφοβεῖν προσποιοῦνται, μετασχηματιζόμενοι καὶ μιμούμενοι γυναῖκας, θηρία, ἑρπετὰ καὶ μεγέθη σωμάτων καὶ πλῆθος στρατιωτῶν. Ἀλλ᾽ οὐδὲ οὕτως δεῖ τὰς τούτων φαντασίας δειλιᾶν. Οὐδὲν γάρ εἰσιν, ἀλλὰ καὶ ταχέως ἀφανίζονται, ἐὰν μάλιστα τῇ πίστει καὶ τῷ σημείῳ τοῦ σταυροῦ τις ἑαυτὸν περιφράττῃ).

247)『アントニオスの生涯』第24章4節 (Bartelink, p.202; Ἀλλ᾽ ἡμᾶς οὐδ᾽ οὕτως πάλιν χρὴ τοὺς πιστοὺς τάς τε φαντασίας αὐτοῦ φοβεῖσθαι καὶ ταῖς φωναῖς αὐτοῦ προσέχειν).

248)『アントニオスの生涯』第24章9節 (Bartelink, p.204; Ἀμέλει φαίνονται καὶ πάραυτα πάλιν ἀφανίζονται, βλάψαντες μὲν οὐδένα τῶν πιστῶν, φέροντες δὲ μεθ᾽ ἑαυτῶν τὴν ἀφομοίωσιν τοῦ μέλλοντος αὐτοὺς δέχεσθαι πυρός. Ὅθεν οὐδὲ οὕτω φοβεῖσθαι τούτους προσήκει· πάντα γὰρ αὐτῶν διὰ τὴν τοῦ Κυρίου χάριν εἰς οὐδέν ἐστι τὰ ἐπιτηδεύματα).

249)『アントニオスの生涯』第40章6節 (Bartelink, p.244; Ἐγὼ δέ, τέκνα, μνημονεύων τοῦ ἀποστολικοῦ ῥητοῦ, μετεσχημάτισα εἰς ἐμαυτόν, ἵνα μάθητε μὴ ἐκκακεῖν ἐν τῇ ἀσκήσει μηδὲ φοβεῖσθαι τοῦ διαβόλου καὶ τῶν δαιμόνων αὐτοῦ τὰς φαντασίας).

250)『アントニオスの生涯』第42章5-7節 (Bartelink, pp.248-250; Ἐλθόντες γάρ, ὁποίους ἂν εὕρωσιν ἡμᾶς, τοιοῦτοι καὶ αὐτοὶ γίνονται πρὸς ἡμᾶς, καὶ πρὸς ἃς εὑρίσκουσιν ἐν ἡμῖν ἐννοίας, οὕτω καὶ αὐτοὶ τὰς φαντασίας ἀφομοιοῦσιν. Ἐὰν μὲν οὖν δειλιῶντας εὕρωσι καὶ ταραττομένους, εὐθὺς αὐτοί, ὡς λῃσταί, τὸν τόπον ἀφύλακτον εὑρόντες, ἐπιβαίνουσι καί, ὅπερ ἀφ᾽ ἑαυτῶν λογιζόμεθα, τοῦτο μετὰ προσθήκης ποιοῦσιν. Ἐὰν γὰρ βλέπωσιν ἡμᾶς φοβουμένους καὶ δειλιῶντας, μειζόνως αὐξάνουσι τὴν δειλίαν ἐν ταῖς φαντασίαις καὶ ταῖς ἀπειλαῖς, καὶ λοιπὸν ἐν τούτοις ἡ ταλαίπωρος κολάζεται ψυχή. Ἐὰν δὲ χαίροντας ἡμᾶς εὕρωσιν ἐν Κυρίῳ καὶ λογιζομένους περὶ τῶν μελλόντων ἀγαθῶν καὶ ἐνθυμουμένους τὰ τοῦ Κυρίου καὶ διαλογιζομένους, ὅτι πάντα ἐν χειρὶ Κυρίου ἐστὶ καὶ οὐδὲν ἰσχύει δαίμων κατὰ χριστιανοῦ, οὐδὲ ὅλως ἐξουσίαν ἔχει κατά τινος, βλέποντες ἠσφαλισμένην τὴν ψυχὴν ἐν τοῖς τοιούτοις λογισμοῖς, ἀποστρέφονται κατῃσχυμμένοι).

251)『アントニオスの生涯』第7章12節 (Bartelink, p.154; μνημονεύων τε καὶ τῆς φωνῆς τοῦ προφήτου Ἠλίου λέγοντος· Ζῇ Κύριος, ᾧ παρέστην ἐνώπιον αὐτοῦ σήμερον. Παρετηρεῖτο γὰρ ὅτι, σήμερον λέγων, οὐκ ἐμέτρει τὸν παρελθόντα χρόνον ἀλλ᾽ ὡς ἀεὶ ἀρχὴν καταβαλλόμενος, καθ᾽ ἡμέραν ἐσπούδαζεν ἑαυτὸν τῷ θεῷ παριστάνειν τοιοῦτον οἷον χρὴ φαίνεσθαι τῷ θεῷ, καθαρὸν τῇ καρδίᾳ καὶ ἕτοιμον ὑπακούειν τῷ βουλήματι αὐτοῦ καὶ μηδενὶ ἄλλῳ).

252)『アントニオスの生涯』第14章5-6節 (Bartelink, p.174; Πολλοὺς γοῦν τῶν παρόντων τὰ σώματα πάσχοντας ἐθεράπευσεν ὁ Κύριος δι᾽ αὐτοῦ καὶ ἄλλους ἀπὸ δαιμόνων ἐκαθάρισεν. Χάριν τε ἐν τῷ λαλεῖν ἐδίδου τῷ Ἀντωνίῳ· καὶ οὕτω πολλοὺς μὲν λυπουμένους παρεμυθεῖτο, ἄλλους δὲ μαχομένους διήλλαττεν εἰς φιλίαν, πᾶσιν ἐπιλέγων μηδὲν τῶν ἐν τῷ κόσμῳ προκρίνειν τῆς εἰς Χριστὸν ἀγάπης).

253)『アントニオスの生涯』第24章3-6節 (Bartelink, pp.202-204; Τὴν οἰκουμένην ὅλην καταλήψομαι τῇ χειρί μου ὡς νεοσσιὰν καὶ ὡς καταλελειμμένα ᾠὰ ἀρῶ. Καὶ ὅλως τοιαῦτα κομπάζειν ἐπιχειροῦσι καὶ ἐπαγγέλλονται τάχα πως ἀπατήσωσι τοὺς θεοσεβοῦντας. Ἀλλ᾽ ἡμᾶς οὐδ᾽ οὕτως πάλιν χρὴ τοὺς πιστοὺς τάς τε φαντασίας αὐτοῦ φοβεῖσθαι καὶ ταῖς φωναῖς αὐτοῦ προσέχειν. Ψεύδεται γὰρ καὶ οὐδὲν ὅλως ἀληθὲς λαλεῖ. Ἀμέλει τοιαῦτα καὶ τοσαῦτα λαλῶν καὶ θρασυνόμενος, ὡς μὲν δράκων εἱλκύσθη τῷ ἀγκίστρῳ παρὰ τοῦ Σωτῆρος, ὡς δὲ κτῆνος φορβαίαν ἔλαβε περὶ τὰς ῥῖνας, ὡς δὲ δραπέτης κρίκῳ δέδεται τοὺς μυκτῆρας καὶ ψελλίῳ τετρύπηται τὰ χείλη. Καὶ δέδεται μὲν παρὰ τοῦ Κυρίου ὡς στρουθίον εἰς τὸ καταπαίζεσθαι

注

παρ' ἡμῶν· τέθεινται δὲ αὐτός τε καὶ οἱ σὺν αὐτῷ δαίμονες ὡς σκορπίοι καὶ ὄφεις εἰς τὸ καταπατεῖσθαι παρ' ἡμῶν τῶν χριστιανῶν. Καὶ τούτου γνώρισμα, τὸ νῦν ἡμᾶς πολιτεύεσθαι κατ' αὐτοῦ. Ὁ γὰρ τὴν θάλασσαν ἐπαγγελλόμενος ἐξαλείφειν καὶ τὴν οἰκουμένην καταλαμβάνειν, ἰδοὺ νῦν οὐ δύναται κωλῦσαι τὴν ἄσκησιν ὑμῶν, ἀλλ' οὐδὲ ἐμὲ λαλοῦντα κατ' αὐτοῦ).

254) 『アントニオスの生涯』第41章 2 - 4 節 (Bartelink, p.246; Τί μέμφονταί με μάτην οἱ μοναχοὶ καὶ οἱ ἄλλοι πάντες χριστιανοί; Τί με καταρῶνται καθ' ὥραν; Ἐμοῦ δὲ εἰπόντος· Τί γὰρ αὐτοῖς ἐνοχλεῖς; ἔφη· Οὐκ εἰμὶ ἐγώ, ἀλλ' αὐτοὶ ταράττουσιν ἑαυτούς· ἐγὼ γὰρ ἀσθενὴς γέγονα. Οὐκ ἀνέγνωσαν, ὅτι τοῦ ἐχθροῦ ἐξέλιπον αἱ ῥομφαῖαι εἰς τέλος, καὶ πόλεις καθεῖλες; Οὐκέτι τόπον ἔχω, οὐ βέλος, οὐ πόλιν. Πανταχοῦ χριστιανοὶ γεγόνασιν· λοιπὸν καὶ ἡ ἔρημος πεπλήρωται μοναχῶν. Ἑαυτοὺς τηρείτωσαν καὶ μὴ μάτην με καταράσθωσαν).

255) 『アントニオスの生涯』第42章 1 - 4 節 (Bartelink, p.248; Εἰ τοίνυν καὶ αὐτὸς ὁ διάβολος ὁμολογεῖ μηδὲν δύνασθαι, ὀφείλομεν παντελῶς καταφρονεῖν αὐτοῦ τε καὶ τῶν δαιμόνων αὐτοῦ. Ὁ μὲν οὖν ἐχθρὸς μετὰ τῶν ἑαυτοῦ κυνῶν τοιαύτας ἔχει τὰς πανουργίας· ἡμεῖς δέ, μαθόντες αὐτῶν τὴν ἀσθένειαν, καταφρονεῖν αὐτῶν δυνάμεθα. Τούτῳ τῷ τρόπῳ μὴ προκαταπίπτωμεν τῇ διανοίᾳ μηδὲ λογιζώμεθα ἐν τῇ ψυχῇ δειλίας μηδὲ ἀναπλάττωμεν ἑαυτοῖς φόβους λέγοντες· Μὴ ἄρα δαίμων ἐλθὼν ἀνατρέψῃ με· μὴ ἄρα βαστάσας καταβάλῃ ἢ ἐξαίφνης ἐπιστὰς ἐκταράξῃ. Μηδ' ὅλως ἐνθυμώμεθα τοιαῦτα μηδὲ λυπώμεθα ὡς ἀπολλύμενοι· θαρρῶμεν δὲ μᾶλλον καὶ χαίρωμεν ἀεὶ ὡς σῳζόμενοι. Καὶ λογιζώμεθα τῇ ψυχῇ ὅτι Κύριος μεθ' ἡμῶν ἐστιν, ὁ τροπώσας καὶ καταργήσας αὐτούς. Καὶ διανοώμεθα δὲ καὶ ἐνθυμώμεθα ἀεὶ ὅτι, ὄντος τοῦ Κυρίου μεθ' ἡμῶν, οὐδὲν ἡμῖν οἱ ἐχθροὶ ποιήσουσιν).

256) 関川, pp.300-301, 417-418.

257) 『アントニオスの生涯』第29章 1 節 (Bartelink, p.216; Ἐὰν δέ τις τὰ τοῦ Ἰὼβ λογίσηται, καὶ εἴπῃ· Διὰ τί οὖν ἐξελθὼν ὁ διάβολος πάντα κατ' αὐτοῦ πεποίηκεν; Καὶ τῶν μὲν ὑπαρχόντων αὐτὸν ἐψίλωσεν, τὰ δὲ τέκνα ἀνεῖλε καὶ ἔπαισεν αὐτὸν ἕλκει πονηρῷ, γινωσκέτω πάλιν ὁ τοιοῦτος, ὡς οὐκ ἦν ὁ διάβολος ὁ ἰσχύων, ἀλλ' ὁ θεὸς ὁ παραδοὺς αὐτῷ πρὸς πεῖραν τὸν Ἰώβ).

258) 『アントニオスの生涯』第30章 1 節 (Bartelink, p.218; Τὸν θεὸν ἄρα μόνον δεῖ φοβεῖσθαι).

259) 『アントニオスの生涯』第10章 2 - 3 節 (Bartelink, pp.162-164;'Ο δὲ Ἀντώνιος, αἰσθόμενος τῆς ἀντιλήψεως, καὶ πλέον ἀναπνεύσας κουφισθείς τε τῶν πόνων, ἐδέετο τῆς φανείσης ὀπτασίας λέγων· Ποῦ ἦς; Διὰ τί μὴ ἐξ ἀρχῆς ἐφάνης, ἵνα μου τὰς ὀδύνας παύσῃς; Καὶ φωνὴ γέγονε πρὸς αὐτόν· Ἀντώνιε, ὧδε ἤμην, ἀλλὰ περιέμενον ἰδεῖν τὸν σὸν ἀγωνισμόν).

260) 『アントニオスの生涯』第10章 4 節.

261) 『アントニオスの生涯』第22章 3 節 (Bartelink, p.196; Διὸ καὶ πολλῆς εὐχῆς καὶ ἀσκήσεώς ἐστι χρεία, ἵνα τις, λαβὼν διὰ τοῦ πνεύματος χάρισμα διακρίσεως πνευμάτων, γνῶναι δυνηθῇ τὰ κατ' αὐτούς, καὶ τίνες μέν εἰσιν αὐτῶν ἔλαττον φαῦλοι, τίνες δὲ ἐκείνων φαυλότεροι, καὶ περὶ ποῖον ἐπιτήδευμα ἕκαστος αὐτῶν ἔχει τὴν σπουδήν, καὶ πῶς ἕκαστος αὐτῶν ἀνατρέπεται καὶ ἐκβάλλεται).

262) 『アントニオスの生涯』第35章 6 - 7 節 (Bartelink, p.232; Ἐὰν δὲ καί, ὡς ἄνθρωποι, τινὲς φοβηθῶσι τὴν τῶν καλῶν ὀπτασίαν, ἀφαιροῦσιν οἱ φαινόμενοι τὸν φόβον παραυτὰ τῇ ἀγάπῃ· ὡς ἐποίησε Γαβριὴλ τῷ Ζαχαρίᾳ καὶ ὁ φανεὶς ἄγγελος ἐν τῷ θείῳ μνημείῳ ταῖς γυναιξὶ καὶ ὁ τοῖς ποιμέσι λέγων ἐν τῷ εὐαγγελίῳ· Μὴ φοβεῖσθε. Ἔστι γὰρ ὁ φόβος ἐκείνων οὐ κατὰ

δειλίαν ψυχῆς, ἀλλὰ κατ᾽ ἐπίγνωσιν τῆς τῶν κρειττόνων παρουσίας. Τοιαύτη μὲν οὖν ἡ τῶν ἁγίων ὀπτασία).
263)『アントニオスの生涯』第36章 3 - 4 節（Bartelink, p.234;῞Οταν τοίνυν θεωρήσαντές τινας φοβηθῆτε, ἐὰν μὲν εὐθὺς ὁ φόβος ἀφαιρεθῇ, καὶ ἀντ᾽ ἐκείνου γένηται χαρὰ ἀνεκλάλητος καὶ εὐθυμία καὶ θάρσος καὶ ἀνάκτησις καὶ τῶν λογισμῶν ἀταραξία καὶ τὰ ἄλλα ὅσα προεῖπον, ἀνδρεία τε καὶ ἀγάπη εἰς τὸν θεόν, θαρσεῖτε καὶ εὔχεσθε. Ἡ γὰρ χαρὰ καὶ ἡ κατάστασις τῆς ψυχῆς δείκνυσι τοῦ παρόντος τὴν ἁγιότητα).
264)『アントニオスの生涯』第37章 1 - 2 節（Bartelink, pp.234-236; Καὶ γὰρ καὶ τοῦτο γνώρισμα ὑμῖν ἔστω· ὅταν τινῶν ἐπιμένῃ δειλιῶσα ψυχή, παρουσία τῶν ἐχθρῶν ἐστιν. Οὐ γὰρ ἀφαιροῦνται τὴν δειλίαν ἀπὸ τῶν τοιούτων οἱ δαίμονες, ὥσπερ πεποίηκεν ὁ μέγας ἀρχάγγελος τῇ Μαρίᾳ καὶ τῷ Ζαχαρίᾳ, καὶ ὁ φανεὶς ἐν τῷ μνημείῳ ταῖς γυναιξίν. Ἀλλὰ μᾶλλον ὅταν ἴδωσι δειλιῶντας, αὐξάνουσι τὰς φαντασίας, ἵνα μειζόνως αὐτοὺς καταπτήξωσι καὶ λοιπὸν ἐπιβάντες, προσπαίζωσι λέγοντες· Πεσόντες προσκυνήσατε).
265)『アントニオスの生涯』第38章 2 節（Bartelink, p.238; Ἑκάστου δὲ τὴν ἄσκησιν καταμανθανέτω τις, καὶ ἢ μιμείσθω καὶ ζηλούτω, ἢ διορθούσθω. Τὸ γὰρ ποιεῖν σημεῖα οὐχ ἡμῶν, τοῦ δὲ Σωτῆρός ἐστι τὸ ἔργον).
266)『アントニオスの生涯』第38章 5 節（Bartelink, p.238; Καθόλου δὲ εὔχεσθαι δεῖ, καθὰ προεῖπον, λαμβάνειν χάρισμα διακρίσεως πνευμάτων, ἵνα, καθὼς γέγραπται, μὴ παντὶ πνεύματι πιστεύωμεν).
267)『アントニオスの生涯』第65章 2 - 5 節（Bartelink, pp.304-306; Μέλλων γὰρ ἐσθίειν ποτέ, καὶ ἀναστὰς εὔξασθαι περὶ τὴν ἐνάτην ὥραν, ᾔσθετο ἑαυτὸν ἁρπαγέντα τῇ διανοίᾳ. Καί, τὸ παράδοξον, ἑστὼς ἔβλεπεν ἑαυτὸν ὥσπερ ἔξωθεν ἑαυτοῦ γινόμενον καὶ ὡς εἰς τὸν ἀέρα ὁδηγούμενον ὑπό τινων· εἶτα πικροὺς καὶ δεινούς τινας ἑστῶτας ἐν τῷ ἀέρι καὶ θέλοντας αὐτὸν κωλῦσαι ὥστε μὴ διαβῆναι. Τῶν δὲ ὁδηγούντων ἀντιμαχομένων, ἀπῄτουν ἐκεῖνοι λόγον, εἰ μὴ ὑπεύθυνος αὐτοῖς εἴη. Θελόντων τοίνυν συνᾶραι λόγον ἀπὸ τῆς γενέσεως, ἐκώλυον οἱ τὸν Ἀντώνιον ὁδηγοῦντες, λέγοντες ἐκείνοις· Τὰ μὲν τῆς γενέσεως ὁ Κύριος ἀπήλειψεν· ἐξ οὗ δὲ γέγονε μοναχὸς καὶ ἐπηγγείλατο τῷ θεῷ, ἐξέστω λόγον ποιῆσαι. Τότε κατηγορούντων καὶ μὴ ἐλεγχόντων, ἐλευθέρα γέγονεν αὐτῷ καὶ ἀκώλυτος ἡ ὁδός).
268)『アントニオスの生涯』第65章 9 節, コリントの信徒への手紙 II 第12章 2 - 4 節.
269)『アントニオスの生涯』第 9 章10節（Bartelink, p.162; Εἰ δύνασθε καὶ ἐξουσίαν ἐλάβετε κατ᾽ ἐμοῦ, μὴ μέλλετε, ἀλλ᾽ ἐπίβητε· εἰ δὲ μὴ δύνασθε, τί μάτην ταράσσεσθε; Σφραγὶς γὰρ ἡμῖν καὶ τεῖχος εἰς ἀσφάλειαν ἡ εἰς τὸν Κύριον ἡμῶν πίστις).
270)『アントニオスの生涯』第13章 5 節（Bartelink, p.170; Ὑμεῖς οὖν σφραγίσαντες ἑαυτοὺς ἄπιτε θαρροῦντες· καὶ τούτους ἄφετε παίζειν ἑαυτούς. Οἱ μὲν οὖν ἀπήρχοντο τετειχισμένοι τῷ σημείῳ τοῦ σταυροῦ).
271)『アントニオスの生涯』第23章 3 - 4 節（Bartelink, p.198; Ἀλλ᾽ οὐδὲ οὕτως δεῖ τὰς τούτων φαντασίας δειλιᾶν. Οὐδὲν γάρ εἰσιν, ἀλλὰ καὶ ταχέως ἀφανίζονται, ἐὰν μάλιστα τῇ πίστει καὶ τῷ σημείῳ τοῦ σταυροῦ τις ἑαυτὸν περιφράττῃ).
272)『アントニオスの生涯』第35章 2 - 3 節（Bartelink, p.230; Σφραγίζετε δὲ μᾶλλον ἑαυτοὺς καὶ τοὺς οἴκους, καὶ εὔχεσθε· καὶ ὄψεσθε τούτους γινομένους ἀφανεῖς. Δειλοὶ γάρ εἰσι, καὶ πάνυ φοβοῦνται τὸ σημεῖον τοῦ Κυριακοῦ σταυροῦ, ἐπειδήπερ ἐν αὐτῷ τοὺς ἀπεκδυσάμενος παρεδειγμάτισεν ὁ Σωτήρ).

注

273)『アントニオスの生涯』第78章4-5節（Bartelink, p.334; Καὶ ὑμεῖς μὲν τῇ καλλιεπείᾳ οὐκ ἐμποδίζετε τὴν τοῦ Χριστοῦ διδασκαλίαν, ἡμεῖς δέ, ὀνομάζοντες τὸν ἐσταυρωμένον Χριστόν, πάντας διώκομεν δαίμονας, οὓς ὑμεῖς φοβεῖσθε ὡς θεούς. Καὶ ἔνθα τὸ σημεῖον τοῦ σταυροῦ γίνεται, ἀσθενεῖ μὲν μαγεία, οὐκ ἐνεργεῖ δὲ φαρμακεία).
274)『アントニオスの生涯』第23章4節.
275)『アントニオスの生涯』第9章10節.
276)『ロゴスの受肉』第27章1節（Kannengiesser, 2000, p.362; Τοῦ μὲν γὰρ καταλύσθαι τὸν θάνατον, καὶ νίκην κατ' αὐτοῦ γεγενῆσθαι τὸν σταυρόν, καὶ μηκέτι λοιπὸν ἰσχύειν, ἀλλ' εἶναι νεκρὸν αὐτὸν ἀληθῶς, γνώρισμα οὐκ ὀλίγον καὶ πίστις ἐναργής, τὸ παρὰ πάντων τῶν τοῦ Χριστοῦ μαθητῶν αὐτὸν καταφρονεῖσθαι, καὶ πάντας ἐπιβαίνειν κατ' αὐτοῦ, καὶ μηκέτι φοβεῖσθαι τοῦτον, ἀλλὰ τῷ σημείῳ τοῦ σταυροῦ καὶ τῇ εἰς Χριστὸν πίστει καταπατεῖν αὐτὸν ὡς νεκρόν).
277)『ロゴスの受肉』第29章1節（Kannengiesser, 2000, p.368; Εἰ δὲ τῷ σημείῳ τοῦ σταυροῦ καὶ τῇ πίστει τῇ εἰς Χριστὸν καταπατεῖται ὁ θάνατος, δῆλον ἂν εἴη παρὰ ἀληθείᾳ δικαζούσῃ, μὴ ἄλλον εἶναι ἀλλ' ἢ αὐτὸν τὸν Χριστόν, τὸν κατὰ τοῦ θανάτου τρόπαια καὶ νίκας ἐπιδειξάμενον, κἀκεῖνον ἐξασθενῆσαι ποιήσαντα).
278)『ロゴスの受肉』第29章4節（Kannengiesser, 2000, p.370; ὅτι ὁ Χριστός, εἰς ὃν μαρτυροῦσιν οἱ ἄνθρωποι, αὐτὸς τὴν κατὰ τοῦ θανάτου νίκην ἑκάστῳ παρέχει καὶ δίδωσιν, ἐξασθενεῖν αὐτὸν ποιῶν ἐν ἑκάστῳ τῶν αὐτοῦ τὴν πίστιν ἐχόντων καὶ τὸ σημεῖον τοῦ σταυροῦ φορούντων).
279)『ロゴスの受肉』第32章6節（Kannengiesser, 2000, pp.380-382; ὃς χρόνοις ὕστερον ἐπὶ σωτηρίᾳ τῶν πάντων ἔλαβε σῶμα, καὶ τὴν μὲν οἰκουμένην περὶ Πατρὸς ἐδίδαξε, τὸν δὲ θάνατον κατήργησε, πᾶσι δὲ τὴν ἀφθαρσίαν ἐχαρίσατο διὰ τῆς ἐπαγγελίας τῆς ἀναστάσεως, ἀπαρχὴν ταύτης τὸ ἴδιον ἐγείρας σῶμα, καὶ τρόπαιον αὐτὸ κατὰ τοῦ θανάτου καὶ τῆς τούτου φθορᾶς ἐπιδειξάμενος τῷ σημείῳ τοῦ σταυροῦ).
280)『ロゴスの受肉』第3章5節（Kannengiesser, 2000, p.274; Τὸ δὲ θανάτῳ ἀποθανεῖσθε, τί ἂν ἄλλο εἴη ἢ τὸ μὴ μόνον ἀποθνήσκειν, ἀλλὰ καὶ ἐν τῇ τοῦ θανάτου φθορᾷ διαμένειν;).
281)『ロゴスの受肉』第5章2-3節（Kannengiesser, 2000, p.280; τούτου δὲ γενομένου οἱ μὲν ἄνθρωποι ἀπέθνησκον, ἡ δὲ φθορὰ λοιπὸν κατ' αὐτῶν ἤκμαζε, καὶ πλεῖον τοῦ κατὰ φύσιν ἰσχύουσα καθ' ὅλου τοῦ γένους, ὅσῳ καὶ τὴν ἀπειλὴν τοῦ θείου διὰ τὴν παράβασιν τῆς ἐντολῆς κατ' αὐτῶν προειλήφει. Καὶ γὰρ καὶ ἐν τοῖς πλημμελήμασιν οἱ ἄνθρωποι οὐκ ἄχρις ὅρων ὡρισμένων εἱστήκεισαν, ἀλλὰ κατ' ὀλίγον ἐπεκτεινόμενοι λοιπὸν καὶ εἰς ἄμετρον ἐληλύθασιν, ἐξ ἀρχῆς μὲν εὑρεταὶ τῆς κακίας γενόμενοι, καὶ καθ' ἑαυτῶν τὸν θάνατον προκαλεσάμενοι καὶ τὴν φθοράν· ὕστερον δὲ εἰς ἀδικίαν ἐκτραπέντες καὶ παρανομίαν πᾶσαν ὑπερβαλόντες, καὶ μὴ ἑνὶ κακῷ ἱστάμενοι, ἀλλὰ πάντα καινὰ καινοῖς ἐπινοοῦντες, ἀκόρεστοι περὶ τὸ ἁμαρτάνειν γεγόνασι).
282)『ロゴスの受肉』第5章4-5節.
283) Mühlenberg, 1973, p.217.
284)『ロゴスの受肉』第8章4節（Kannengiesser, 2000, p.292; Καὶ οὕτως ἀπὸ τῶν ἡμετέρων τὸ ὅμοιον λαβών, διὰ τὸ πάντας ὑπευθύνους εἶναι τῇ τοῦ θανάτου φθορᾷ, ἀντὶ πάντων αὐτὸ θανάτῳ παραδιδούς, προσῆγε τῷ Πατρί, καὶ τοῦτο φιλανθρώπως ποιῶν, ἵνα ὡς μὲν πάντων ἀποθανόντων ἐν αὐτῷ λυθῇ ὁ κατὰ τῆς φθορᾶς τῶν ἀνθρώπων νόμος [ἅτε δὴ πληρωθείσης τῆς

ἐξουσίας ἐν τῷ κυριακῷ σώματι, καὶ μηκέτι χώραν ἔχοντος κατὰ τῶν ὁμοίων ἀνθρώπων]).
285)『ロゴスの受肉』第 8 章 4 節（Kannengiesser, 2000, pp.292-294; ὡς δὲ εἰς φθορὰν ἀναστρέψαντας τοὺς ἀνθρώπους πάλιν εἰς τὴν ἀφθαρσίαν ἐπιστρέψῃ, καὶ ζωοποιήσῃ τούτους ἀπὸ τοῦ θανάτου).
286)『ロゴスの受肉』第 8 章 4 節（Kannengiesser, 2000, p.294; τῇ τοῦ σώματος ἰδιοποιήσει, καὶ τῇ τῆς ἀναστάσεως χάριτι, τὸν θάνατον ἀπ᾽ αὐτῶν ὡς καλάμην ἀπὸ πυρὸς ἐξαφανίζων).
287)『ロゴスの受肉』第 9 章 1 節（Kannengiesser, 2000, p.294; Συνιδὼν γὰρ ὁ Λόγος ὅτι ἄλλως οὐκ ἂν λυθείη τῶν ἀνθρώπων ἡ φθορὰ εἰ μὴ διὰ τοῦ πάντως ἀποθανεῖν, οὐχ οἷόν τε δὲ ἦν τὸν Λόγον ἀποθανεῖν ἀθάνατον ὄντα καὶ τοῦ Πατρὸς Υἱόν, τούτου ἕνεκεν τὸ δυνάμενον ἀποθανεῖν ἑαυτῷ λαμβάνει σῶμα).
288)『ロゴスの受肉』第 9 章 1 - 2 節（Kannengiesser, 2000, pp.294-296; ἵνα τοῦτο τοῦ ἐπὶ πάντων Λόγου μεταλαβὸν ἀντὶ πάντων ἱκανὸν γένηται τῷ θανάτῳ, καὶ διὰ τὸν ἐνοικήσαντα Λόγον ἄφθαρτον διαμείνῃ, καὶ λοιπὸν ἀπὸ πάντων ἡ φθορὰ παύσηται τῇ τῆς ἀναστάσεως χάριτι. Ὅθεν ὡς ἱερεῖον καὶ θῦμα παντὸς ἐλεύθερον σπίλου, ὃ αὐτὸς ἑαυτῷ ἔλαβε σῶμα προσάγων εἰς θάνατον, ἀπὸ πάντων εὐθὺς τῶν ὁμοίων ἠφάνιζε τὸν θάνατον τῇ προσφορᾷ τοῦ καταλλήλου. Ὑπὲρ πάντας γὰρ ὢν ὁ Λόγος τοῦ Θεοῦ εἰκότως τὸν ἑαυτοῦ ναὸν καὶ τὸ σωματικὸν ὄργανον προσάγων ἀντίψυχον ὑπὲρ πάντων ἐπλήρου τὸ ὀφειλόμενον ἐν τῷ θανάτῳ· καὶ ὡς συνὼν δὲ διὰ τοῦ ὁμοίου τοῖς πᾶσιν ὁ ἄφθαρτος τοῦ Θεοῦ Υἱὸς εἰκότως τοὺς πάντας ἐνέδυσεν ἀφθαρσίαν ἐν τῇ περὶ τῆς ἀναστάσεως ἐπαγγελίᾳ).
289) ブイエ『キリスト教神秘思想史 第 1 巻 教父と東方の霊性』（上智大学中世思想研究所訳・監修）平凡社, 1996年, p.234（Bouyer, *Histoire de la spiritualité chrétienne tome I: La spiritualité du Nouveau Testament et des Pères*, Paris, 1960).
290) *Supra*, 第 2 部第 2 章「第 3 節 神の主権を顕す神の善性と神の真実性」.
291)『アントニオスの生涯』第25章 1 - 3 節（Bartelink, pp.204-206; Δόλιοι δέ εἰσι καὶ ἕτοιμοι πρὸς πάντα μεταβάλλεσθαι καὶ σχηματίζεσθαι. Πολλάκις γοῦν καὶ ψάλλειν μετ᾽ ᾠδῆς προσποιοῦνται μὴ φαινόμενοι, καὶ μνημονεύουσι τῶν ἀπὸ τῶν γραφῶν λέξεων. Ἔστι δὲ ὅτε καὶ ἀναγινωσκόντων ἡμῶν, εὐθὺς ὥσπερ ἠχὼ λέγουσιν αὐτοὶ ταῦτα πολλάκις ἅπερ ἀνέγνωσται, πολλάκις δὲ καὶ κοιμωμένους ἡμᾶς διεγείρουσιν εἰς προσευχάς. Καὶ τοῦτο συνεχῶς ποιοῦσιν, σχεδὸν μὴ ἐπιτρέποντες ἡμῖν μηδὲ κοιμᾶσθαι. Ἔστι δὲ ὅτε καὶ ἀποτυποῦντες ἑαυτοὺς εἰς σχήματα μοναχῶν, ὡς εὐλαβεῖς προσποιοῦνται λαλεῖν, ἵνα τῷ ὁμοίῳ σχήματι πλανήσωσι καὶ λοιπὸν ἔνθα θέλουσιν ἑλκύσωσι τοὺς ἀπατηθέντας παρ᾽ αὐτῶν).
292)『アントニオスの生涯』第19章 2 - 4 節（Bartelink, pp.184-186; Εἰς δὲ τὸ μὴ ὀλιγωρεῖν ἡμᾶς καλὸν τὸ τοῦ ἀποστόλου ῥητὸν μελετᾶν, τό Καθ᾽ ἡμέραν ἀποθνήσκω. Ἂν γὰρ καὶ ἡμεῖς, ὡς ἀποθνήσκοντες καθ᾽ ἡμέραν, οὕτω ζῶμεν, οὐχ ἁμαρτήσομεν. Ἔστι τὸ λεγόμενον τοιοῦτον· ἵνα, ἐγειρόμενοι καθ᾽ ἡμέραν, νομίζωμεν μὴ μένειν ἕως ἑσπέρας, καὶ πάλιν μέλλοντες κοιμᾶσθαι, νομίζωμεν μὴ ἐγείρεσθαι, ἀδήλου φύσει καὶ τῆς ζωῆς ἡμῶν οὔσης καὶ μετρουμένης καθ᾽ ἡμέραν παρὰ τῆς προνοίας. Οὕτω δὲ διακείμενοι καὶ καθ᾽ ἡμέραν οὕτω ζῶντες, οὔτε ἁμαρτήσομεν οὔτε τινὸς ἐπιθυμίαν ἕξομεν οὔτε μηνιοῦμέν τινι οὔτε θησαυρίσομεν ἐπὶ τῆς γῆς, ἀλλ᾽ ὡς καθ᾽ ἡμέραν προσδοκῶντες ἀποθνήσκειν, ἀκτήμονες ἐσόμεθα καὶ πᾶσι πάντα συγχωρήσομεν).
293)『アントニオスの生涯』第55章 9 -12節（Bartelink, pp.284-286; Ἔστω δὲ καὶ αὕτη πρὸς ἀσφάλειαν τοῦ μὴ ἁμαρτάνειν παρατήρησις. Ἕκαστος τὰς πράξεις καὶ τὰ κινήματα τῆς ψυχῆς,

注

ὡς μέλλοντες ἀλλήλοις ἀπαγγέλλειν, σημειώμεθα καὶ γράφωμεν. Καὶ θαρρεῖτε ὅτι, πάντως αἰσχυνόμενοι γνωσθῆναι, παυσόμεθα τοῦ ἁμαρτάνειν καὶ ὅλως τοῦ ἐνθυμεῖσθαί τι φαῦλον. Τίς γὰρ ἁμαρτάνων θέλει βλέπεσθαι; Τίς ἁμαρτήσας, οὐ μᾶλλον ψεύδεται, λανθάνειν θέλων; Ὥσπερ οὖν βλέποντες ἀλλήλους οὐκ ἂν πορνεύσαιμεν, οὕτως, ἐὰν ὡς ἀπαγγέλλοντες ἀλλήλοις τοὺς λογισμοὺς γράφωμεν, πολὺ τηρήσομεν ἑαυτοὺς ἀπὸ λογισμῶν ῥυπαρῶν, αἰσχυνόμενοι γνωσθῆναι. Ἔστω οὖν ἡμῖν τὸ γράμμα ἀντὶ ὀφθαλμῶν τῶν συνασκητῶν, ἵνα, ἐρυθριῶντες γράψαι ὡς τὸ βλέπεσθαι, μηδ' ὅλως ἐνθυμηθῶμεν τὰ φαῦλα).

294)『アントニオスの生涯』第 7 章 2 節（Bartelink, p.150; Ἀλλ' οὔτε Ἀντώνιος, ὡς ὑποπεσόντος τοῦ δαίμονος, ἠμέλει λοιπὸν καὶ κατεφρόνει ἑαυτοῦ).
295)『アントニオスの生涯』第 7 章 4 節（Bartelink, p.150; Μᾶλλον οὖν καὶ μᾶλλον ὑπεπίαζε τὸ σῶμα καὶ ἐδουλαγώγει μήπως, ἐν ἄλλοις νικήσας, ἐν ἄλλοις ὑποσυρῇ. Βουλεύεται τοίνυν σκληροτέραις ἀγωγαῖς ἑαυτὸν ἐθίζειν).
296) Migne, *Origenes, Homiliae in Numeros* 27 (*Patrologiae Cursus Completus, Series Graeca* 12), Pari, 1857, col. 780-801.
297) Ng, p. 268.
298) *Ibid.*
299) *Ibid*, p. 269.
300) *Supra*, n. 230.
301) Ng, p. 269.

参 考 文 献

一次資料

A. H. Armstrong, *Plotinus, Porphry on Plotinus, Ennead I*, London, 1966.
A. N. Athanassakis, *The Life of Pachomius: Vita Prima Graeca, Texts and Translations*, Missoula, 1975.
G. J. M. Bartelink, *Athanase D'Alexandrie. Vie D'Antoine* (Sources Chrétiennes 400), Paris, 2004.
C. Blanc, *Origène. Commentaire sur Saint Jean*, tome 1 (Sources Chrétiennes 120), Paris, 1966.
M. Borret, *Origène. Contre Celse*, tome 3 (Sources Chrétiennes 147), Paris, 1969.
Idem, *Origène. Homélies sur Ezéchiel* (Sources Chrétiennes 352), Paris, 1989.
R. Braun, *Tertullien. Contre Marcion*, tome 1 (Sources Chrétiennes 365), Paris, 1990.
J. Burnet, *Platonis Opera*, vol. 4, Oxford, 1962.
P. Th. Camelot, *Athanase D'Alexandrie. Contre les païens et Sur l'incarnation du Verbe* (Sources Chrétiennes 18), Paris, 1946.
H. Crouzel et M. Simonetti, *Origène. Traité des Principes*, tome 1 (Sources Chrétiennes 252), Paris, 1978.
J. Dillon, *Alcinous: The Handbook of Platonism*, Oxford, 1993.
R. Draguet, *La vie primitive de S. Antoine conservée en syriaque*, 2 vols. (Corpus Scriptorum Christianorum Orientalium 417-418), Louvain, 1980.
U. Heil, *Athanasius von Alexandia, Gegen die Heiden, Über die Menschwerdung des Wortes Gottes, Über die Beschlüsse der Synode von Nizäa*, Leipzig, 2008.
上智大学中世思想研究所編『中世思想原典集成2　盛期ギリシア教父』平凡社, 1992年.
C. Kannengiesser, *Athanase D'Alexandrie. Sur l'incarnation du Verbe* (Sources Chrétiennes 199), Paris, 2000.
小高毅訳『オリゲネス　諸原理について』創文社, 1978年.
同『オリゲネス　ヨハネによる福音注解』創文社, 1984年.
小高毅編『原典古代キリスト教思想史1　初期キリスト教思想家』教文館, 1999年.
小林稔訳『キリスト教教父著作集第3巻1　エイレナイオス3　異端反駁III』教文館, 1999年.

参考文献

M. Marcovich, *Hippolytus. Refutatio Omnium Haeresium*, Berlin, 1986.

E. P. Meijering, *Athanasius, Contra Gentes: Introduction Translation, and Commentary* (*Philosophia patrum* 7), Leiden, 1984.

Idem, *Athanasius, De Incarnatione Verbi: Einleitung, Ubersetzung, Kommentar*, Amsterdam, 1989.

Idem, *Athanasius: Die dritten Rede des Athanasius gegen die Arianer. Teil I: Kapitel 1 -25: Einleitung, Übersetzung und Kommentar.*, Amsterdam, 1996.

Idem, *Athanasius: Die dritten Rede des Athanasius gegen die Arianer. Teil II: Kapitel 26-58: Übersetzung und Kommentar*, Amsterdam, 1997.

Idem, *Athanasius: Die dritten Rede des Athanasius gegen die Arianer. Teil III: Kapitel 59-67: Übersetzung, Kommentar, theologiegeschichtlicher Ausblick*, Amsterdam, 1998.

K. Metzler und K. Savvidis, *Orationes I et II Contra Arianos* (M. Tetz [Hrsg.], *Athanasius Werke*, Bd. 1 , Teil 1 . Lfg. 2), Berlin und New York, 1998.

Idem, *Orationes III Contra Arianos* (M. Tetz [Hrsg.], *Athanasius Werke*, Bd. 1 , Teil 1 . Lfg. 3), Berlin und New York, 2000.

J. P. Migne, *Rufinus, Historia Ecclesiastica* (*Patrologiae Cursus Completus, Serie Latina* 21), Paris, 1849.

Idem, *Origenes, Homiliae in Numeros* 27 (*Patrologiae Cursus Completus, Series Graeca* 12), Paris, 1857

Idem, *Evagrius, S. Ahanasii episcopi Alexandrini praefatio* (*Patrologiae Cursus Completus, Series Graeca* 26), Paris, 1857.

Idem, *Palladius, Historia Lausiaca* (*Patrologiae Cursus Completus, Series Graeca* 34), Paris, 1860.

Idem, *Socrates, Historia Ecclesiastica* (*Patrologiae Cursus Completus, Series Graeca* 67), Paris, 1864.

水地宗明・田之頭安彦訳『プロティノス全集第1巻』中央公論社, 1986年.

J. Mossay, *Grégoire de Nazianze. Discours 20-23* (*Sources Chrétiennes* 270), Paris, 1980.

中畑正志編『アルビノス他 プラトン哲学入門』京都大学学術出版会, 2008年.

H. G. Opitz, *Apologia de Fuga Sua, Epistola de Decretis Nicaenae Synodi, Epistola de Sententia Dionysii, Epistola de Synodis* (M. Tetz [Hrsg.], *Athanasius Werke*, Bd. 2 , Teil 1), Berlin und Leipzig, 1935.

E. des Places, *Numénius. Fragments*, Paris, 1973.

参 考 文 献

E. C. Richardson, *Hieronymus, De viris inlustribus* (*Texte und Untersuchungen zur Geschichte der altchristlichen Literatur* 14. 1) Leipzig, 1896.

A. Robertson, *Select Writings and Letters of Athanasius,Bishop of Alexandria* (NPNF 4), Grand Rapids, 1975.

A. Rousseau et L. Doutreleau, *Irénée de Lyon. Contre les hérésies*, livre 3 (*Sources Chrétiennes* 211), Paris, 1974.

Rousseau et R. Lafontaine, *Athanase D'Alexandrie. Les Trois Discours contre les Ariens*, Bruxelles, 2004.

種山恭子・田之頭安彦訳『プラトン全集12　ティマイオス・クリティアス』岩波書店, 1975年.

R. W. Thomson, *Athanasius. Contra Gentes and De Incarnatione* (*Oxford Early Christian Text*), Oxford, 1971.

戸田聡訳『砂漠に引きこもった人々――キリスト教聖人伝選集』, 教文館, 2016年.

J. Whittaker, *Alcinoos. Enseigement des Doctrines de Platon*, Paris, 1990.

二次資料

L. Abramowski, "Vertritt die syrische Fassung die ursprüngliche Gestalt der *Vita Antonii?*" *Mélanges Antoine Guillaumont: Contributions à l'étude des christianismes orientaux* (Cahiers d'Orientalisme 20), Genéva, 1988, S. 47-56.

Idem, "Biblische Lesarten und athanasianische Chronologie", *Zeitschrift für Kirchengeschichte* 109, 1998, S. 237-241.

K. Anatolios, *Athanasius: The Coherence of His Thought,* London and New York, 1998.

Idem, "Theology and Economy in Origen and Athanasius," *Origeniana Septima*, 1999, pp. 165-171.

D. W. H. Arnold, *The Early Episcopal Career of Athanasius of Alexandria* (Christianity and Judaism in Antiquity 6), Notre Dame and London, 1991.

G. Bardy, *Saint Athanase*, Paris, 1925.

T. D. Barnes, "Angel of Light or Mystic Initiate? The Problem of the *Life of Antony*," *Journal of Theological Studies* 37, 1986, pp. 353-368.

Idem, *Athanasius and Constantius: Theology and Politics in the Constantinian Empire*, Cambridge, 1993.

K・バイシュラーク『キリスト教教義史概説（下）』（掛川富康訳）教文館, 1997年

(Beyschlag, *Grundriß der Dogmengeschichte*, Bd. 1, Gott und Welt, Darmstadt, 1987).

C. A. Blaising, *Athanasius of Alexandria: Studies in the Theological Contents and Structure of the "Contra Arianos," with Special Reference to Method*, unpublished dissertation, Univ. of Aberdeen, 1987.

L・ブイエ『キリスト教神秘思想史　第1巻　教父と東方の霊性』(上智大学中世思想研究所訳・監修) 平凡社, 1996年 (Bouyer, *Histoire de la spiritualité chrétienne tome I: La spiritualité du Nouveau Testament et des Pères*, Paris, 1960).

D. B. Brakke, "Greek and Syriac Versions of the *Life of Antony*", *Le Muséon* 107, 1994, pp. 29-53.

P. Brown, *The Body and Society: Men, Women, and Sexual Renunciation in Early Christianity*, New York, 1988.

C. Butterweck, *Athanasius von Alexandrien Bibliographie*, Opladen, 1995; J. Leemans, "Thirteen Years of Athanasius Research (1985-1998): A Survey and Bibliography," *Sacris Erudiri* 39, 2000, pp. 105-217.

E. Caspar, *Geschichte des Papsttums von den Anfängen bis zur Höhe der Weltherrschaft*, Bd. 1, Tübingen, 1930.

H. Crouzel, *Origène*, Paris, 1985.

J・デニー『キリスト教の和解論』(松浦義夫訳) 一麦出版社, 2008年 (Denney, *The Christian Doctrine of Reconciliation*, New York, 1918).

J. Dillon, *The Middle Platonists: A Study of Platonism 80 B.C. to A.D. 220*, London, 1977.

Idem, "Logos and Trinity: Patterns of Platonist Influence on Early Christianity," *The Philosophy in Christianity*, G. Vesey(ed.), Cambridge, 1989.

土井健司『愛と意志と生成の神――オリゲネスにおける「生成の論理」と「存在の論理」』教文館, 2005年.

H. Dörries, "Die *Vita Antonii* als Geschichtaquelle," *Nachrichten der Akademie der Wissenschaften in Göttingen 14*, 1949, S. 357-410.

J. D. Ernest, "Athanasius of Alexandria: The Scope of Scripture in Polemical and Pastoral Context," *Vigiliae Christianae* 47, 1993, pp. 341-362.

Idem, *The Bible in Athanasius of Alexandia*, Boston and Leiden, 2004.

F. W. Farrar, *Lives of the Fathers: Sketches of Church History in Biography*, vol. 1, New York, 1889.

参考文献

G. Florovsky, *The Eastern Fathers of the Fourth Century*, Paris, 1931.

Idem, "The Concept of Creation in Saint Athanasius," *Studia Patristica* 6, 1962, pp. 36-57.

J. Freudenthal, *Der Platoniker Albinos und der falsche Alkinoos*, Berlin, 1879.

P. Gemeinhardt, *Athanasius Handbuch*, Tübingen, 2011.

R. C. Gregg, *Athnasius: The Life of Antony and the Letter to Marcellinus*, New York, 1980.

Gregg and D. E. Groh, *Early Arianism: A View of Salvation*, Philadelphia, 1981.

H. M. Gwatkin, *Studies of Arianism*, Second Edition, Cambridge, 1900.

A. Hamilton, "Athanasius and the Simile of the Mirror," *Vigiliae Christianae* 34, 1980, pp. 14-18.

R. P. C. Hanson, *The Search for the Christian Doctrine of God*, Edinburgh, 1988.

A. Harnack, *Lehrbuch der Dogmengeschichte*, Bd. 1, Freiburg, 1888.

Idem, *Lehrbuch der Dogmengeschichte*, Bd. 2, Freiburg, 1888.

同『キリスト教の本質』（深井智朗訳）春秋社，2014年（*Das Wesen des Christentums. Sechzehn Vorlesungen vor Studierenden aller Facultäten im Wintersemester 1899/1900 an der Universität Berlin gehalten von Adolf [v.] Harnack*, Leipzig, 1908）.

K. Heussi, *Der Ursprung des Mönchtums*, Tübingen, 1936.

C. Kannengiesser, *Athanase d'Alexandrie évêque et écrivain. Une lecture des traités Contre les Ariens*, Paris, 1983.

Idem, "The Athanasius Decade 1974-1984: A Bibliographical Report," *Theological Studies* 46, 1985, pp. 524-541.

Idem, "Athansius' So-called Third Oration against the Arians," *Studia Patristica* 26, Louvain, 1993, pp375-389.

Idem, "Die Sonderstellung der dritten Arianerrede des Athanasius," *Zeitschrift für Kirchengeschichte* 106, 1995, S. 18-55.

Idem, "Athanasius", *Encyclopedia of the Early Christianity*, vol. 1, New York and London, 1997, pp. 137-140.

Idem, "The Athanasian Understanding of Scripture," *The Early Church in Its Context, Essays in Honor of Everett Ferguson*, A. J. Malherbe, F. W. Norris and J. W. Thompson(ed.), Leiden, 1998, pp. 221-229.

Idem, *Handbook of Patristic Exegesis: The Bible in Ancient Christianity*, vol. 2, Leiden, 2004.

E. Lauchert, *Leben des heiligen Athanasius des Grossen*, Köln, 1911.

J. Leemans, "Thirteen Years of Athanasius Research (1985-1998): A Survey and Bibliography", *Sacris Erudiri* 39, 2000, pp. 105-217.

R. Lorenz, "Die Griechische *Vita Antonii* des Athanasius und ihre syrische Fassung," *Zeitschrift für Kirchengeschichte* 100, 1989, S. 77-84.

A. Louth, "The Concept of the Soul in Athanasius' *Contra Gentes-De Incarnatione*," *Studia Patristica* 13, 1975, pp. 227-231.

同『キリスト教神秘思想の源流——プラトンからディオニシオスまで』(水落健治訳) 教文館, 1988年 (Louth, *The Origins of Christian Mystical Tradition*, Oxford, 1981).

Idem, "St. Athanasius and Greek *Life of Antony*," *Journal of Theological Studies* 39, 1988, 504-509.

H. de Lubac, *Exégèse Médiévale: Les quatre sens de l'Ecriture*, Paris, 1951, 1961, 1964.

J. R. Lyman, *Christology and Cosmology: Models of Divine Activity in Origen, Eusebius, and Athanasius*, New York, 1993.

J. Mayer, "Über Echtheit und Glaubwürdigkeit der dem heiligen Athanasius d. Grossen zugeschriebenen *Vita Antonii*", *Der Katholik* 55, 1886, S. 495-516, 619-636; 56, 1886, S. 72-86, 173-193.

E. P. Meijering, *Orthodoxy and Platonism in Athanasius: Synthesis or Antithesis*, Leiden, 1974.

Idem, "Zur Echtheit der dritten Rede des Athanasius gegen die Arianer (*Contra Arianos* III, 59-67)", *Vigiliae Christianae* 48, 1994, pp. 135-156.

Idem, "Zur Echtheit der dritten Rede des Athanasius gegen die Arianer (*Contra Arianos* III, 1)", *Vigiliae Christianae* 50, 1996, pp. 364-387.

G. Meller, *Lexicon Athanasianum*, Berlin, 1952.

K. Metzler, *Welchen Bibeltext benutzte Athanasius im Exil? Zur Herkunft der Bibelzitate in der Arianerreden im Vergleich zur ep. ad epp. Aeg.* (*Abhandlungen der Nordrhein-Westfälischen Akademie der Wissenschaften* 96), Opladen, 1997.

R. T. Meyer, *St. Athanasius: The Life of Antony* (*Ancient Christian Writers* 10), Westminster, 1950.

Idem, "Antony of Egypt, St.", *New Catholic Encyclopedia*, vol. 1, New York, 1967, pp. 594-595.

参 考 文 献

J・メイエンドルフ『東方キリスト教思想におけるキリスト』(小高毅訳) 教文館, 1995年 (Meyendorff, *Le Christ dans la théologie byzantine*, Paris, 1969).

J. A. Moehler, *Athanase le Grand et L'Église de son Temps en lutte avec L'Arianisme*, tome 1, Paris, 1840.

E. Mühlenberg, "Vérité et Bonté de Dieu: Une interprétation de *De Incarnatione*, chapitre IV, en perspective historique," *Politique et Théologie chez Athanase D'Alexandrie*, C. Kannengiesser (éd.), Paris, 1973, pp. 215-230.

G. Müller, *Lexicon Athanasianum*, Berlin, 1952.

J. M. Neale, *A History of the Holy Eastern Church*, New York, 1847.

P・ネメシェギ「オリゲネスの神学における、御父と御子の関係」『カトリック研究』35, 1979年, pp. 63-100.

同「オリゲネスにおけるプラトン主義」『キリスト教的プラトン主義』(上智大学中世思想研究所中世研究2) 創文社, 1985年, pp. 3-32.

J. H. Newman, *Apologia Pro Vita Sua: Being a History of His Religious Opinions*, London, 1882.

F. W. Norris, "Antony," *Encyclopedia of the Early Christianity*, vol. 1, New York and London, 1997, pp. 29-53.

N. K. K. Ng, *The Spirituality of Athanasius: A Key for Proper Understanding of this Important Church Father*, Bern, 2001, pp. 200-207.

E. Osborn, "Origen and Justification: The Good is One (Matt. 19. 17 et par.)", *Australian Biblical Review* 24, pp. 18-29.

W・パネンベルク『キリスト論要綱』(麻生信吾, 池永倫明訳) 新教出版社, 1982年 (Pannenberg, *Grundzuge der Christologie*, Gütersloh, 1964).

J. Pelikan, *The Light of the World: A Basic Image in Early Christian Thought*, New York, 1962.

同『キリスト教の伝統――教理発展の歴史1, 公同的伝統の出現 (100～600年)』(鈴木浩訳) 教文館, 2006年 (*The Christian Tradition: A History of the Development of Doctrine 1, The Emergence of the Catholic Tradition [100-600]*, Chicago, 1971).

A. Pettersen, *Athanasius and the Human Body*, Bristol, 1990.

Idem, *Athanasius*, London, 1995.

J. Quasten, *Patrology*, vol. 3, Westminster and Maryland, 1983.

H. Ranken, *Saint Athanasius*, Edinburgh, 1911.

参考文献

K・リーゼンフーバー『西洋古代・中世哲学史』平凡社，2000年．

D. Ritschl, *Athanasius: Versuch einer Interpretation*, Zürich, 1964.

S. Rubenson, *The Letters of St. Antony: Origenist Theology, Monastic Tradition and Making of a Saint* (Bibliotheca Historico-Ecclesiastica Lundensis 24), Lund, 1990.

W. Schneemelcher, "Athanasius von Alexandria als Theologe und als Kilchenpolitiker," *Zeit für die neutestamentliche Wissenschaft und die Kunde der älteren Kirche* 43, 1950-51, S. 242-256.

D. Schmitz, "Schimpfwörter in Athanasius' Rede gegen die Arianer," *Roma Renascens. Beiträge zur Spätantike und Rezeptionsgeschichte*, Frankfurt, 1988, S. 308-321.

F. Schulthess, *Probe einer syrischen Version der Vita St. Antonii*, Diss., Leipzig, 1894.

E. Schwartz, *Gesammelte Schriften*, Bd. 3, *Zur Geschichte des Athanasius*, Berlin, 1959.

関川泰寛『アタナシオス神学の研究』教文館，2006年．

K. M. Setton, *Christian Attitude towards the Emperor in the Fourth Century, especially as shown in Addresses to the Emperor*, New York, 1941.

C. Stead, Review on Kannengiesser's *Athanase d'Alexandrie évêque et écrivain*, *Journal of Theological Studies* 36, 1985, pp. 220-229.

B. Studer, *Trinity and Incarnation: The Faith of the Early Church*, translated by M. Westerhoff, edited by Louth, Edinburgh, 1993.

M. Tez, "Athanasius und die *Vita Antonii*: Literarische und theologische Relationen," *Zeitschrift für die neutestamentliche Wissenschaft und die Kunde der älteren Kirche* 73, 1982, S. 1-30.

T. F. Torrance, "Athanasius: A Study in the Foundation of Classical Theology," *Theology in Reconciliation*, London, 1975, pp. 215-266.

Idem, "The Heumeneutics of Athanasius," *Divine Meaning. Studies in Patristic Hermeneutics*, Edinburgh, 1995, pp. 229-288.

土屋睦廣「プラトンにおける悪と物体の問題——『ティマイオス』の宇宙生成論をめぐって」『倫理学年報』40，1991年，pp. 19-34.

同「ヌメニオスにおける神」『西洋古典研究会論集』12，2003年，pp. 17-32.

津田謙治「マルキオンにおける質料と悪—ストア主義、グノーシス、中期プラトン主義の質料観を手がかりに」『ムネーモシュネー』7，2004年，pp. 45-62.

同「創造論と神性の多重構造——マルキオンとヌメニオスの解釈」『ムネーモシュネー』9，2005年，pp. 53-66.

H. Weingarten, "Der Ursprung des Mönchtums im nachconstantinischen Zeitalter," *Zeitschrift für Kirchengeschichte* 1, 1877, S. 545-574.

T. G. Weinandy, *Athanasius: A Theological Introduction*, Hampshire and Burlington, 2007.

P. Widdicombe, *The Fatherhood of God from Origen to Athanasius*, Oxford, 1994.

Ｍ・Ｆ・ワイルズ『キリスト教教理の形成』（三小田敏雄訳）日本基督教団出版局, 1983年（Wiles, *The Making of Christian Doctrine: A Study in the Principles of Early Doctrinal Development,* London, 1967).

R. Williams, *Arius: Heresy and Tradition*, London, 1987.

J. Wolinski, "L'emploi de 'trias' dans les 'Traité contre les Ariens' d'Athanase de Alexandrie" *Studia Patristica* 21, Louvain,1989, pp. 448-455.

安井聖「『言の受肉』に見るアタナシオスのキリスト論──哲学的概念から自由なキリスト論」立教大学大学院文学研究科組織神学専攻修士論文, 2003年.

同「エイレナイオスにおける聖書と伝承」『DEREK』（立教大学大学院文学研究科組織神学専攻）第24号, 2004年, pp. 43-58.

同「アタナシオスの『異教徒駁論』における神の善性に基づく自己啓示」『キリスト教学』（立教大学キリスト教学会）第47号, 2005年, pp. 77-91.

同「アタナシオスの『言の受肉』における神の善性（上）──「死への腐敗」から「神を観想する生」へと導く善なる神」『キリスト教学』（立教大学キリスト教学会）第49号, 2007年, pp. 125-139.

同「中期プラトン主義とオリゲネスにおける神の善性」『キリスト教と文化』（関東学院大学キリスト教と文化研究所）第6号, 2008年, pp. 131-146.

同「アタナシオスの『言の受肉』における神の善性（下）──「死への腐敗」から「神を観想する生」へと導く善なる神」『キリスト教学』（立教大学キリスト教学会）第50号, 2008年, pp. 67-75.

同「アタナシオスの『アレイオス派駁論』第3巻第59〜67章における神の善性」『キリスト教と文化』（関東学院大学キリスト教と文化研究所）第7号, 2009年, pp. 113-126.

同「なぜ人間は悔い改めによってでは救われないのか──アタナシオス『言の受肉』第7章の解釈」『パトリスティカ』（教父研究会）第15号, 2011年, pp. 6-24.

同「『異教徒駁論』に見るアタナシオス神学の特質──『異教徒駁論』第30〜34章におけるアタナシオスの人間論が意味するもの」『伝道と神学』（東京神学大学総合研究所）第4号, 2014年, pp. 339-358.

参 考 文 献

同「『アントニオスの生涯』に見るアタナシオスの救済論（上）」『伝道と神学』（東京神学大学総合研究所）第 7 号，2017年，pp. 159-186.

同「『アレイオス派駁論』におけるアタナシオスの救済論（上）」『歴史神学研究』（歴史神学研究会）第 1 号，2017年，pp. 47-69.

同「『アントニオスの生涯』に見るアタナシオスの救済論（下）」『伝道と神学』（東京神学大学総合研究所）第 8 号，2018年，pp. 201-223.

人名索引

あ 行

アーネスト（Ernest, J. D.） 97,99,276
アーノルド（Arnold, D. W. H.） 194, 250
アステリオス，ソフィストの 98, 287
アダム 179
アナトリオス（Anatolios, K.） 251,275, 277
アブラモウスキー（Abramowski, L.） 99,100,101,192
アポリナリオス，ラオディケイアの 98
アリストテレス 15,19,229,254
アルキノオス 11,12,15,16,17,18,19, 21,25,28,32,229,230,254,272
アルビノス 77,272
アレイオス 98,285,286,287
ヴァイナンディ（Weinandy, T. G.） 157
ヴァインガーテン（Weingarten, H.） 190
ウァレンティノス 81
ウィディコム（Widdicombe, P.） 94, 275
ヴィテカー（Whittaker, J.） 272
ウィリアムズ（Williams, R.） 251, 275
ヴォリンスキー（Wolinski, J.） 99
エヴァグリオス，アンティオケイアの 190
エイレナイオス 28,134,135,136,137
エウセビオス，カイサレイアの 249
エウセビオス，ニコメディアの 100
小高毅 256
オリゲネス 5,11,12,22,23,24,25,26,27, 28,30,31,32,33,73,88,114,227,228,229, 230,231,247,248,250,251,256,257,275, 292

か 行

ガトキン（Gwatkin, H. M.） 190
カルキディウス 21,22
カンネンギーサー（Kannengiesser, C.） 6,97,98,99,100,101,134,156,194,249,276, 283
クァステン（Quasten, J.） 191
グノーシス 255
グレゴリオス，ナジアンゾスの 190
グレッグ（Gregg, R. C.） 83,190
クレメンス，アレクサンドレイアの 254, 292
グロー（Groh, D. E.） 83

さ 行

シュヴァルツ（Schwartz, E.） 249
シュネーメルヒャー（Schneemelcher, W.） 3
シュミッツ（Schmitz, D.） 99
シュルテス（Schulthess, F.） 191
スティッド（Stead, C.） 98,99
ステューダー（Studer, B.） 251
関川泰寛 4,83,113,189,194,195,196, 207,227,292
セラピオン，ツムイスの 192
ソクラテス 190

た 行

津田謙治 255
ディロン（Dillon, J.） 11,14,26,27,255
テッツ（Tez, M.） 191

313

人名索引

デニー(Denney, J.)　3,251,252
テルトゥリアヌス　29,134,135,137
土井健司　257
ドラゲ(Draguet, R.)　191,192,193
トランス(Torrance, T. F.)　155,156,251
ドリース(Dörries, H.)　190

な 行

ヌメニオス　11,12,15,16,18,19,20,21,22,25,26,27,28,30,31,32,76,229,230,254,255
ノリス(Norris, F. W.)　194

は 行

バーンズ(Barnes, T. D.)　192,249,250
バイシュラーク(Beyschlag, K.)　4
パウロ　213
パネンベルク(Pannenberg, W.)　3
ハミルトン(Hamilton, A.)　117,118,119,124
パラディオス　190
バルトリンク(Bartelink, G. J. M.)　194
ハルナック(Harnack, A.)　1,2,3,64,171,176,242,246,250,252
ハンソン(Hanson, R. P. C.)　83
ピーターセン(Pettersen, A.)　6,35,36,128,129,194,251, 276
ヒエロニムス　190
ヒッポリュトス　28
ピュタゴラス　254
ブイエ(Bouyer, L.)　221,222
フィロン，アレクサンドロイアの　15,25,137
プトレマイオス　81
ブラウン(Brown, P.)　192
ブラッケ(Brakke, D. B.)　193
プラトン　11,12,13,14,15,20,21,24,28,30,31,88,114,136,229,230,254

プルタルコス　15
ブレイジング(Blaising, C. A.)　6,98,101,157, 159,160, 161,168, 173,174, 182,285
フロイデンタール(Freudenthal, J.)　272
プロクロス　18
プロティノス　47,75,76,78,117,238,263
フロロフスキー(Florovsky, G.)　251
ペリカン(Pelikan, J.)　3
ホイシ(Heussi, K.)　190

ま 行

マイアー(Mayer, J.)　190
マイアー(Meyer, R. T.)　190
マリア　193
マルキオン　12,28,29,30,32,134,135,136,137,230,283
ミューレンベルク(Mühlenberg, E.)　144
ミュラー(Müller, G.)　5,190,252
メイエリング(Meijering, E. P.)　49,74,75,76,77,78,79,80,81,82,85,87,96,99,101,114, 115,128, 129,133, 134,135, 136,137,138,139, 140,141, 142,144, 145,235, 239,250,263,272,276
メッツラー(Metzler, K.)　99,100,101
モーセ　128

や 行

ヨブ　207,208

ら 行

ライマン(Lyman, J. R.)　250
ラウス(Louth, A.)　35,47,53,61,64,65,71,105, 106,116, 119,124, 127,128, 129,132,138, 145,149, 154,192, 239,240, 245,262,263,276,283

ラフォンテーヌ（Lafontaine, R.） 253
リッチュル（Ritschl, D.） 3,4
ルーベンソン（Rubenson, S.） 193
ルフィヌス 190,256
レーマンス（Leemans, J.） 6,97

ロレンツ（Lorenz, R.） 192

わ行

ワイルズ（Wiles, M. F.） 3
ング（Ng, N. K. K.） 189,190,227

事項索引

あ 行

愛　　26,47,92,93,94,95,96,97,230,232, 236,245

悪　　21,22,28,29,30,31,32,38,39,40,41, 107,134,151,217,229,230,231,255,263

悪魔／悪霊　　62,98,124,130,142,153, 177,189,194,197,198,199,200,201,202, 204,205,206,207,208,209,210,211,212, 213,214,215,216,220,221,222,223,224, 226,227,228,243,244,246,248

『アリミヌムとセレウキアの会議について』　　5

アレイオス派　　1,75,76,77,78,79,81,82, 83,84,85,86,88,89,92,94,96,100,157,159, 160,161,164,168,170,171,173,174,177, 180,181,182,183,189,224,235,242,249, 286

アレクサンドレイア　　1,11,100,118, 189,227,250,292

アレクサンドレイア学派　　11,128

アンティオケイア　　193

アンティオケイア学派　　193

『アントニオスの手紙』　　194

異教徒　　106,196

意志　　76,81,92,171

異端　　12,32,40,41,44,58,230,284

一者　　78

イデア　　12,28,229

イデア論　　12,24,229,230

ウァレンティノス派　　85

永遠者　　96

永遠性／永遠　　4,22,23,30,32,33,43,75, 78,79,80,81,85,87,88,89,94,95,97,112, 114,168,230,231,232,235,236,237,242, 245,247,248,251,256,275

エウセビオス派　　100

『エジプトとリビアの主教への手紙』　　5

『エネアデス』　　75,117,118,119,120, 121,238

エピクロス主義　　139,141

か 行

神の像／御父の像／像　　39,41,45,55, 61,62,112,116,118,128,130,131,132,145, 146,147,237,239,240,262,278

神論／神理解　　1,3,4,106,155,156,229, 243,245,247,248

観想　　35,36,39,40,41,42,43,44,45,46,47, 51,53,55,56,57,58,59,60,61,62,64,65,66, 67,68,70,71,73,105,107,108,109,111,115, 116,121,123,125,127,128,129,146,147, 148,149,150,151,153,154,221,227,231, 232,233,234,236,237,238,239,240,241, 245,246,247,262,263,265,271,284

義　　29,31,32,163,172,185,230,242

救済論／救済理解／救済の教理　　1,3, 4,5,6,35,36,53,61,64,83,106,127,128,129, 130,132,155,156,158,171,174,176,181, 186,189,190,196,197,215,221,223,227, 228,229,236,239,241,243,244,245,246, 247,248

教育　　31,32

教会　　1,41,161,167,223,224,249,250

教会史（ソクラテス）　　190

教会史（ルフィヌス）　　190

ギリシア教父　　2,251,252

ギリシア人　　40,41,44,59,60,139,234, 284

キリスト教プラトン主義　　118

316

事項索引

キリスト論　2,3,155,156,171,193,242,246,250
悔い改め　5,61,62,64,65,66,70,105,124,127,129,130,131,132,135,137,138,139,145,146,149,239,240,245,246,283
啓示　5,35,36,37,38,40,42,43,45,46,47,49,50,51,53,57,58,60,64,66,67,70,73,106,107,108,123,128,231,232,233,236,238,239,245,263,271,276
経綸　28,32,33,73,74,89,90,91,93,94,95,96,97,161,164,174,176,177,230,235,236,245,247,275,287
経綸的三位一体論　251
ケノーシス理論　160
『ケルソス駁論』　138,257
『講話』　190
護教家　24
『国家』　21
コプト人　191
コンテクスト　6,7,36,47,53,61,64,65,71,86,92,100,106,128,181,224,227,231,248,276

さ 行

再創造　58,67,68
裁き　56,60,62,69,124,125,130,132,135,136,142,143,144,145,146,149,150,151,152,154,156,171,172,177,179,217,218,219,223,233,240,242,246
『砂漠の師父の言葉』　194
三位一体／三位一体論　1,28,155,286
質料　21,22,30,31,229
死への腐敗　55,56,60,61,64,68,69,70,73,105,124,127,130,145,146,150,151,152,156,197,217,218,220,221,233,234,240,244,245,246,247,265
自由意志　40,76,77,78,82,85
十字架　26,28,36,37,57,58,59,63,69,70,73,106,107,152,171,172,177,179,215,218,219,220,221,233,234,241,242,244,246
十字架のしるし　189,213,214,215,216,217,218,220,221,244
従属説／従属　14,15,23,83,136,140,242,248,250
修道士　189,190,191,192,193,194,195,196,198,199,202,204,206,213,214,224,225
主教　1,11,189,194,249,250
主権／主権者／主権性　58,83,84,85,89,91,92,95,96,106,123,124,125,144,145,146,148,149,153,154,171,176,190,208,223,224,226,228,235,236,239,240,241,242,244,245,246,248,291
種子的ロゴス　48
主体性　231
受肉　3,4,5,35,36,53,54,55,56,57,58,59,60,62,63,64,65,66,67,68,69,70,73,98,105,106,124,125,127,128,131,139,146,152,153,154,155,156,157,158,161,162,163,165,170,175,176,178,179,180,185,186,187,197,218,220,221,223,233,234,239,241,242,243,246,247,265,271,276,277
頌栄的モティーフ　4,113
情念　185,186,187,243
贖罪論／贖罪の教理　2,36,128,252,276
『諸原理について』　26,27,256
神化　2,3,35,60,65,105,127,165,171,173,180,186,187,234,242,243
神義論　14,22,28,29,30,32,194,207,209
信仰の意図　183
信仰の基準　159
真実性　56,62,64,70,124,125,130,131,132,134,135,138,139,143,144,145,146,153,223,233,239,240,246,247
神性　1,83,175,181,185,227,241,242,243

317

事項索引

人性　155,161,174,175,242
新プラトン主義　18,35,47,53,105,127,251
ストア派　14,47,229,254
聖化　58,169
聖書　11,49,50,51,57,58,59,60,70,73,80,83,85,99,100,101,108,135,156,157,158,159,160,161,163,164,167,168,171,173,175,176,181,183,187,193,227,233,241,242,243,247,251,263,286,292
聖書の意図　183,186,187,242,243
正統　32,194,230,249,286
聖霊／神の霊　155,168,169,173,210,211,242,243
セルディカ教会会議　100
善性／善　4,5,11,12,16,19,20,21,25,26,27,28,29,30,31,32,36,39,40,41,46,47,48,49,51,53,54,55,56,57,58,59,60,62,63,64,65,66,67,68,70,71,73,74,76,77,86,87,88,89,90,91,92,93,94,96,97,107,108,124,125,130,134,135,136,137,138,139,140,141,142,143,144,145,146,148,149,154,223,229,230,231,232,233,234,235,236,245,246,247,248,257,265,271,275
善それ自体　16,20,22,26,28,32,230
善のイデア　12,14,15,16,25,32,88,136,140,229,230
善の分有　16,20
創造／創造者　12,14,19,21,22,23,24,29,30,31,32,36,39,40,45,46,47,55,61,62,63,64,73,82,86,94,95,96,106,112,115,116,118,121,122,123,124,125,128,130,134,135,136,137,139,140,141,142,145,147,156,173,180,223,227,229,230,231,232,233,235,237,238,239,242,246,247,248,256,263,276,278,286,291
創造論　141

た 行

第一の神　15,16,17,18,19,20,21,22,25,26,28,229,230
第三の神　18,19
第二の神　15,16,17,18,19,20,25,83,229,230
堕罪前予定説　4
堕落／堕罪　4,31,62,105,118,119,127,128,130,131,135,137,145,146,153,179,201,239,240,246
『タレイア』　98
『断片』　21,26
中期プラトン主義　4,5,11,14,15,24,25,28,32,59,73,76,77,79,82,83,88,115,136,140,141,227,228,229,230,231,235,237,247,248,250,251,254
超越性／超越　16,17,18,19,26,28,32,73,83,88,90,229,230,247
『著名人列伝』　190
追放　1,100
罪／罪責／罪悪　32,38,39,42,51,119,124,125,130,142,143,147,148,151,153,156,163,165,171,172,177,179,185,186,187,213,217,218,219,220,223,224,225,226,232,239,240,241,242,243,244,245,246
『ツムイスの司教セラピオンの手紙』　194
『ティマイオス』　12,13,14,15,16,17,21,136,140,141,229,282
『ティマイオス注解』　21
デーミウールゴス　12,13,14,15,16,17,18,19,20,21,22,26,28,29,30,40,135,136,140,229,255
テオトコス・マリア論　193

な 行

内在　90
内在的三位一体論　251

70人訳聖書　290
『ニカイア会議の宣言について』　5, 89, 90
ニカイア・コンスタンティノポリス信条　1
ニカイア信条　157
ニカイア正統主義　227
ニカイア派　1
人間論／人間理解　5, 35, 36, 53, 61, 64, 65, 70, 71, 106, 114, 123, 125, 128, 237, 238, 239, 246, 247, 276
ネストリオス派　193

は　行

媒介者　14, 24, 25, 32, 230, 286
『パイドロス』　114
『パコミオスの生涯』　190, 194
反異端教父　134, 136
万物の復興　31, 32, 230, 231, 247
被造物／被造世界　17, 18, 19, 22, 23, 24, 25, 26, 28, 30, 31, 32, 33, 40, 46, 47, 48, 49, 50, 51, 57, 58, 70, 73, 74, 79, 80, 81, 82, 83, 84, 85, 86, 88, 89, 90, 91, 92, 93, 94, 95, 96, 128, 136, 137, 140, 141, 147, 155, 171, 177, 179, 180, 227, 228, 230, 231, 232, 233, 235, 236, 247, 248, 251, 256, 263, 275, 291
非物体的精神の先在的創造　24
不死　43, 44, 45, 106, 108, 111, 113, 114, 115, 123, 124, 219, 232, 236, 237, 238
不受苦／不受苦性　26, 83
父性　74, 86, 87, 89, 91, 92, 93, 94, 95, 96, 235, 236, 245, 275
復活　57, 58, 59, 63, 66, 69, 70, 73, 152, 153, 162, 164, 177, 179, 185, 219, 220, 221, 233, 234, 241, 246
『復活祭書簡』　5
不動の動者　15, 16, 17, 18, 19, 25, 229
プラトン主義　24, 26, 35, 36, 40, 43, 44, 47, 75, 105, 106, 114, 118, 127, 139, 141, 156, 251, 254, 257
『プラトン哲学講義』　15, 16, 17, 254, 272
文学批評　6
ペリパトス派　254
ヘレニズム　191
牧会　97, 250

ま　行

マルキオン派　40, 58, 88, 133, 134, 135, 136, 137, 138, 139, 140, 142, 239
御子の永遠の生誕　98, 248
『民数記第27章の説教』　227
無からの創造　31, 35, 105, 127, 140, 141, 150

や　行

ユダヤ人　59, 139

ら　行

『ラウソス史』　190
律法／法　40, 56, 57, 62, 63, 64, 69, 70, 124, 130, 131, 135, 136, 142, 143, 144, 145, 146, 150, 152, 156, 172, 218, 223, 233, 240, 246
霊性／霊性論　227, 228
霊肉二元論／二元論　40, 58, 114, 141, 155, 156, 228, 248, 251
霊の識別　209, 211, 213, 223, 243
礼拝　39, 42, 44, 45, 49, 50, 51, 59, 106, 107, 122, 123, 124, 128, 148, 161, 165, 166, 187, 232, 238, 239, 241, 243, 263
ロゴス・キリスト論　15, 24, 25
ロゴス論　14, 15, 24, 25, 229

わ　行

和解論　252

聖書索引

旧約聖書

創世記
1:26	49
2:17	151,217

出エジプト記
20:4	49

申命記
4:19	49
6:4-5	49
6:13	49
30:14	108

列王記上
17:1	204
18:15	204

詩編
2:7	23
9:7	206
33:6	49
33:9	49
36:10	80
44:7-8	157,158,168,241,286
45	290
45:2	80
45:7-8	98,167,173,177,181,187,242
45:8	172
73:23-24	85
89:17-18	163
111:2	80
115:3	80
115:4-7	49
118:7	201
119:90-91	49
135:6	80
147:7-9	49

箴言
4:23	200
8:14	85
8:22	24,98,174,177,256,286,287
8:22-25	157,158,173,174,181,187,241,242
8:23	287
8:25	287
8:27	49

イザヤ書
9:5	85
10:14	205
53:4	184
65:17	32

旧約聖書続編

知恵の書
5:6	182

新約聖書

マタイ福音書
3:17	80
4:9	211
6:19	225
11:27	182
16:13	182
19:4-5	133
19:6	133

26:39	182
28:5	210
28:18	181

マルコ福音書
10:18	26,27
6:38	182

ルカ福音書
1:13	210
2:10	210
2:52	182
17:21	108

ヨハネ福音書
1:1	80,161,170,175
1:1-3	183
1:3	133
1:14	161,175,183
3:5	185
3:17	177
3:35-36	181
5:19	49
5:20	92
5:22	181
6:37	182
8:12	175
9:39	177
10:30	157,175,287
12:27-28	182
13:21	182
14:6	175
14:9	175
14:10	84,85,157,175,287
17:11	157,287
17:17	169
17:18-19	168
17:19	162
17:20-23	157,287

使徒言行録
2:36	157,173,286,287

ローマ書
1:1-2	176
6:4	162
8:3	172
8:3-4	177
8:4	172
8:9	172
9:32	182
12:3	182

Ⅰコリント書
1:22	54,138,139
1:24	85
1:30	163
9:27	226
14:25	166
15:21	177
15:22	185
15:31	224

Ⅱコリント書
3:18	118
5:14	179
12:2-4	299

ガラテヤ書
3:13	185

エフェソ書
3:7	176
6:12	199,200

フィリピ書
2:5-11	157,158,159,167,181, 187,241,286
2:6	80,175

2:6-8	183	1:8-9	167
2:7	175	2:14-15	177
2:8	175	3:1	173,286
2:9-10	98,168,286	3:2	157
		6:20	162
		9:24	162

コロサイ書
1:15   80

Ⅰテサロニケ書
5:16   207

Ⅰテモテ書
4:13   182

ヘブライ書
1:3   80
1:4   157,173,286

Ⅰペトロ書
2:24   184

Ⅰヨハネ書
3:8   177
4:1   211

あ と が き

　本書は、関川泰寛先生（主査、東京神学大学教授）、棚村重行先生（副査、東京神学大学特任教授）、土井健司先生（副査、関西学院大学教授）のもとで審査を受け、2018年度に東京神学大学より博士（神学）を授与された学位論文『アタナシオス神学における神論と救済論の関係についての考察』に若干の修正を施したものである。関川先生は日本におけるアタナシオス研究のパイオニアであり、わたしの研究に対していつも適切な指導をしてくださった。心から感謝を申し上げたい。また副査を務めてくださった棚村先生と土井先生にも感謝を申し上げたい。

　わたしは日本ホーリネス教団の神学校（牧師養成機関）である東京聖書学院で神学の基礎教育を受け、1995年に卒業してからこれまでの24年間、同教団西落合キリスト教会の牧師として歩み続けてきた。2002年には立教大学大学院に入学して教父学研究を行ない、その後は立教大学、関東学院大学で講義をする機会を得たが、その間も牧師として生き続けてきた。2010年に行なわれた教父研究会で「なぜ悔い改めることによってでは救われないのか──アタナシオスの『ロゴスの受肉』第7章の解釈」という題で研究発表をさせていただいた際に、ある先輩の教父学研究者がわたしの発表を好意的に受け止めてくださった上で、「安井さんの基本的なアイデンティティは、研究者、大学の教員である以前に、牧師なんですね」と言われた。わたしはその言葉を喜んで受け止めた。牧師としての営み（特に説教〔礼拝式で行なう聖書の説き明かし〕を作成する際の思索）と、教父の著作と対話しながら行なう思索とが関連しあい、響きあう、そんな研究をしたいといつも考えてきたからである。

　なぜ教父学研究を志したか。それは一冊の書物との出会いがきっかけであった。プロテスタント教会の牧師たちが教派の違いを越えて説教と神学の研鑽を行なっている説教塾という勉強会に、わたしは牧師になって以来ずっと参加してきた。説教塾では、日本における実践神学（教会の実践のための神学）の権威であり、日本のキリスト教会を代表する説教者である加藤常昭先生が指導の

あとがき

中核を担っておられる。その説教塾で以前行なわれた、クリスティアン・メラー先生の著書『慰めの共同体・教会――説教・牧会・教会形成』（加藤常昭訳、教文館、2000年）の読書会に参加し、これを精読した。メラー先生も牧師であり、実践神学者であったが、同時にマルティン・ルターの研究者であられた。その書物では、16世紀に牧師・神学者として生きたルターの言葉が現代人にとって極めて深い意義を持つことを、説得力をもって論じられていた。読書会を指導しておられた加藤先生は、「これはルターに限らず、古典と呼ばれる書物は時代を越えて意義を持つものだ」と強調された。キリスト教会が生んだ古典的な神学者の言葉に魅了されたわたしは、自分も古典を学び、それらの言葉に内包されている普遍的な意義を明らかにしたい、そう強く願うようになった。こうして、日本ではあまり取り上げられてこなかった教父の時代の古典を研究したいと思うようになった。

そこで、当時立教大学で教父学研究（専門はテルトゥリアヌス研究）をしておられた木寺廉太先生に指導していただこうと願い、同大学大学院に入学した。木寺先生は情熱的に、またとてもきめ細やかに教父学研究のイロハを教えてくださり、また研究において必須である古典語・現代西洋語の語学力を鍛えてくださった。数多の教父たちの中でアタナシオスを研究することを勧めてくださったのも、木寺先生である。先生はしばしば、「概して教父学研究者は、歴史学的関心が強いタイプ、哲学的関心が強いタイプ、神学的関心が強いタイプの三つに分けられます。わたしの場合は歴史学的関心が強いですが、安井さんの場合は神学的関心が強いですね」と言われた。そのようにわたしが牧師であることを基礎として研究しようとしていることをいち早く見抜いて、そのわたしの姿勢を受け入れてくださり、寄り添って研究を指導してくださった。優れた研究者であると共に、優れた教育者である木寺先生との出会いは、研究者としてのわたしの歩みにおいてかけがえのないものであった。そんな木寺先生に心から感謝を申し上げたい。

残念ながらわたしが後期課程1年目を終える時に木寺先生は定年を迎えて立教大学を退職なさり、後任に教父学研究者が来なかったために、立教大学に博士論文を提出する道は事実上閉ざされてしまった。しかし以前から木寺先生が、「日本でアタナシオス研究をするなら、東京神学大学の関川先生にご指導

をお願いしてみてはどうか」と勧めてくださったこともあり、立教大学時代から関川先生のもとを訪ね、ご指導いただいてきた。関川先生は牧師をされながらアタナシオス研究をしてこられた方なので、まさにわたしの目指す研究者としての道を歩む先達であった。先生は最先端のアタナシオスの研究の状況を詳しく教えてくださり、その視点からわたしの研究の課題を的確に示してくださった。その後、わたしは2008年に立教大学大学院文学研究科組織神学専攻（博士課程後期課程）を単位取得退学したが、2013年に東京神学大学大学院神学研究科組織神学専攻（博士課程後期課程）に入学して、関川先生のもとで博士論文の執筆にコツコツと取り組ませていただいてきた。

　15年以上にわたる遅々としたわたしのアタナシオス研究の歩みは、実に多くの方々に支えられてきたことを、感謝をもって振り返らずにはいられない。関川先生、木寺先生はもちろんのこと、わたしがこれまでに学んできた東京聖書学院、立教大学、東京神学大学で出会わせていただいた数多くの先生方が、実に豊かな神学的、思想的な気づきを与えてくださった。またオリゲネス研究者であり、アタナシオスの著作の邦訳を手掛けておられる小高毅先生（ローマ・カトリック教会の司祭）は、聖アントニオ神学院（司祭養成機関）での先生の講義を聴講することを許してくださり、わたしには見えていなかった教父学研究の豊かさに触れさせてくださった。そして説教塾で長年にわたって加藤先生の指導を受けることができたことは、わたしにとって何ものにも代えがたい宝である。加藤先生が紹介してくださったキリスト教会の優れた神学者たち（例えばルター、ジャン・カルヴァン、セーレン・キェルケゴール、フリードリヒ・シュライアマハー、カール・バルト、エードゥアルト・トゥルンアイゼン、ハンス・ヨアヒム・イーヴァント、ヘルムート・ゴルヴィツァー、ルドルフ・ボーレンなど）の言葉は、骨身に染みてわたしを生かす力となっている。わたしの神学的思考の骨格は、説教塾で形作られたのである。

　本書の出版にあたり、関東学院大学人文学会が出版助成をしてくださったこと、また同大学出版会が出版を引き受けてくださったことに、心からお礼を申し上げたい。また出版会の上島悠花さんには、まことに懇切丁寧な編集・校正作業をしていただいた。そのことをここに記して謝意を表す。

　わたしにとってありがたかったのは、長年にわたって牧師をしながら研究を

あとがき

継続してきたことを、西落合キリスト教会の皆さんが好意的に受け止め、応援し続けてくださったことである。教会の中で牧師として生き続けてきたことが、わたしにとって研究への動力となり続けた。教会の皆さんに、心から感謝を申し上げたい。

最後に、妻と三人の子どもたちに感謝したい。特に妻あゆみは、子育ての忙しい時期であったにもかかわらず、わたしの研究における秘書の役割を果たしてくれた。わたしが書き上げた論文を、いつも丹念に校正してくれた。また本書の出版に際しては、脚注に掲載したギリシア語・ラテン語原文を、典拠と照合して丁寧にチェックしてくれた。何より、研究の途上で幾度となく諦めかけたわたしを、いつも傍らにいて励まし、支え、力づけてくれた。そのことを感謝と共にここに記しておく。

2019年1月7日　西落合キリスト教会にて

安井　聖

著 者 紹 介

安井 聖（やすい・きよし）

1969年、愛媛県松山市に生まれる。1992年、愛媛大学法文学部法学科卒業。1995年、東京聖書学院本科卒業。2004年、立教大学大学院文学研究科組織神学専攻博士課程前期課程修了。2008年、同後期課程単位取得退学。2018年、博士（神学）を取得（東京神学大学）。現在東京聖書学院准教授、関東学院大学講師、立教大学講師、日本ホーリネス教団西落合キリスト教会牧師。

著書
『立ち上がり、歩きなさい——イエス・キリストの名による説教』（共著、教文館、2008年）、『日本ホーリネス教団史 第一巻 ホーリネス信仰の形成』（共著、日本ホーリネス教団、2010年）、『イエス・キリストを説教するとは——こころからこころへの言葉を求めて』（共著、キリスト新聞社、2014年）、『いつも喜びをもって——エフェソの信徒への手紙・フィリピの信徒への手紙講解説教』（共著、教文館、2018年）他。

訳書
ロバート・リー著『日本と西洋キリスト教——文明の衝突を超えて』（共訳、東京ミッション研究所、2005年）。

論文
『「言の受肉」に見るアタナシオスのキリスト論——哲学的概念から自由なキリスト論』（立教大学大学院文学研究科組織神学専攻修士論文、2004年）他。

アタナシオス神学における神論と救済論

2019年3月22日　第1刷発行

著　者　　安　井　　聖

発行者　　関東学院大学出版会

　　　　　代表者　規　矩　大　義

　　　　　236-8501　横浜市金沢区六浦東一丁目50番1号
　　　　　電話・(045)786-5906／FAX・(045)785-9572

発売所　　丸善出版株式会社

　　　　　101-0051　東京都千代田区神田神保町二丁目17番
　　　　　電話・(03)3512-3256／FAX・(03)3512-3270

印刷／製本・藤原印刷株式会社

©2019 Yasui Kiyoshi
ISBN 978-4-901734-76-9　C3016　　　　　Printed in Japan